Gabriel Nicolaus

Carl von Linné: Vollständiges Natursystem

Dritter Teil

Gabriel Nicolaus

Carl von Linné: Vollständiges Natursystem
Dritter Teil

ISBN/EAN: 9783744636735

Hergestellt in Europa, USA, Kanada, Australien, Japan

Cover: Foto ©Andreas Hilbeck / pixelio.de

Weitere Bücher finden Sie auf **www.hansebooks.com**

Des

Ritters Carl von Linné

Königlich Schwedischen Leibarztes 2c. 2c.

vollständiges

Natursystem

nach der
zwölften lateinischen Ausgabe und nach Anleitung
des holländischen Houttuynischen Werks

mit einer ausführlichen Erklärung

ausgefertigt
von

Philipp Ludwig Statius Müller

Prof. der Naturgeschichte zu Erlang und Mitglied der Röm. Kaiß.
Akademie der Naturforscher 2c.

Vierter Theil.
Von den Fischen.

Nebst eilf Kupfertafeln.

Mit Churfürstlicher Sächsischer Freyheit.

Nürnberg,
bey Gabriel Nicolaus Raspe. 1774.

Vorbericht.

Niemand wird in Abrede seyn, daß man solchen Liebhabern, die an der See, und in fischreichen Ländern wohnen, auch täglich eine große Menge von Fischen vor sich haben, und damit umgehen, die beste Kenntniß

)(2 dieser

dieser Geschöpfe zutrauen könne. Dieses
war also der Grund, warum wir, besonders in diesem Theile, alles mögliche
genutzet haben, was wir davon in dem
Werke des Herrn Houttuin fanden.
Zumahl da wir wahrnahmen, daß er
nicht nur vieles aus den bewährtesten
Quellen solcher Schriftsteller, geschöpfet,
die sich mit einer genauen Untersuchung
der Fische abgegeben, sondern auch selbst
die Nachrichten von Fischern eingezogen,
und dabey mit den zahlreichen Sammlungen fremder Fische, welche er in Holland
vor sich hatte, die besten Vergleichungen
angestellet, habe. Wir wurden hierinn
um so mehr bestärket, da wir fanden,
daß fast alles mit denjenigen Wahrnehmungen übereintraf, welche wir selbst

viele

Vorbericht.

viele Jahre hindurch in Holland, und besonders in der Provinz Frießland, gemacht hatten; auch unterließen wir nicht, die Beschreibungen mit denjenigen Originalien fremder Fische zu vergleichen, welche in unserer eigenen Sammlung vorräthig waren; und glauben also, hiemit solche Nachrichten zu liefern, welche den Leser vergnügen werden.

Nur eines finden wir nöthig, hier zur Erläuterung zu berichten, daß, da es unsern Absichten zufolge zu weitläuftig gewesen seyn würde, die Anzahl der Finnen in den Flossen jeder Unterart besonders aufzurechnen, wir alle Unterarten zusammen geworfen, und den Unterschied der mancherley Zählungen in

eine

Vorbericht.

eine Hauptsumma gebracht haben. Wir machten uns hieraus um so weniger ein Bedenken, da wir überall fanden, daß es zur Bestimmung einer Art oder Unterart gar nicht einmal auf ein, zwey, drey, oder wohl mehr Finnen in den Flossen ankomme, wogegen wir aber nirgends unterlassen haben, den wesentlichsten Unterschied allezeit anzumerken. Da wir uns aber, um desto kürzer zu seyn, auch der gebrochenen Zahlen nach dem Beyspiele des Ritters bedienet haben, so müssen wir um deswillen den Verstand und die Meinung solcher Zahlen hier zum Voraus erörtern, weil sich die Leser hierinnen leicht irren könnten. Wenn nämlich zum Erempel einem Fische ½ Finne in der Bauchflosse zugeschrieben wird, so bedeutet dieses nicht

ein

Vorbericht.

ein Sechstel, auch nicht sieben Finnen, sondern, daß von den sechs Finnen eine steif ist; denn die untere Zahl ist allezeit die ganze Zahl der Finnen, die obere aber zeiget nur an, wie viele Finnen aus der angegebenen untern Zahl eine andere Beschaffenheit haben. Dem zufolge haben wir dieses in dem NB. pag: 108. zu erläutern getrachtet, allein eben diese Erläuterung ist durch einen Fehler des Setzers dunkel worden, da man in der Correctur die obere und untere Zahl zusammen rechnete. Es muß also pag. 108. lin. 19. nicht zweysechstel, sondern ⅔ heißen, und lin. 14. nicht die sechs andern, sondern die vier andern, denn sechs ist die Hauptzahl der Finnen, zwey davon sind scharf, mithin nur die vier übrigen

)(4   weich.

Vorbericht.

weich. Nach dieser Erläuterung wird
also der geneigte Leser diejenigen Stellen
abzuändern geruhen, die sich etwa noch
aüsser obbemeldeter pag. ereignen möchten.

Erlang, den 10. April,
1 7 7 4.

Ph. L. St. Müller.

Verzeich-

Verzeichnis
der Kupfertafeln.

)(5   fig. 3.

Verzeichnis

Tab. IV.

der Kupfertafeln.

fig. 5.

Verzeichnis

Tab. VII.

der Kupfertafeln.

Verzeichnis

Tab. X.

der Kupfertafeln.

fig. 5.

Einlei=

NB. Die Kupfer werden alle hinter dem Re=
gister angebunden.

Einleitung

in die

Geſchichte der Fiſche.

aß die Geſchichte ſolcher Creaturen, die
in einem Elemente wohnen, wo man
ihnen nicht nachfolgen, noch ſie recht
beobachten kann, ziemlich dunkel ſeyn
müſſe, daran wird wohl niemand zweifeln. So
lange demnach die Fiſche immer im Waſſer leben, und
ſich nicht bequemen wollen, zu uns einige Zeit auf
das Land zu kommen, ſo lange wird auch wohl keine
vollkommene Deutlichkeit über dieſe Claſſe der Thiere
ausgebreitet werden; denn diejenigen, die von uns
zu ihnen in ihr Element hinunter fuhren, ſind nicht
wieder zurücke gekommen, uns zu erzählen, was ſie
in dem Meere geſehen hätten, oder wenn ſie, (wie
etwa die Taucher,) wieder zurücke kamen, berichte-
ten ſie uns weiter nichts, als was wir ſchon wiſſen,
nämlich, daß es vielerley Fiſche im Meere gebe.

Dem allen ohnerachtet iſt die Geſchichte dieſer
Geſchöpfe nun nicht mehr ſo dunkel, als man vermuthen ſollte. Der unermüdete Fleiß der geduldig-
ſten Beobachter, die zu ganzen Tagen den ſchwimmen-
den Heeren an den Ufern und Stranden auflauerten,
die Erfindung, Fiſche in beſtimmte Behälter einzu-
kerkern, und einige derſelben in durchſichtige Gläſer
einzuſperren; die Zergliederungskunſt, welche den

eigentlichen Bau ihrer Körper lehrt, und die Bestimmung aller ihrer Werkzeuge und Gliedmassen
erörtert; die Sammlungen und Vergleichungen
aller Wahrnehmungen, die man jemals deßfalls gemacht hat; nebst der List und Geschicklichkeit, welche
angewendet werden muß, diese Geschöpfe zu fangen
und in seine Gewalt zu bekommen: dieses alles, sagen wir, hat zusammen geholfen, viel zuverläßiges
und auch viel neues von den Fischen zu bestimmen,
wie dieser Band das mehrere lehren wird.

Ob nun zwar, nach der sehr großen Verschiedenheit der Fische, ihre Lebensart und Geschichte nothwendig verschieden seyn muß, daher denn auch bey
jedem Geschlechte ihre besondere Eigenschaft erwähnt,
und das Merkwürdigste bey den Arten angeführt
werden soll, so haben sie doch vieles miteinander gemein, welches unserer Aufmerksamkeit würdig ist,
und jetzo der Gegenstand unserer Betrachtung seyn soll.

**Von den
Fischen
über-
haupt.**

Unter den Fischen, Hebräisch, Dag; Grie-
chisch, Ichthys und Ichtyon, oder auch Opson
und Opsarion, desgleichen Enydron und Nicton;
Lateinisch, Piscis; Französisch, Poisson; Englisch,
Fish; Holländisch, Visch; Italiänisch, Pesco,
verstund man von jeher alle in dem Wasser schwim-
mende und mit Flossen und Schuppen versehene
Geschöpfe ohne Unterschied, sie mogten sich im
Meere, oder in süssen Wassern aufhalten, groß
oder klein, glatt oder stachlich seyn. Ja was nur
Flossen hatte, wurde dahin gerechnet, obgleich die
Schuppen mangelten, und aus diesem Gesichts-
puncte muß man alle alte Schriftsteller beurtheilen.
Rajus war der erste, der die Meynung äusserte,
daß nur solche Wassergeschöpfe im eigentlichen
Verstande Fische heissen müßten, welche äusserliche
Luftwerkzeuge, das ist, Kiemen und Kiemendeckel
haben, jedoch blieb er bey der alten Gewohnheit.

Nun

Nun suchte der Ritter zwar auch in den vori- **Einlei-**
gen Zeiten alle schwimmende Creaturen in eine Claß- **tung.**
se zu bringen, und machte deßwegen fünf Ordnun- **Linnei-**
gen, als: .1) Plagiuri, Plattschwänze oder **sche Be-**
Walfische; 2) Chondropterygii oder Knor- **stimmung.**
pelflossen; 3) Branchiostegi oder Beinohren;
4) Acanthopterygii oder Spitz- und Stachel-
flossen; 5) Malacopterygii oder Weichflossen.
Allein nicht lange darnach warf er die erste Ordnung
weg, und brachte die Walfische unter die säugenden
Thiere. Sodann bekam auch die zweyte Ordnung
ihren Abschied, und mußte ihren Platz unter den Amphibien nehmen, endlich folgten auch die Fische der
dritten Ordnung jenen nach, und wanderten, wie
wir in dem vorigen Theile gesehen haben, ebenfalls
zu den Amphibien. Es blieb also nur die vierte und
fünfte Ordnung übrig, und diese werden denn eigentlich von diesem Naturforscher Fische genennt, und,
wie wir hernach sehen werden, aufs neue in vier
Ordnungen eingetheilt: folglich gehören unter diese
Classe aus dem alten Heere der Fische keine andern,
als welche äusserliche Luftwerkzeuge, oder Kiemen und
Kiemendeckel, sodann aber auch Schuppen und Flossen, hingegen keine Ohren, Augenlieder oder äusserliche Zeugungsglieder haben, die ferner nur allein
im Wasser leben; und wenigstens nicht lange ausser
selbigem bleiben können.

Nach dieser Bestimmung haben wir also zuvör- **Gestalt**
derst auf die Gestalt zu sehen. Ein jeder Fisch wird **der Fi-**
in Kopf, Rumpf und Flossen, wozu auch vorzüg- **sche.**
lich der Schwanz mitgerechnet wird, eingetheilt.
Der Kopf ist entweder höher als die Breite, oder **Kopf.**
breiter als die Höhe austrägt; im ersten Falle an den
Seiten, und im andern unten und oben platt gedruckt. Die Kiefer sind entweder beweglich oder feste, mit oder ohne Zähne; die Augen sind unge-
deckt und mit einer Nickhaut versehen; der Aug-

A 2   apfel

apfel iſt kugelrund; die Naſenlöcher ſind durch-
gebohrt, zuweilen doppelt, und nur wenig hervor-
ragend; die Lippen haben zuweilen weiche Bartfaſern; die Kiemen liegen zur Seiten des Kopfs hinter ihren Deckeln, und beſtehen zu jeder Seite gemeiniglich in vier krummen beinichen oder knorplichen Strahlen, die mit rothen Zoten als mit einem
Kamme bewachſen ſind, durch deren Quetſchung und
Drückung die in dem Waſſer befindliche Luft einge-
preßt, und durch auffangende Aederchen zu ihrem
Leben verwendet, das Waſſer ſelbſt aber wieder zu-
rückgeſiebet wird.

     Der Körper iſt ſchuppig, und minder oder
mehr mit einem Schleime überzogen, die Schuppen
liegen wie die Dachziegel übereinander, und ſind,
nach Verſchiedenheit der Fiſche, auch ſehr unterſchieden, jedoch gemeiniglich rund und wie Frauenglas
durchſichtig. Zu beyden Seiten des Körpers, welcher in einen nach und nach verdünnten Schwanz
ausläuft, befindet ſich ein Strich, der den obern
Theil vom untern unterſcheidet, und wo ſich durchgängig die Farbe der Haut, die oben bläulich und
unten weißlich iſt, ändert.

     Die Floſſen ſind ausgebreitete Häute, welche
durch beinichte Strahlen, die man Finnen nennt,
aufgerichtet, und gleich einem Fächer geſpannt werden. Der Rücken, die Bruſt, der Bauch und der
After ſind die Stellen, wo man die Floſſen ſowohl in
Abſicht auf ihren Sitz, als Anzahl der Finnen
beobachten muß, denn erſterer Umſtand entſcheidet
die Ordnungen und Geſchlechter, und aus der Zahl
der Finnen beſtimmt man die Arten. Die Länge
der Floſſen iſt nicht erheblich, auſſer bey den fliegenden Fiſchen, die ſich aus dem Waſſer erheben, und
eine ziemliche Strecke über dem Waſſer in freyer Luft
wegfliegen.

Der

Der ganze Fisch ist, wie wir aus den Versuchen **Einlei**
mit der Luftpumpe wahrnehmen, gleichsam durch **tung.**
und durch mit Luft durchdrungen, und kann auch **Luft.**
ohne Luft gar nicht leben; daher die Fische in zuge-
frornen Weihern sterben, wenn ihnen nicht hin und
wieder durch Aufhacken des Eises Luft gemacht wird,
wo jedermann wahrnehmen kann, wie sie sich an den
gemachten Oefnungen versammlen, und nach der
Luft begierig schnappen.

Innwendig haben sie nur eine Herzhöhle, und **Kreis-**
auch nur ein Herzohr, dennoch aber einen schönen **lauf des**
Kreißlauf des Bluts, indem es aus dem Herzen **Bluts.**
erst zu den Kiemen dringt, und daselbst durch Blutadern aufgefangen, und in den ganzen Körper her-
umgeführet wird, fast auf die nämliche Weise, wie
bey einigen Amphibien, davon wir in dem vorigen
Theile hin und wieder, besonders aber pag. 263. eine ausführliche Beschreibung gegeben haben. Von
dem obern Theile eines jeden Kiemenbogens, führen etliche Pulsäderchen das Blut zum Kopfe und
Gehirn. Eine zurückführende Ader ergießt sodann
das Blut aus dem Kopfe in einen Aderstamm an
der Wurzel der Kiemen, der es bis zum sogenannten Behälter des Verney (receptaculum Ver-
neii) bringt. Es besteht aber dieser Behälter in
einem Aderstamme, in welchen sich viele andere
Adern des Rückgrads und anderer Theile des
Körpers sammlen, die, um das Blut in das
Herzohr zu bringen, sich ergossen hatten, da es
denn weiter aus diesem Behälter zur Herzkammer
kommt, und so den Kreißlauf verrichtet. Wobey wir nur noch anmerken, daß die Reibung der
Blutkügelchen nicht so heftig als in den säugenden Thieren und Vögeln ist, daher die Fische sowohl als die Amphibien, auch ein kaltes Blut
haben.

Das Herz der Fische liegt dichte unter den Kiemen, ist in den mehresten Fischen viereckig und nur
bey etlichen halbrund oder flach. Die Höhle des
Leibs ist durch ein Zwerchfell abgetheilt; der Magen
ist bey ihnen von verschiedener Gestalt, liegt aber
nicht in die Quere, sondern erstreckt sich in die Länge, und hat bey den meisten Fischen an der obern Mündung einige zotige Angehänge, (appendices Py-
lori) deren Anzahl sehr verschieden ist, denn die
Bärsche haben deren drey bis sieben, die Cabeljaue
dreyßig, die Lachse wohl sechzig, und bey andern
Fischen sind sie oft nicht zu zahlen. Da nun diese Angehänge fast wie der blinde Darm der Menschen beschaffen sind, so hält sie Herr Steller für Behälter
eines Dauungssaftes, der sich zu seiner Zeit in den
Magen ergießt, nicht aber für Zubereiter desselben,
denn eben dieselben Fische, welche diese Angehänge
haben, besitzen nichts destoweniger auch eine Rückdrü-
se (Pancreas). Die Natur hat also eine Vor-
rathskammer zur Nahrung in selbigen anlegen wollen,
weil viele Fische, wenn sie in ihre Begattungszeit
kommen, nichts zu essen pflegen.

Die Därmer sind gerade, nicht lang, und
bey wenigen gebogen, bey den allerwenigsten aber
ganz umgekräuselt. Die Leber ist durchgängig groß,
alle Fische haben eine Galle und Milz. Die Weibchen haben ihre Eyerstöcke, und die Männchen ihre
Samenbläsgen. Am Enddarm befindet sich auch
die Harnblase, und beyderley Unrath ist wie bey den
Vögeln vermengt, und erlediget sich durch den sogenannten Nabel oder After.

Bey allen Fischen ist einiger Beweiß einer Zunge vorhanden, nur ist sie nicht bey allen auf gleiche Art gebildet. Die Karpfen und Cabeljaue haben
solche obenher glatt, bey den Heringen, Lachsen und
Hechten ist sie gezähnelt, bey einigen gespalten und
gabel

gabelförmig, so wie auch der Gaumen nicht bey allen einerley Beschaffenheit hat. **Einleitung.**

So viel ist indessen wohl richtig, daß es ihnen nicht an Werkzeugen des Geschmacks fehlt, weil sie eine Wahl im Futter zu treffen pflegen; hingegen scheint der Bau ihrer Kehle nicht so beschaffen zu seyn, daß sie einen Ton vorbringen können, denn man hört weiter nichts, als ein gewisses Schmatzen im Wasser, welches bloß von der Saugung der Lippen und des Mundes zu entstehen scheint, und der starke Laut, den man von den Walfischen in der Ferne hört, ist noch zweifelhaft, ob solcher nicht eine Wirkung der Spritzröhren ist. Mithin sind die Fische, nach dem Linne, stumm, ob sie aber nach der Meinung dieses Naturforschers auch taub sind, ist eine andere Frage. **Geschmack.**

Der Herr Klein hat zwar das Gegentheil in seiner Abhandlung de sono et auditu piscium, stark behauptet; ihm wurde aber um deßwillen widersprochen, weil man auch bey anatomischen Untersuchungen des Gehirns keine Gehörnerven, vielweniger einige Ohren oder Gehörwerkzeuge fand, bis endlich die neuerlichen Wahrnehmungen die Sache dahin entschieden, daß die Fische allerdings hören können. Es verlohnet sich aber der Mühe wohl, hievon eine nähere Nachricht zu ertheilen, so wie sie in des Herrn Souttuins Werke befindlich ist. **Gehör.**

Daß vorerst der Laut, der in der Luft oder im Wasser erregt worden, sich auch unter dem Wasser dem menschlichen Gehör mittheile, solches hat der Herr Noller mit sehr mühsamen Proben erwiesen. Selbst Bonanni führt dergleichen Proben an, um das Gehör der Fische zu bestättigen, welches schon Aristoteles behauptet hatte. Nunmehr kommt es also auf einen Beweis an, der die Gehörwerkzeuge der Fische ausser Zweifel setzt. Du Verney nämlich

lich

lich hat erwiesen, daß die Fische Ohrenlöcher haben, die aber bey den meisten Fischen äusserlich fast nicht zu finden, und dabey so klein sind, daß man kaum den Kopf einer kleinen Stecknadel darein bringen kann. Diese Löcher hätten, sagt er, innwendig mit verschiedenen beinichen Zirkeln Gemeinschaft, in welchen sich die Gehörnerven wie bey den Vögeln ausbreiten, dergleichen auch von Herrn Geoffroy in den Rochen entdeckt worden. Inzwischen fanden doch alle diese Untersuchungen keinen rechten Glauben, weil das Ansehen des Willis, der bey der gegenseitigen Meinung blieb, die Naturforscher zu sehr eingenommen hatte. Dieses veranlaßte den berühmten Herrn Professor Camper in Leyden · die Sache genau zu untersuchen, und vorzüglich auf das Nervensystem der schuppigen Fische Acht zu geben.

Zwar hatte der Herr Collins schon nicht allein das Gehirn der Hayfische und Rochen, sondern auch der Cabeljaue, Karpfen, Hechte, Schollen, Butten, und anderer Schuppen- und Plateißfische abgebildet und beschrieben. Allein es wird daselbst nur von Gesichts- und Geruchsnerven gehandelt, nicht aber von den Nerven des Gehörs. Der Herr Professor Camper machte daher eine ganz neue Entdeckung, da er in den runden Fischen, als in den Cabeljauen, Schelfischen und Hechten deutliche Gehörnerven wahrnahm, welche ihren Ursprung zwischen dem fünften und sechsten Paare hatten, und sich recht zierlich in kleine Aestgen über denjenigen Behälter ausbreiteten, worinn die Gehörknochen enthalten sind.

Vielleicht sind dieses die nämlichen Nerven, von welchen Willoughby muthmaßte, daß es Gehörnerven seyn möchten, welche sich durch viele feine Aeste bey den Rochen in drüsigte Körper ausbreiten, die einer Gallerte oder gekochten Stärke ähnlich wären; denn derselbe behauptet, daß diese Körper

bis

bis an diejenigen Löcher in der Haut reichen, welche Einlei-
bey den Augen in dem ganzen Geschlechte der Rochen tung.
gefunden werden, und daher von ihm für wirkliche
Ohrenlöcher gehalten wurden, die von dem Gehör
dieser Fische zeigten.

Zu mehrerer Bekräftigung dienet dasjenige, was
der Herr Geoffroy von den Werkzeugen des Gehörs in den Rochen ausführlich beschreibt. Er
merkt nämlich an, daß ein Vorhof, ein Labyrinth,
und drey Canäle, nebst verschiedenen nach dem Ge-
hirne zu gerichteten Oefnungen vorhanden wären.
In dem Portale selbst war ein weicher Körper in der
Größe einer Erbse, die er für den Gehörknochen
hielte, gleichwie Klein in den Karpfen und Bär-
schingen Gehörbeinchen antraf, die in den größern
Fischen, als Cabeljau und Schelfisch ziemlich groß
sind.

Der Herr Professor Camper merkt ferner an,
daß die Gehörbeinchen steinhart, gezähnelt, und in
dem oberwähnten Behälter befindlich sind. Der Behälter selbst aber ist knorplich, hat die Gestalt eines
Kahns, der oben offen, und hinten an einer knochi-
chen Brücke befestigt ist, welche die vorderste und
größte Höhlung, worinn die halbcirkelförmigen Canäle ausgehen, hinten bestimmt. Was nun aber die
Art des Hörens betrift, so hält er solche für die
nämliche, welche durch eine Erschütterung oder Be-
rührung harter Körper entsteht. Mithin lauft nun,
unsers Bedünkens, die ganze Sache auf einen
Wortstreit aus, denn der eine sagt, die Fische hören es, wenn sie jemand ruft, wie man solches in
den Karpfenweihern sieht, wo die Fische zu gewissen
Zeiten gefüttert werden. Andere hingegen sagen:
die Fische fühlen es an der Erschütterung, wenn
man sie ruft, und dieses ist fast einerley mit dem hören, denn unser und aller Thiere Gehör ist ohne Em-

pfindung

pfindung einer Erschütterung in den Gehörwerkzeu-
gen, nichts. Nur ist die Frage, ob die Fische,
so wie wir, einen Klang unterscheiden, und wie werden wir solches erfahren? wo ist ihr Resonanzboden?
hat bey ihnen ein Antrum Highmori statt? sind die
äussern Löcherchen etlicher Fische wirkliche Gehörwe-
ge, oder nur Schleimausgänge? u. s. w.

Geruch. Der Geruch der Fische ist keinem Zweifel un-
terworfen. Sie haben Nasenlöcher und Geruchsnerven, welche die Länge hinauf laufen, und bey
den Rochen gehen sie, wie Collin zeiget, regelmäs-
sig über den hohlen Boden der Nasenlöcher hin,
und breiten ihre Aestchen zierlich aus. Ja man
weiß, daß die Fische den Gestank scheuen, sich durch
Bisam und andere wohlriechende Sachen locken und
versammlen lassen, und dergleichen mehr.

Gesicht. Was die Gesichtsnerven betrift, so sind sie
bey den Platfischen von verschiedener Länge, sie
nehmen von einigen Erhöhungen des Gehirns
ihren Ursprung, kreutzen einander aber nicht, sondern laufen an jeder Seite nach ihrem Auge, und
sind bey den mehresten Fischen nicht einmal miteinander vereinigt, wohl aber bekommen die Augen,
wie bey den Vögeln und vierfüßigen Thieren, gewisse Aeste vom andern Nervenpaare, und weil sich die
Lichtstrahlen im Wasser weniger als in der Luft
brechen, so haben ihre Augen ein kugelrundes cry-
stallinisches Wesen, welches mitten im Auge, und
also dichter an der Netzhaut steht, zugleich aber ist
auch der Augapfel hinten und vorne platt, so daß
sie ausserhalb dem Wasser wohl nicht weit sehen
können.

Gefühl. Das Gefühl der Fische scheint mehr innerlich
als äusserlich zu seyn, da sie zu sehr mit Schuppen gedeckt sind, und vielleicht tragen die sehr feinen und
gabel-

gabelförmigen Gräthen, dergleichen die Hechte ſo deut- Einleitlich haben, vieles zu ihrem Gefühle bey. tung.

Auſſer dem Schleime, womit ſie minder oder Schleim
mehr äuſſerlich überzogen ſind, führen ſie auch viele
ſchleimige Materie im Kopfe, welche gleichſam das
Gehirn bedeckt, und ſich oft in mancherley Geſtalten
zeigt. In dem Cabeljau und Schelfiſche iſt dieſe
Feuchtigkeit grünlich, und elaſtiſch, und ſteckt in
einem netzartigen Gewebe. Bey den Hechten iſt ſie
ſalzig, in den Karpfen mit kleinen gelben Fleckchen geſprenkelt, und das Gehirn iſt durchgängig bey den
Fiſchen klein und hat eine traubenförmige Oberfläche.

Was endlich die Gräthen der Fiſche betrift, ſo iſt Gräthe.
deren eine ſehr groſse Anzahl. Man hat allein in
dem Kopfe eines Bärſchings an die achtzig Stücke gefunden. Unter den Augen an jeder Seite zehn; in
der Zunge fünf; in dem Kiefer eilf, wovon dasjenige, welches zunächſt den Wirbeln ſteht, am gröſsten
iſt, und verſchiedene Erhöhungen und Höhlungen hat,
in deren untern Theile die oben angeführten ſägeför-
migen Beinchen befindlich ſind. Nun iſt in der Geſtalt der Fiſchgräthen eine unendliche Verſchiedenheit,
aber die Beinchen, welche den Gaumen ausmachen,
ſind in den Fiſchen einerley Art, ſogar haben die
Schuppenfiſche Schlüſſel- und Bruſtbeinchen, an
welchen die Bruſtfloſſen ſitzen; wie denn auch die
Bauchfloſſen an beſondere Beinchen befeſtigt ſind.
Das aber iſt zu verwundern, daß die Anzahl der
Wirbel in dem Rückgrade nicht einmal bey Fiſchen
des nämlichen Geſchlechts einerley iſt. Die Rippen ſitzen bey einigen vermittelſt eines knorplichen
Weſens an den Wirbeln feſt, als in den Karpfen,
Brachſemen, Hechten, Lachſen, Houtingen, Mackree-
len, u. ſ. w. bey andern aber, als bey den Bärſchen,
Cabeljauen, und einigen Platfiſchen ſind ſie nicht
mit

mit den Wirbeln verbunden. Das Ende des Rück-
grabs lauft in einem gedoppelten Fortsaße aus, damit sich die Schwanzflosse daran befestigen kann, übrigens aber sind die Finnen in den Flossen bey einigen
hart, bey andern weich, und ihre Anzahl bestimmt
die Arten.

Da wir jeßo des Schwanzes und der Flossen
gedenken, die, gewöhnlich für Werkzeuge des
Schwimmens gehalten werden, so müssen wir
auch dieser Haupteigenschaft Erwähnung thun.

Wenn man einem kleinen Fische die Schwanzflossen abschneidet, so kommt er im Wasser nicht vor
sich, wenigstens hat er Mühe, sich mit den Brustflossen etwas fortzuschieben. Schneidet man die Brustflossen ab, so taumelt er, und kann sich nicht gerade halten, wenigstens nicht recht in die Höhe heben, oder
herunter lassen. Benimmt man ihm die Rücken-
Bauch- und Afterflossen, so schwimmt er einen schiefen Weg, und kann sich nicht nach seiner Bestimmung
richten, vielweniger umwenden. Aus allem diesem
erhellet, daß der Schwanz das vornehmste Werkzeug
des Schwimmens sey, daß die Brustflossen statt der
Arme dienen um sich zu heben, die Bauchflossen statt
der Füsse um im Wasser zu stehen, und die Rückenflosse, nebst der Afterflosse, um zu senken. Die
Stellung, die Höhe und die Länge der Flossen aber
haben wohl ihre Rücksicht auf den Bau des Körpers,
auf ihre Lebensart, und auf die Beschaffenheit des
Wassers; denn in den salzigen Wassern verhalten
sich die schwimmenden Körper anders als in den süssen.
Ueberhaupt ist der ganze Bau des Körpers, der den
Rumpf eines segelnden Schifs vorstellt, zum
Schwimmen gemacht, der Schwerpunct desselben
geht durch den Rücken, und dessen veränderter
Bau macht auch eine Veränderung in den Flossen
noth-

nothwendig, welches man ſieht, wenn man einen　*Einlei-*
Plattfiſch mit einem Rundfiſche vergleicht.　*tung.*

　Dasjenige aber, was das Schwimmen der Fi-　*Luft-*
ſche am meiſten befördert, iſt die gedoppelte Luftbla-　*werk-*
ſe, welche die meiſten Schuppenfiſche haben, um ſich　*zeuge.*
damit leichter und ſchwerer zu machen, zu geſchweigen, daß ihr Körper ſelten ſchwerer wiegt, als das
Waſſer, welches ihren Raum einnimmt. Bey einigen Fiſchen iſt dieſe Blaſe nur einzeln, als im Hechte und Bärſching, bey andern aber gedoppelt, oder
wie zwey aneinander hängende Blaſen abgebunden,
wie im Karpfen. Auch iſt der Siß und die verhält-
nißmäßige Gröſſe dieſer Blaſe keineswegs einerley.
In den Lachſen, Hechten und Bärſchen, ſtreckt ſie
ſich der Länge nach am Rückgrade hinunter; in andern liegen ſie frey, empfangen aber alle die Luft
durch einen Canal, der ohngefehr am obern Magenmunde angeht, und ſich in die Blaſe ſenkt.

　Diejenigen Fiſche nun, die ſchwerer als das
Waſſer ſind, und dieſe Blaſe nicht haben, wie die
Plattfiſche, müſſen ihr Leben auf dem Boden des
Meeres zubringen, und wenn man andern Fiſchen
durch eine Wunde die Blaſe verleßt, ſo ſinken ſie auch
und kriechen am Grunde fort.

　Die Schuppen endlich unterſcheiden die Fiſche　*Schup-*
am ſichtbarſten von den Amphibienfiſchen, und ſind　*pen.*
entweder horn- oder knorpelartig, liegen ziegelweiſe
übereinander, ſind bey einigen Fiſchen ſo klein, daß
man ſie kaum ſieht, bey andern aber oft ſo groß wie
ein Gulden, ſie beſtehen aus nichts, als aus einer
groſſen Menge übereinander gewachſenen Häut-
chen, die aufeinander erhärten, und haben nach Beſchaffenheit der Fiſche allerhand Geſtalten, Strahlen
und Lineamenten. Die Anzahl derſelben iſt unbe-
ſtimmt, es hat ſich aber ein Liebhaber die Mühe ge-
nom-

nommen, einmal die Schuppen eines Sandbärschlings zu zählen, und fand derselben wohl zwanzigtausend.

Was die Fortpflanzung dieser Geschöpfe betrift, so haben sie keine Zeugungsglieder, und folglich hat auch keine Begattung unter ihnen statt, dem allen ohnerachtet werden doch von dem Weibchen Eyer, und von dem Männchen der Same erfordert, davon dieser jene befruchten muß. Die Eyer sind die sogenannten Fischrogen, der Same aber die bekannte Milch, darum die Männchen auch Milchner heissen, beydes aber sammlet sich in länglichen Säcken, und ist zu seiner Zeit sehr gedrungen, und häufig bey den Fischen anzutreffen.

Es scheint, daß die Natur den Ueberfluß von beyden zu gleicher Zeit reif werden lasse, da jedes, das Weibchen sowohl, als das Männchen, einen Trieb bekommen, ihres Ueberflusses los zu seyn. Vermuthlich spühren sie dann beyderseits ein Jucken, welches sie reitzt, um sich zu reiben, und auf solche Art, sowohl Rogen als Milch auszupressen. Wenigstens hat man an stillen Meerbusen, Stranden und ruhigen Gegenden der Flüsse, wohin sich die Fische zur Begattungszeit begeben, wahrgenommen, daß sie sich untereinander aufsuchen, und immer gegen einander fahren, um sich die Bäuche auf der andern Rücken zu reiben, welches denn zuletzt zur Folge hat, daß das Weibchen ihren Rogen fahren läßt, da denn das Männchen auf die im Wasser verbreiteten Eyer seine Milch sprißt, und sie dadurch befruchtet, dabey aber mit einer besondern Wollust hin und her fährt, und die Rogen im Wasser hin und wieder auffängt, und mit Begierde verschluckt, welches ihm vielleicht zur Ersetzung der Kräfte nöthig ist, denn wenn das Weibchen den Rogen von sich gelassen hat, so bekümmert sich das Männchen nicht mehr um dasselbe, und wenn

die

die übrigen Eyer, die nicht etwan nach der Befruch- **Einlei-**
tung sinken, um im Wasser auszubrüthen, verzehret **tung.**
sind, so verläßt das Männchen sowohl als das Weibchen diesen ruhigen Stand, und sie suchen beyde die
Tiefen auf.

Hätte dergleichen Verzehrung der Eyer nicht
statt, so würden die Gewässer des Erdballs niemals
eine solche ungeheure Menge Fische fassen können,
die aus den Rogen in einem Jahre entstehen könnten,
zu geschweigen, daß hernach noch so viele Millionen
Fischlein das gewöhnliche Schlachtopfer werden,
wovon die ältern Fische leben.

Inzwischen giebt es doch auch verschiedene Fisch-
arten, deren Weibchen sich Löcher im Sande in der
Tiefe wühlen, um daselbst ihre Rogen hinein zu legen, und dadurch vielleicht zu bewahren. Auch ist
wohl sehr wahrscheinlich, daß dieses Begattungs-
oder vielmehr Befruchtungsgeschäfte bey vielen Arten
sehr verschieden seyn werde, wie wir in der Beschreibung der Arten hin und wieder noch anmerken,
und einige besondere Umstände in Erwegung ziehen
werden.

Wenn die Fischlein sich aus ihren Eyern entwi- **Wachs-**
ckeln, sind sie den Würmerchen gleich, bekommen aber **thum.**
gar bald eine sichtbare Gestalt. Selten findet man
Mißgeburten unter ihnen, und woferne sie nicht
durch Raubthiere verschluckt werden, bringen sie ihr
Leben allezeit davon, es wäre denn, daß ein schweflich-
tes ungesundes Wasser, oder unterirdische Dünste,
oder auch eine angesteckte Luft ihnen schädlich wäre, in welchem Falle auch große Fische ihr Leben
verliehren, daß man oft sehr viele todte unter ihnen
findet und an den Ufern antrift, wie im Jahre 1740.
durch den starken Winter, und im Jahre 1759. bey
der großen Sommerhitze geschahe. Was aber das

Wachs-

Wachsthum an sich selbst betrift, so ist dieses ziemlich
ungleich, und noch nicht recht beobachtet worden.

Man weiß zum Exempel, wie viel Zeit junge
Setzlinge in den Teichen gebrauchen, eine beliebige
Größe zu erhalten, und vielleicht geht der erste
Wuchs schnell, der folgende aber nachher langsam
von statten, denn es ist bekannt, daß viele Fische
im Anfange in einem Jahre ziemlich groß wurden,
hernach aber in zehen bis zwanzig Jahren nicht sonderlich zunahmen. Da man nun manchmal von
der nämlichen Art alte Fische von ganz ungewöhnli-
cher Größe findet, so hat man daraus einen wahr-
scheinlichen Maasstab auf ihr Alter ziehen wollen.

Alter. Der Herr Steller giebt zwar viele, aber oft
sehr zweifelhafte Merkmale von dem Alter der Fische
an. Wenn es aber, wie wir bey den Schuppen
angemerkt haben, seine Richtigkeit hat, daß sich jedes Jahr eine neue Haut auf jede Schuppe ansetzt,
und sie also verdickt, so dürfte man nur eine Schuppe unter einem Vergrößerungsglase untersuchen,
und die angelegten Blätterchen derselben zählen, so
würde man die Zahl der Jahre finden. Wenigstens
erzählt der Herr von Buffon, daß der Graf von
Maurepas auf seinem Landguthe Pontchartrain
Karpfen hatte, von welchen man zuverläßig wußte,
daß sie hundert und funfzig Jahre alt waren, und
wir erinnern uns in den Ephemeriden der Naturforscher Nachrichten von einem Hechte in wür-
tembergischen Weihern gelesen zu haben, aus dessen
an den Flossen angehängten kupfernen Ringe und
eingegrabener Jahrzahl erhellete, daß er über dreyhundert Jahre alt seyn müßte.

Es mag nun übrigens dieser Umstand vergrös-
sert seyn oder nicht, so ist doch allemal wahrscheinlich, daß die Fische, mehr gesund, weniger krank,
besser in ihrem Elemente verwahret, und nicht so
vielen

vielen Schickſalen, als die andern Thiere, ausgeſetzt
ſind, mithin wohl ſehr alt werden können, wenn ſie
nicht gefangen oder von andern Fiſchen gefreſſen
werden. Denn es giebt immer noch in den Weihern alter Schlöſſer, uralte Hechte und Karpfen,
die allen Nachſtellungen glücklich entwiſcht ſind, zu
geſchweigen, daß man beſtändig in dem Meere noch
einzelne Fiſche erjagt, die wahre Rieſen ihres Geſchlechts ſind, wie theils aus den Amphibienfiſchen
der vorigen Claſſe erhellet, und theils an einigen
Beyſpielen in dieſer Claſſe noch erhellen wird.

Von der Lebensart der Fiſche würden wir
ſchon etwas erwehnen, wenn dieſer Artikel nicht in
gar zu große Dunkelheit eingehüllet wäre, doch wird
hin und wieder in der Beſchreibung der Arten eines
und das andere, das zuverläßig iſt, angeführt werden. Einige ſchlafen des Nachts, und ſtreichen
bey Tage; andere ſchwärmen des Nachts und ſchlafen bey Tage. Viele leben einzeln, andere in Geſellſchaft; wieder andere ſchwimmen zu Millionen
beyſammen. Einige ſind Zugfiſche, andere ſind an
eine gewiſſe Waſſer- oder Meeresgegend gebunden,
etliche können nur ſalzige Waſſer, andere nur die ſüſſen,
und wieder andere beydes vertragen. Es giebt unter
ihnen Fleiſchfreſſer, Fiſchfreſſer, Steinlecker, Schlam-
wühler, Schneckenbeiſſer, Corallen- und Mooßfreſſer,
Felſenſauger, und was dergleichen mehr iſt.

Betreffend ihr Vaterland, ſo hat der Norderocean wohl den meiſten Ueberfluß, und vielleicht verhält es ſich auch alſo nach dem Süderpole zu. Der
Fiſchfang in Norwegen allein, in Abſicht auf Lachs,
Stöhr, Cabeljau, Schelfiſch, Mackrele, Butte und
dergleichen, wird jährlich auf eine Million Reichstha-
ler gerechnet, und was iſt dieſes gegen den Hering- und
Walfiſchfang der Holländer? anderer großen und
beträchtlichen Fiſchereyen in den amerieaniſchen Gewäſſern nicht zu gedenken.

Linne IV. Theil. B Es

Einlei-
tung.
Nutzen.

Es läßt sich hieraus schließen, wie groß der Nutzen der Fische in der ganzen Welt seyn müsse. Wie viele Völker in America und in den Nordländern leben lediglich allein von den Fischen, wie wir vom Brode? Die nördlichen Siberier, die Ostiacken, die Lapländer, die Kammtschadalen und mehr dergleichen Völker, kennen ja fast keine andere Speise, als die gedörrten Fische, es sey bloß gedörrt, oder gesalzen, oder geräuchert. Gewisse americanische Völker machen sich von den Fischrogen einen Stinkkäs, den sie das ganze Jahr essen, und wie würde Europa mit seinem Fleischvorrathe zurechte kommen, wenn nicht die Fische das ganze Jahr durch zu allerhand Arten zu haben wären? Gewiß, der Schöpfer hat in dem Meere dem Menschen eine unerschöpfliche Vorraths-kammer angelegt, die zu bewundern, und mit dem größten Danke zu erkennen ist, zumal die Fische ihres schleimigen Wesens halben sehr nahrhaft, und guten Naturen auch sehr gesund sind, besonders wenn sie gehörig zubereitet, und mit dem richtigen Verhältniß des Salzes und mit Citronen, oder irgend einer vege-tabilischen Säure angemacht sind.

Fisch-
fang.

Kein Wunder also, daß sich die Menschen von den ältesten Zeiten her beflissen haben, auf verschiedene Art die Fische in ihre Gewalt zu bekommen, und durch Fischreisen, Netze, Harpunen, Angel und dergleichen, ihrer habhaft zu werden; ja, daß wachsame Obrigkei-ten das Maaß der Schilde in den Netzen vorschreiben, damit nicht durch allzuenge gestrickte Garne der Brut von eigennützigen Personen geschadet werde. Doch wie jenes hin und wieder bey etlichen Arten selbst wird angezeigt werden, dieses aber in die Oeconomie gehört, so lassen wir eine weitere Anführung dessen, was hievon könnte gesagt werden, vor diesesmal fahren, und schreiten nunmehr zur Eintheilung dieser Classe.

Eintheilung
der vierten Claſſe
von den Fiſchen.

---

aß die Fiſche bis auf Ariſtoteles Zeiten ziem- lich unbekannte Geſchöpfe waren, an die ſich vor der Zeit niemand viel gewagt, um ſie und ihre große Verſchiedenheit zu unterſuchen, ſolches läſſt ſich aus der Unvollſtändigkeit der Ariſtoteliſchen Nachrichten von dieſer Claſſe der Thiere ſchlieſſen. Die erſten Schriftſteller unter den Naturforſchern reden mehrentheils nur von dem Nutzen und dem Gebrauch der Fiſche, und viele ihrer Nachfolger beſchreiben nur die Fiſche ihrer Gegenden, wie Aelianus, Oppianus, Salvianus, und in letztern Zeiten der Graf Marſigli und andere.

Rondelet, der in der Mitte des ſechszehnten Jahrhunderts erſchien, machte die Eintheilung nach dem Vaterlande; Geßner wählte die alphabetiſche Ordnung; Bellonius, Aldrovandus und Jonſton kamen kaum ſo weit, daß ſie etliche Claſſen nach der äuſſerlichen Geſtalt und ſcheinbaren Uebereinſtimmung machten, wobey doch viel Verwirrung, Dunkelheit und allerhand Fabeln mit einſchlichen, bis endlich Willougby und Ray die Geſchichte der Fiſche aus obigen Schriftſtellern mit mehrerem Fleiß und gröſſerer Genauigkeit zur Hand nahmen, und dieſes Fach mit vielen eigenen und ganz neuen

Eintheil-
lung.

Erkenntniß der Alten.

Rondelet, Geßner, u. ſ. w.

B 2　　Wahr-

Einthei-
lung.
Wahrnehmungen bereicherten, denn ſie machten ſchon
ihre Anmerkungen über die Art der Athemhohlung und
Fortpflanzung der Fiſche. Jenes gab Anlaß, die
Walfiſche in eine beſondere Claſſe zu bringen, dieſes
aber um die Knorpelfiſche, welche große Eyer haben,
von denen Grät= oder Beinfiſchen, die nur kleine
Eyer haben, zu unterſcheiden. Jedoch erkannten
ſie, daß dieſe Art der Eintheilung noch ſehr mangel=
haft wäre.

Ray.
Was indeſſen die Grät= oder Schuppenfiſche,
von welchen wir in dieſem Theile handeln, betrift,
ſo machte Ray zuerſt eine Haupteintheilung zwi=
ſchen den Platt= und Rundfiſchen; die letzten theilte
er wieder ab in ſolche, die keine, oder nur ein paar
Floſſen unten am Körper haben, die ferner von
länglicher Geſtalt ſind, als die Pricken und Aale,
oder von runder Bauart, wie die Igelfiſche. Dieje=
nigen, welche unten am Körper zwey paar Floſſen
haben, werden wieder abgetheilt in ſolche, welche
auf dem Rücken zwey Floſſen haben, als der Cabel=
jau und Schelfiſch, oder die drey Floſſen auf dem
Rücken führen, wie die Forellen, Bärſche und viele
andere, oder endlich in ſolche, deren Rücken nur
mit einer Floſſe beſetzt iſt, welche letzte dann wieder
in gewiſſe Claſſen abgetheilt werden, nämlich in
ſolche, deren Rückenfloſſe weich iſt, oder die in der
Rückenfloſſe vorne ſteife und hinten weiche Finnen
haben, und ſo weiter.

Aus dieſem allem erhellet, daß die neuen
Schriftſteller durch dieſe Engelländer auf den rech=
ten Weg ſind geführt worden, wenigſtens ſcheint
das Zählen der Finnen in den Floſſen vom Willoug=
by herzuſtammen, obwohl der Ritter ſich deren nur
bedient, gewiſſe Arten zu beſtimmen, nicht aber um
die Ordnung zu machen, die er vielmehr von der
Stellung der Bauchfloſſen hernimmt, denn er ver=
gleicht

gleicht diese Bauchflossen mit den Füssen, und macht
in der

Eintheilung.

vierten Claſſe

die nur allein aus ſchuppigen, Gräte führenden,
und mit äuſſerlichen Luftwerkzeugen verſehenen Fiſchen beſtehet, folgende

Kennzeichen der vierten Claſſe.

vier Ordnungen.

I. Ordnung. Kahlbäuche.
Apodes.
8. Geſchlechter.

Die Fiſche dieſer Ordnung haben gar keine Bauchfloſſen, darum heiſſen ſie Apodes, ſtatt deſſen wir das Wort Kahlbäuche gebrauchen wollen.

Kennzeichen der vier Ordnungen.

II. Ordnung. Halsfloſſer.
Jugulares.
5. Geſchlechter.

Die Bauchfloſſen ſtehen vor den Bruſtfloſſen an der Kehle. Sie heiſſen darum Jugulares, welches wir Halsfloſſer geben.

III. Ordnung.   Brustbäucher.
Thoracici.
17. Geschlechter.

Den Fischen dieser Ordnung stehen die Bauchflossen unter den Brustflossen, daher heissen sie Thoracici, welches wir durch Brustbäucher ausdrucken wollen.

IV. Ordnung.   Bauchflosser.
Abdominales.
17. Geschlechter.

Die Bauchflossen stehen den Fischen dieser letzten Ordnung hinter den Brustflossen, folglich an dem rechten Orte, darum werden sie Abdominales genennt, welches wir mit Bauchflosser übersetzen.

Da wir nun für die Benennung dieser Ordnungen keine schicklichere Ausdrücke finden konnten, es wäre denn, daß wir uns einer weitläuftigen Beschreibung hätten bedienen wollen, welches doch wider unsere Absicht ist, so hoffen wir, daß die Liebhaber solche genehmigen werden, widrigenfalls mögen sie sich selbst bessere erfinden.   Wir wollen inzwischen die in obigen vier Ordnungen enthaltenen sieben und vierzig Geschlechter jetzt etwas genauer nach dem Linne bestimmen.

Kenn-

Kennzeichen

der 47. Geschlechter,

welche

in vorbeschriebenen vier Ordnungen

enthalten sind.

I. Ordnung. Kahlbäuche.
Apodes.
8. Geschlechter.

143. **Aale.** Muraena. Die Oefnungen der Kiemen befinden sich an den Seiten der Brust. 7. Arten.

144. **Kahlrücken.** Gymnotus. Der Rücken hat keine Flossen. 5. Arten.

145. **Dünnschwänze.** Trichiurus. Der Schwanz hat keine Flossen. 1. Art.

146. **Seewölfe.** Anarhichas. Die Zähne sind rund. 1. Art.

147. **Schmelte.** Ammodytes. Der Kopf ist schmäler als der Körper. 1. Art.

148. **Schlangenfische.** Ophidium. Der Körper ist degenförmig. 2. Arten.

149. **Deckfische.** Stromateus. Der Körper hat eine eyerförmige Gestalt. 2. Arten.

150. **Degenfische.** Xiphias. Die Schnautze gehet in eine degenförmige Klinge aus. 1. Art.

B 4   II. Ord-

II. Ordnung. Halsfloſſer.
Jugulares.
5. Geſchlechter.

151. **Schelfiſchteufel.** Callionymus. Die
Kiemenöfnungen befinden ſich am Nacken. 3. Arten.

152. **Sternſeber.** Uranoſcopus. Das Maul
iſt aufgeworfen. 1. Art.

153. **Petermännchen.** Trachinus. Der After
iſt nahe an der Bruſt. 1. Art.

154. **Cabeliaue.** Gadus. Die Bruſtfloſſen
laufen lang und ſpitzig aus. 17. Arten. Als:

A.* **Mit drey Rückenfloſſen und einem
Barte.** 6. Arten.

B.** **Mit drey Rückenfloſſen und ohne
Bart.** 4. Arten.

C.*** **Mit zwey Rückenfloſſen.** 6. Arten.

D.**** **Mit einer einzigen Rückenfloſſe.**
1. Art.

155. **Roßfiſche.** Blennius. Die Bauchfloſſen ſind zweyfingerig ohne Dornen.
13. Arten. Als:

A.* **Mit einem Kamme auf dem Kopfe.**
7. Arten.

B.** **Ohne Kamm.** 6. Arten.

III. Ord-

III. Ordnung. Brustbäucher.
Thracici.

17. Geschlechter.

156. Spißschwänze. Cepola. Das Maul ist aufgeworfen, der Körper degenförmig. 2. Arten.

157. Säuger. Echeneis. Der Kopf ist obenher, oder auf dem Wirbel flach, und in die Quere gerunzelt. 2. Arten.

158. Stußköpfe. Coryphaena. Der Kopf ist vornher stumpf und abgestußt. 12. Arten.

159. Grundel. Gobius. Die Bauchflossen sind in eine eyerförmige Flosse zusammen gewachsen. 8. Arten.

160. Knorrhähne. Cottus. Der Kopf ist breiter als der Körper. 6. Arten.

161. Meerscorpione. Scorpaena. Der Kopf ist hin und wieder mit Bärtchen bewachsen. 3. Arten.

162. Spiegelfische. Zeus. Die Oberfläche ist vermittelst einer Querhaut ausgewölbet. 4. Arten.

163. Seitenschwimmer. Pleuronectes. Die beyden Augen stehen an einer Seite des Kopfs. 17. Arten. Als:

A.* Die Augen an der rechten Seite. 10. Arten.

B.** Die Augen an der linken Seite. 7. Arten.

B 5 164.

164. **Klipfische.** Chaetodon. Die Zähne
sind biegsam, bürstenartig, und stehen
sehr dichte aneinander. 23. Arten.

165. **Meerbrachseme.** Sparus. Starke Schneid-
oder Backenzähne. 26. Arten. Als:

A.* **Mit einem schwarzen Flecken.**
8. Arten.

B.** **Rothe.** 3. Arten.

C.*** **Gestreifte.** 6. Arten.

D.**** **Bunte.** 9. Arten,

166. **Lippfische.** Labrus. Die Rückenflosse
hat hinter den Finnen fadenförmige Angehänge oder Fortsätze. 41. Arten.
Als:

A.* **Mit gabelförmigem Schwanze.**
11. Arten.

B.** **Mit gleich langen Schwanzflossen.**
25. Arten.

C.*** **Mit unbekannten Rückenfinnen.**
5. Arten.

167. **Umberfische.** Sciaena. Die Rückenflosse kann sich in ein Grübchen verbergen. 5. Arten.

168. **Bärschinge.** Perca. Die Kiemendeckel
sind sägeförmig gezähnelt. 36. Arten. Als:

A.* **Mit zwey unterschiedenen Rückenflossen.** 7. Arten.

B.**

B.** Mit einer Rückenfloſſe, und un- Eintheil-
getheiltem Schwanze. 15. Arten. lung.

C.*** Mit einer Rückenfinne und getheiltem Schwanze. 14. Arten.

169. Stachelbärſche. Gaſteroſteus. Der
Schwanz iſt zur Seiten kielförmig, und
der Rücken führt abgeſonderte Stacheln.
11. Arten.

170. Mackrele. Scomber. Der Schwanz
iſt zur Seiten kielförmig, und übrigens ſind verſchiedene Baſtardfloſſen
vorhanden. 10. Arten. Als:

A.* Die Baſtardfloſſen ſtehen einzeln.
4. Arten.

B.** Die Baſtardfloſſen ſind miteinander verwachſen. 6. Arten.

171. Barben. Mullus. Die Schuppen, auch
ſogar die Kopfſchuppen, ſitzen locker.
3. Arten.

172. Seehähne. Trigla. Neben den Bruſtfloſſen ſitzen fingerförmige Angehänge.
9. Arten.

IV. Ordnung. Bauchfloſſer.
Abdominales.
17. Geſchlechter.

173. Hochſchauer. Cobitis. Der Körper
wird gegen den Schwanz zu kaum etwas dünner. 5. Arten.

174.

Eintheilung.

174. Wallerfiſche. Amia. Der Kopf iſt nackt, knochig und rauh. 1. Art.

175. Welſe. Silurus. Die erſte Finne der Rücken- und Bruſtfloſſen iſt gezähnelt. 21. Arten.

176. Felſenfiſche. Teuthis. Der Kopf iſt vornher abgeſtutzt. 2. Arten.

177. Panzerfiſche. Loricaria. Der Körper iſt rings herum mit einer knochigen Haut bekleidet. 2. Arten.

178. Salme. Salmo. Die hintere Rücken- floſſe iſt eine Fettfloſſe. 29. Arten. Als:

A.* Lachsforellen mit buntem Körper. 12. Arten.

B.** Stinte, mit gegeneinanderſtehen- den Rücken- und Afterfloſſen. 2. Arten.

C.*** Aeſche mit faſt unſichtbaren Zäh- nen. 5. Arten.

D.**** Salmbrachſeme, deren Riemen- haut nur vier Strahlen hat. 10. Arten.

179. Pfeiffenfiſche. Fiſtularia. Die Schnau- ße iſt köcherförmig und mit einem Deckel verſchloſſen. 2. Arten.

180. Hechte. Eſox. Der Unterkiefer iſt län- ger und punctirt. 9. Arten.

181. **Eidechsfische.** Elops. Die Kiemen= Einthei
haut ist gedoppelt, und die äussere ist lung.
kleiner. 1. Art.

182. **Silberfische.** Argentina. Der After
sitzt dichte am Schwanze. 2. Ar=
ten.

183. **Kornährfische.** Atherina. An den Sei=
ten befindet sich ein breiter silberfärbi=
ger Strich). 2. Arten.

184. **Meeräsche.** Mugil. Der untere Kiefer
ist inwendig kielförmig. 2. Arten.

185. **Fliegende Fische.** Exocoetus. Die
Brustflossen sind so lang als der Kör=
per. 2. Arten.

186. **Fingerfische.** Polynemus. Neben den
Brustflossen befinden sich deutliche fin=
gerförmige Fortsätze. 3. Arten.

187. **Murmelfische.** Mormyrus. Die Kie=
menöfnung besteht in einer langen
Nitze ohne Kiemendeckel. 2. Ar=
ten.

188. **Heringe.** Clupea. Der Bauch ist kiel=
und sägeförmig. 11. Arten.

189. **Karpfen.** Cyprinus. Die Kiemen=
haut hat drey Strählen. 31. Arten.
Als:

A.* **Bartkarpfen.** 4. Arten.

B.** **Mit**

B.** Mit ungetheiltem Schwanze. 2.
Arten.

C.*** Mit dreyzackigem Schwanze.
1. Art.

D.**** Mit gabelförmigem Schwanze.
24. Arten.

Dieses sind nun sieben und vierzig Linneische
Geschlechter, in welchen also vierhundert Arten
vorkommen, deren Beschreibung wir jetzo vor uns
nehmen.

Vier-

Vierte Classe.

Fische.

I. Ordnung. Kahlbäuche.

Apodes.

Sie haben gar keine Bauchflossen.

143. Geschlecht. Aale.

Apodes: Muranea.

Myros, wie auch Smyros, war von Alters her die griechische Benennung gewisser schlangenförmiger Fische, welche also wegen ihres vielen Fetts genennet wurden, kraft dessen sie sich nicht wohl in der Tiefe halten, sondern mehrentheils oben im Wasser schwimmen müssen, und man zielte mit diesen Namen vorzüglich auf die folgende erste Art, deren Weibchen sie Myraina nannten, und wovon bey den lateinischen Schriftstellern Muraena gemacht ist. Da nun alle die von dem Ritter hieher gezogene Fische schlangenförmig, und dabey sehr zart und fett sind, so ist dieser Geschlechtsname mit gutem Grunde gewählet worden. Und weil die Art, die bey uns am meisten bekannt ist, Geschl. Benennung.

den

den Namen Aal führt, auch alles, was eine solche
Schlangengestalt hat, aalförmig pflegt genannt zu
werden, so haben wir dem ganzen Geschlechte den
Namen Aale beygeleget.

**Geschl.
Kennzei-
chen.** Die Kennzeichen dieses Geschlechts sind folgende: der Kopf ist platt, die Nasenlöcher sind löcher-
förmig, die Kiemenhaut besteht aus zehn Strahlen,
die Augen sind mit einer gemeinen Haut bedeckt, der
Körper ist rund und schlüpfrig, die Schwanzflosse,
ist sowohl oben mit der Rückenflosse, als unten mit
der Afterflosse in eins verbunden, hinter dem Kopfe
oder den Brustflossen sind Luftlöcher befindlich. Dieses sind die vornehmsten Merkmale, und weil Rücken-
Schwanz- und Afterflossen zusammen in einer Reihe
fortlaufen, so lassen sich die Finnen nicht wohl bey
allen Arten für jede Flosse besonders bestimmen.
Es werden aber in diesem Geschlechte sieben Arten gezählet, welche nunmehr folgen:

1. Die Murene. Muraena Helena.

**I.
Murene
Helena.
Tab. I.
fig. 1. 2.** Helena, Jupiters und der Leda Tochter,
war ausserordentlich schön, und die Braut, warum jeder tanzte. Weil nun dieser Fisch durch die schwarz
und weisse Marmorirung ausserordentlich schön ist,
und dazu unter allen Fischen das zarteste und
schmackhafteste Fleisch hat, auch deswegen bey den
Römern auf grossen Gastmalen für das allerherrlich-
ste Gericht gehalten wurde, so wird derselbe auch
verblümterweise Helena genennt, und weil die Ita-
lier solche Mourene oder Morena heissen, so
wollen wir dieses im Deutschen mit Murene nach-
mahlen. Sonst ist er unter dem Namen Muraal,
welches soviel als Mutteraal seyn soll, bekannt,
weil das Weibchen fast allezeit Jungen bey sich führt,
und sich ungemein stark fortpflanzt.

Sie

Sie werden zwen bis dren Schuh lang, eines
Kinder-Arms dick, ausserordentlich fett, sind schön
glatt und bunt, und haben an der Brust gar keine
Flossen. Ihr Aufenthalt ist vorzüglich im mittelländischen Meer, jedoch werden sie auch in den asiatischen und americanischen Gewässern gefunden, wie
wir jetzo aus zwen Abbildungen sehen werden, die
der brasilianischen Murene des Seba sehr nahe
kommen.

Tab. I. fig. 1. stellt nämlich eine ostindiani-
sche Murene vor, deren Länge ein und einen halben
Schuh austrug. Die Grundfarbe derselben ist
aschgrau, und zieht auf Violet, die schwarzen Flecken
sind an den Seiten mehrentheils rund, und auf dem
Rücken in die Quere länglich.

Tab. I. fig. 2. hingegen giebt die Abbildung
einer americanischen, die von St. Eustatius ge-
schickt war. Die Grundfarbe ist schneeweiß, und die
Flecken sind eine schöne Marmorirung mit niedlichen
Sprenkeln zwischen den großen Flecken, die am
Bauche mehrentheils rund sind. Die Länge dieses
Exemplars ist zween Schuh, und die Abbildungen sind
nach den Originalen, die der Herr van der Meulen
in Amsterdam in seinem Cabinete besitzt, ver-
fertigt.

Ein Exemplar, welches wir aus dem mexica-
nischen Meerbusen erhielten, ist auch noch in den
Flecken mit feinen weissen Linien marmorirt, und
die Flecken sind bläulich schwarz; dieses aber kam uns
besonders vor, daß sich im Spiritus eine falchige Rin-
de um die Murene ansetzte, die wir etlichemal wieder
haben wegwaschen müssen. Der Körper ist an unserm
Exemplare nichts weniger als rund, sondern breit
und etwas platt gedruckt, die Haut geht über den

Linne IV. Theil.   C   Rü-

Rücken mit einer scharfen Nath, oder plattgedruck-
tem Saume hinaus, und ist ziemlich runzlich, obgleich
sonsten platt und schlüpfrig.

Gestalt. Sonst haben die Murenen einen weiten, doch
spitzigen Mund, und viele kleine Zähnchen. Im
Gaumen aber sitzen noch zwey bewegliche lange Zähne wie bey den Nattern; ob sie deswegen etwas
giftiges an sich haben, wollen wir nicht behaupten:
soviel aber ist gewiß, daß sie gerne beissen, und ihr
Biß erregt eine Entzündung. Die Augen sind klein,
mit einer dünnen durchsichtigen Haut bedeckt, und in
gelbe Ringe eingefaßt, wie denn auch der ganze Fisch
öfters einen gelben Kupferglanz hat; am Ende des
Mauls befinden sich zwey löcherförmige Fortsätze,
desgleichen auch oberhalb den Augen, davon Willoughbey die erste für Nasenlöcher, die andere für
Werkzeuge des Gehörs hält, indem sie in den Weihern durch Pfeifen herbeygelockt werden, denn die
Italiener fangen sie aus der See, und setzen sie sodann in süsse Weiher, worinnen sie ausserordentlich
fett werden, welches um so mehr zu verwundern ist,
da sie eigentlich nur in salzigen Meerwassern zu Hause sind, und niemalen von selbsten die Flüsse hinan
steigen.

Fang. Ihr eigentlicher Aufenthalt ist zwischen den
Klippen des Meeres, da sie in Ritzen und Löchern
wohnen. Um sie also zu fangen, wird von den See-
kieseln am Strande ein Graben eingefaßt, der bis in
das Wasser geht, und in selbigen Blut geworfen,
und Krebse an den Hamen gesteckt, worauf sie sich
alsobald in den Graben einfinden und anbeissen. Diejenigen, die angebissen haben, ziehet man hinauf auf
den trockenen Strand, man muß sich aber hüten,
daß sie nicht mit ihrem Schwanze, (worinnen ihre
größte Stärke bestehet,) in eine Ritze oder Loch
der Klippen kommen, denn sie halten sich daselbst so

erstaun-

erſtaunlich feſte, daß ſie ſich eher den Kopf herunter reiſſen laſſen, ehe man ſie loß bringt; ſind ſie
aber am Strande, ſo hat man Mühe ſie zu tödten,
es ſey denn, daß man ſie auf den Schwanz trete,
worauf ſie augenblicklich ſterben.

Der Magen iſt groß, lang, und reicht bis
zum Nabel oder After, die Leber iſt lang, roth und
etwas gelblich, die Gallenblaſe hat eine eyrunde Geſtalt, und die Galle ſelbſt iſt blau, über der Galle
liegt eine kleine, an beyden Enden ſpitzige Luftblaſe.
Das Fleiſch der jungen Mureenen iſt weiß und ſehr
fein, bey den Alten aber ſchleimig, und wegen der
vielen Gräten nicht gut zu eſſen. Sie mäſten ſich
vom Aaſe und todten Körpern, daher auch Pollio
die in den Weihern geſetzte Mureenen mit den Körpern ſeiner zum Tode verurtheilten Sclaven fütter-
te, und ſolche hernach mit einer tyranniſchen Wol-
luſt fraß.

*(Randnotiz rechts: Anato-
miſche
Anmer-
kung.)*

2. Der Serpent. Muraena Ophis.

Die Benennung iſt theils von der Schädlichkeit,
theils aber von der Schlangengeſtalt hergenommen.
Der Körper dieſes Fiſches iſt etwas länglich rund,
aber der Schwanz ohne Floſſen und ſpitzig; das
vornehmſte, wodurch ſich dieſe von der folgenden
Art unterſcheidet, ſind die blaſſen Flecken, welche
in Reihen an den Seiten des Körpers ſtehen. Sie
werden in den europäiſchen Meeren gefangen.

*(Randnotiz rechts: 2.
Seeſer-
pent.
Ophis.)*

Ein ſolcher Fiſch befand ſich in D. Liſters
Sammlung, und wird alſo beſchrieben: die Dicke
des Kopfs iſt vier Zoll im Durchſchnitte, die Länge
des Körpers drey und einen halben Schuh. Es
lauft aber der Körper langſam ſchmal aus, und endigt ſich in eine ſcharfe Spitze. Die Schnauze iſt
länglich ſcharf, der Mund hat eine weite Spalte und

ſchar-

scharfe Zähne, die nach Art vieler Schlangen nach innen zu gekrümmt stehen. Es machen diese Zähne unten und oben eine gedoppelte Reihe, und in dem Gaumen befindet sich noch eine Reihe. Die Kiemen haben keine Flossen. Die Rückenflosse nimmt etwa drey Zoll vom Kopfe ihren Anfang, und läuft bis zwey Zoll von der Schwanzspitze hinaus, so daß das Ende des Schwanzes ohne Flossen ist. Es sind die Flossen alle weiß und ohne Flecken, und halten am Bauche die Breite eines Fingers. Der Bauch ist weiß, der Kopf aber öfters schwärzlich gestreift, die Seiten des Körpers sind mit blaß schwarzen Flecken besetzt, und diese Flecken stehen, wie in einer Allee von Bäumen, eins ums andere gegeneinander über.

Die nämliche Art scheint auch von dem Pater Leguat und seinen Gefährten auf der Isle de France, einer klippigen Insel bey St. Mauritius, gefunden zu seyn. Es war selbige sechzig Pfund schwer, und hatte einen garstigen Geschmack, so daß sie alle krank darauf wurden, ohnerachtet sie nur ein wenig davon gekostet hatten. Sie hatten dieselbige anfangs für eine Lamprete gehalten, sie waren aber auf diese Art in ihrer Meinung betrogen.

3. Die Meerschlange. Muraena Serpens.

3. Meerschlange Serpens. Wir können diesen Fisch seiner großen Aehnlichkeit halben, die er mit den Schlangen hat, wohl Meerschlange nennen, denn er hat einen vollkommen runden Körper, und einen langen, sehr spitzigen Schwanz, der mit keiner Flosse besetzt ist.

Ein solcher Fisch wird vom Ray folgendergestalt beschrieben: der Körper ist rund, und wird nach und nach dünner, die Farbe auf dem Rücken ist schmutzig gelb, und am Bauche hellblau, an den

Kie=

Kiemen befinden ſich nur ein paar Floſſen, nicht
weit von ſelbigen fangen die Rückenfloſſen an,
und laufen ſo fort, bis ſie etwa einen Finger breit
von der Schwanzſpitze aufhören. Eine ähnliche
Floſſe fängt ſich unten am Bauche bey dem Nabel
an; die Schwanzſpitze iſt nicht gedruckt, wie bey den
Aalen, ſondern ganz rund und ſpitzig. Dennoch
fand der nämliche Schriftſteller in Rom eine ſolche
Meerſchlange mit einem gedruckten Schwanze, denn
es halten ſich dieſe Fiſche in den Meeren vom ſüdlichen Europa, vorzüglich aber in dem mittelländiſchen Meere auf. Die Eingeweide ſind faſt ſo als
in der Murene beſchaffen, auch iſt ihre Gallenblaſe,
wie bey den Murenen, nicht an der Leber angewachſen, ſondern hängt, wie bey den Nattern, frey.
Das Fleiſch ſoll zwar ſchmackhaft aber zähe ſeyn; jedoch verſichert der Pater Labat von den americaniſchen Meerſchlangen das Gegentheil, und hat
ſie als giftig angegeben, vermuthlich aber waren ſelbige eine Verſchiedenheit, denn er ſchreibt ihnen gabelförmige Schwänze zu. Es fiengen ſeine Leu-
te in den Canälen zwiſchen den americaniſchen Inſeln vier dergleichen Fiſche; der erſte war drey Schuh
lang, und Arms dicke, hatte einen plattgedruckten
Schlangenkopf und eine Rückenfloſſe, die bis an den
Schwanz lief; zwey andere waren an der Bruſt drey
Finger breit; die letzte aber, welche ſie mit einem
Zugnetze auf den Strand ſchleppten, war zehn Schuh
lang, und zwey Schuh im Umfange dick; die Haut
war bläulich, und hatte ſchwarze und gelbe glänzende Flecken, die mit einem Fürniß überzogen zu ſeyn
ſchienen; die Rückenfloſſe war am Kopfe ſieben Zoll
breit, und endigte ſich etwa ſechs Zoll von der
Schwanzſpitze; im Maule ſtunden zwey Zoll lange
Zähne, an beyden Seiten des Körpers befanden
ſich noch drey Floſſen, und da der Schwanz gabelförmig war, ſo war die Ausſchweifung deſſelben

C 3   auch)

auch mit einer Floſſe beſetzt. Sollte dieſer Umſtand
richtig ſeyn, ſo verdiente ſelbige in dieſem Geſchlechte eine neue Art auszumachen. Was die Finnen
betrift, ſo giebt der Ritter von ſeiner jetzigen Art
nur die Finnen der Bruſtfloſſen an, und beſtimmt
ihre Zahl auf ſechzehn.

4. Der gemeine Aal. Muraena Anguilla.

4. Gemeiner Aal. Anguilla. Wir kommen jetzo zu den gemeinen Aalen,
die, da ſie in den mehreſten europäiſchen, ſüſſen
Waſſern befindlich, und eine allgemeine Speiſe ſind,
einem jeden bekannt ſeyn werden. Ihr allgemei-
nes Kennzeichen beſteht darinn, daß der untere Kiefer länger als der obere, die Haut aber einfärbig iſt.

Man nannte dieſe Art Fiſche in den alten
Zeiten bey den Griechen Egchelys; bey den Heb-
räern Tjelobcha. Der Ritter aber bedient ſich
der gewöhnlichen lateiniſchen Benennung, welche
Anguilla war, und wegen der Geſtalt dieſer Fiſche von Anguis hergeleitet wurde, welches allezeit eine unſchädliche Schlange bedeutete. Von
dieſem Namen nun iſt auch der Franzoſen Anguille herzuleiten, womit der Engelländer Eel;
der Schweden und Dänen Ahl; dann der Holländer Aal oder der Deutſchen Aal übereinzu-
kommen ſcheint.

Verſchiedenheit. Daß es zwey Arten der Aale gebe, hat man
ſchon in alten Zeiten angemerkt, und Aldrovand,
wie auch Geßner und Rondelet behaupten ſolches, auch ſtimmt die jetzige Erfahrung damit
überein, denn man trift große, mit einem kurzen
dicken und breiten Kopfe an, deren Farbe bräunlich iſt, wie auch kleine, mit einem langen und
ſpitzigen Kopfe, deren Körper von unten etwas ins
gelb-

gelbliche fällt. Die erſte Art wird in Holland
Paaling; die andere aber Aal genennt. Man hält
die erſte Art für die ſchmackhafteſte und beſte, doch
unter der zweyten Art befindet ſich auch eine Abweichung, welche häufig im Y bey Amſterdam
gefangen wird und Nebbeling heißt; dieſe wird
im Herbſte faſt ſo bräunlich als die erſte Art, und
wenn der Bauch ſchön weiß und glänzend iſt, ſo
nennt man ſie in England Silver-Eels oder
Silberaale.

Man findet die Aale allenthalben durch ganz **Aufent-**
Europa in den ſüſſen Waſſern, beſonders in Län- **halt.**
dern, die niedrig, und mit vielen Waſſern durch-
ſchnitten ſind. Sie halten ſich in Flüſſen, Teichen, Sümpfen, Weihern, beſchloſſenen Seen und
Gräben auf, haben aber die beſondere Eigenſchaft,
daß ob ſie gleich in ſüſſen Waſſern zur Welt kommen, dennoch, wo ſie können, auch die ſalzige Waſſer aufſuchen, und in das Meer treten, wo ſie ſich
öfters tief hinein wagen, wie man in verſchiedenen
Meerbuſen, und unter andern auch in der ſogenannten Süderſee, zwiſchen Holland und Frießland beſtändig wahrnimmt; denn bey Workum in Frießland iſt der Aalfang ſo beträchtlich, daß man Aal-
ſchiffe hält, die jährlich wohl hundert tauſend Pfund
nach London überbringen.

Da ihre Geſtalt bekannt genug iſt, ſo wird ei- **Geſtalt.**
ne Beſchreibung unnöthig ſeyn. Es ſcheint zwar,
als ob ihre Haut glatt wäre, jedoch haben ſie, durch
ein Vergröſſerungsglas betrachtet, deutliche Schuppen, ſodann auch Floſſen an der Bruſt, die jede
neunzehn Finnen hat, es zeigt ſich auch eine in die
Länge geſtreckte Rückenfloſſe, welche mit mehr als
tauſend Finnen verſehen iſt, die Afterfloſſe hingegen
hat deren nur hundert; die Anzahl der Wirbelbeine
oder Gelenke im Rückgrade wird auf hundert und
C 4 ſech-

sechzehn gerechnet. Ihre meist gewöhnliche Länge
beträgt etwa zwanzig Zoll, jedoch werden die eigentliche Paalingen, oder die grössere Art, um ein merkliches länger, unter andern fiengen wir selbst einmal
vor zwanzig Jahren in den Gewässern, oder sogenannten Wielen, bey dem Guthe Cienkamp, anderthalb Stunden von Leeuwarden, ein solches Mon-
strum an einem Setzhaaken, den wir mit einem Bär-
sching, um einen grossen Hecht zu ertappen, ausge-
steckt hatten. Derselbe Fisch war anderthalb Ellen
lang, und so dicke wie ein starker Mannsarm, gab
auch, in Stücken zerhackt, und am Spiesse gebraten, für eine grosse Gesellschft ein herrliches Essen
ab. Ein ähnliches und noch grösseres Thier muß der
Aal gewesen seyn, davon uns der Herr D. von
Welle in Petersburg vor drey Jahren die Haut,
die er von den chinesischen Grenzen bekommen hatte, überschickte. Diese Haut ist ohne Kopf und
Schwanzspitze fünf Schuh lang, und drey Schuh
im Umfange, und sie wird von den Einwohnern der
äussersten Grenzen des rußischen Reichs in Rahmen
gespannt, und so, statt der Fenster gebraucht, indem sie durchsichtig ist.

Kleine Aale sind die gewöhnliche Speise der
Störche und Reiger, die ihnen oft so geschwinde
hinten wieder heraus kriechen, als sie vorne hinein-
gekommen sind, so daß sie manchen Aal wohl dreymal essen, auch will man eine dergleichen lebendige
Durchwanderung durch die Gedärme bey Pferden
wahrgenommen haben, welche mit dem Wasser Aale
einschluckten.

Man fängt sie mit Reisern oder spitzigen Fisch-
körben an Oertern, wo das Wasser einen engen Durch-
zug hat, desgleichen mit eisernen vierzähigen Spißen
und Kämmen, womit man in den Morast wühlet und
sticht, und im Winter kann man sie mit einem Bunde
Stroh

Stroh unter dem Eiſe fangen, denn ſie verkriechen ſich in das Stroh, und wenn man den Bund geſchwinde auf das Eis ziehet, ſogleich aber das Loch mit einem Brete zudeckt, ſo kriechen ſie auf dem Eiſe heraus, und können nicht entfliehen. Zuweilen kommen ſie an das Land und verbergen ſich im Graſe, denn ſie dauren wohl zwey bis drey Tage auſſer dem Waſ ſer, können aber weder allzugroße Kälte noch Wär me vertragen. Ihr Leben iſt ſehr hart und zähe, denn die zerhackten Stücke rühren ſich noch ſehr lan ge, ja der abgeſchnittene Kopf beißt noch eine Stunde hernach. Sie bringen lebendige Jungen zur Welt, ihre Begattung aber, ob man ſie gleich in die Hundstage ſetzt, ſcheint noch ſehr dunkel zu ſeyn, ja einige meinen, daß es gar keine Männchen unter ih nen gäbe, ſo daß ſie alle weiblich ſeyn, und ſich ſelbſt (wie unter den Würmern viele thun,) befruchten ſollen.

Sie ſind ſchwer zu verdauen und müſſen mit Salz und Eßig gewürzt werden. Die Haut wird gepülvert, und zur Arzney gebraucht, desgleichen die Leber und die Galle; der friſchen Haut aber be dienen ſich die Bauern zu Stricken, womit ſie ihre Dreſchflögel binden, weil ſie zäher iſt, und länger hält, als andere Stricke.

5. Das Spitzmaul. Muraena Myrus.

Wir haben oben ſchon geſagt, daß die Alten die Männchen der Murenen Myros nannten, und dieſes iſt dann die Benennung, welche der Ritter für dieſe Art wählet, weil man ſie würklich für das Männchen der Murene gehalten hat. Die Hollän der nennen ſie darum Vaar-Aal, oder Vater Aal; wir wollen aber unſere Benennung von der Geſtalt des Kopfs hernehmen, weil derſelbige in ein

E 5 ſpitzi

ſpitziges Maul ausläuft. Die Floſſe, welche ſie um‐
ringt, iſt weiß und hat einen ſchwarzen Rand. An
der obern Lippe befinden ſich ein paar kurze Fortſätze
wie Fühlhörner. Der Schwanz iſt, wie bey den ge‐
meinen Aalen, an den Seiten etwas platt gedruckt,
im Gaumen befinden ſich zwey bis drey Reihen kleiner
Zähnchen, desgleichen ſtehen etliche kleine Zähnchen
zur Seiten in den Kiefern. Man fängt dieſe Art, die
etwas kleiner als die Murene No. 1. iſt, im mittel‐
ländiſchen Meere, und das Fleiſch iſt niedlich,
ſchmackhaft, und hat nicht viel Gräte.

6. Der Meeraal. Muraena Conger.

**6.
Meer‐
aal.
Conger**
Wir haben oben von den gemeinen Aalen erwäh‐
net, daß ſie in ſüſſen Waſſern zwar erzeuget wer‐
den, jedoch die Gewohnheit hätten, ſich in die ſalzigen
Waſſer zu begeben. Bey der jetzigen Art aber hat
das Gegentheil ſtatt, denn ſie werden in ſalzigen Waſ‐
ſern gezeuget, und pflegen in Flüſſen und Meerbuſen
die ſüſſen Waſſer hinanzuſteigen. Wir nennen dar‐
um dieſe Art Meeraal, und er iſt der alten Schrift‐
ſteller ihr Conger oder Congrus, welches vom
griechiſchen Kongros hergenommen iſt, daher
auch der Ritter dieſe Benennung beybehält, wie
mehrere Nationen zu thun pflegen, denn er heißt
engliſch, Conger-Eel; franzöſiſch, Congre; hol‐
ländiſch, Konger.

Er iſt an den zwey Bärtgen, die ihm am Mau‐
le ſitzen, desgleichen an einem weißlich punctirten
Striche, der ſich an der Seite befindet, zu kennen,
wozu denn auch noch kommt, daß der obere Rand
der Rückenfloſſe ſchwarz iſt. Dieſe Art wird größer
als die größte, der gemeinen Aale oder Paalinge,
denn man hat vor etlichen Jahren in dem Meerbu‐
ſen der Süderſee bey Holland einen gefangen, wel‐
cher

cher zwanzig Pfund wog, und in Amersfort zur
Schau ausgeſtellt wurde, da hingegen die großen ge=
meinen Aale ſelten über vierzehn Pfund wiegen.
Nach Pontoppidans Bericht ſind ſie in der Nord=
ſee oft vier bis fünf Ellen lang, und Aldrovandus
berichtet ſogar, daß es einige in Ganges geben ſolle,
die wohl dreyßig Schuh lang ſind.

Die Rückenfloſſe fängt bey dieſer Art weit
höher als bey den gemeinen Aalen an. Die Au=
gen ſind groß und haben ſilberfärbige Ringe, die
Farbe auf dem Rücken iſt aſchgrau, am Bauche
weiß. Die Kiemen ſind wie bey den Aalen nicht
mit einem beinigen Deckel, ſondern mit einer Haut
geſchloſſen, welche unter den Floſſen fein durchlö=
chert iſt. Die jungen Conger=Aale werden in
Engelland Elvers genennt und häufig gefangen,
da ſie mit Eßig und Senf eine wohlſchmeckende Speiſe
ausmachen. Der europäiſche Ocean iſt ihr Va=
terland, daher man an der Küſte von Bretagne
von Johannis an, bis an Michaelis einen ordent=
lichen Aalfang anſtellt, desgleichen auch an der
Küſte von Cornwal und in der Severn bey Glo=
cheſter geſchieht.

7. Der Blindaal. Muraena Coeca.

Die jetzige Art ſcheint ganz neu, und nicht
hinlänglich bekannt zu ſeyn, ſie führet obigen Na=
men, weil ſchlechterdings keine Augen bey ihr an=
getroffen werden, auch iſt der Umſtand merkwür=
dig, daß ſie gar keine Floſſen hat, ob ſie gleich
dem Körper nach die vollkommene Geſtalt eines
Aals hat.

7.
Blind=
aal.
Coeca.

Die Schnautze lauft spitzig aus, die Kiemenöfnungen befinden sich unter dem Halse, die Kiefer haben kleine schwarze Zähnchen. Am Hinterkopfe befinden sich sieben, mitten auf dem Kopfe
abermal sieben, und vorne her noch vier paar
durchlöcherte Puncte. Der After steht dichter am
Kopfe als nach dem Schwanze zu, und es scheint
in der That eine Mittelgattung zwischen Amphibien und Fischen, oder zwischen Pricken und Aalen zu seyn. Der Aufenthalt dieses Fisches ist
im mittelländischen Meere.

144. Geschlecht. Kahlrücken.
Apodes: Gymnotus.

Die aus dem Griechischen hergenommene Be= **Geschl.**
nennung bedeutet nichts anders als eine Benen= **nung.**
Blöße, welche diesen Fischen zugeeignet wird, weil
die mehresten unter ihnen auf dem Rücken keine Flossen haben, und um deswillen ist von uns der Name
Kahlrücken; holländisch Bloot-Ruggen, ge=
wählet worden.

Die Kennzeichen sind folgende: der Kopf hat **Geschl.**
zur Seiten gewisse Deckel, an der obern Lefze befin= **Kennzei=**
den sich zwey Fühlhörner, die Augen sind mit einer **chen.**
gemeinschaftlichen Haut bedeckt, die Haut der Kiemen hat fünf Strahlen, der Körper ist zusammen
gedrückt, und unten durch eine Flosse kielförmig zu=
gespitzt. Es kommen in diesem Geschlecht folgende
fünf Arten vor.

1. Brasilianischer. Gymnotus Carapo.

Es kommt dieser Fisch aus Brasilien und wird **1.**
daselbst Carapo genennt. Er hat nach Arredi Be= **Brasi=**
richt, auf dem Rücken, am Bauche und am Schwan= **lianis=**
ze keine Flossen, hingegen haben die Kiemenflossen **cher.**
fünf, die Brustflossen dreyzehn, und die Afterflossen **Carapo**
zweyhundert Finnen. Nach dem Gronov ist der **fig. 1.**
obere Kiefer länger als der untere, und der Schwanz
endigt sich in eine lange scharfe Spitze. Siehe
Tab. II. fig. 1.

Es

Gestalt. Es verlohnt sich aber der Mühe, die vollständi-
ge Beschreibung, die der Ritter davon in seinen
Amoenit. Acad. giebt, anzuführen: der Kopf nämlich ist glatt, oval, klein, und mit sanften Wärz-
chen weitläuftig besetzt. Die Zähne sind klein, die
Lippen fleischig, die untere länger, und die obere
mit kleinen Bärtchen an den Seiten besetzt, die Nasenlöcher stehen einzeln, und sind fast über den Kopf
erhaben, die Augen sind klein und mit einer Haut
bedeckt, die Kiemenhaut besteht aus fünf breiten
Beinchen, die Oefnungen sind ziemlich weit, der
Körper ist länglich, etwa einen Schuh lang, aber
schmal, am Rücken dicke, und unten kielförmig, der
Schwanz ist scharf und spitzig, so daß die ganze Gestalt
des Fisches etwas messerförmig ist, die Schuppen sind
rund, liegen übereinander, und haben sowohl in der
Rundung als in die Quere einige Runzeln, der
Strich zur Seiten ist niederwärts gezähnelt, der Nabel ist unten bey der Kehle nahe am Kopfe befindlich,
die Brustflosse ist klein und lanzetenförmig mit dreyzehn Finnen, Rücken- und Bauchflossen sind nicht vorhanden, die Afterflosse nimmt nahe an dem Kopfe
ihren Anfang und geht gerade bis zum Schwanze mit
zweyhundert weichen Finnen durch, der Schwanz
selber aber hat keine Flossen.

Man fängt diese Fische in den Flüssen und Seen
von Südamerica, sie sind gut zu essen, aber voller Gräte.

2. Der Zitteraal. Gymnotus Electricus.

2.
Zitter-
aal.
Electri-
cus. Wir haben in dem vorigen dritten Theile von
den Amphibien pag. 237. einen Amphibienfisch
aus dem Geschlechte der Rochen abgehandelt, welcher die besondere Eigenschaft hat, daß er durch einen

nen heftigen Schlag denjenigen, der ihn berührt,
betäubet, daher er Torpedo, Krampffiſch, Trill-
roch und Siddervilch genennt wird. Von ähnlicher Beſchaffenheit iſt nun auch der jetzige, vor
nicht langer Zeit entdeckte ſurinamiſche Aal, welchen der Ritter, (da er ordentlich einen electriſchen
Schlag von ſich giebt) Electricus nennet. Wir
folgen der gewöhnlichen holländiſchen Benennung,
welche Beef-Aal iſt, und geben ihm den Namen
Zitteraal, zumal er ſonſt auch Tremulus genennt
wird. Er iſt der Ubirre des De Laets; der Meeraal des Ray; und der Num-Eel der Engelländer.

Die Geſtalt iſt einem großen Aal nicht ungleich, Geſtalt.
die Länge des Exemplars im Leidner Cabinette beläuft
ſich auf ein und zwanzig Zoll, der Rucken iſt erhaben
rund, glatt oder ſchlüpfrig, ohne Floſſen, aber mit
vielen Schweißlöchern verſehen, der Schwanz iſt
ſtumpf, und die Afterfloſſe biegt ſich um ſelbige herum, der untere Kiefer iſt etwas länger als der obere,
die Augen ſind ſehr klein, kaum zu finden, und ſtehen
nahe am Maule, die Haut iſt aſchgrau ſchwärzlich, und einigermaſſen marmorirt, das Fleiſch iſt
eßbar.

Was nun die electriſche Eigenſchaft dieſes Fiſches Electri-
betrift, ſo empfindet derjenige, der ihn mittelbar ſche Ei-
oder unmittelbar berührt, einen heftigen electriſchen gen-
Schlag, der durch die Glieder große Schmerzen er- ſchaft.
regt, ſo wie man öfters bekommt, wenn man ſich an
den Ellenbogen ſtößt. Abſonderlich iſt dieſer Schlag
ſehr durchdringlich, wenn man den Fiſch mit einem
Stocke, der mit Meſſing beſchlagen iſt, berührt,
zumalen wenn er einen goldnen Knopf hat, in welchem Fall der Stoß unerträglich iſt. Wenn man
auch den Fiſch in einen Waſſerbehälter thut und
berührt das Waſſer mit den Fingern, ſo fühlet man

dieſen

dieſem Schlag auf funfzehn Schuh weit, daher es
gefährlich iſt, ſich in der Gegend, wo ſich ein ſolcher Zitteraal aufhält, zu baden, indem man durch
ſelbigen dergeſtalt im Waſſer betäubt und getroffen
wird, daß man kraftloß zu Boden ſinken muß.
Das einzige Mittel, ihn ohne Empfindung zu berühren, iſt, wenn man ihn mit rothem oder ſchwarzen Siegelwachs anrührt, welches alſo mit dem
Peche, worauf man ſich bey der Electriſirmaſchine
ſtellt, einerley Bewandniß haben mag. Nach
Maaßgabe der Größe des Fiſches iſt auch die electriſche Kraft ſtark, doch hört alles auf, ſo bald der Fiſch
todt iſt. Kein Fiſch kann die Nachbarſchaft dieſes
Aals vertragen, daher man auf zehn Ruthen im
Umfange keine andern Fiſche um ihn wahrnimmt.
Nur eine gewiſſe Art von Krebſen oder Garnelen
(Squillae), und vielleicht auch andere Krebſe, em-
pfinden nichts von ſeiner Gegenwart, ja können ſich
ſogar über den Zitteraal hermachen und ihn tödten.

Sonſt nähret ſich derſelbe von andern Fiſchen
und von den Eingeweiden ertrunkener Thiere, auch
kann man ihn mit Brod füttern. Der Ort des
Aufenthals iſt in Suriname und andern americaniſchen Flüſſen, und man hat ihrer angetroffen, die
über fünf Schuh lang waren.

3. Die Weißſtirn. Gymnotus Albifrons.

3.
Weiß-
ſtirn.
Albi-
frons.

In gedachten ſurinamiſchen Gewäſſern befindet
ſich noch ein anderer, zu dieſem Geſchlechte gehöriger
Fiſch, welcher obige Benennung um deswillen führt,
weil der Vördertheil des Rückens von der Naſe an
ſchneeweiß iſt. Die Geſtalt kommt mit dem braſilia-
niſchen Kahlrücken No. 1. ziemlich überein. Die
Kiemenöfnungen ſind oval, und befinden ſich an der
Wurzel der Bruſtfloſſen, der Körper iſt meſſerförmig,

mig, die Afterfloſſe läuft faſt von der Kehle an bis
zur Schwanzſpitze in einem fort, die Schwanzfloſſe iſt abgerundet, der Kopf gedruckt, die Mundſpalte klaffet weit, die Augen ſind mit der gemeinen
Haut bedeckt, und die Naſe hat zwey Paar löcherförmige Löcher, Rücken- und Bauchfloſſen ſind nicht
vorhanden, die Bruſtfloſſe hat funfzehn, die Afterfloſſe hundert und zwey und funfzig, und die
Schwanzfloſſe vier und zwanzig Finnen.

4. Der Spitzkiefer.　Gymnotus Roſtratus.

4.
Spitz-
ki.fer.
Roſtra-
tus.

　　In dieſem Fiſche vereinigen ſich verſchiedene
ganz ungewöhnliche Umſtände. Das Maul nämlich geht in einen langen löcherförmigen, hornar-
tigen, röhrartigen und ſpitzigen Schnabel aus, der
gleichſam aus einem Stücke zu beſtehen ſcheint,
indem man keine rechte Mundſpaltung oder Abtheilung der Kiefer wahrnimmt, dazu iſt er durchſichtig, daß man die Speiſen, die gleichſam nur
aufgeſchöpft oder aufgefangen werden, durchgehen
ſiehet. Der Schwanz iſt lang, ſpitzig und faſt
wie ein Ratzenſchwanz, der Körper iſt röthlich und
braun geflackt, der Rücken hat keine Floſſen, und
zufolge der Kennzeichen dieſes Geſchlechts, auch
der Bauch nicht, nach der Eigenſchaft, welche
dieſe ganze Ordnung hat, dann endlich hat auch
der Schwanz keine Floſſen; aber die kleinen Bruſtfloſſen, die etwas abgerundet ſind, führen neunzehn Finnen, und die Afterfloſſe, die ſich gleich
unter den Bruſtfloſſen anhebt, beſteht aus zweyhundert und ſechs und neunzig Finnen, und hört
ſchon in einer ziemlichen Entfernung von der
Schwanzſpitze wieder auf; die Riemendeckel ſind
beinig, und gleichſam aus einem Mittelpuncte
nach dem Umfange — ſtrahlig, vom Kopfe bis zur
Schwanzſpitze zieht ſich auf beyden Seiten am Rü-

Linne IV. Theil.　　　D　　　　cken

cken eine weiſſe Linie. Die americaniſchen Gewäſſer ſind der Ort des Aufenthalts.

5. Der Floßrücken. Gymnotus Aſiaticus:

5. Floß-
rücken.
Aſiati-
cus.Wir müſſen dieſen Fiſch wohl Floßrücken nennen, weil er auf dem Rücken Floſſen führt; da
nun aber das Kennzeichen dieſes Geſchlechts darinn
beſtehet, daß ſie auf dem Rücken keine Floſſen haben
ſollen, ſo iſt gar nicht einzuſehen, warum der Ritter dieſen Fiſch hieher gerechnet hat, zumal er auch
noch über das mit deutlichen Schuppen beſetzt iſt,
dergleichen man an den übrigen Fiſchen dieſes Geſchlechts nicht wahrnimmt; es müßte denn ſeyn, daß
ihn der Ritter der aalförmigen Geſtalt halben hieher
gezogen hätte, wiewohl er ſelber ſagt, daß das Geſchlecht dieſes Fiſches zweifelhaft ſey, und vielleicht
dem hundert und ſechs und vierzigſten Geſchlechte
(Anarhichas, Seewölfe) beygezählet werden
könnte. Wir wollen indeſſen die Linneiſche Beſchreibung hier folgen laſſen.

Geſtalt. Er iſt über eine Spanne lang, etwas dicke,
mit glatten, runden, abgeſonderten Schuppen, auch
ſogar über den Kopf, bedeckt; der Kopf iſt mit fünf
ausgehöhlten Puncten bezeichnet, und eben dergleichen
befinden ſich auch an den untern Kiefern; der After
iſt in der Mitte des Körpers; an den Seiten des
Körpers zeigt ſich eine erhabne, gerade Linie, die ſich
oberhalb dem After herunter ſenkt, die Farbe iſt dunkel, und mit braunen Bändern bezeichnet; in der
Rückenfloſſe, wie auch auf dem Hintertheile des Körpers, zeigen ſich weiſſe Flecken. Weil nun dieſer
Fiſch Kiemendeckel hat, die ſich ſeitwärts ſehr weit
öfnen, und überdas mit Schuppen bedeckt iſt, kann
man ihn ſchwerlich unter die Murenen zählen. Die
Rückenfloſſe fängt hinter dem Kopfe oder Nacken an,
und

und erſtreckt ſich faſt bis zum Schwanze, der Kopf
iſt niedergedruckt und glatt, vor der Naſe ſtehen
zwey abgeſtutzte Fühlhörner oder Bartfaden, die
Kiemenhaut iſt fünfſtrahlig, der Körper iſt einigermaſſen cylindriſch und nach hinten zu zuſammengedruckt, in der Stirn iſt eine kleine Oefnung,
die Zunge iſt glatt, in den Kiefern ſtehen kleine
Zähnchen im Gaumen oder innerhalb des obern
Kiefers. Der Ort des Aufenthals iſt im aſiatiſchen Meere.

143. Geschlecht. Dünnschwänze.
Apodes: Trichiurus.

Geschl. Benennung. Die griechische Benennung Trichiurus bedeutet einen zugespitzten Schwanz, daher wir das Wort Dünnschwanz gewählet haben. Was aber die Kennzeichen betrift, so sind sie folgende.

Geschl. Kennzeichen. Der Kopf dehnt sich in die Länge und hat an den Seiten Kiemendeckel; die Zähne sind schwerdtförmig, und an der Spitze halb pfeilförmig, doch sind die Vorderzähne die größten; die Kiemenhaut hat sieben Strahlen; der Körper ist an den Seiten platt gedruckt, mehr hoch als breit und degenförmig; der Schwanz ist pfriemenförmig und hat keine Flossen. Es ist in diesem Geschlechte nur folgende einzige Art bekannt.

1. Der Spitzschwanz. Trichiurus Lepturus.

1. Spitzschwanz. Lepturus. Tab. I. fig. 3. Wir geben die griechische Benennung Lepturus, Spitzschwanz, weil der Schwanz wider die Gewohnheit der Fische sehr spitzig ausläuft. Willoughby, dessen Abbildung wir hier Tab. I. fig. 3. mittheilen, hatte ihn den indianischen Aal genannt, und Seba beschreibt ihn unter dem Namen Enchelyopus, dahingegen Brown und Gronov ihn Gymnogaster nennen. Er ist indessen der Brasilianer Mucu.

Die

Die Größe dieſes Fiſches iſt etwa zween Schuh in der Länge, ein und einen halben Zoll dick, vom Rücken nach dem Bauche zu gerechnet, dahingegen nur einen halben Zoll breit; die Farbe iſt allenthalben ſilberglänzend, daher er auch zuweilen Silberfiſch genannt wird, wiewohl er von den americaniſchen Silberplattfiſchen wohl zu unterſcheiden iſt. Die Rückenfloſſe kann ſich in Falten niederlegen, doch kommen die Schriftſteller in Zählung der Finnen nicht miteinander überein. Die Kiemenfloſſen haben ſieben Finnen, doch die Rückenfloſſe, die im Nacken anfängt, aber nicht ganz bis zur Schwanzſpitze ausläuft, hat nach Artedi hundert, nach Linne hundert und vier und zwanzig, nach Gronov hundert und acht und dreyßig Finnen; vielleicht giebt es alſo Verſchiedenheiten. Die Bruſtfloſſen ſind mit eilf bis zwölf Finnen beſetzt; der Bauch, After und Schwanz haben gar keine Floſſen, ausgenommen daß Artedi in einem Exemplare eine Afterfloſſe mit hundert und fünf Strahlen will gefunden haben.

Uebrigens hat dieſer Fiſch die beſondere Eigenſchaft, daß er ſich zuweilen aus dem Waſſer erhebt, und den Fiſchern in den Kahn hinein ſpringt. Der Ort des Aufenthalts iſt in den americaniſchen und chineſiſchen Gewäſſern.

146. Geſchlecht. Seewölfe.

Apodes: Anarhichas.

Geſchl.
Benen-
nung.

Die Benennung Anarhichas ſcheint ein Em-
porſteigen in dem Waſſer zu bedeuten, daher Geßner dieſen Fiſch, der nur der einzige ſeines
Geſchlechts iſt, auch Scanſor nennt. Weil er
aber franzöſiſch Loup Marin und Lupaſſum;
italiäniſch Lupaſſo und Louvazzo; engliſch
Wolf-Fiſch oder Sea-Wolf; holländiſch Zee-
Wolv genennt wird, ſo wollen wir auch die Benennung Seewolf beybehalten. Die Kennzeichen
ſind folgende.

Geſchl.
Kennzei-
chen.

Der Kopf iſt etwas ſtumpf, die Vorderzähne
ſind oben und unten kegelförmig, ſtehen etwas abgeſondert, und ihre Anzahl beläuft ſich auf ſechs und
mehrere; die untern Backenzähne, wie auch die Gau-
menzähne ſind rund; die Kiemenhaut hat ſechs Strahlen; der Körper iſt einigermaſſen rund, und die
Schwanzfloſſe abgetheilt. Wir nennen alſo die einzige Art dieſes Geſchlechts

1. Meerwolf. Anarhichas Lupus.

1.
Meer-
wolf.
Lupus
Tab. II
fig. 2.

Dieſer Name iſt um deßwillen nicht uneigen,
weil dieſer Fiſch wie ein Wolf zubeißt, und ſogar
die Anker anpackt. Er hat die Länge von ein und einer halben bis zwey Ellen. Nach dem Gronov iſt
die Anzahl der Finnen in der Rückenfloſſe drey und
ſiebenzig, in der Bruſtfloſſe zwanzig, in der Afterfloſſe

floſſe fünf und vierzig und in der Schwanzfloſſe achtzehn. Die Farbe iſt weißlich blau, mit hellſchwar-
zen Querbanden. Er wird zuweilen Klippfiſch genennt, und oft mit einer Art Stockfiſch, die Leng
genennt wird, verwechſelt, iſt aber, geſalzen, ein
ſehr herrliches und niedliches Eſſen. Sie halten
ſich in der Nord- und Oſtſee auf, und werden
häufig an der Inſel Heiligland und vor der Elbe
gefangen. Siehe Tab. II. fig. 2.

Die Zähne ſtehen in doppelten Reihen, wovon
die vordere Reihe die größten Zähne hat. Auſſer
dem liegt noch in dem untern Kiefer ein Beinchen
mit höckerigen Erhöhungen, dergleichen ſich auch in
der Kehle befinden. Bey Hitland fieng man einmal einen Seewolf, der ſieben Schuh lang war;
doch an der holländiſchen Küſte ſind ſie insgemein
nur drey bis vier Schuh lang. Daß ſie gute
Zähne haben müſſen, iſt leicht zu erachten; ob aber
die ſogenannten Bufonites oder Krötenſteine, die
Verſteinerungen von den Zähnen dieſes Fiſches ſeyn,
ſtehet noch dahin. Die Abbildung iſt von einem
ausgeſtopften Originale genommen, und der Fiſch
iſt ſonſt bekannt, da er häufig gefangen, eingeſalzen
und verſchickt wird. Welcher Fang nur zu gewiſſen
Zeiten kann vorgenommen werden, wenn er nämlich
aus den Tiefen zur Oberfläche des Waſſers ſteigt, und
ſich aus dem Meere nach dem Strande, oder in die
Mündung großer Flüße begiebt.

147. Geschlecht. Schmelte.
Apodes: Ammodytes.

Geschl.
Benen-
nung.
Der griechische Name Ammodytes ist diesen Fischen gegeben, weil sie sich gerne an den Stranden im Sande verkriechen, daher sie auch von den Engelländern Launces oder Sand-Eels, und von den Franzosen Anguille d'Arene genennt werden, doch weil nur eine einzige Art bekannt ist, die durchgängig den Namen Schmelte führt, so wählen wir diesen Namen der Deutlichkeit halben.

Geschl.
Kennzei-
chen.
Die Geschlechtskennzeichen sind folgende: der Kopf ist gedruckt, und im Anfange kleiner als der Körper; die Oberlefze ist gedoppelt, und der untere Kiefer enge und zugespitzt; die Zähne sind klein; die Kiemenhaut hat sieben Strahlen, der Körper ist etwas rundlich, und mit kleinen fast unsichtbaren Schuppen besetzt; der Schwanz ist abgetheilt. Die einzige in diesem Geschlechte vorkommende Art ist folgende:

1. Der Sandaal. Ammodytes Tobianus.

1.
Sand-
aal.
Tobia-
nus.
Wir nennen diesen Fisch Sandaal, weil er, wie oben schon erwähnt wurde, sich gerne im Sande verkriecht; warum ihn aber der Ritter Tobianus nennt, wissen wir nicht.

Tab. II.
fig. 3.
Nach den verschiedenen Schriftstellern hat die Kiemenflosse fünf bis sieben, die Rückenflosse vier und

und funfzig bis sechzig, die Brustfloſſe neun bis
funfzehn, die Afterfloſſe ſechs und zwanzig bis zwey
und dreyßig, und die Schwanzfloſſe funfzehn bis
ſechzehn Finnen; der Kopf iſt mehr hoch als breit
und geht ſpitzig aus; die Kiemendeckel ſind glatt
und glänzend; das Maul ſchmal und ohne Zähne;
der untere Kiefer länger als der obere; der Rücken
bis zum Kopfe erhaben rund; die Kiemen klaffen
unten an den Seiten des Kopfs; die Seiten des
Körpers ſind dünne, geſchlank, und ſchmälern ſich
nach dem Schwanze zu; auf dem Rücken iſt nur
eine lange weiche Floſſe, die ihren Anfang etwas
hinter dem Kopfe nimmt, und bis zum Schwanze
fortläuft; die Bruſtfloſſen ſind lanzettenförmig; die
Afterfloſſe fängt etwas hinter der Mitte des Körpers an, und lauft gleichfalls bis zum Schwanze;
die Schwanzfloſſe iſt einigermaſſen gabelförmig.
In Engelland und Schweden will man zweyerley
Arten angemerket haben Diejenigen, die an der
Küſte von Holland reichlich gefangen werden, haben
einen himmelblauen Rücken, und einen ſilberglänzen-
den Bauch. Siehe Tab. II. fig. 3.

 Viele Schmelte haben keine Schwimmfloſſen, Anato-
die Leber iſt blaß, und kaum in Lappen abgetheilt; miſche
der Magen iſt kegelförmig, die Gallenblaſe iſt einen Anmer-
Fingerbreit von der Leber entfernt, am Ausgang des kung.
Magens befindet ſich ein Anhang wie ein blinder
Darm, die Rippen ſind mit einer ſchwarzen Haut
bekleidet.

 Es iſt dieſer Fiſch von gutem und feinem Geſchmacke, und wird ſowohl gebraten als gekocht in
England ſehr geliebet, doch die Holländer halten
ihn für eine trockene Speiſe.

148. Geschlecht. Schlangenfische.
Apodes: Ophidium.

Geschl. Benennung.
Es führen die Fische dieses Geschlechts beyde obige Benennungen deßwegen, weil sie sowol in Absicht auf den Kopf, als auf die runde und längliche Gestalt des Körpers einige Aehnlichkeit mit den Schlangen haben, wiewohl sie nicht groß werden. Es bestehen aber ihre Kennzeichen in folgenden Stücken.

Geschl. Kennzeichen.
Der Kopf ist fast nackt. Die Kiefer, der Gaumen und die Kehle sind alle mit Zähnchen besetzt. Die Kiemenhaut hat sieben Strahlen, und klaft. Der Körper ist degenförmig. Der Ritter giebt davon zwo Arten an.

1. Das Bartmännchen. Ophidium Barbatum.

1. Bartmännchen Barbatum.
Diese Art wird also genennt, weil am untern Kiefer vier Bartfaden hangen. Der Rücken ist aschgrau, die Seiten sind glänzend silberfärbig, der Körper mit kleinen länglichen Schuppen, die einander nicht decken, besetzt, das Maul ist weit, im Gaumen zeigen sich drey gezähnelte Erhöhungen, wie Kissen, die Zunge ist scharf, die Augen sind groß, haben einen silberfärbigen Ring, und sind, wie bey vielen Fischen, mit einer durchsichtigen Haut bedeckt; in den Seiten zeiget sich ein brauner Strich, und hin und wieder stehen etliche Flecken

cken in Reihen; die Rücken= und Afterfloſſen ſind
mit der Schwanzfloſſe vereiniget, und haben einen
ſchwarzen Rand, die Bärtchen ſind einen Zoll lang,
der Bauch iſt mit einer weißlichen Haut überzogen;
in der Rückenfloſſe befinden ſich hundert und drey und
dreyßig, und in der Afterfloſſe hundert und zwölf
Finnen.

Die Luftblaſe iſt in dieſen Fiſchen ganz beſon= Anato=
ders geſtaltet, denn ſie ſieht wie eine Flaſche aus, miſche
indem ſie einen hohlen eyrunden Bauch und an ſel= Anmer=
bigen einen langen Hals hat, wodurch die Luft hin= tung.
ein geht, das andere Ende iſt dick, hart, und mit einem
drüſenartigen Deckel beſetzt. Das Fleiſch iſt ſchmack=
haft und weiß, jedoch etwas hart, und ſoll nach Pli=
nius Berichte, mit Lilienzwiebeln zurechte gemacht,
eine Arzney wider das unwillige Ablaufen des Urins
ſeyn. Sie halten ſich in den ſüdlichen Meeren von
Europa auf.

2. Der Kahlbart. Ophidium Imperbe.

Es unterſcheidet ſich dieſe Art von der vorigen
durch zwey Umſtände, nämlich daß die Kiefer keine
Bartfaden haben, und der Schwanz etwas ſtumpfer
iſt, jedoch ſind auch die Rücken= und Afterfloſſen mit
der Schwanzfloſſe verbunden; zwiſchen den Exempla=
rien aber, die der Ritter und Gronov beobachtet ha=
ben, befindet ſich in der Zahl der Finnen ein großer
Unterſchied. Der Erſtere hat in der Rückenfloſſe neun
und ſiebenzig, in der Bruſtfloſſe eilf, in der After=
floſſe ein und vierzig, und in der Schwanzfloſſe achtzehn
Finnen gezählet; der Letztere aber fand hundert und
ſieben und vierzig Finnen in der Rückenfloſſe, ſechs
und zwanzig in der Bruſtfloſſe, und hundert und ei=
ne in der Afterfloſſe. Man trifft dieſe Fiſche in der
Oſt= und Nordſee wie auch im mittelländiſchen

Meere

Meere an, ja zuweilen, da sie sehr klein sind, innerhalb den Austermuscheln, weswegen sie von den Fischern an der Insel Heiligland Nugnogen, und von Peri=ver gar nur Sea-Snail, oder Seeschnecke, genennt werden. Die Brustflossen sind groß und lanzettenför=mig, doch ist zu merken, daß das Linneische Exem=plar aus der Ostsee, das Gronovische aber aus dem mittelländischen Meere war.

In der zehnten Ausgabe hatte der Ritter eine Art mehr, die nunmehr (vermuthlich als eine Ver=schiedenheit) ausgemustert worden; doch führt der Herr Houttuin aus dem Gronov noch andere Ar=ten an, als den Simack il Inglese aus Aleppo, der weiß und rostfärbig gefleckt, am Bauche weißlich, und an der Rückenflosse gesprenkelt ist. Sodann den ceylonnischen Ikan Gadja, oder Elephantenfisch, welcher seines Rüßels wegen also genennet wird. Diese Fische werden von dem Gronov Mastacembelus, und der letzte von Nieuwhof: Pentophthalmos, oder Fünfauge, und von Klein Enchelyopus genannt.

Ceylo=nischer.
T. IV.
fig. 4.
Dieser ist es, der Tab. IV. fig. 4. nach dem Willoughby abgebildet ist, und von den Singa=lesern Thelia genannt wird. Er ist nämlich an der Rückenflosse mit fünf runden Flecken als mit Augen bezeichnet, der obere Kiefer ist sehr lang und spitzig, die Farbe bräunlich; sie sind beyde eßbar. Valentin nennt den letztern Rood-Dreggetje, und nach der Abbildung scheint es, als ob der Rü=cken, auch ohne der ordentlichen Flosse, mit etlichen einzelnen Finnen besetzt wäre.

149. Geſchlecht. Deckfiſche.
Apodes: Stromateus.

Stroma heißt im Griechiſchen eine Decke, und Geſchl. weil die Fiſche dieſes Geſchlechts zierlich bunt Benen-wie gewürkte Decken ausſehen, ſo ſind ſie Stroma-nung.
teus oder Deckfiſche genennet worden. Jedoch heiſſen ſie in Holland Leerviſchen; und der Herr Gro-nov beſchreibt ſie unter dem Namen Hepatus.

Der Kopf iſt an den Seiten platt gedruckt, Geſchl. der Gaumen iſt, ſowohl als der Kiefer, mit Zähn-Kennzei-chen beſetzt, der Körper iſt eyförmig und ſchlüpferig, chen. und der Schwanz gabelförmig. Man zählt nur die zwey folgenden Arten.

1. Die Streifdecke. Stromateus Fiatola.

1. Streif-decke.
Fiatola.
Es wird dieſer Fiſch in Rom Fiatola; in Venedig Licetta; bey den Alten Stromateus genannt. Der Rücken iſt blaßblau, der Bauch ſilberfärbig, an den Seiten mit punctirten Linien und fleckigten Strichen beſetzt, zwiſchen welchen verſchiedene gelbe und wie Gold glänzende Fle-cken abwechſeln, daher wir ihn die Streifdecke nennen. Die Schnauze iſt ſtumpf, der Schwanz gabelförmig, das Maul klein, die Kiefer mit einer Reihe feiner Zähnchen beſetzt. Das Anſe-hen iſt faſt wie des Schollfiſches, wie denn auch die Floſſen den größten Theil des Rückens bis

über

über den Schwanz, und wieder nach dem Bauche
zu umgeben. Die Brustfloſſe hat fünf und zwanzig,
die Rückenfloſſe ſechs und vierzig, und die Afterfloſſe
vier und dreyßig Finnen.

**Anato-
miſche
Anmer-
kung.** Dieſer Fiſch hat viele beſondere Umſtände in
ſeinem innern Bau. Es ſind nämlich zwey Mägen
vorhanden, der erſte liegt nahe am Maule hinter
dem Herzen, iſt fleiſchig und hat innwendig eine
zotige Haut von langen ſcharfen Fortſätzen, wie
die Haut eines jungen Igels; der andere Magen
iſt groß, häutig, und erſtreckt ſich bis über den Nabel; an dem untern Magenmunde gehen verſchiedene
äſtige Faſern in die Därmer hinein; die Därmer
ſind lang, verſchieden gewunden, und enthalten eine
purpurfärbige Feuchtigkeit, ſo daß nicht nur der Unrath, ſondern auch die Weichen des Fiſches davon
gefärbt ſind. Unter dem Nabel liegen zwey gelbe
länglichte Körper, welche mit Samen angefüllt ſind,
aber man findet weder eine Gallen- noch Schwimmblaſe. Der Aufenthalt iſt im rothen und im mittelländiſchen Meere, wo man ſie zu anderthalb
Pfund ſchwer findet.

2. Der einfärbige Breitfiſch. Stromateus Paru.

**2.
Einfär-
biger
Breit-
fiſch.
Paru.** Die Braſilianer, in deren Gewäſſern ſich dieſer Fiſch ſowohl als in andern americaniſchen
Gegenden zeigt, nennen ihn Paru, und der Ritter
unterſcheidet ihn von der vorigen Art durch die Farbe, weil er nicht ſo bunt iſt. Der Ritter Sloane
beſchreibt ein ſechs Zoll langes, und vier und einen halben Zoll breites, bey Jamaica gefangenes
Exemplar, unter dem Namen Pampus, ohngefehr
alſo: der Körper iſt vornher rund, und wird nach
dem Schwanze zu allmählig dünner, die Zunge iſt
runds

rund, fleiſchig und gefleckt, die Kiefer ſind mit kleinen ſcharfen Zähnchen beſetzt, die Augen ſind groß, und haben ſilberfärbige Ringe, die Rücken‒ floſſe lauft von der Mitte bis zum Schwanze, die Afterfloſſe fängt ſich am Nabel an, und er‒ ſtreckt ſich gleichfalls bis zum Schwanze; ſodann ſind noch ein paar lange Floſſen an den Kiemen befindlich, am Bauche aber ſind keine; an den Seiten zeigen ſich ein paar Striche, davon der eine krumm in die Höhe, der andere aber gerade ausläuft, (welche Eigenſchaft mit der venetiani‒ ſchen Licetta übereinkommt,) der Magen iſt rund, mit ſcharfen Beinchen, nach Art der Baumwol‒ lenkartetſchen beſetzt, und die Därmer ſind einige‒ mal umgeſchlungen.

150. Ge

150. Geſchlecht. Degenfiſche.

Apodes: Xiphias.

Geſchl. Benennung. Xiphias iſt die alte griechiſche Benennung, welche lateiniſch Gladius gegeben, und von uns Degenfiſch überſetzt wird; holländiſch, Zwaardviſch; franzöſiſch, Epée de Mer, oder Eſpadon; italiäniſch, Peſce ſyada, oder auch Emperador und Empereur.

Geſchl. Kennzeichen. Der obere Kiefer geht in eine lange degen- oder ſchwerdtförmige Spitze aus, das Maul hat keine Zähne, die Kiemenhaut hat acht Strahlen, der Körper iſt ohngefehr rund und ohne Schuppen. Man kennet nur die folgende einzige Art, wozu aber auch der . americaniſche Guecubu gerechnet werden muß.

1. Der Schwerdtfiſch. Xiphias Gladius.

1. Schwerdtfiſch. Gladius T. IV. fig. 5. Der Name Schwerdtfiſch iſt eigentlich der rechte Name dieſes Fiſches, und wird dem Sägefiſche mit Unrecht beygelegt, wie wir in dem vorigen dritten Theile pag. 273. ſchon angezeigt haben.

Geſtalt. Der Körper iſt rund, nach dem Kopfe zu dick, und lauft nach dem Schwanze zu allmählig ab. Die Haut iſt rauh, doch nicht ſo rauh wie die Hanfiſche, dabey aber ſehr dünne; der Rücken iſt ſchwärzlich wie in dem Braunfiſche; der Bauch aber ſilberfär-

big

big weiß. Die Mundspalte ist mäßig groß; der obere
Kiefer streckt sich sehr lang und degenförmig hervor,
so daß derselbe allein den dritten Theil von der Länge des Fisches ausmacht; der untere Kiefer aber,
der viermal kürzer ist, endigt sich auch in einer kurzen Spitze; beyde Kiefer haben zwar keine Zähne,
jedoch befinden sich im Gaumen bey dem Eingange
der Kehle vier längliche Beinchen, welche die Stelle der Zähne vertreten müssen; die Augen sind
nicht sehr groß, ragen aber stark hervor; die Rückenflosse fängt bey den Kiemen an, und endigt sich
dicht am Schwanze, die Anzahl der Finnen ist in selbiger ein und vierzig, doch fünf und zwanzig davon
sind sehr kurz, daher es scheint, als ob in der Mitte
des Rückens keine Flosse vorhanden wäre; die Brustflossen stehen weit nach hinten zu, und haben siebenzehn Finnen, die Afterflosse funfzehn; der Schwanz
ist halbmondförmig, mit langen breitauseinanderste-
henden Spitzen. Siehe Tab. IV. fig. 5.

Dieser Fisch wird im mittelländischen Meere, Lebens-
im Süderocean, in der Nordsee, wie auch, jedoch art.
selten, in der Ostsee gefunden. Diejenigen, die
nur hundert Pfund wiegen, sind sehr gemein, denn
man hat sie zu zehen Elen lang, deren Schwerdt
allein drey Elen ausmacht. Sie ernähren sich von
Seepflanzen, welche sie mit dem Schwerdte abmä-
hen, und vermuthlich thun sie auch andern Fischen,
und vielleicht auch den Walfischen Schaden, denn
sie werden schwerlich umsonst so fürchterlich bewafnet seyn. Man fängt sie wie die Walfische mit
Harpunen.

Derjenige Schwerdtfisch, welcher im Jahre Anato-
1651 im Copenhagner Hafen gefangen, und von mische
Bartholin zergliedert wurde, kann zum Muster ih- Anmer-
rer innern Structur dienen. Es waren nämlich in kung.
selbigem keine Rippen vorhanden, und vielleicht ist

Linne IV. Theil.   E   das

das die Urſache, daß die Bruſtfloſſen ſo ſtark ſind, und zum Schutze der Bruſt dienen; das Herz war dreyeckig, und hatte ein großes Ohr, welches, gleich einem ſchlaffen Beutel, darneben hieng; die Leber war ziemlich groß und gelblich; die Gallenblaſe von der Leber abgeſondert, jedoch vermittelſt eines einer halben Ele langen Canals, mit ſelbiger verbunden; der Magen war in zween abgetheilt; der eine Theil deſſelben war dicke, innwendig runzlich und mit grünen Seepflanzen angefüllt; die Milz war klein und rund, und die Därmer hatten ihre gewöhnlichen Windungen.

Die Haut war ſanft wie Seide, und glänzte des Nachts, abſonderlich da, wo ſie weiß gefleckt war; in dem Gaumen befanden ſich drey Beinchen. Da es ein Weibchen war, fand man in dem Afterdarm zwey ungebohrne junge Schwerdtfiſche, denn man traf keine Gebährmutter an. Der Magen, der ſich bis an den Nabel erſtreckt, hat, nach anderer Wahrnehmung, verſchiedene lungenartige Anhänge an der Mündung ſitzen.

II. Ord

II. Ordnung.   Halsfloſſer.
Peſces: Jugulares.

Das Merkmal dieſer Ordnung iſt, daß die Fiſche in ſelbiger ihre Bauchfloſſen, vor den Bruſtfloſſen nämlich am Halſe ſitzend haben, daher werden ſie Jugulares genennt, welches wir aus angeführten Gründen durch Halsfloſſer über= ſetzen. Wir treffen in dieſer Ordnung die fünf folgenden Geſchlechter an.

(Marginalie:) Benen= nung und Kennzei= chen der II. Ord= nung.

151. Geſchlecht. Schelfiſchteufel.

Jugulares: Callionymus.

Geſchl. Benen- nung. Die Benennung Callionymus, deren ſich die Alten bedienten, um einen gewiſſen Fiſch, den wir den Sternſeher nennen, anzudeuten, wird hier zu einem Geſchlechtsnamen von denjenigen Fiſchen gewählt, welche von den Holländern Schelviſch-Duivels, das iſt, Schelfiſchteufel genennt werden.

Geſchl. Kennzei- chen. Die Kennzeichen dieſes Geſchlechts ſind folgende: die Oberlefzen ſind gedoppelt, die Augen ſtehen nahe beyſammen, die Kiemenhaut hat ſechs Strahlen, und die Kiemen ſind verſchloſſen, indem ſich in dem Nacken gewiſſe Löcher befinden, durch welche dieſe Fiſche Athem hohlen. Der Körper iſt nackt oder ohne Schuppen, und die Bauchfloſſen ſtehen weit voneinander. Es giebt folgende drey Arten.

1. Der fliegende Teufel. Callionymus Lira.

1. Fliegen. der Teu- fel. Lira. Tab. II fig. 5. Petiver nennte dieſen Fiſch die Leyer von Harwich, holländiſch, Lier van Harwich, weil man zwiſchen der Bildung der Floſſen und einer Leyer einige Aehnlichkeit zu finden glaubte, und darum hat der Ritter den Namen Lira gebraucht. Da aber dieſer Fiſch die beſondere Eigenſchaft hat, daß er ſich etliche Elen hoch aus dem Waſſer erhebt und einen

Bogen-

Bogenſchuß weit fort fliegt, ſo nennen wir ihn den fliegenden Teufel; wie er dann auch an der Küſte von Norwegen, Flog - Fisk, das iſt fliegender Fiſch heißt; ja Pontoppidan hält ihn für die Waſſer⸗ ſchwalbe, welche an den Küſten des mittelländi⸗ ſchen Meers Rondela, oder Rondinella heißt, und von den Spaniern den Namen Pesce volador bekommen hat.

Er wird gemeiniglich eine halbe Elle lang; der Kopf iſt lang, wie an einem Windſpiele, die Augen ſind groß und ſtehen hoch, der Körper rund und läng⸗ lich. Die erſte Rückenfloſſe iſt faſt ſo lang als der Körper und hat vier Finnen, die folgende ziemlich breite Rückenfloſſe hat zehn Finnen, die Bruſtfloſſen haben achtzehn bis neunzehn, die Bauchfloſſe an der Kehle fünf, die Afterfloſſe zehn, und die Schwanzfloſſe gleichfalls zehn Finnen. Uebrigens hat der Körper ſchöne blaue Striche, welche ſich in den Seiten vom Kopfe bis zum Schwanze hinziehen. Nicht minder ſind die Rücken⸗ und Schwanzfloſſen blau geſtreift; die Seiten des Kopfes ſind hinter⸗ werts an den Kiemendeckeln mit fünffachen Stacheln beſetzt, die Oberlefze iſt gedoppelt, und von beſon⸗ derm Baue; der Nabel iſt dichter nach dem Kopfe, zu als nach dem Schwanze. Siehe Tab. II. fig. 5.

Sie werden am häufigſten in dem großen Welt⸗ meere, desgleichen im mittelländiſchen Meere und an den italiäniſchen Stranden gefunden. Verſchie⸗ dene Gelehrte haben die Meinung, daß die Wachteln (Selavim), welche durch einen Oſtwind zum Lager der Kinder Iſrael geführet wurden, ſolche fliegende Fiſche ſollen geweſen ſeyn. In Schweden und Hol⸗ land ſieht man ſie ſelten. Vielleicht hat man die⸗ ſen Fiſch anfänglich für einen monſtröſen Schelfiſch gehalten, und ihn darum Schelfiſchteufel genennt.

2. Der

2. Der Seedrache. Callionymus Dracunculus.

2.
Seedra-
che.
Dra-
cuncu-
lus.
Tab. II
fig. 6.

Diesen Fisch hatte Rondelet Dracunculus genennt, und wir können ihm den Namen Seedra= che geben, da wir unter den Amphibien auch einen Drachen, oder fliegende Eydechse hatten, wiewohl die Holländer jetzige Art Pitvisch nennen. Artedi beschrieb diesen Fisch unter dem Namen Cottus, und zog des Geßners Drachenfisch dahin. Es un= terscheidet sich aber der jetzige von dem vorigen da= durch, daß die Finnen der ersten Rückenflosse für= zer als der Körper sind Des Artedi Cottus hatte in der ersten Rückenflosse vier, in der andern zehn, in der Brustflosse zwölf, in der Bauchflosse sechs, in der Afterflosse neun und in der Schwanzflosse zwölf Finnen. Derjenige aber, den Gronov unter dem Namen Uranoscopus beschreibt, hatte in der ersten Rückenflosse vier, in der andern aber nur neun, und in der Bauchflosse nur fünf Finnen; die After= flosse hingegen hatte auch neun Finnen, doch die Schwanzflosse nur zehn. Siehe Tab. II. fig. 6.

Die Seiten des Kopfs sind an dieser Art an den Kiemen mit einen dreyfachen Stachel bewafnet, und übrigens ist der Körper gelb gefleckt. Der Auf= enthalt ist im mittelländischen Meere, vorzüglich bey Genua und Rom.

3. Der indianische Teufel. Callionymus Indicus.

In dem schwedischen Cabinette wird noch eine Art aus den asiatischen Meeren vorgezeigt, welche gleichsam eine Mittelgattung zwischen jetzigem und den zwey folgenden Geschlechtern ist. Sie unter= scheidet sich von der vorigen darinn, daß der Kopf glatt,

glatt, und die Länge hinunter gerunzelt ist, und daß
sich die Kiemendeckel an den Seiten öfnen können.
Die Anzahl der Finnen ist an den Kiemenflossen sie=
ben, in der ersten Rückenflosse ein siebtel, in der
zwenten drenzehn, in der Brustflosse zwanzig, in der
Bauchflosse ein sechstel, in der Afterflosse drenzehn,
und in der Schwanzflosse eilf.   Der Kopf ist etwas
gedruckt, der untere Kiefer etwas länger, das Maul
rauh, die Zunge stumpf und gerändelt, die Kiemen=
öfnung weit, und an den Seiten befindlich, die
vördersten Kiemendeckel haben eine gedoppelte Sta=
chelspiße; aber die hintere nur einen einfachen Sta=
chel; der Körper ist flach und blenfärbig; der Nabel
steht gerade in der Mitte; die erste Finne der Rü=
ckenflosse ist kurz, und steht weit ab; die Bauchflos=
sen stehen gleichfalls weit ab.

152. Geſchlecht. Sternſeher.
Jugulares: Uranoſcopus.

Geſchl.
Benen-
nung.
Wer den Himmel anſehen will, wie die griechiſche Benennung andeutet, muß die Augen in die Höhe richten; da nun die Augen dieſer
Fiſche oben auf dem Kopfe ſtehen, ſo hat das Geſchlecht ſchon von den alten Schriftſtellern dieſen Namen bekommen. Man will aber angemerkt haben,
daß dieſe Fiſche des Tages ſchlafen, und nur des
Nachts, da die Sterne glänzen, wachen, und daher
iſt der Name Sternſeher, holländiſch Sterreky-
ker entſtanden.

Geſchl.
Kennzei-
chen.
Die Kennzeichen ſind folgende: der Kopf iſt etwas platt, höckerig und groß, der untere Kiefer
länger als der obere, die Kiemenhaut hat fünf
Strahlen, iſt warzig und gezähnelt, die Kiemendeckel aber ſind mit häutigen Bärten beſetzt, der After
endlich ſteht in der Mitte des Körpers. Man hat
nur folgende einzige Art.

1. Der Warzenkopf. Uranoſcopus
Scaber.

Warzen-
kopf.
Scaber.
Da der Kopf dieſes Fiſches warzige Erhöhungen hat, ſo wird er von dem Ritter Scaber, und von
uns Warzenkopf genennt, die Venetianer geben
ihm den Namen Lucerne, und Preſce prete; in
Rom heißt er Meſoro, wie auch Bocca in Capo,
und nach etlicher Meinung wird er in Marſeille
Tapecon und Raſpecon genennt, doch bey den Alten

ten heißt er nur Callyonimus und Uranoſcopus.
Es giebt zwar mehrere Fiſche, beſonders unter den
Plattfiſchen, deren Augen auch oben auf dem Kopfe
ſtehen, allein ihre Augäpfel ſtehen ſeitwärts, ſo daß
ſie doch nicht gerade in die Höhe ſehen können. Die
Abbildung, welche Jonſton Tab. XXI. fig. 7.
giebt, zeigt, daß dieſer Fiſch viele Aehnlichkeit mit
dem vorbeſchriebenen Seeteufel habe.

Es wird dieſer Fiſch ſelten über einen Schuh Geſtalt.
lang. Der Kopf iſt mit beinigen Erhöhungen beſetzt, und vorne her mit einer Lucke ausgehöhlt,
dem Anſehen nach faſt viereckig, und nach Verhältniß des Körpers ziemlich groß. Der Körper iſt
rund, oben aſchgrau, unten weißlich, und mit kleinen Schuppen beſetzt. Die Seiten ſind mit Strichen
beſetzt, welche hinter der erſten Rückenfloſſe zuſammen
ſtoſſen, von da an aber wieder hinunterlaufen und
in der Mitte der Schwanzfloſſe ſich endigen. Die Augen ſind klein, haben goldgelbe Ringe, und ragen ſtark hervor; das Maul ſcheint zwiſchen den Augen zu ſtehen; die Kiefer, der Gaumen und der
untere Theil der Zunge haben kleine Zähnchen. Die
Lippen ſind mit Faſern beſetzt, und unter der obern
Lefze befinden ſich zwey Löcher in dem Munde. Unter
dem obern Theile der Kiemendeckel ragen an beyden
Seiten zwey ſcharfe Stacheln hervor, die in gewiſſe
Scheiden können eingezogen und wiederum ausge-
ſtreckt werden, die Kiemen ſelbſt machen einen knochigen Bogen. Unter der Kehle befinden ſich gleichfals
zwey rückwärts liegende Stacheln. Die erſte Rückenfloſſe iſt ſchwarz, und hat drey bis vier Finnen,
die zweyte vierzehn, die Bruſtfloſſen haben jede ſechzehn, die Bauchfloſſen fünf, die Afterfloſſen dreyzehn, und die Schwanzfloſſen zwölf Finnen. Der
untere Magenmund hat etwa zwölf anhangende Faſern, und die Därmer ſind einmal gewunden.

E 5

Die-

Lebens-art.

Dieſer Fiſch hält ſich im mittelländiſchen Meere auf, liegt in der Tiefe, und lauret über ſich auf die vorbenziehenden Fiſche, die er denn, beſonders wenn ſie zu ganzen Haufen ſchwimmen, durch ſeine große Gefräßigkeit bald zu ertappen weiß, wenn nicht etwa ein Haanfiſch, der den Schwarm verfolgt, ihn zur Geſellſchaft auch mit verſchluckt. Sonſt werden viele kleine Fiſche durch dieſen Sterngucker angelockt, denn wenn er am Strande liegt, bewegen ſich ſeine Bartfaſern. Wenn nun die kleinen Fiſche nach ſelbigen, als nach Würmern ſchnappen wollen, werden ſie von dieſem Laurer ſelbſt erſchnappt. Man gebraucht ſie in Italien zur Speiſe, und da ſie ein trockenes Fleiſch haben, werden ſie Perſonen, die vielen Schleim bey ſich haben, angeprieſen, auch ſoll die Galle vor die Augen unvergleichlich ſeyn. Ob aber Tobias ſeinen blinden Vater mit der Galle dieſes Fiſches geheilt, ſolches wollen wir eben nicht behaupten.

153. Geſchlecht. Petermännchen.
Jugulares: Trachinus.

Der aus dem Griechiſchen genommene Na- **Geſchl.**
me Trachinus zielt auf die Stachlichkeit **Benen-**
der Finnen in der Rückenfloſſe, und man könnte **nung.**
dieſes Geſchlecht Stachelfinnen nennen, wenn es
nicht mehrere Fiſche gäbe, die auch ſtachliche Finnen in den Floſſen haben. Wir wollen daher bey
derjenigen Benennung bleiben, welche bey den Holländern üblich iſt, die dieſe Fiſche Pieterman-
nen, das iſt, Petermännchen nennen. Warum
ſie ihnen aber dieſen Namen gegeben, iſt nicht recht
deutlich. Gronov nennt ihn Viri Petri piſcis.
Einige halten ihn für den Fiſch, in deſſen Mund der
Apoſtel Petrus (Matth. XVII, 27.) einen Stater fand. Nun giebt es wohl Fiſche, die dergleichen verſchlucken, denn vor etlichen Jahren kam in
Amſterdam ein Schelfiſch zu Markte, der in der
Kehle einen goldenen Fingerring feſt ſitzend hatte;
allein die Vermuthung von dem Stater iſt wohl zu
ſeicht, und dieſes kann ſchwerlich die Urſache der
Benennung ſeyn. Wir halten vielmehr dafür, daß
die Fiſcher in Holland, welche ohnehin die Gewohnheit haben, unanſtändige Fiſche wieder in das
Waſſer zu werfen, mit dem Ausdrucke: Dat is
voor St. Pieter, oder: das iſt für Petrus, dieſer, ehedem ihnen unbekannten Fiſch, der fremd
ausſahe, und wegen der Stachelfinnen nicht wohl
anzugreifen war, allezeit für den Petrus werden ins

Waſſer

Waſſer geworfen haben, und daß derſelbe alſo nach
und nach den Namen Petermännchen erhalten,
bis man die Unſchädlichkeit eingeſehen, und ihn zu
Markte zu bringen angefangen. Wenigſtens hat
er bey andern Völkern auch andere Namen. Die
Engländer nennen dieſe Fiſche Weever; die Franzoſen Viver und Poignaſter, weil ſie die Geſtalt
eines breiten Dolchs haben, oder doch wie ein Dolch
mit ihren Stachelfinnen ſtechen. In Schweden
und Dännemark heißen ſie Fjaerſing, Faerſing,
oder Foſing, und auf der Inſel Heiligland giebt
man ihnen ſogar den Namen Schwerdtfiſch.

Geſchl.
Kennzei-
chen.
Der Kopf iſt nicht vollkommen glatt, und
an den Seiten gedruckt, die Kiemenhaut hat ſechs
Strahlen, und die Kiemendeckel ſind von unten
gezähnelt, der After iſt nahe an der Bruſt. In
dieſem Geſchlechte giebt es nur die folgende einzige Art.

1. Der Stacheldrache.   Trachinus Draco.

1.
Stachel-
drache.
Draco.

Tab. II.
fig. 7.

Die Alten nennten ihn Araneus piſcis wegen ſeiner ſcharfen Finnen, oder weil der Stich derſelben eine Entzündung verurſacht; ſonſt führt er den
Namen Drache, weil die Floſſen durch ihre hervorragende Finnen etwas ähnliches mit den Drachenflü-
geln haben, oder weil die Bruſtfloſſen ziemlich lang
ſind, und gleichſam ſtatt der Flügel dienen. Wir
vereinigen beydes zuſammen, und nennen ihn Sta-
cheldrache.

Der Körper iſt länglich, an den Seiten plattgedruckt, die Augen ſtehen oben im Kopfe ziemlich
nahe beyſammen, die Seiten haben theils gelbe, theils
braune Striche, welche von der Mitte des Rückens
ſchief

schief nach dem Bauche zu laufen, die Schuppen
sind dünn und klein, der Kopf ist nach Verhältniß
des Körpers gleichfalls klein, und hat von hinten
Stacheln. Nach den verschiedenen Schriftstellern
hat die erste Rückenflosse fünf bis sechs, die zweyte
aber drenßig bis ein und drenßig Finnen, die Bauchflosse hat sechs, die Afterflosse drenßig bis vier und
drenßig, und die Schwanzflosse zwölf Finnen, die
Rücken- und Afterflossen sind ziemlich sägeförmig.
In dem französischen Meerbusen sind sie nicht über
eine Spanne lang, im Norderocean aber erreichen sie funfzehn Zoll, ja zuweilen trägt ihre Länge
eine Ele aus. Siehe Tab. II. fig. 7.

Sie pflegen sich öfters im Sande zu verbergen,
und vielleicht ist diese Art der Vivius der Alten,
denn man nennt ihn. französisch Vive, oder der
Niqui der Brasilianer. Der Ritter versichert,
daß die Finnen der ersten Rückenflosse giftig sind und
stechen; vermuthlich soll dieses giftig stechen bedeuten, weil eine Art der Entzündung darauf folgt,
die wohl den Brand nach sich ziehen kann: sonst aber
ist nichts giftiges in den Finnen, so wenig als im
Fische, der genug gegessen wird.

154. Geſchlecht. Cabeljaue.
Jugulares: Gadus.

Geſchl. Benen=nung. Der Name Gadus iſt eines griechiſchen doch dunklen Urſprungs, und wurde vom Athe=näus gebraucht, wofür die Lateiner den Namen Aſellus gebrauchen, und weil der Cabeljau die vor=nehmſte Art iſt, ſo wollen wir das Geſchlecht dar=nach nennen; die Engländer ſagen Cod.

Geſchl. Kennzei=chen. Der Kopf iſt glatt, die Kiemenhaut hat ſieben runde Strahlen, der Körper iſt länglich und mit kleinen Schuppen, die leicht herunter fallen, beſetzt. Alle Floſſen ſind mit einer gemeinen Haut bekleidet, der Rücken und After ſind mit verſchiedenen Floſſen, die ſtumpfe Finnen haben, verſehen, die Bruſtfloſ=ſen aber laufen ſpitzig aus.

Es macht der Ritter in dieſem Geſchlech=te noch folgende Abtheilungen.

A. Cabeljau mit drey Rückenfloſſen und ei=nem Barte.

B. — — mit drey Rückenfloſſen ohne Bart.

C. — — mit zwey Rückenfloſſen.

D. — — mit einer einzigen Rückenfloſſe.

In dieſen Abtheilungen kommen folgende ſie=benzehn Arten vor.

A.* Ca=

A.* Cabeljaue mit drey Rückenfloſſen und einem Barte.

1. Der Schelfiſch. Gadus Aeglefinus.

Dieſer Fiſch hat bey den Alten verſchiedene Namen, als Aeglefinus, oder Aegrefinus, ſodann Callarias, Galerida und Galaxia, nicht minder Onos, oder Aſinus, woher denn Aſellus entſtanden, und da das ganze Geſchlecht Aſellus hieß, ſo war dieſe Art der kleine Aſellus. Die Holländer nennen ihn Schelviſch, welchen Namen wir, da er gar ſehr bekannt iſt, beybehalten. Engliſch, Hadock; ſchwediſch, Kallior, Kolja oder Koll; norwegiſch, Hyſſe; franzöſiſch, Merlan.

Dieſer Fiſch erreicht die Länge einer halben bis dreyviertel Ele, hat ein rundes Maul mit einem Bärtchen, welches in der Mitte des untern Kiefers hängt, und ſelten über einen Zoll lang wird. Der Rücken iſt mit drey Floſſen beſetzt, die Haut iſt ſilberfärbig, doch auf dem Rücken etwas ſchwärzlich, und an den Seiten mit einer ſchwarzen Linie bezeichnet, an der linken Seite zeigt ſich ein brauner Flecken; der obere Kiefer iſt länger als der untere, die Augen ſind groß, hell und blau, der Schwanz gabelförmig; die erſte Rückenfloſſe hat funfzehn bis ſechzehn, die zweite achtzehn bis zwanzig, die dritte neunzehn bis zwanzig Finnen; in der Bruſtfloſſe ſind ſiebenzehn bis achtzehn, in der Bauchfloſſe ſechs, in der erſten Afterfloſſe zwey und zwanzig bis vier und zwanzig, in der zweyten ein und zwanzig, und in der Schwanz-floſſe drey und zwanzig Finnen.

Es werden dieſe Fiſche in dem Norderoceane in ſehr großer Menge gefangen, und kommen im

Win-

A.*
Mit 3.
Rücken-
flossen
und
Bart.

Winter schaarenweise bis vor die holländischen Strande, besonders wenn die Luft helle ist, und sich ein
kleiner Frost bey einem östlichen Winde einstellt.
Mann kann wohl behaupten daß jährlich etliche Millionen in den Niederlanden consumirt werden. Sie
schmecken, besonders wenn sie lebendig zerschnitten
worden, vortreflich, und werden in Frießland gemeiniglich mit Butter, Senf und Erdäpfeln gegessen. Sie sind nahrhaft und nicht ungesund. Die
Fischer werfen gegen Abend etliche lange Schnüre
von etlichen Ruthen aus, an welche verschiedene
kleine Schnüre mit Haken, die ohngefehr einer Klafter weit voneinander, fest gebunden sind, an diesen Haken hangen kleine Fischlein zur Lockspeise, und wenn
sie des Morgens die Schnüre aufziehen, ist fast an
jedem Haken ein Fisch, so daß ein jeder Fischer oft mit
einer Beute von hundert oder mehrern Schelfischen
und Kabeljauen nach Hause fährt, je nachdem er das
Recht hat, viele Schnüre auszuwerfen, wie wir bey
einer Schelfischfischerey, der wir einmal auf der Insel
Ameland zur Lust mit beywohnten, bey einer schönen Herbstwitterung selbst erfahren haben.

Die Fischerswittwen haben das Vorrecht, daß
jeder Fischer des Orts bey jedem Fange auch eine Wit-
wenschnur auswerfen, und was an selbiger anbeißt,
der Wittwe nach Hause bringen muß, wie auf der
Insel Ameland und bey mehrern frießländischen
Fischereyen gebräuchlich ist.

2. Der Dösch. Gadus Callarias.

2.
Dösch.
Calla-
rias.

So wenig sich allezeit Ursachen von der Benennung der Dinge angeben lassen, so wenig können wir
auch vom obigen Namen Rechenschaft geben. Man
versteht darunter eine Art Cabeljaufische, die nicht
völlig so groß wird als der Schelfisch, aber ein viel
zar-

zarteres Fleiſch hat, und wohl hauptſächlich in der
Oſtſee zu Hauſe iſt, ob man ihn gleich auch in der
Nordſee und an der Küſte von Norwegen findet.
Er unterſcheidet ſich aber von dem Schelfiſche durch
folgende Umſtände:

Der Schwanz iſt nicht gabelförmig, der Körper
iſt von obenher ſchön blau marmorirt, die erſte Rückenfloſſe hat vierzehn bis funfzehn, die zweyte neunzehn, die dritte ſiebenzehn bis achtzehn Finnen, die
Bruſtfloſſe hat zehn bis zwanzig, die Bauchfloſſe ſechs,
die erſte Afterfloſſe ſechzehn bis zwanzig, die zweyte
ſechzehn bis ſiebenzehn, und die Schwanzfloſſe etwa
vier und zwanzig Finnen.

Die Döſche werden mit Schnüren und Ha-
cken, wie wir bey den Schelfiſchen beſchrieben haben,
deßgleichen auch mit Schleppnetzen an dem Strande
gefangen. Bey Travemünde iſt ein reichlicher
Fang, deßgleichen an der Inſel Oehland, Gothland und Bornholm, wo ſie den vorbeyfahrenden
petersburgiſchen Schiffen zugeführt werden, und
den Reiſenden, die ſie da friſch aus dem Waſſer
bekommen, mit Butter und Senf ganz unvergleichlich ſchmecken; doch weiter hinauf in dem Finniſchen
Meerbuſen und nach Petersburg hin, verliehren ſie
ſich gänzlich. Ihr Zug iſt alſo einzig durch den
Sund, und ſo nach der norwegiſchen Küſte. Sie
werden auch von den Fiſchern in der Sonne gedörrt;
doch zum Einſalzen ſind ſie zu klein, und verliehren
ihren feinen Geſchmack.

3. Der gemeine Cabeljau. Gadus Morhua.

Wir kommen nunmehr auf eine Art, welche
wir wegen ihres großen Ueberfluſſes gemeine Cabeljau nennen, die aber verſchiedene Spielarten

Linné IV. Theil.　　F　　unter

A.*
Mit 3.
Rücken-
floſſen
und
Bart.

unter ſich hat, wozu noch kommt, daß die Fiſcher, die nicht ſo, wie die Naturforſcher auf beſtimmte Merkmale und entſcheidende Kennzeichen ſehen, vielerley Fiſche zuſammen für Cabeljau ausgeben; denn in dem ſogenannten Cabeljau- und Backeljaufange kommen große Döſche, Gülling, Leng, Stockfiſche, Laberdan, Klipfiſche, Steinbokle, ächte Cabeljau und alles untereinander vor, und wir ſelbſt geſtehen, daß wir ſehr zweifeln, ob alle die genannte Fiſche eben ſo ſehr von einander verſchieden ſind, daß ſie beſondere Arten ausmachen können, und ob nicht vielmehr ein und andere darunter nur für Spielarten zu halten ſind, wozu theils das Alter des Fiſches, theils aber die Meeresgegend etwas beytragen kann, wiewohl ſie alle faſt einerley Lebensart haben, und ſcharenweiſe herumziehen, am meiſten aber hinter die Heringe ſich ſetzen, und auf ſelbige, oder auch auf ihre Rogen aſen, daher auch, wenn der Heringfang vorbey iſt, der Cabeljaufang den Anfang zu nehmen pflegt.

Um aber die Merkmale der jetzigen linneiſchen Art zu beſtimmen, ſo wollen wir vorher ihre Geſtalt beſchreiben, und dann das nöthige von ihrer Fiſcherey anführen.

Geſtalt. Es hat nämlich dieſer Fiſch, der von den Engelländern Cod, und von den Franzoſen Morue genennt wird, ebenfalls drey Rückenfloſſen, am Kinn einen Bart, eine faſt gerade Schwanzfloſſe, und die erſte Finne der Afterfloſſe iſt ſcharf, doch will ſich dieſer letzte Umſtand an den holländiſchen Cabeljauen nicht zeigen. Die erſte Rückenfloſſe hat vierzehn bis funfzehn, die zweyte achtzehn bis zwanzig, die dritte ſechzehn bis neunzehn Strahlen oder Finnen, die Bruſtfloſſe beſteht aus ſiebenzehn bis zwanzig, die Bauchfloſſe aus ſechs, die erſte Afterfloſſe aus ſiebenzehn bis ein und zwanzig, die zweyte

zweyte aus funfzehn bis ſechzehn, und die Schwanzfloſſe aus ſechs und dreyßig bis vier und vierzig Finnen, je nachdem die Exemplaria oder Spielarten
verſchieden ſind. Etliche Zähne ſind, wie an den
Hechten, beweglich.

Die Größe des Cabeljau ſteigt bis vier Schuh
und darüber in der Länge, und dieſe ſind einen Schuh
breit und einen halben Schuh dicke. Ein ſolcher
Fiſch giebt für etliche Perſonen eine herrliche Mahlzeit ab, wenn man die Mittelſcheiben, gekocht mit
Butter und Senf, den Kopf gedämpft, mit einer
Auſtern- und Capernſauce, und den Schwanz gebraten, mit Citronen zurichtet. Es ernähren ſich
aber die großen Cabeljaue von kleinen Schelfiſchen,
deßgleichen von Seeſternen, Krabben und Krebſen,
ja auch die großen Taſchenkrebſe und Hummern müſſen herhalten, da denn dieſe harte Schalen gar bald
in dem Cabeljausmagen aufgelößt, und in Schleim
verwandelt werden. Am gewöhnlichſten aber füllen
ſie den Magen mit Heringen.

Man hat in dem Rogen der Cabeljaue über
neun Millionen Eyer gefunden. Wenn nun auch das
allermeiſte dieſer Eyer verlohren geht, und unbe-
fruchtet bleibt, ſo iſt doch die Vermehrung ganz erſtaunlich, und darum ihr Ueberfluß nicht zu bewundern. Unten am Magen haben die Därmer verſchiedene Anhänge, welche in ſechs Aeſte zertheilt ſind,
und ſich ferner in verſchiedene dünne Aeſtgen um
die Därmer ſchlingen. Die Gallenblaſe iſt groß,
und der Gallengang dringt unterhalb obbeſagten
Anhängen in den Darm; die Leber hat drey Lappen, iſt groß und ſchön, von unvergleichlichem Geſchmack, doch zeigen ſich an ſelbiger öfters aalförmige Würmer, welche man ſorgfältig mit der di-
ckern Haut, darein ſie ſich feſt ſaugen, herunter
zieht, auch ſtecken zwiſchen ihren Kiefern beſondere
Inſecten und Würmer; die Nieren ſind ſehr lang;

Marginal notes (right):
A.*
Mit 3.
Rücken-
floſſen
und
Bart.

Lebens-
art.

Fort-
pflan-
zung.

Anato-
miſche
Anmer-
kung.

A.*
Mit 3.
Rücken-
floſſen
und
Bart.

die Luftblaſe iſt am Rücken feſte, ſehr dick und lei-
mig, ſo daß man einen Leim daraus bereiten könnte, wiewohl ſie mit der Leber gegeſſen wird. Die
Gehörbeinchen gepúlvert, dämpfen die Säure.

Dem Cabeljau, der geſalzen wird, ſchneidet
man den Kopf herunter, nimmt die Eingeweide heraus, ſpaltet ihn, und legt ihn in Tonnen, welcher
alsdann Laberdan heißt. Derjenige, den man
dörrt, daß er ſteif wie ein Stock wird, und der
mürbe geklopft werden muß, heißt aus dieſer Urſache
Stock- und Klopffiſch; den man aber ſalzt und
auf Felſen und Klippen in der Luft trocknet, heißt
aus dieſer Urſache Klipfiſch; wenigſtens ſind unter
den Stockfiſchen und Klippfiſchen genug ächte Cabeljaue, ob ſie gleich für beſondere Arten gehalten werden; ſo wie auch unter dem Laberdan genug andere
Fiſche durchwandern, die eben keine ächte Cabeljaue
ſind. Es macht aber dieſe Verwechslung einen
merkwürdigen Unterſchied in dem Geſchmacke und in
der Zartheit derjenigen Fiſche, die für Laberdan-
Stock- und Klipfiſche verkauft werden.

Cabel-
jaufang.

Was nun den ſehr beträchtlichen Cabeljaufang
der verſchiedenen Küſten und Meeresgegenden betrift, ſo iſt folgendes zu merken: man verſteht
nämlich unter dieſem Fange nicht nur die Fiſcherey
auf Cabeljaue, ſondern auch auf vorbenannte
Döſch, Klip- und Stockfiſche, wie auch Leng,
Bolk und dergleichen, und ſelbiger wird nur in den
nördlichen Gegenden des Oceans getrieben, indem
ſich dieſe Fiſche verliehren, je weiter man nach Sü-
den kommt, ſo daß ſie ſchon an der Küſte von Frankreich ſparſam, an der ſpaniſchen Küſte ſeltener, und
weiter hinauf gar nicht mehr angetroffen werden;
dahingegen ſie ſich in den kalten Gegenden nach dem
Süderpol zu wieder einzuſtellen ſcheinen, denn der
Admiral Anſon hat ſie an der Juan Fernandez
an

an der Küste von Chili in America wieder angetroffen. Je höher man aber nach Norden kommt, je
reichlicher ist der Vorrath, und je ergiebiger ist auch
die Fischerey.

In Norwegen gehen die mit sechs Mann be-
wafnete Fischerboote aus, und stellen achtzehn bis
vier und zwanzig Setznetze, die miteinander fünfhundert Klaftern ausmachen.

Dichte bey Bergen in Norwegen stellt man
nur sechzig bis hundert Faden aus einem einzigen
Boote aus, lässet diese Netze in einer Tiefe von funfzig bis siebenzig Klaftern stehen, und fängt damit jedesmal für ein Bot vier- bis fünfhundert Dösche, so
daß das Schif voll wird. Eine Zeit nach der andern
stellen sich auch wieder andere und grössere Fische, als
Leng, Stockfisch, und auch der Cabeljau ein. Man
gebraucht nebst den Netzen auch Kabel oder Stricke
mit Haken (woher vielleicht der Name Cabeljau
kommt) und fängt damit in einer Tiefe von hundert
Klafter so viel Fische, daß man in einem Morgen
das Boot wohl dreymal ausleeren muß.

Diese Fische werden theils gesalzen, und dazu
wird in Bergen allein jährlich mehr als vierzigtausend
Tonnen spanisch- und französisches Salz gebraucht,
theils aber zu Stockfischen gedörrt, und davon bringt
man in Bergen wohl zwölf Millionen Pfund Stock-
fische jährlich zusammen, wovon allein zehntausend
Tonnen nach Christiansund verschickt werden, ohne
was nach Hamburg, Bremen, Amsterdam, Flandern, England, Italien und Spanien geht, denn
Frankreich hat auf Terreneuf seine eigene Fischerey.
Die gesalzenen Fische hingegen gehen von Bergen
aus mehrentheils nach der Ostsee, als Danzig, Riga,
Petersburg und so weiter.

Hierzu kommt noch, daß die Fischer in Bergen die Rogen dieser Fische besonders gut einzusal-

zen

A.
Mit 3.
Rücken-
floſſen
und
Bart.

zen wiſſen, und da ſelbige zum Sardellenfang unent-
behrlich ſind, ſo werden jährlich vierzehn bis ſechzehn große Schifsladungen mit eingeſalzenen Rogen nach Nantes gebracht, ohne was die Franzoſen mit ihren eigenen Schiffen ſelbſt abholten,
die hernach ſolche Rogen in das Meer ſtreuen, um
die Sardellen zuſammen zu locken.

Auf der
Inſel
Jßland.

Ein ähnlich reicher Fiſchfang iſt auch auf der Inſel
Jßland, denn die ganze Inſel und alle Einwohner
leben davon, ſie fangen aber die Fiſche nur mit Hamen an verſchiedenen Schnüren, und das Lockaaß
beſteht in Kleinen anderer Fiſche, oder in dem Herze
und Eingeweide der Meuwen.

Auf der
Inſel
Terre-
neuve.

Der größte Fiſchfang aber iſt auf den Sandbänken der Weſtküſte von Nordamerica, vorzüglich
bey Terreneuve, auf welche Fiſcherey vor zweyhundert Jahren, jährlich, hundert und funfzig franzö-
ſiſche, hundert ſpaniſche, funfzig portugieſiſche,
funfzig engliſche, und dreyßig biskajiſche, mithin
gegen vierhundert große Schiffe ausgiengen. Seit
der Zeit wurde dieſer Fiſchfang je länger je ſtärker,
und nunmehr ſchicken die Engländer, die in den Be-
ſitz dieſer Fiſcherey gekommen ſind, jährlich wohl
funfhundert Schiffe dahin, und bringen zwiſchen
drey bis viermal hunderttauſend Centner Fiſche zurücke, denn jedes Schif belädt ſich etwa mit dreyßig-
tauſend Cabeljauen, und jeder guter Fiſcher fängt in
der Fiſchzeit auf einem Tag wohl drey bis vierhundert Stücke. Es dauert aber dieſe Zeit zwey bis fünf
Monate, je nachdem die Witterung beſchaffen iſt,
und die Fiſche werden zu Laberdan geſalzen, oder zu
Stockfiſchen gedörrt.

Hollän-
diſche
Fiſche-
rey.

Die Holländer haben gleichfalls einen beträchtlichen Fiſchfang unter Jßland, wohin ſie 1753.
ſechs und funfzig Schiffe abſchickten, die über tauſend
Laſten geſalzener Fiſche mitbrachten. Im Jahre 1757.
gie-

giengen hundert und eilf Schiffe dahin, und im Jahre
1759. wurden ſogar hundert und vier und zwanzig
Schiffe abgeſchickt. Die hundert und drey und zwanzig
Schiffe, die von den Holländern im Jahre 1761. da-
hin geſchickt wurden, brachten dritthalbtauſend Laſten
Fiſche mit, denn jedes Schif, welches ein Buiz, oder
Hocker genennt wird, hält vierzig bis ſechzig Laſten.

Eine andere dergleichen Fiſcherey wird von den
Holländern auf Doggerſand, einer Sandbank in der
Nordſee, zwiſchen Engelland und Jütland mit funf-
zig bis ſechzig Schiffen angeſtellt.

Endlich iſt auch die Fiſcherey der Holländer
an ihren eigenen Stranden ziemlich ergiebig, doch
giebt ſelbige keinen Vorrath zum Einſalzen ab, ſondern dient nur um die Einwohner mit friſchen und
lebendigen Seefiſchen zu verſehen.

Man kann nun hieraus auf die ungeheure Menge
der Fiſche dieſer Art ſchließen, und wie voll würde
des Meer ſeyn, wenn nicht die Kachelotte aus dem
Geſchlechte der Walfiſche, eine große Menge derſelben aufrieben? wie viel aber wird nicht erfordert,
um ganz Europa mit Fiſchen zu unterhalten? und
was würden viele Länder in der Faſtenzeit anfangen,
wenn ſie keinen Stockfiſch, Laberdan oder Klippfiſch
nebſt den Heringen hätten, denn die Anzahl der
Fiſche ſüſſer Gewäſſer iſt gegen die Menge der Seefiſche faſt für nichts zu achten.

4. Das Blödauge. Gadus Luſcus.

Man verſichert von dieſem Fiſche, daß er die
Augenhaut, die wie in den vorigen Arten ſehr ge-
räumlich iſt, ordentlich als ein Bläßgen auftreiben
könne, daher es denn nothwendig geſchieht, daß er
blödſichtig oder kurzſichtig wird. Deswegen iſt ihm

ſchon

(margin notes: A. Mit 3. Rücken- floſſen und Bart. — 4. Blöd-auge. Luſcus.)

Mit *
Rücken-
floſſen
und
Bart.

ſchon vom Ray der Name Aſellus luſcus gegeben, welches wir durch Blödauge überſetzen. Er
heißt in England Bib oder Blinds; holländiſch,
Knyp-Oog.

Die erſte Finne der Bauchfloſſen iſt bürſtenartig, wodurch er ſich hauptſächlich, von den vorigen
unterſcheidet: er wird aber niemals länger als ein
Schuh; der Körper iſt etwas breit, an den Seiten
zuſammen gedruckt; die Schuppen ſitzen feſter an der
Haut, und ſind auch noch einmal ſo groß als bey den
Cabeljauen, und ob er ſchon einem Cabeljau ähnlich
ſieht, ſo hat er doch ein zarteres Fleiſch; die Anzahl der
Finnen iſt in der erſten Rückenfloſſe dreyzehn, in der
zweyten drey und zwanzig, und in der dritten achtzehn, die Bruſtfloſſe hat eilf Finnen, die Bauchfloſſe ſechs, die erſte Afterfloſſe ein und dreyßig, die
zweyte achtzehn, die Schwanzfloſſe ſiebenzehn, der
Schwanz iſt nicht gabelförmig, und der After ſteht
nur einen dritten Theil der Länge vom Kopfe ab.
Der Aſenthalt iſt im europäiſchen Ocean.

5. Der Steinbolk. Gadus Barbatus.

Stein-
bolk.
Barba-
dus.

T. III.
fig. 1.

Es haben zwar alle Fiſche in der erſten Abtheilung dieſes Geſchlechts ihren Bart, aber die jetzige Art
hat den längſten; daher ihn Linneus Barbatus
nennt, die holländiſchen Fiſcher aber nennen ihn
Steenbolk, welches mit dem niederſächſiſchen
Steinbolke einerley iſt. Zu dieſer Art gehört nun
auch der Phycis oder Phyſis der Alten, den die Römer jetzt Fico und die Franzoſen Mole nennen.
Dem Steinbolke geben die Engländer den Namen
Whiting Pout, auch wohl Gullack, welches wahrſcheinlich der Gülling der Frießländer iſt.

Er unterſcheidet ſich ſonſt auch durch ſieben
Puncte, die zu beyden Seiten des untern Kiefers
befind-

befindlich ſind, und die Anzahl der Finnen ver: hält ſich nach verſchiedenen Schriftſtellern folgender: geſtalt. Die erſte Rückenfloſſe hat zwölf bis drey: zehn, die zweyte ſiebenzehn bis zwanzig, die dritte vier: zehn bis ein und zwanzig, die Bruſtfloſſe vierzehn bis neunzehn, die Bauchfloſſe fünf bis ſechs, die erſte Afterfloſſe achtzehn bis dreyßig, die zweyte funfzehn bis ein und zwanzig, und die Schwanzfloſſe dreyßig bis vierzig Finnen.

A.*
Mit 3.
Rücken:
floſſen
und
Bart.

Dieſe Verſchiedenheit in der Zahl der Finnen kann von der Verſchiedenheit der Spielarten, oder auch von einer unbeſtimmten Zählung herkommen, oder vielleicht giebt auch wohl die Natur der einen Floſſe ein paar Finnen mehr, wenn ſie der andern ſo viel weniger gegeben hat, je nachdem die Schwe: re und der Wuchs des Fiſches ſolches im Schwimmen nöthig hat; denn es geſchieht wohl in der Natur nichts umſonſt, wenn wir es gleich nicht allezeit ein: ſehen können.

Uebrigens iſt er breiter als die Cabeljaue und Schelfiſche, würde aber dem Wittling No. 8. we: gen ſeiner kleinen Schuppen und dem Silberglanze ſehr ähnlich ſehen, wenn er keinen Bart hätte. Man kann ihn aber auch an den braunen Flecken, an den Bruſtfloſſen, und der ſchwärzlichen Schwanz: floſſe kennen, zu geſchweigen, daß ſeine Mundſpal: te kleiner, und die vörderſte Rückenfloſſe dreyeckig iſt, indem ſie in ein langes Horn ausläuft, da ſich denn zwiſchen dem Kopfe und dieſer Floſſe noch ein kleines Grübchen zeigt. Er wird höchſtens ein und einen halben Schuh lang, und wird des Sommers an den engländiſchen und holländiſchen Küſten ge: fangen, wiewohl er ſich auch ſonſt in dem ganzen europäiſchen Ocean aufhält. Die Abbildung iſt Tab. III. fig. 1.

F 5   6. Der

A.*
Mit 3.
Rücken
floſſen
und
Bart.

6.
Zwerg=
cabeljau
Minu.
tus.

6. Der Zwergcabeljau.   Gadus Minutus.

Der Ritter verſteht unter dieſer Art einen ſehr kleinen cabeljauartigen Fiſch aus dem mittelländiſchen Meere, der nur anderthalb Unzen wiegen ſoll, deſ=ſen After in der Mitte des Körpers befindlich iſt. Wir wollen ihn darum den Zwergcabeljau nen=nen. Jedoch giebt es auch in der Nordſee, um die Küſte von England und Holland herum eine etwas größere Art, die ſehr weiß iſt, und darum in Holland Molenaar, das iſt, der Müller; in England aber wegen ſeiner kleinen Geſtalt Power, das iſt, armer Tropf, genennt wird; und es iſt der nämliche, den man in Venedig Mollo, und in Marſeille Capellan nennt. Nach dem Arte=di hat die erſte Rückenfloſſe zwölf, die andere neunzehn, und die dritte ſiebenzehn Finnen, in der Bruſtfloſſe ſitzen dreyzehn, in der Bauchfloſſe ſechs, in der erſten Afterfloſſe ſieben und zwanzig, und in der zweyten ſiebenzehn Finnen, die Fin=nen der Schwanzfloſſe aber ſind nicht beobachtet worden.

B.** Mit drey Rückenfloſſen und ohne Bart.

7.
Grüner
Schel=
fiſch.
Virens.
T. III.
fig. 2.

7. Der grüne Schelfiſch.   Gadus Virens.

Wir kommen nun zur zweyten Abtheilung der Cabeljaue, welche in ſolchen Fiſchen beſteht, die zwar auch drey Rückenfloſſen aber keinen Bart ha=ben, und darunter macht der grüne Schelfiſch die erſte Art aus. Er führt dieſen Namen, weil er auf dem Rücken grün, und nicht größer als ein Schel=fiſch iſt. Sonſt unterſcheidet er ſich auch von an=der

dern Fischen der jetzigen Abtheilung durch den ga=
belförmigen Schwanz, auch sind die Kiefer gleich
lang, und die Linie, die sich in den Seiten zeigt,
geht fast gerade, wie aus der Abbildung Tab. III.
fig. 2. zu ersehen. Die erste Rückenflosse hat drey=
zehn, die andere zwanzig, die dritte neunzehn Fin=
nen; die Brustflosse siebenzehn, die Bauchflosse sechs,
die erste Afterflosse vier und zwanzig, die andere zwan=
zig, und die Schwanzflosse vierzig.

B **
Mit 3.
Rücken=
flossen
ohne
Bart.

Man rechnet zu dieser Art denjenigen Fisch,
den man in Norwegen Sey nennt, und welcher
zu gewissen Zeiten sehr häufig daselbst ist. Wenn
er noch jung ist, heißt er Mort, wenn er besser er=
wachsen, und zum essen tauglich ist, giebt man ihm
den Namen Pale, hernach heißt er Sey-Ofs, und
wird im Sommer=Sey, der zugleich mit den Herin=
gen ankommt, und im Quale-Sey, der mit den
Kachelotten im Frühjahre die Heringe verfolgt, ein=
getheilt. Sie sind in der Nordsee oft so häufig bey=
sammen, daß ein norwegischer Fischer in einer
halben Stunde über funfzig Stücke mit einem Ha=
men fangen kann. Mit einem Netze aber erwischt
man oft in einem Zuge fast bey zweyhundert Tonnen
voll, doch an den holländischen Küsten kommt er
selten vor.

8. Der Wittling.   Gadus Merlangus.

8.
Witt=
ling.
Mer-
langus.

Der Name Wittling wird diesem Fische in
Niedersachsen gegeben, weil er, (ohne einem schwar=
zen Flecken an der Wurzel der Vörderflossen,)
ganz weiß ist. Französisch heißt er Merlan;
engelländisch, Whiting; holländisch, Wyting.
Ob aber, wie etliche meinen, der Wyting ein alter
Molenaar No. 6. oder der Molenaar ein junger
Wyting sey, ist noch nicht recht entschieden. Die=
ser

B.
Mit 3.
Rücken-
flossen
ohne
Bart.

ser Fisch hat mit dem Cabeljaue fast gleiche Anzahl der Finnen, welche sich aber nach der verschiedenen Zählung folgender Gestalt verhalten.

Man hat nämlich bey verschiedenen Fischen dieser Art in der ersten Rückenflosse vierzehn, in der zweyten achtzehn bis drey und zwanzig, in der dritten zehn bis zwanzig, in der Brustflosse sechzehn bis ein und zwanzig, in der Bauchflosse vier bis sechs, in der ersten Afterflosse acht und zwanzig bis drey und dreyßig, in der zweyten neunzehn bis drey und zwanzig, und in der Afterflosse bey einem andern Exemplare ein und dreyßig Finnen gefunden.

Dieser Fisch ist zarter als der Schelfisch, wird aber nicht länger als einen Schuh, und ist an den englischen und holländischen Küsten reichlich, läßt sich aber nicht nur durch die weisse Farbe, sondern auch durch den längern Oberkiefer leicht von dem Schelfische unterscheiden.

Anato-
mische
Anmer-
kung.

An dem untern Magenmunde zeigt sich ein ganzer Kranz von Angehängen, der einem Büschlein Haare nicht ungleich sieht, besonders aber ist der Umstand merkwürdig, daß man öfters solche Wittlinge fängt, die Milch und Rogen zugleich bey sich führen, und die man deswegen für Hermaphroditen hält, es müste denn seyn, daß der Anfang der Rogen, ehe sie in Körner gewachsen sind, einer Milch der Fische ähnlich wäre. Die Gehörknochen werden vom Lemery nicht nur wider die Säure, sondern auch wider Grieß- und Steinschmerzen gerühmt, das Fleisch derselben aber soll unter allen Seefischen das allergesundeste seyn.

9. Der

9. Der Kohlmund. Gadus Carbonarius.

Obige Benennung iſt dieſem Fiſche gegeben, weil er innwendig einen ſchwarzen Mund und Kehle hat, wiewohl er von der vorigen und folgenden Art nicht viel verſchieden iſt; denn dieſe drey Arten ſind ſehr nahe miteinander verwandt, und werden in Norwegen faſt für einerley gehalten, denn es hat auch dieſer den untern Kiefer länger wie der folgende, nur iſt der Seitenſtrich, der bey der folgenden Art krumm läuft, an dieſem Fiſche gerade.

Artedi zählte in der erſten Rückenfloſſe vier‑ zehn, in der andern zwanzig, in der dritten zwey und zwanzig, in der Bruſtfloſſe achtzehn, in der Bauch‑ floſſe ſechs, in der erſten Afterfloſſe drey und zwan‑ zig, und in der andern neunzehn Finnen. Die Eng‑ länder haben auch einen Cole-fish, deſſen Kopf und Rücken ſchwarz iſt, auch häufig gefangen wird, ob er gleich nicht von beſondern Geſchmacke iſt, wenig‑ ſtens hält ſich dieſe Art mit ihren etwanigen Verſchie‑ denheiten überall in dem europäiſchen Ocean auf. Siehe Tab. III. fig. 3.

P.**
Mit 3.
Rücken‑
floſſen
ohne
Bart.
o.
Kohl‑
mund.
Carbo‑
narius.
Tab. III
fig. 3.

10. Der Pollac. Gadus Pollachius.

Die Engländer nennen dieſen Fiſch Whiting Pollac, weil er einige Aehnlichkeit mit dem Witting No. 8. hat, dahingegen ſie die vorige Art auch Rawlin-Pollac nennen. Er unterſcheidet ſich durch den Strich an den Seiten, welcher an dieſer Art krumm läuft, dahingegen der untere Kiefer, wie bey dem vorigen, gleichfalls länger als der obere iſt. Man rechnet zu des Artedi Art auch den ſchwediſchen Lyrblek, obgleich die Anzahl der Finnen ungemein verſchieden iſt, denn man zählt in den Rückenfloſſen eilf, ſechzehn bis neunzehn, in der Bruſtfloſſe ſieben‑ zehn,

10.
Pollac.
Polla‑
chius.

B**
Mit 3.
Rücken-
floſſen
ohne
Bart.

zehn, in der Bauchfloſſe ſechs, und in der Afterfloſſe ſechzehn, bis achtzehn Finnen; nach Gronov in den Rückenfloſſen dreyzehn, ſiebenzehn bis drey und zwanzig, in der Bruſtfloſſe ſiebenzehn, in der Bauchfloſſe ſechs, und in der Afterfloſſe drey und zwanzig bis vier und zwanzig Finnen. Im Sprbleck aber, in den Rückenfloſſen dreyzehn, achtzehn bis neunzehn, in der Bruſtfloſſe ſechzehn, in der Bauchfloſſe ſechs, und in der Afterfloſſe achtzehn bis ſieben und zwanzig Finnen.

Dieſe große Verſchiedenheit der Floſſenſtrahlen kann wohl unmöglich ein beſtimmtes Merkmal der Art ſeyn, und es will faſt das Anſehen haben, als ob man mehr auf andere Merkmale zu ſehen habe, als zum Exempel, daß die Schwanzfloſſe dieſes Fiſches nur etwas mondförmig und faſt gerade iſt. Der Aufenthalt iſt gleichfalls im europäiſchen Ocean.

C.***
Mit 2.
Rücken-
floſſen.

C.*** Cabeljaue mit zwey Rückenfloſſen.

11. Der Stockfiſch. Gadus Merlucius.

11.
Stock-
fiſch.
Merlu-
cius.

Was nun die dritte Abtheilung betrift, worinn nur allein die Cabeljaue mit zwey Rückenfloſſen vorkommen, ſo macht der Stockfiſch hierinn den Anfang. Er iſt der Alten Onos, oder Eſel, vielleicht wegen der grauen Farbe, und des Rondelets Aſellus primus; wegen ſeiner ſchlanken Länge heißt er Merlucius, welches ſoviel als Maris Lucius, das iſt, Seehecht ſeyn ſoll. An dieſem Fiſche iſt der untere Kiefer gleichfalls länger als der obere; hat aber keinen Bart und diejenige, die von den Schriftſtellern hieher gerechnet werden, haben in der erſten Rückenfloſſe neun bis zehn, in der zweyten neun und dreyßig bis vierzig, in der Bruſtfloſſe zwölf bis drey zehn,

zehn, in der Bauchfloſſe ſieben, in der Afterfloſſe C.***
acht und dreyßig bis neun und dreyßig, und in der Mu 2.
Schwanzfloſſe vier und zwanzig Finnen. Sie hal‑ Rücken‑
ten ſich allenthalben in großer Menge im Ocean auf, floſſen.
und werden ein und eine halbe Ele lang, doch wer‑
den auch andere Fiſche zu Stockfiſchen gemacht.
Man vergleiche hierbey, was wir oben No. 3. ge‑
ſagt haben.

12. Der Leng.   Cadus Molva.

13.
Leng.
Molva.
Tab. III
fig 4.

Obgleich dieſer Fiſch faſt eben ſo ausſieht, als
der vorige, ſo unterſcheidet er ſich doch durch ſeinen
Bart von jenem hinlänglich, beſonders aber auch
dadurch, daß bey ihm der obere Kiefer länger iſt,
da bey jenem der untere länger war. Wegen ſeiner
Länge wird er von den Engländern Ling; von
den Holländern Leng; und von den Schweden
Langa genennt. Er hat einen runden Schwanz,
die obern Floſſen ſind ſchwärzlich, und haben einen
weiſſen Rand. Die Anzahl der Finnen in der erſten
Rückenfloſſe iſt funfzehn, in der zweyten drey und
ſechzig bis fünf und ſechzig, in der Bruſtfloſſe funf‑
zehn bis zwanzig, in der Bauchfloſſe ſechs, in der
Afterfloſſe ſechzig bis zwey und ſechzig, in der
Schwanzfloſſe vierzig.

Dieſer Fiſch iſt nicht ſo häufig als der Stock‑
fiſch, aber weicher und ſchmackhafter, wird ſowohl
geſalzen und unter Laberdan geſteckt, als gedörrt und
wie Stockfiſch verkauft, und weil er ſich am beſten
hält, dient er, die Schiffe damit zu proviantiren.
Nach Pontoppidans Bericht führte man im Jahre
1752. ſiebenmalhundert und zwanzigtauſend Pfund
aus. Siehe Tab. III. fig. 4.

1. Der

C."*
Mit 2.
Rücken-
floßen.

13. Der Krötenfisch. Gadus Tau.

13.
Kröten-
fisch.
Tau.

Dieser Fisch ist fremd, und kommt aus Carolina, woselbst er Toadfisk genennt wird, daraus
die Linneische Benennung Tau gemacht worden.
Wir nennen ihn Krötenfisch wegen seines besondern
Ansehens, denn der Kopf ist groß, ungleich und auf
dem Wirbel mit einem T bezeichnet. Der Augen-
ring ist goldgelb, der untere Kiemendeckel geht in
drey Zacken aus. Im Maule stehen viele große
Zähne, der untere Kiefer ist länger als der obere,
und hat einige bartartige Angehänge, der Körper ist
schleimig, aus dem braunen gelb, und mit schwarzen Flecken und Striemen bezeichnet. Die Bauchfloßen sitzen dicht unter der Kehle, und ihr vörder-
ster Strahl ist der längste, indem an selbiger eine
runzlichte Haut hinan steigt, der Schwanz ist abgerundet, die erste Rückenfloße hat drey, die andere
sechs und zwanzig, die Brustfloße zwanzig, die Bauchfloße ein sechstel, die Afterfloße zwey und zwanzig,
und die Schwanzfloße sechzehn Finnen.

14. Die Trusche. Gadus Lota.

14.
Trusche.
Lota.
Tab. III
fig. 5.

Jetzt kommen wir auf eine Art, die sich nicht
in dem Meere, sondern in süßen Wassern, Flüssen,
Teichen und innländischen Seen von Europa aufhält. Es ist die gewöhnliche Trusche, Rutte oder
Aalruppe, die lateinisch Lota, Barbotha, Bot-
tatrissa und Mustela fluviatilis genennt wird.
In Schweden giebt man ihr den Namen Lake; in
Frankreich Barbout; in England Eelpout;
in Holland Puitaal. Die Kiefer sind an diesem
Fische gleich, das Kinn gebartet, der Kopf sehr
breit, der Körper hingegen aalförmig, die Haut fast
glatt und schlüpferig, indem die Schuppen sehr
dünne, klein und rund sind, die Grundfarbe ist gelblich

lich) weiß, mit einer schwarzen Marmorirung, in der
ersten Rückenfloffe sind dreyzehn, in der andern sechs
und siebenzig, in der Brustfloffe zwey, in der Bauchfloffe sieben, in der Afterfloffe fünf und funfzig, und
in der Schwanzfloffe dreyßig Finnen.

C.***
Mit 2.
Rücken-
floffen.

Die Abbildung, welche Tab. III. fig. 5. gegeben ist, zeigt den geöfneten Fisch von der untern
Seite, da denn die Buchstaben folgende Theile
vorstellen:

a a. Die Zähne des obern Kiefers, wovon die
        äussern am weitesten stehen, die innern aber
        klein und dichte aneinander gestellt sind.

   b. Eine andere Reihe Zähne im obern Kiefer.

c c. Zwey Zahnspitzen, die in der Kehle befind-
        lich sind.

d d. Andere kleine Zähnchen an den Kiemen-
        bogen.

   e. Die Kehle oder Eingang nach dem Magen.

  ff. Der Magen, welcher etwa drey Zoll lang ist.

   g. Der Ausgang des Magens an der Seite.

h h. Die Ungehänge oder der blinde Darm, de-
        ren etwa siebenzehn bis achtzehn sind, jede
        gegen ein und einen halben Zoll lang.

  ii. Der vorderste oder dünne Darm, der bis
        zum Enddarme etwa zehn Zoll lang ist, und
        einen Bogen macht.

   k. Der Enddarm, der fast noch einmal so dick
        als der dünne Darm, und zwey und einen
        halben Zoll dick, auch bey der Einsenkung
        etwas gebogen ist.

Diese Fische pflanzen sich im December fort,
und man hat in den Rogen hundert und acht und

Linne IV. Theil.   G   zwan-

C.*** zwanzigtauſend Eyer gezählt. Das Fleiſch iſt fein
Mit 2. und ſchmackhaft, und die Leber eine Delicateſſe.
Rücken' Dieſe letztere iſt weißlich und bey vierthalb Zoll lang.
floſſen.

15. Die Meerquappe. Gadus Muſtella.

15.
Meer' Dieſer Fiſch iſt der vorigen Art ziemlich ähn'
quappe. lich, jedoch gehört er unter die Seefiſche, und wird
Muſte- in Venedig Donzellina und Sorge marina; in
la. Engelland Sea-Loche und Whiſtle Fish; in
Holland Zee Puitaal; und in Hamburg Krull'
Quappe genannt.

Er wird faſt einen Schuh lang, hat am obern
Kiefer vier Bärte, und am untern nur einen.
Der Kopf iſt flach und niedrig, das Maul voller
Zähne, die Augen nahe bey der Schnautze, die
Schuppen ſind klein, der Kopf, der Rücken und die
Seiten haben ſchwarzbunte Flecken. Die erſte Rü'
ckenfloſſe beſteht aus einer einzigen häutigen, und
mit vielen feinen Faſern beſetzten Finne, die zweyte hat
zwey und vierzig bis ſechs und funfzig Finnen, in
der Bruſtfloſſe befinden ſich vierzehn bis ſechzehn,
in der Bauchfloſſe ſieben, in der Afterfloſſe vierzig
bis drey und vierzig, in der Schwanzfloſſe fünf und
zwanzig. Der Aufenthalt iſt im europäiſchen
Ocean.

16. Der Schnurbart. Gadus Cimbricus.

16.
Schnur' Noch eine ähnliche Art Fiſche zeigt ſich in der
bart. Nordſee, abſonderlich zwiſchen Schweden und
Cim- Dännemark, welche vier Bärte hat, als einen am
bricus. Kinne, einen an der Oberlefze, und zwey an der
Naſe, daher wir ihn Schnurbart nennen. Die er'
ſte Rückenfloſſe iſt gleichſam verloſchen, oder ver'
altet, und die erſte Finne ſieht wie ein T aus, wo'
durch

durch er sich von der obigen Meerquappe am deut=
lichsten unterscheidet. Die zweyte Rückenfloſſe hat
acht und vierzig Finnen, die Bruſtfloſſe ſechzehn, die
Bauchfloſſe ſieben, die Afterfloſſe zwey und vierzig,
und die Schwanzfloſſe fünf und zwanzig.

D.**** Cabeljaue mit einer einzigen Rü=ckenfloſſe.

17. Die Seetruſche. Gadus Mediterraneus.

Die letzte Abtheilung endlich derer, die nur
eine Rückenfloſſe haben, hat nur dieſe einzige Art.
Sie hat am obern Kiefer zwey Bärte, am un=
tern nur einen. Die Rückenfloſſe hat vier und
funfzig, die Bruſtfloſſe funfzehn, die Bauchfloſſe
zwey, und die Afterfloſſe vier und vierzig Finnen.
Die Schwanzfloſſe ſcheint alſo nicht beobachtet zu
ſeyn. Der Aufenthalt iſt im europäiſchen Ocean,
und nach der Benennung zu ſchließen, am meiſten
im mittelländiſchen Meere.

155. Geschlecht. Rotzfische.
Jugulares: Blennius.

<table>
<tr>
<td>Geschl.
Benen-
nung.</td>
<td>Blenna heißt Schleim, oder Rotz, da nun diese Fische einen häufigen Schleim oder rotzartiges Wesen an sich haben, so wird das ganze Geschlecht vom Ritter Blennius, und von uns Rotzfische genennt, zumal sie aus eben dieser Ursache auch bey den Holländern Snotvisschen heissen.</td>
</tr>
</table>

Geschl.
Kennzei-
chen.

Die Kennzeichen dieses Geschlechts sind folgen-de. Der Kopf ist abhängig und bedeckt. Die Kie-menhaut hat sechs Strahlen. Der Körper ist spieß-förmig. Die Brustflossen sind zwenstrahlig und un-bewafnet. Die Afterflosse ist abgesondert. Ausserdem aber werden in diesem Geschlechte zwey Abtheilungen gemacht, als: etliche haben auf dem Kopfe eine Art eines Kamms, andere aber haben keinen Kamm. Zu der ersten Abtheilung gehören sieben, und zur an-dern sechs Arten, so daß wir überhaupt dreyzehn Ar-ten zu betrachten finden, wie folgt.

A.*
Mit
einem
Kamme.

A.* Rotzfische mit einem Kamme.

1. Die Seelerche. Blennius Galerita.

I.
Seeler-
che. Ga-
lerita.

Der Name Galerita ist von dem in die Quere stehenden dreyeckigen, und aus einem häutigen We-sen bestehenden Kamme hergenommen, welcher sich an diesem Fische quer an der Stirn zwischen den Au-

gen

gen befindet; ſonſt aber giebt man auch dieſen Fi- A.*
ſchen den Namen Lerche oder Kammlerche, hol- Mit
ländiſch Kam- oder Kuif-Leeurik. Man könnte einem
ſie auch Helmlerche nennen. Kamme.

Die Anzahl der Finnen in der Rückenfloſſe iſt
funfzig, in der Bruſtfloſſe zehn, in der Bauchfloſſe
zwey, in der Afterfloſſe ſechs und dreyßig, in der
Schwanzfloſſe ſechzehn. Der Ort des Aufenthalts
iſt im europäiſchen Ocean.

2. Die Kammlerche. Blennius Criſtatus.

Dieſe Art führt den Namen von dem zwiſchen 2.
ten Augen ſich befindenden langen bürſtenartigen Kamm-
Kamme, und ſie iſt der Braſilianer Punatu. Das lerche.
Maul iſt klein, und hat nur im Unterkiefer dünne Criſta-
lange Zähne, wie Stecknabeln. Die Augen ſtehen tus.
hoch im Kopfe, und der Augapfel liegt in einem gelben Ringe.

Die Kiemenhaut hat fünf Strahlen, die Rückenfloſſe, welche gleich hinter dem Nacken anfängt
und bis zum Schwanze fortläuft, hat ſechs und zwanzig Finnen, die Bruſtfloſſe vierzehn, die Bauchflof-
ſe drey, die Afterfloſſe ſechzehn, und die Schwanzfloſſe eilf Finnen. Der Nabel iſt näher nach dem
Kopfe als nach dem Schwanze zu, und der Körper
an den Seiten etwas gedruckt. Die neun mittlern Finnen der Schwanzfloſſe ſind zackig. Der Ort
des Aufenthalts iſt im indianiſchen Meere.

3. Die Hornlerche. Blennius Cornutus.

Weil dieſer Fiſch über den Augen ein paar ein- 3.
zeln ſtehende Strahlen wie Fühlhörner hat, wird er Horn-
Hornlerche genennt. Der Kopf iſt zuſammen ge- lerche.
Cornu-
druckt, tus.

A.*
Mit
einem
Kamme.

druckt, und hat an der Stirn, wie auch an den Backen, einige Höcker, zwiſchen welchen im untern
Kiefer zu beyden Seiten ein langer krummer Hunds-
Zahn befindlich iſt, die Lippen bedecken die Zähne,
die Augen ſind groß, am obern Theile des Kopfs geht
ein langes ſpitziges Bärtchen heraus, welches die er-
wähnten Hörner vorſtellt; der Körper iſt länglich,
und mit einer nackten Haut bedeckt, auch mit eiſenfärbigen Puncten und Flecken bezeichnet; der Nabel ſteht gerade in der Mitte; die Rückenfloſſe
hat nach verſchiedenen Exemplarien drey und dreyſig
bis vier und dreyſig, die Bruſtfloſſe funfzehn, die
Bauchfloſſe zwey, die Afterfloſſe drey und zwanzig
bis fünf und zwanzig, die Schwanzfloſſe eilf bis
zwölf Finnen, und dieſe letztern ſind zackig, die
Schwanzfloſſe iſt nicht zertheilt. Der Ort des
Aufenthalts iſt in dem indianiſchen Meere.

4. Der Schmetterlingfiſch. Blennius Ocellaris.

4.
Schmet-
terling-
fiſch.
Ocella-
ris.

Die vorderſte Rückenfloſſe dieſes Fiſches iſt etwas lang, und zugleich mit einem dunkeln äugigen
Flecken bezeichnet, welches alſo eine Aehnlichkeit mit
einigen Papillonsflügeln hat, darum heißt er Schmet-
terling; holländiſch Vlinder-Viſch, und des Fle-
ckens halben Ocellaris, engliſch Butterfly-Fish;
italiäniſch Meſora; bey den Alten Blennos.

Die Länge iſt ſieben bis acht Zoll, der Kopf iſt
groß, aſchgrau, und mit grünen Strichen geziert,
die Augen ſtehen oben auf dem Kopfe dichte beyſammen, und über jedem Auge ragt eine Finne oder ein
Fühlhorn hervor; die Vorderzähne ſind lang, rund
und niedlich geordnet. Der Flecken in der erſten
Rückenfloſſe, hinter der funften Finne, iſt ſehr
groß, hat einen ſchwarzen Kern, und weiſſen Ring,
ſieht

sieht einem Pfauenauge gleich, und endigt sich an der
achten Finne; sonst ist auch die ganze Flosse bunt, in
dem auf einem grünlichen Grunde blaue, braune
und weisse Sprenkel stehen; der Bauch sticht etwas
hervor, und die Haut hat keine Schuppen.

A.*
Mit
einem
Kamme.

Die Anzahl der Finnen ist wie folget: in der
ersten Rückenflosse sind eilf, in der andern funfzehn,
in der Brustflosse zwölf, in der Bauchflosse zwey,
in der Afterflosse sechzehn bis siebenzehn, in der
Schwanzflosse eilf bis sechs und zwanzig. Der Ort
des Aufenthalts ist im europäischen Ocean, besonders wird er im mittelländischen oder adriatischen
Meer gefangen, und im Monat October in Venedig zu Markte gebracht.

5. Der Dickhals. Blennius Guttorugine.

Guttorugine ist der Name, den man diesem
Fische in Venedig giebt; ob aber die Fischer diesen Namen Gotorosala aussprechen, und ob daher
des Gißners Piscis gutturosus kommt, scheint
nicht recht ausgemacht zu seyn; jedoch wird die, in
Tab. IV. fig. 1. gegebene Abbildung schon unsere
Benennung Dickhals rechtfertigen können.

5.
Dick-
hals.
Gutto-
rugine.
T. IV.
fig. 1.

Dieser Fisch hat die Größe und Gestalt der vorigen Art, führt keine Schuppen, ist an der Seite
etwas plattgedruckt, und dabey zierlich gezeichnet.
Ueber den Augen und im Nacken befinden sich ausge-
breitete Fühlhörner, der Kopf fällt jähling in einen
Bogen herunter, der Rücken hat bis in die Seiten
abwechselnde olivengrüne und grünlich gelbe Bänder,
welche durch blaßblaue Striche voneinander geschie-
den sind; diesen Bändern begegnen andere von dem
Bauche herüber kommende Bänder, in einer abwechselnden Richtung, so daß ein dunkles Band von un-

ten

A.*
Mit
einem
Kamme.

ten gegen ein von oben herunter kommendes helles Band stößt, und so ferner wechselsweise; die Finnen der Rücken- und Afterflosse stechen mit weissen Spitzen über die Flossenhaut hervor. Die Anzahl der Finnen ist in der Rückenflosse dreysig bis ein und dreysig, in der Brustflosse dreyzehn bis vierzehn, in der Bauchflosse zwey, in der Afterflosse ein und zwanzig bis drey und zwanzig, in der Schwanzflosse zwölf bis dreyzehn. Der Aufenthalt ist gleichfalls im europäischen Ocean.

6. Der Augenwimper. Blennius Superciliosus.

6.
Augenwimper.
Supercilosus.

Da die kammartigen Fühlhörner an diesem Fische sehr klein, und gleichsam an den Augenwimpern befindlich sind, so wird sich obige Benennung von selbst erklären. Der Kopf läuft jähe ab, das Maul ist voller kleinen Zähnchen, der Seitenstrich geht krumm.

Die Rückenflosse hat vierzig Finnen, davon die sechs erstern länger als die übrigen sind, die Brustflosse zwölf bis funfzehn, die Bauchflosse zwey, die Afterflosse sechs und zwanzig bis acht und zwanzig, und die Schwanzflosse zwölf. Der Fisch ist nicht groß und kommt aus Indien.

7. Der Glattkopf. Blennius Phycis.

7.
Glattkopf.
Phycis.

Phycos heißt eigentlich Meergraß, und man glaubt, Aristoteles habe diesem Fische den Namen darum gegeben, weil er sich beständig in den Fucis marinis aufhalten soll. Man kann aber diesen Fisch mit Recht Glattkopf nennen, weil er keine kammartige Fortsätze an der Stirn hat, sondern nur ein kleines längliches Fühlhorn an den vordern Nasen-

ſenlöchern, wozu aber noch ein Bart am Kinne
kommt; der Körper iſt bunt, der Schwanz iſt abgerundet, und hat einen ſchwarzen runden Ring. Die
Anzahl der Finnen iſt in der erſten Rückenfloſſe zehn,
in der zweyten ein und ſechzig bis zwey und ſechzig,
in der Bauchfloſſe zwey, in der Afterfloſſe ſechs und
funfzig bis ſieben und funfzig, und in der Schwanzfloſſe zwanzig. Man bringt ihn aus dem mittelländiſchen Meere.

B.** Roßfiſche ohne Kamm.

8. Der Spitzkopf. · Blennius Pholis.

Die griechiſche Benennung Pholis, deutet
theils Schuppen, theils Faſern an, und kann
dieſem Fiſche wegen der in einem Kreiße geſtell-
ten Faſern unter der Naſe gegeben ſeyn, dafür
wir Spitzkopf wählen, weil der Wirbel etwas zugeſpitzt in die Höhe ſticht. Sonſt iſt der Kopf glatt,
und der Körper hat zur Seiten einen krummen
Strich, der einigermaſſen gabelförmig wird, der
obere Kiefer iſt länger als der untere, auf dem Körper ſind keine Schuppen vorhanden, die Farbe iſt
bräunlich mit ſchwarzen Flecken.

Was die Anzahl der Strahlen oder Finnen
betrift, ſo hat die Kiemenhaut ſechs Strahlen, die
Rückenfloſſe ſechs und dreyſig Finnen, davon die zwölf
vörderſten etwas ſteifer als die hintern ſind, die
Bruſtfloſſe dreyzehn bis vierzehn, die Bauchfloſſe
zwey, die Afterfloſſe neunzehn bis acht und zwanzig,
die Schwanzfloſſe zehn. Der Aufenthalt dieſes Fiſches iſt im mittelländiſchen Meere, und er wird in
Livorno Galeëtta; in England aber Mulgranoc
und Bulcard genennt.

G 5   9. Der

B **
Ohne
Kamm.

9. Der Butterfisch. Blennius Gunnellus.

9.
Butter
fisch.
Gunel-
lus.

Die Cornwaller nennen diesen Fisch Gunnel-
lus; andere Engländer aber, Butter - Fish; welches vermuthlich einige Aehnlichkeit mit dem But-
tervogel oder Papillon andeuten soll, indem dieser
Fisch an beyden Seiten bey der Rückenflosse zehn
schwarze Flecken hat, die wie Augen, mit weissen
Ringen eingefasset sind. Die Farbe ist röthlich und
dunkelgrün mit weiß bandirt, die Länge beläuft sich
etwa auf einen halben Schuh. Die Rückenflosse
hat sieben und siebenzig bis acht und siebenzig, die
Brustflosse zehn bis eilf, die Bauchflosse zwey, die
Afterflosse drey und vierzig, und die Schwanzflosse
sechzehn Finnen. Es hält sich dieser Fisch im großen
Weltmeere auf.

10. Der Lampretenfisch. Blennius Mustelaris.

10.
Lampre-
tenfisch.
Muste-
laris.

Die gegenwärtige Art unterscheidet sich von jener dadurch, daß sie zwey Rückenflossen hat: in der
ersten nämlich befinden sich drey, in der andern vierzig, oder auch wohl drey und vierzig, in der Brustflosse sechzehn bis siebenzehn, in der Bauchflosse
zwey, in der Afterflosse acht und zwanzig bis neun
und zwanzig, und in der Schwanzflosse zwölf bis dreyzehn Finnen. Er kommt aus Indien.

11. Die Aalmutter. Blennius Viviparus.

11.
Aalmut-
ter. Vi-
viparus
T. IV.
fig. 3.

Der besondere Umstand, daß dieser Fisch, wider die Gewohnheit der eigentlichen Fische, lebendige Jungen zur Welt bringt, ist die Ursache der Linneischen Benennung. Er führt bey den Holländern den Namen Mag-Aal und Kwab-Aal.
An der Ostsee Aalquap und Alput; in England

land Eelpout; in Schweden Tanglake; und bey B.**
uns Deutſchen, vorzüglich in Niederſachſen, Aal- Ohne
mutter; bey welcher Benennung wir bleiben. Er Kamm.
hat am Maule zwey Bärte, und iſt über und über
bräunlich gelb mit ſchwarzen Flecken marmorirt.
Sie werden etwas über einen Schuh lang, und
gegen einen Zoll breit; der Körper iſt aalförmig,
doch der Kopf einem Krötenkopfe nicht ungleich. Die
Kiemenhaut hat ſechs Strahlen: die Anzahl der
Finnen iſt in der Rückenfloſſe neun und ſiebenzig bis
achtzig, in der Bruſtfloſſe neunzehn bis zwanzig, und
in der Afterfloſſe, welche gelb iſt, ſechs und ſechzig,
bis ſiebenzig Finnen. Siehe Tab. IV. fig. 3.

Der Aufenthalt dieſer Fiſche iſt in dem europäiſchen Meere. Was aber den Umſtand wegen
des Gebärens lebendiger Jungen betrift, ſo iſt folgendes zu merken.

Zu Anfang des Frühlings geht ihre Begattung vor ſich. Sie bekommen einen Rogen, deſſen Eyer um Pfingſten herum ſchon ſtark werden,
und dabey eine länglichte rothe Geſtalt annehmen, bis
ſie ſich in lauter junge Fiſche verwandeln, die man ordentlich aus der Aalmutter heraus drucken kann.
Solcher jungen Fiſchlein will man über dreyhundert
gezählt haben, die jährlich nach und nach aus der
Mutter ſchliefen.

12. Der Lumper. Blennius Lumpenus.

12.
Lumper.
Lum-
penus.

Da man dieſen Fiſch in Antwerpen Lump
genennt hat, ſo laſſen wir es mit dem Ritter dabey
bewenden. Der Körper iſt rund, und geht nicht ſo
allmählig in eine Spitze aus, wie etwa bey den Aalen.
Die Farbe iſt grüngelb, und der Rücken mit viereckigen ſchwärzlichen Flecken beſetzt. Das Ende des
Schwanzes iſt etwas röthlich. Zu beyden Seiten
geht

vom Kopfe bis zum Schwanze, statt der punctirten
Linie, eine Grube. Das Maul ist groß, öfnet sich
rund, und hat beyde Kiefer mit einer Reihe Zähnen
besetzt. Die Augen haben einen glatten Ring, und
unten an der Kehle hangen einige gleichsam gabelförmige Bartfäden. Willoughby sahe einen in Antwerpen auf dem Fischmarkte, welcher acht Zoll
lang war. Der Aufenthalt ist im europäischen
Ocean.

13. Der Froschfisch. Blennius Raninus.

13. Frosch-fisch. Raninus. Endlich findet man noch in den schwedischen
Sümpfen einen Fisch, welcher den vorigen zwey Ar-
ten ziemlich ähnlich ist, und daher auch von dem Ritter einstweilen hieher gerechnet wird. Die Bauchflossen sind gleichsam sechsfädig, und an der Kehle
hängt ein Bart. Die Kiemenhaut hat sieben Strahlen. In der Rückenflosse sind sechs und sechzig, in
der Brustflosse zwey und zwanzig, in der Bauchflosse
zwey sechstel, in der Afterflosse sechzig, und in der
Schwanzflosse dreyßig Finnen. Der Fisch selbst ist
nicht eßbar, und andere Fische fliehen vor ihm.

** ** **

Anmer-kung. NB. Daß die Finnen der Bauchflosse in dieser
Art mit zwey sechstel angegeben sind, bedeutet so viel,
als daß die zwey ersten bürstenartig, die sechs andern aber ordentliche Finnen sind, und man hat überhaupt anzumerken, daß, wenn der Ritter die Zahl
der Finnen mit einer gebrochenen Zahl schreibt, solches so viel bedeute, daß die in der obern Ziffer bestimmten Finnen eine andere Beschaffenheit haben als
die übrigen, indem sie entweder länger, kürzer, weicher oder härter sind.

III. Ord-

III. Ordnung. Bruſtbäucher.

Piſces: Thoracici.

Dieſe ganze Ordnung hat obige Benennung um deßwillen erhalten, weil die Bauchfloſſen an dieſen Fiſchen gerade unter der Bruſt ſtehen, und ſolches macht alſo das einzige Kennzeichen der ganzen Ordnung aus. Wir glauben daher, daß Bruſtbäucher die Meinung des Ritters eben ſo gut und nicht dunkler ausdrücke, als die von ihm ſelbſt erwählte lateiniſche Benennung, die gewiß ohne ſeine Erklärung nicht würde zu verſtehen ſeyn. Es kommen aber in dieſer Ordnung ſiebenzehn Geſchlechter vor, worunter verſchiedene ſtark beſetzt ſind, deren Beſchreibung jetzo folgt.

Benennung und Kennzeichen der III. Ordnung.

156. Geſchlecht. Spitzſchwänze.
Thoracici: Cepola.

Geſchl. Benen-nung. Es haben die Fiſche dieſes Geſchlechts groſſe Aehnlichkeit mit denjenigen, welche oben im 148. Geſchlecht unter dem Namen Ophidium oder Schlangenfiſche ſind beſchrieben worden. Da ſich nun die Benennung Cepola nicht wohl überſetzen läſſt, ſo geben wir dieſem Geſchlechte den Namen Spitzſchwänze.

Geſchl. Kennzei-chen. Es beſtehen aber die Kennzeichen dieſes Ge-ſchlechts darinn, daß der Kopf einigermaſſen rund und gedruckt iſt. Das Maul iſt aufgeworfen, die Zähne ſind gekrümmt, und machen nur eine einfa-che Reihe in den Kiefern aus. Die Kiemenhaut hat ſechs Strahlen, und der Körper iſt degenför-mig und nackt, da inzwiſchen der ganze Bauch kaum ſo lang als der Kopf iſt. Es ſind folgende zwey Arten zu merken.

1. Der Bandfiſch. Cepola Taenia.

1. Band-fiſch. Taenia. Taenia bedeutet überhaupt ein Band, und wegen der Aehnlichkeit hat man auch einen Wurm unter dem Namen Bandwurm; wir wollen alſo dieſen Fiſch Bandfiſch nennen, weil der Körper an den Seiten gleichſam wie ein Band zuſammen gedruckt iſt.

Der

Der Kopf ist stumpf, abgerundet und gedruckt. Die Rückenfloße fängt dicht am Kopfe an, endigt sich kurz vor der Schwanzfloße, und hat sechzig Finnen. Der Bauch ist kaum so lang als der Kopf und daselbst fängt sogleich die Afterfloße an, welche gleichfalls kurz vor der Schwanzfloße aufhört, und acht und funfzig Finnen hat. Die Brustfloße hat achtzehn, und die Bauchfloße ein sechstel Finnen. Die Schwanzfloße aber endigt sich mit neun Finnen, davon die mittelsten die längsten sind, in eine Spitze. Der Aufenthalt ist im mittelländischen Meere.

2. Der Riemfisch.   Cepola Rubescens.

Dieser Fisch war vorher von dem Ritter zur dritten Art der Schlangenfische (Ophidion) unter dem Namen Macrophthalmum oder Großauge gebracht. Es hat derselbe nicht nur einen spitzigen Schwanz, sondern auch spitzige Kiefer. Die Rückenfloße hat acht und sechzig, die Brustfloße siebenzehn, die Bauchfloße sechs, die Afterfloße acht und funfzig, und die Schwanzfloße zwölf Strahlen. Diese Anzahl aber war in der zehnten Auflage anders angegeben, denn daselbst hatte der Ophidion Macropthalmum in der Rückenfloße neun und sechzig, in der Brustfloße funfzehn, in der Afterfloße aber zwey und sechzig Finnen, da inzwischen die Bauch- und Schwanzfloßen in der Zahl der Finnen miteinander übereinstimmen.

Nun hat der Herr Houttuin bey dieser dritten Art der Schlangenfische auch einen ceylonnesischen Ikan Gadja mit fünf Augen an der Rückenfloße, und mit rothen Floßen angeführt, auch Tab. IV. fig. 4. die Abbildung davon gegeben, wovon wir aber sowohl die Beschreibung, als die Abbildung,

so-

ſogleich bey der zweyten Art des oben befindlichen
148. Geſchlechts (Ophidium imberbe) beygefügt
haben.   Allein weil ſich der Ritter bey dieſer Art
auf jenen Fiſch beziehet, ſo weiſen wir nicht allein
den Leſer zu obigen 148. Geſchlecht No. 2. ſondern
führen auch hier abermals die Gouttuiniſche Figur
des ceylonneſiſchen Fiſches Tab. IV. fig. 4. an;
ob wir gleich nicht glauben, daß ſelbige die von dem
Ritter angeführte Art vorſtellt, zumal da derſelbe
das mittelländiſche Meer zum Ort des Aufenthalts
anweißt.

157. Ge

157. Geschlecht. Sauger.
Thoracici: Echeneis.

Durch Echeneis druckten die Alten die Eigen-schaft der Fische dieses Geschlechts aus, wel-che darinn besteht, daß sie durch Ansaugen sich selbst, oder andere Körper fest halten, daher sie auch Remora und Neucrates genennt wurden, welche Be-nennungen aber der Ritter unter die Arten vertheilt hat. Aus eben diesem Grunde heissen sie auch fran-zösisch Arrête-Nef oder Sucet; englisch Su-cking-Fish; portugiesisch Piexe pogador und Piexo pioltho. *(Geschl. Benen-nung.)*

Die Kennzeichen des Geschlechts sind, daß der Kopf fett, nackt, plattgedruckt, oben flach, und mit einem gerandeten Schilde versehen ist, welches ge-zähnelte oder sägeförmige Runzeln hat. Die Kie-menhaut hat zehn Strahlen, und der Körper ist nackt, oder fast ohne Schuppen. Es sind folgende zwey Arten zu merken. *(Geschl. Kennzei-chen.)*

1. Der kleine Sauger. Echeneis Remota.

Dampier nennt diesen Fisch Zuigvisch; Valentin aber Koete-Laoet, oder Seelaus nach dem indianischen, sonst aber Schip-Klemmer, der sich an die Schiffe anklemmt. Es ist aber die-se Art die kleinste, welche höchstens bis ein und einen halben Schuh lang wird, einen gabelförmigen *(1. Kleiner Sauger Remo-ra.)*

Linne IV. Theil.   H   Schwanz

Schwanz, und achtzehn Runzeln in dem Kopfſchilde hat. Mit dieſem Kopfſchilde druckt ſich dieſer
Fiſch an andere Körper an, und hält ſich mit den
feinen Zäckchen, welche an den Runzeln ſitzen, dergeſtalt feſte, daß man ihn eher entzwey reißt, als
daß er loß laſſen ſollte; jedoch kann er ſich von ſelbſt
augenblicklich loß machen, indem die Zäckchen alle
ihre Richtung nach dem Rücken zu haben, und dieſes
iſt ihnen nöthig, wenn ſie an dem Kiel oder Boden der
Schiffe feſt ſitzen, und durch den Strom des Waſſers von einem ſchnell ſegelnden Schiffe nicht herunter
geriſſen werden ſollen.

Die Rückenfloſſe hat zwey und zwanzig, die
Bruſtfloſſe fünf und zwanzig bis acht und zwanzig,
die Bauchfloſſe fünf bis ſechs, die Afterfloſſe zwey
und zwanzig, und die Schwanzfloſſe ſechzehn bis ſiebenzehn Finnen. Das Vaterland iſt Indien.

Sie halten ſich nicht nur an Schiffe, ſondern
auch an andere Körper an, ja öfters ſitzen ſie andern
großen Fiſchen häufig auf dem Rücken.

2. Der Schifßhalter. Echeneis Neucrates.

2.
Schifß-
halter.
Neu-
crates.

Tab. IV
fig. 6.

Dieſer Fiſch, der der größte unter den Sau-
gern iſt, wird von den Braſilianern Iperuquiba
oder Piraquiba; von den Arabern aber Chamel
oder Ferrhun genannt. An dieſer Art iſt der
Schwanz länger und unzertheilt, der Körper iſt größer und hat ſchärfere Floſſen, und das Kopfſchild beſteht aus vier und zwanzig Runzeln. Die Anzahl
der Finnen in der Rückenfloſſe iſt ſieben und dreyßig, in der Bruſtfloſſe ein und zwanzig, in der
Bauchfloſſe fünf, in der Afterfloſſe ſieben und dreyßig, und in der Schwanzfloſſe ſechzehn. Die Größe dieſes Fiſches iſt gegen vier Schuh, das Kopfſchild
iſt

iſt bey ſolcher Gröſe ſieben Zoll lang, jedoch ſind die groſen Schifshalter ſeltner, und man ſieht in den Cabinetten mehrentheils nur kleine. Die Farbe iſt bey der einen Art ſowohl als bey der andern braun= ſchwarz, am Bauche ſeegrün, und an den Seiten zeigt ſich ein glänzender Strich. Das Exemplar, davon hier Tab. IV. fig. 6. die Abbildung mitge= theilt wird, war ſiebenzehn Zoll lang, das Schild aber drey Zoll, ſieben Linien lang, und einen Zoll, drey Linien breit. Der untere Kiefer war länger als der obere. Im Maule befanden ſich viele feine Zähnchen. Die Zunge war groß, nur hatte die Bruſt= und Af= terfloſſe je eine Finne mehr, als nach der Linnei= ſchen Zählung.

Was nun noch ihre Eigenſchaft betrift, von welcher man glaubte, daß ſie ſegelnde Schiffe in ihrem Lauf aufhalten können, und welches jetzo viele für eine Fabel halten, ſo iſt dieſes alſo zu verſtehen.

Ein jedes Schif hat einen glatten Boden, und dieſes hilft im Meere zum geſchwinde ſegeln. Wenn aber der Boden rauh, mit Mooß bewachſen, oder mit der Entenmuſchelbrut beſetzt iſt, (wie ſolches denn oft geſchieht, wenn die Schiffe lange auf der Rehde in den Indien liegen bleiben) ſo giebt dieſe Ungleichheit des Schifbodens eine ziemliche Verhin= derung in der Farth. Wie vielmehr wird nun dieſe Verhinderung zuwege gebracht, wenn ſich einmal et= liche groſe Fiſche dieſer Art an ein kleines Schif feſt ſaugen? Ein ſolcher Vorfall kann in der That die Fahrt des Schifs langſam machen, ſo daß dieſe Fiſche bey ſo bewandten Umſtänden den Namen Schifshalter mit Recht verdienen.

158. Geſchlecht. Stutzköpfe.
Thoracici: Coryphaena.

Geſchl.
Benen-
nung.

Die griechiſche Benennung Koryphæ bedeutet einen Wirbel, und da man ſich dabey
zugleich eine jähe Höhe denkt, ſo iſt dieſes Wort beſonders dem Wirbel eines Pferdes zugeeignet,
weil der Kopf deſſelben von da jähe herunter läuft,
wie denn auch Koryphaios einen ſenkrechten Stand
bedeutet. Weil nun die Fiſche dieſes Geſchlechts einen herunter laufenden Kopf haben, ſo werden ſie
mit dieſem Namen belegt, und darum glauben wir,
ſie nicht beſſer als Stutzköpfe nennen zu können.
Die Holländer aber nennen dieſe Fiſche, weil ſie
mehrentheils einen ſchönen gelben Goldglanz haben,
Oranje - Viſſchen, welches ſo viel als Pomeran-
zenfiſche iſt.

Geſchl.
Kennzei-
chen.

Es iſt alſo ein Merkmal dieſer Fiſche, daß ihr
Kopf ſehr ſtumpf und abhängig iſt, ſodann hat die
Kiemenhaut fünf Strahlen, und die Rückenfloſſe iſt
ſo lang als der Rücken ſelbſt. Nach dieſen gegebenen Kennzeichen finden ſich folgende zwölf Arten.

1. Der Goldfiſch. Coryphaena Hippurus.

1.
Gold-
fiſch.
Hippu-
rus.
Tab. V.
fig. 1.

Die griechiſche Benennung Hippurus, die
ſoviel als einen Pferdeſchwanz bedeutet, iſt dieſem
ganzen Geſchlechte ſonſt aus dem Grunde gegeben,
weil die Rückenfloſſe ſich wie ein Pferdeſchwanz in
die Länge zieht; weil aber die Portugieſen dieſen
Fiſch

Fisch) wegen seines vortreflichen Goldglanzes Dorado nennen, so wollen wir den Namen Goldfisch,
wie ihn auch die holländischen Matrosen nennen, be-
halten. Bey den Spaniern heißt er Lampugo, und
bey den Engländern Delphin.

Die Rückenflosse hat sechzig, die Brustflosse
neunzehn bis ein und zwanzig, die Bauchflosse sechs,
die Afterflosse sechs und zwanzig bis sieben und
zwanzig, und die Schwanzflosse achtzehn bis zwanzig
Finnen. Die Schwanzflosse ist gabelförmig; die
Farbe vergoldet auf einem grünen Grunde; die Augen sind groß, roth und feurig. Ihre Länge ist vier
bis fünf Schuh. Die Haut hat keine oder doch nur
kleine Schuppen. Das Maul ist mittelmäßig groß
und voller kleinen Zähnchen. Der Nabel befindet sich
in der Mitte. Das Fleisch ist fett und schmackhaft,
ja man vergleicht es mit dem Lachse. Siehe Tab. V.
fig. 1. Osbeck giebt zehen Strahlen der Kiemenhaut an.

Diese Fische sollen unter allen Fischen am aller-
schnellsten schwimmen, wozu ihnen vermuthlich die
lange Rückenflosse dient. Sie sind auch ziemlich ge-
fräßig, denn wenn man nur einen Hamen mit einer
Vogelfeder an einer Schnur ausserhalb dem Schiffe
nachschleppen läßt, so schnappen sie sogleich darnach,
in der Meinung vielleicht, einen fliegenden Fisch zu
ertappen, und zur Zeit der Noth, wenn sie Man-
gel am Futter haben, fressen sie sich untereinander
selbst auf. Man findet sie manchmal haufenweise
an seichten Stranden herumziehen, da sie oft, wenn
sie von der Sonne beschienen werden, einen bleu-
enden Glanz von sich geben. Sie halten sich im
Ocean, und sehr häufig an der africanischen Küste
auf.

2. Der Sprenkelfisch. Coryphaena Equiselis.

Es kommt diese Art mit der vorigen sowohl in der Benennung als in der Gestalt so ziemlich über-ein, denn Equiselis und Hippurus geht vonein-ander in der Bedeutung nicht viel ab, nur hat derselbe statt sechzig, drey und funfzig Finnen in der Rücken-flosse, und die Kiemenhaut soll, dem Osbeck zu-folge, sechs Strahlen haben; der Schwanz ist eben-falls gabelförmig.

Es wächst dieser Fisch bis zur Länge von sechs oder sieben Schuh. Die Gestalt des Körpers ist fast wie am Lachse. Der Kopf hat vorne die Höhe von ein und einem halben Schuhe und ist gleichsam vier-edigt, das Maul ist mittelmäßig, aber voller kleinen Zähnchen. Die Augen stehen nahe am Maule und ha-ben Silberringe. Die Rückenflosse ist sieben bis acht Zoll hoch in ihrer Breite, die Afterflosse aber nur einen Zoll. Die Finnen sind weich, dagegen die Haut der Flossen dick, und nebst dem Schwanze gleichfalls ganz verguldet. Der Schwanz ist fast ein und einen halben Schuh lang, vollkommen gabelför-mig, jedoch weit ausgespannt wie ein V. Die Haut des Körpers ist mit so kleinen und feinen Schup-pen belegt, daß sie fast glatt zu seyn scheint. Die Farbe ist grün und silberfärbig melirt, mit him-melblauen Flecken von verschiedener Größe gespren-kelt. Das Fleisch ist trocken aber sehr schmackhaft. Die Brasilianer nennen ihn Guaracapaema. Der Aufenthalt dieses Fisches ist weit im Meere und in den Tiefen zwischen Europa und America ohn-weit den westindischen Inseln, wie auch zwischen Africa und Brasilien. Leguat vergleicht den Glanz ihrer Rücken mit dem Berill, indem sie gleichsam blau und grünglänzend emaillirt, am Bauche aber silberfärbig sind.

3. Der

3. Der Fünffingerfiſch. Coryphaena Pentadactyla.

Obige Benennung wurde dieſer Art Fiſche von dem ſchwediſchen Viceadmiral Ankarkrona gege= ben, und zwar aus dem Grunde, weil dieſelbe an beyden Seiten der Kiemen fünf ſchwarze Flecken hat, davon einer von den vier andern etwas entfernt ſteht, gleichſam als ob jemand vier ſchwarze Finger und den Daumen angedruckt hätte. Aehnliche Fiſche werden indeß von Valentin Rivier Dolphyn, das iſt, Flußdelphine genennt. Doch da die Beſchreibungen etwas voneinander abweichen, ſo wollen wir ſie bey= de mittheilen, und nur vorher bemerken, daß ſie aus Oſtindien ſind.

(Randnote: 3. Fünffin= gerfiſch. Penta= dactyla. Tab. V. fig. 2.)

Das Exemplar des ſchwediſchen Viceadmirals ward aus Indien in Spiritus überſchickt, und iſt in den ſchwediſchen Abhandlungen eingerückt, wie wir hier Tab. V. fig. 2. die Abbildung vor uns ſehen. Die Geſtalt iſt nämlich zungenförmig, dreymal ſo lang als breit, und an den Seiten ſehr platt gedruckt; Bauch und Rücken ſind beyde ſcharf; die Schuppen ſo groß als an einem Brachſem, nämlich ſtumpf, glatt, und mit einem breiten Querſtriche bezeichnet. An den Seiten des Kopfs, wo die Wangen fleiſchig ſind, ſitzen nur allein kleine Schuppen. Der Kopf iſt vorneher ſehr ſtumpf, die Augen ſehen ſehr helle, die Kiefer haben gleiche Länge, und ſind mit kleinen feinen Zähnchen beſetzt, jedoch ſind die zwey vördern Zähne oben und unten etwas länger, und ſogar bey geſchloßenen Kiefern ſichtbar. Die Kiemendeckel beſtehen aus drey flachen Knochen, die übereinander ſtoſſen, und die Kiemenhaut hat vier flache beinige Strahlen. Die Rückenfloſſe iſt einzeln, läuft vom Kopfe bis dicht an den Schwanz, und hat ein und zwanzig Finnen, wo=

(Randnote: Geſtalt.)

H 4   von

von ſieben von der dritten bis zur neunten ſcharf wie
Dornen ſind. Die Bruſtfloſſen haben eilf, die Bauchfloſſe ſechs, und die Afterfloſſe vierzehn Finnen, die
Schwanzfloſſe iſt ſtumpf, ungeſpalten, und hat dreyzehn Finnen, welche gleich lang, und nur die beyden äuſſern ausgenommen, zackigt ſind. Der Seitenſtrich geht gerade, erreicht aber den Schwanz nicht,
ſondern vereinigt ſich hinter der Rückenfloſſe mit demjenigen Striche, der von der andern Seite gleichfalls
bis dahin ſtößt, und dieſe beyden Striche fangen einen dritten auf, welcher mitten über den Fiſch die
Länge herunter läuft.

Zeich-
nung.
Es iſt der ganze Fiſch blaßfärbig, und hat auf jeder Schuppe eine weiſſe Linie. Zu beyden Seiten
befindet ſich unter den Kiefern ein anſehnlicher, ganz
weiſſer Strich, ja die Kiemendeckel ſind ſelbſt mit
ähnlichen feinen Strichen bezeichnet. Die oben er-
wähnte fünf ſchwarze Flecken, die ſich zu beyden
Seiten des Kopfs befinden, unterſcheiden dieſen Fiſch
von allen andern. Der vordere Flecken hat die
Größe einer Erbſe, iſt rund und mit einem weiſſen
Ringe eingefaßt. Der Stand deſſelben iſt dicht am Auge,
etwas höher als der Anfang des vorerwähnten Sei-
tenſtrichs, die vier andern befinden ſich etwas von
dem vordern entfernt, dichter beyſammen hinter-
werts; ſie ſind gleichfals dunkelblau, etwas eckig,
und am Ende mit einem weiſſen Flecken bezeichnet.

Valen-
tyns
Fluß-
delphin.
Der Flußdelphin des Valentyns hingegen,
der vermuthlich lebendig war, und die Länge eines Schuhes hatte, prangte mit einem himmelblauen Striche auf dem Kopfe. Die Kiefer und
Backen waren feurig gelb, deßgleichen auch die Augen, derſelbe hatte nur vier aber rothe Flecken.
Die Bauchſloſſen waren dunkel violet und ſchwarz,
dicht am Körper röthlich, und hatten einen pomeranzenfärbigen Strich, der ſich nach der einen Seite
des

des Kopfs erſtreckte. Unten am Bauche befanden
ſich noch ſieben kleine Flecken. Die Rückenfloſſen
waren ſchön ſeegrün, und hatten einen feurig gelben
Rand, welcher untenher mit einem rothen Saume
eingefaßt war. Die Wurzel des Schwanzes be-
ſtund in zweyen pomeranzenfärbigen Grübchen, welche ſich auf einem ſchwarzen Grunde ſehr herausnah-
men, da das übrige des Schwanzes violetfärbig und
feurig gelb melirt war.

So groß kann alſo der Unterſchied zwiſchen
einem lebendigen und todten Fiſche ſeyn, und in Abſicht auf letztern, zwiſchen einem Fiſch, der lebendig in Spiritus geſteckt iſt oder der vorher ſtarb.
Denn was vorher ſchon geſtorben iſt, erblaßt ſich,
und verliert die Farben, welches nicht ſo ſehr ſtatt
hat, wenn ein Thier lebendig in Spiritus kommt, und
doch haben wir auch aus der Erfahrung gefunden, daß
oft die beſten Farben nach und nach im Spiritus
bleich werden. Wie wenig iſt denn alſo auf die Beſchreibung der Farben zu rechnen, wenn man, wie
mehrentheils geſchieht, todte Körper beſchreibt?

Anmer-
kung.

4. Der Meſſerrücken. Coryphaena Novacula.

Die Geſtalt dieſes Fiſches ſoll einem Scheermeſ-
ſer gleichen. Er iſt vorne ſtumpf und breit, hinten aber
ſchmal, der Rücken iſt etwas ſchärfer als der Bauch,
und darum nennen ihn die Alten Novacula,
wir aber Meſſerrücken; doch der auf dem Rücken
befindlichen Floſſe halben geben ihm die Italiäner
den Namen Peſce pettine, oder Kammfiſch, da
ſie die Geſtalt eines Haarkamms ausdruckt.

4.
Meſſer-
rücken.
Nova-
cula.

Es iſt der Kopf dieſes Fiſches u bſt den Floſſen
ſchön himmelblau gewürfelt, und nach Salviani
Bericht hält ſich dieſer zarte, etwa eine Spanne

lange

lange Fisch einzeln an klippigen und steinigen
Stranden der Inseln Rhodus, Maltha, Majorka
und Minorka auf. Ob nun der Rage-Kniv, oder
Scheermesserfisch des Pontoppidans, der sich im
nordischen Meere aufhält, und den ganzen Rücken
mit einer stachlichten Flosse besetzt hat, der nämliche sey, solches können wir so wenig, als er selbst,
entscheiden.

5. Der gestreifte Stußkopf. Coryphaena
Pompilus.

Es soll der Name Pompilus dieser Art gegeben seyn, weil sie die Schiffe begleitet, doch können
wir sie gestreift nennen, weil sie sich von den andern
dieses Geschlechts darinn unterscheidet, daß der Rücken oberhalb dem Seitenstriche, mit gelblichen Bändern bezeichnet oder gestreift ist. Die Anzahl der
Kiemenstrahlen ist fünf. In der Rückenflosse sind
acht drey und dreyßigstel, in der Brustflosse vierzehn, in der Afterflosse zwey vierzehntel, und in der
Schwanzflosse sechzehn Finnen; unter welchen acht
in der Rückenflosse und zwey in der Afterflosse stachlich sind.

Der Aufenthalt dieses Fisches ist im Ocean. Er
ist fett, und läuft am Schwanze dünn aus. Der Seitenstrich ist krumm, und nebst den über selbigem befindlichen Bändern gelblich. Der Kopf ist stumpf und
der Unterkiefer steigt etwas in die Höhe. Die
Mundspalte ist weit. Die Kiefer kleben an den
Seiten aufeinander und sind inwendig rauh. Die
Seiten des Kopfs sind durch gewisse Lücken oder Aus-
höhlungen gezähnelt. Die Vorderflosse des Rückens ist mit der hintern vereinigt, und die Brustflossen sind sehr spitzig.

6. Der

6. Der Papagey. Coryphaena Pſittacus.

Man giebt dieſem Fiſche, wegen ſeiner bunten Farbe, obigen Namen, das beſondere Merkmal aber iſt, daß die Seitenlinie unterbrochen, und die Floſſen mit gefärbten Linien bezeichnet ſind.

Die Anzahl der Finnen iſt in der Rückenfloſſe neun neun und zwanzigſtel, in der Bruſtfloſſe eilf, in der Bauchfloſſe ſechs, in der Afterfloſſe ſechzehn, in der Schwanzfloſſe vierzehn Das Vaterland dieſes Fiſches iſt Carolina, woſelbſt er Parrotfiſch genennt, und alſo beſchrieben wird.

Der Kopf iſt auſſerordentlich zierlich bunt. Die Augen haben einen feurigen rothen Ring, welcher blau eingefaßt iſt. Mitten auf dem Körper ſteht nach dem Rücken zu ein ſchief viereckigter purpurfärbiger Flecken, welcher glänzend grün, gelb und blau ſchattirt iſt. Die Seitenlinie iſt ſo lang als die Rückenfloſſe, aber unterbrochen, nur ſetzt ſie unten durch, die Rückenfloſſe geht wie eine Schnur bis zum Schwanze, deßgleichen auch die Afterfloſſe, die in der Mitte, wo der After iſt, anfängt. Der Schwanz iſt ungetheilt.

7. Der Spitzſchwanz. Coryphaena Acuta.

Der Schwanz läuft an dieſer Art ſpitzig aus, und die Seitenlinie iſt bogig erhaben. In der Rückenfloſſe ſind fünf und vierzig, in der Bruſtfloſſe ſechzehn, in der Bauchfloſſe ſechs, in der Afterfloſſe neun, in der Schwanzfloſſe ſechzehn Finnen. Der Aufenthalt iſt in den aſiatiſchen Meeren.

8. Die

8. Die Rumpfnaſe. Coryphaena Siima.

8.
Rumpf-
naſe.
Siima. Weil die untere Lippe etwas länger als die obere iſt, wird ſie Rumpfnaſe genennt. Die Rückenfloſſe hat zwey und dreyſig, die Bruſtfloſſe ſechzehn,
die Bauchfloſſe ſechs, die Afterfloſſe ſechzehn, und
die Schwanzfloſſe ebenfalls ſechzehn Finnen. Der
Schwanz iſt ungetheilt, und der Aufenthalt iſt
ebenfalls in dem aſiatiſchen Meere.

9. Der grüne Stußkopf. Coryphaena Virens.

9.
Grüner
Stuß-
kopf.
Virens. Auſſer der grünlichen Farbe unterſcheidet ſich
dieſer Fiſch von den übrigen auch dadurch, daß ſich
die Rücken- und Afterfloſſen in lange fadenförmige
Fortſätze endigen, deßgleichen man auch an der zweyten Finne der Bruſtfloſſen wahrnimmt. Sonſt befinden ſich in der Rückenfloſſe ſechs und zwanzig, in
der Bruſtfloſſe dreyzehn, in der Bauchfloſſe ſechs,
in der Afterfloſſe dreyzehn, und in der Schwanzfloſſe ſechzehn Finnen. Das Vaterland iſt Aſien.

10. Der Halbfloſſer. Coryphaena Hemiptera.

10.
Halb-
floſſer.
Hemi
ptera. Die Benennung Hemiptera iſt dieſer Art gegeben, weil die Rückenfloſſe, die ſonſt vom Nacken
bis zum Schwanze gehen müßte, ſehr kurz iſt, daher wir ſie Halbfloſſer nennen. Inzwiſchen ſind
auch die Kiefer an dieſem Fiſche einander nicht vollkommen gleich). Die Anzahl der Finnen iſt in der Rückenfloſſe nur vierzehn, in der Bruſtfloſſe funfzehn,
in der Bauchfloſſe aber acht, in der Afterfloſſe zehn,
und

und in der Schwanzfloſſe achtzehn. Der Aufenthalt dieſer Fiſche iſt gleichfalls in Aſien.

11. Der Kiemendeckel. Coryphaena Branchioſtega.

Da die Oefnung der Kiemen in einer Querſpal‐ te beſteht, ſo iſt obige Benennung gegeben wor‐ den. Die Anzahl der Finnen iſt in der Rückenfloſſe vier und zwanzig, in der Bruſtfloſſe funfzehn, in der Bauchfloſſe ein ſechſtel, in der Afterfloſſe drey zehn‐ tel, und in der Schwanzfloſſe ſechzehn. Man fin‐ det ſie, wie die vorige, in den aſiatiſchen Meeren.

(margin: 11. Kiemen‐ deckel. Bran‐ chioſte‐ ga.)

12. Der Schildträger. Coryphaena Clypeata.

Weil dieſer Fiſch zwiſchen den Augen knochige Blätter ſitzen hat, die gleichſam ein Schild ausma‐ chen, ſo können obige Benennungen ſtatt haben. Die Anzahl der Finnen, welche am meiſten dienen ſollen, die Arten von einander zu unterſcheiden, ſind in der Rückenfloſſe zwey und dreyſig, in der Bruſt‐ floſſe vierzehn, in der Bauchfloſſe nur fünf, in der Afterfloſſe zwölf, und in der Schwanzfloſſe nur ſieben. Man bringt dieſe Fiſche gleichfalls aus Oſtindien.

(margin: 12. Schild‐ träger. Clypea‐ ta.)

Dieſes wären nun die Arten eines Geſchlechts, welches in Abſicht auf die Farben und bunte glän‐ zende Zeichnung, die mehrentheils in das pomeran‐ zenfärbige fällt, faſt die allerſchönſten Fiſche dar‐ ſtellt, daher man die Benennung der Holländer, wenn ſie ſelbige Oranje‐Viſchen nennen, nicht mißbilligen kann.

159. Geſchlecht. Grundeln.
Thoracici: Gobius.

Geſchl. Benen- nung.

Des Ariſtoteles Kobios läſſet uns ſowohl als der Lateiner Gobius in einer Uni- cherheit in Abſicht auf die Bedeutung, und dieſes iſt wohl die Urſache, warum man mit dieſen Benen- nungen in andern Sprachen einige kleine Verände- rung vorgenommen hat; denn in Venedig heiſſen dieſe Fiſche Goget, in Frankreich Goujou oder Boulerot, und in England Sea-Gudgeon oder Pink. Die deutſche Benennung Grundel mag vielleicht daher kommen, weil dieſe Fiſche die Gewohnheit haben, an den Stranden auf dem Grunde zu liegen, ſich an den Klippen aufzuhalten, und den Grund der Ufer zu ſuchen; jedoch wird dieſer Name jetzt in einer allgemeinern Bedeutung genommen, als wir ſonſten gewohnt ſind, weil wir uns hier in Deutſchland durchgängig unter Grun- deln einen kleinen Fiſch der ſüſſen Waſſer vorſtel- len. In dieſem Geſchlechte aber kommen groſſe und kleine vor, die entweder im Meere, oder in Flüſſen, oder auch in andern ſüſſen Waſſern leben, und deren Unterſchied erſt durch die Nebennamen erhellen muß.

Geſchl. Kennzei- chen.

Die Kennzeichen dieſes Geſchlechts ſind fol- gende: am Kopfe ſtehen die Augen etwas dich- te beyſammen, zwiſchen ſelbigen befinden ſich aber zwey Löcher, eines etwas mehr vorgerückt, als

als das andere. Die Kiemenhaut hat vier Strahlen, und die Bauchfloſſen ſind oval zuſammen gewachſen. Wir haben davon folgende acht Arten
zu betrachten:

1. Die Meergrundel. Gobius Niger.

Sie führt den Namen Niger, weil ſie ſchwarz-
bunt iſt, und unterſcheidet ſich dadurch, daß die
zweyte Rückenfloſſe vierzehn Finnen hat. Die
erſte nämlich hat ſechs, und die andere vierzehn.
In der Bruſtfloſſe aber zählen die verſchiedenen
Schriftſteller zehen bis achtzehen. In der Bauchfloſſe zehen bis zwölf; in der Afterfloſſe eilf bis
vierzehn, und in der Schwanzfloſſe vierzehn bis
achtzehn Finnen. Sie halten ſich in den europäiſchen und aſiatiſchen Meeren auf, und kommen
in Venedig täglich auf den Markt. Osbeck
hatte einen ſolchen Fiſch in China gefunden, den
e: Apocryptes von Canton nennet, vermuthlich
weil er ſich in den Moraſt verſteckt. Derſelbe
hatte nur zehen Finnen in der Bruſtfloſſe.

Die Beſchreibung, welche Ray von einer
ſolchen Meergrundel giebt, die an der Küſte von
Cornwal gefangen war, iſt dieſe: der Körper iſt
ſpindelförmig, und etwa einen halben Schuh
lang, (denn ſie werden überhaupt nicht groß,) die
Haut iſt glatt und weich, jedoch mit kleinen
Schuppen gedeckt, die Farbe iſt bunt, nämlich
dunkelbraun, dann gelb und weiß marmorirt.
Der Rücken, der Schwanz und die Afterfloſſen
ſind himmelblau und ſchwarz geſprenkelt. Der
Kopf iſt etwas groß mit aufgetriebenen Backen,
welche an der innern Seite durch eine gedoppelte
Reihe Zähnchen höckericht ſind. Die Bauchflof-
ſen ſind in einen Ring zuſammen gewachſen, und

dieſes

(Marginalien:) 1. Meergrundel. Niger. Tab. V. fig. 3. — Geſtalt.

dieses ist die Eigenschaft des ganzen Geschlechts;
es dienet ihnen aber solche Zusammenwachsung
der Bauchflossen dazu, daß sie sich damit an den
Klippen fest saugen, denn sie sehen einem Trich-
ter nicht ungleich. Die Holländer nennen diese
Fische Govcken, welches von Gobius gemacht
zu seyn scheint. Siehe Tab. V. fig. 3.

2. Der Stindt. Gobius Paganellus.

Herr Hasselquist hat diesen Fisch Paganel-
lus genennt; er heißt aber bey den Deutschen
Stindt; und die holländischen Fischer geben ihm
den Namen Meune.

Dieser Fisch unterscheidet sich von der vorigen
Art auf verschiedene Weise. Er wird nämlich nicht
so groß, ist in der Farbe blasser, hat einen gelben
oder rothen Rand an der ersten Rückenflosse, und
einen kürzern, dagegen aber mehr aufgetriebenen
Kopf. Die Bauchflosse hat eine längere Haut,
und ist nicht so sehr trichterförmig. Die Schwanzflosse, wie auch die zweyte Rückenflosse sind an
der Wurzel purpurfärbig, die Zähne der beyden
Kiefer sind groß und scharf. Wenn sich die Kiefer schließen, sind sie einander gleich, so bald sie
aber klaffen, ist der untere länger. Die Augen
sind in die Länge oval, der Rücken ist scharf
und schmal, die Schuppen sind klein, und liegen
so, daß sich die Reihen in langen Strichen zeigen, welche die Länge hinunter laufen. Die Kiemenhaut hat fünf Strahlen, statt vier, wie dieses Geschlecht haben sollte. Was die Anzahl der
Finnen betrift, so sind in der ersten Rückenflosse
sechs, in der zweyten siebenzehn, in der Brustflosse siebenzehn, in der Bauchflosse zwölf, in der
Afterflosse sechzehn, und in der Schwanzflosse
zwan-

zwanzig. Der Aufenthalt dieſer Fiſche iſt vorzüglich in dem mittelländiſchen Meere.

3. Die chineſiſche Grundel. Gobius Eleotris.

Zu dieſer Art, welche aus China kommt, und deren Merkmale darinne beſtehen ſoll, daß die Afterfloſſe neun Finnen hat, werden verſchiedene dergleichen aus andern Schriftſtellern gerechnet, die gleichwohl von dieſem Merkmale abweichen, und auch aus andern Meeren herſtammen. Es ſcheint alſo, daß man es ſo genau nicht nehmen müſſe, denn es kommen hier ſolche Fiſche zuſammen, die in der erſten Rückenfloſſe ſechs, in der zweyten zehen bis eilf, in der Bruſtfloſſe vierzehn bis zwanzig, in der Bauchfloſſe acht bis zwölf, in der Afterfloſſe acht bis zehen, und in der Schwanzfloſſe zehn bis funfzehn Finnen haben, und deren Kiemenhaut abermals durch fünf ſtatt vier Strahlen abgetheilt iſt.

Der Kopf iſt glatt, das Maul iſt voller kleinen Zähnchen, der Körper iſt mit breiten, ſtumpfen und glatten Schuppen gedeckt, aber zwiſchen dem Kopfe und der erſten Rückenfloſſe ohne Schuppen. Auf dem Rücken befindet ſich oberhalb den Kiemendeckeln ein violetfärbiger Flecken; der Nabel iſt ein kleiner Höcker mit zween hintereinander befindlichen kleinen Oefnungen. Die Bruſtfloſſen ſind miteinander verwachſen.

Nach dem Gronov iſt dieſer Fiſch blaßfärbig, und hat eine ziemlich runde Schwanzfloſſe.

4. Die Nilgrundel. Gobius Aphya.

Der Griechen Aphya wurde bey den Lateinern Apua genannt, und ſoll des Ariſtoteles Kobites seyn. Man nennt ihn in Genua Nonnata; in Venedig Pignoletti oder Marsicone; in England Sea-Loche; in Frankreich Loche de Mer. Er ist dem Paganello No. 2. ziemlich ähnlich, jedoch kleiner, denn der Herr Hasselquist fieng in dem Hafen von Smirna einen, der nur zwey Zoll lang, und eine blosse Verschiedenheit des Paganelli war, wiewohl er auch andere von drey Spannen lang gesehen hatte. Diesem sey nun wie ihm wolle, so giebt der Ritter als ein Merkmal an, daß er braun bandirt sey, und das sich auch diese Bande über die Flossen hin erstrecken. Die Anzahl der Finnen betreffend, so sind in der ersten Rückenflosse sechs, in der zweyten sechzehn bis siebenzehn, in der Brustflosse siebenzehn bis achtzehn, in der Bauchflosse sechs bis zwölf, in der Afterflosse eilf bis vierzehn, und in der Schwanzflosse dreyzehn. Der Aufenthalt ist nicht nur im Mißtrome, sondern auch allenthalben im mittelländischen Meere. Sie schwimmen haufenweise, und ganz dichte beysammen, daher sie andern Fischen desto bequemer zum Raube dienen.

5. Der Seestindt. Gobius Jozo.

Jozo ist der Name, den man diesen Fischen in Rom giebt. Die Rückenflossen sind hoch und bürstenartig, so daß die Finnen über der Haut heraus ragen. Die Bauchflosse ist ganz himmelblau; der Seitenstrich besteht aus schwarzen Linien; die Farbe der Haut ist blaß seegrün; die Augenäpfel haben einen silberfärbigen Ring, und die übrigen Flossen sind an den Spitzen blau eingefaßt. Was die Anzahl der Finnen betrift, so sind in der ersten Rückenflosse sechs, in der zweyten dreyzehn bis sechzehn, in der Brustflosse sechzehn bis neunzehn, in der Bauchflosse zwölf, in der Afterflosse dreyzehn bis ein vierzehntel, in der Schwanzflosse vierzehn bis funfzehn. Es

Es wird dieſe Art nicht ſo groß, als No. 1.
und 2., wird aber nicht nur im mittelländiſchen,
ſondern auch im norwegiſchen Meere gefangen.

6. Der Kammkiefer. Gobius Pectiniroſtris.

Da ſich die Zähne des untern Kiefers wie ein Kamm zeigen, indem ſie alle horizontal liegen, ſo ſind obige Benennungen dieſem Fiſche gegeben, wie denn auch die Holländer ſolchen Kambek nennen. In der Kiemenhaut befinden ſich fünf Strahlen. Die erſte Rückenfloſſe hat fünf, die andere ſechs und zwanzig, die Bruſtfloſſe achtzehn bis neunzehn, die Bauchfloſſe zehn bis zwölf, die Afterfloſſe fünf und zwanzig bis ſechs und zwanzig, und die Schwanzfloſſe funfzehn Finnen.

Die Schuppen dieſes Fiſches ſind klein und kaum zu ſehen, die Zähne des obern Kiefers ſind gleichſam wie Grieß, welches denſelben nur höckrig macht, auſſer den drey längern Eckzähnen, dergleichen ſich auch zwey im untern Kiefer befinden, wohingegen die übrigen Zähne des untern Kiefers gleichſam bürſtenartig ſind, und alſo einen Kamm ausmachen; die Zunge iſt nackt, und die erſte Rückenfloſſe weiß geſprenkelt. Das Vaterland iſt China.

7. Der Baſtardgründling. Gobius Barbarus.

Ob dieſer Fiſch etwa an den barbariſchen Küſten entdeckt worden, weil er Barbarus heißt, wird vom Ritter nicht beſtimmt; wir wollen ihn daher wegen ſeiner Abweichung Baſtard nennen, indem die Bruſtfloſſen wie eine fächerförmige Ausbreitung ſtehen, da bey den vorigen Arten ihre Richs

tung in der Rundung trichterförmig war, wiewohl
auch unter den vorigen Arten etliche vorkommen, die
von andern Schriftstellern lieber zu den Petermän=
chen gerechnet werden, weil ihre Augen oben auf
dem Kopfe sehr nahe beysammen stehen.   An dieser
Art hat die erste Rückenflosse zwölf, und die andere
dreyzehn Finnen; die übrigen Umstände scheinen
nicht bekannt zu seyn.

8. Die Aalgrundel.   Gobius Anguillaris.

Aus der Benennung ist schon zu ersehen, daß
dieser Fisch, welcher aus China kommt, eine längliche
aalförmige Gestalt habe; denn der Körper ist, ausser
der Länge, auch wie die Aale fett und schlüpfrig,
die Haut aber so durchscheinend, daß man auch die
Adern durch selbige sehen kann. Alle Flossen sind roth,
und die Rücken= und Afterflosse erstrecken sich bis zum
Schwanze, das Maul ist aufgeworfen, und die
Zähne sind sichtbar, die Brustflossen aber sind sehr
klein und abgerundet.

Was die Anzahl der Finnen betrift, so sind
in der Rückenflosse zwey und funfzig Finnen, dage=
gen aber ist auch nur eine Rückenflosse vorhanden,
wodurch sich dieser Fisch von den vorigen Arten, die
alle zwey Rückenflossen haben, merklich unterschei=
det.   In der Brustflosse hingegen befinden sich zwölf,
in der Bauchflosse zehn, in der Afterflosse drey und
vierzig, und in der Schwanzflosse zwölf Finnen.

160. Geschlecht. Knorrhähne.
Thoracici: Cottus.

Dieses Geschlecht führt den Namen Cottus, wegen des großen Kopfs, welcher gleichsam einem Polsterküssen ähnlich ist; doch die Holländer geben demselbigen den Namen Knor - Haanen, oder
Knorrhähne, weil sich darunter derjenige Fisch befindet, der, wenn er gefangen wird, einen knorrenden oder brummenden Laut von sich giebt.

Es sind aber die Kennzeichen folgende: der
Kopf ist breiter als der Körper und dabey stachlich,
und die Kiemenhaut hat sechs Strahlen. Jedoch
muß man die von dem Ritter angegebene Merkmale
niemalen so sehr genau nehmen: denn es laufen, wie
wir schon oft gesehen haben, fast allezeit auch solche
Arten mit unter, welche die angegebene Merkmale
nicht recht besitzen, sondern anderer Aehnlichkeiten halben mit eingemischt sind, weil man sonst ohne großer
Vermehrung der Geschlechter nicht wissen würde, wo
man mit solchen zweydeutigen Geschöpfen hinkommen
sollte; denn die Natur läßt sich, wie es scheint, durch
kein System Schranken setzen, sondern läuft ohne
Absatz in eines fort.

Es sind hier folgende sechs Arten zu betrachten.

1. Der Steinpicker. Cottus Cataphractus.

Den Namen Cataphractus führt dieser Fisch
darum, weil der Körper gleichsam mit verschiedenen Har-

J 3

Harniſchen belegt iſt. Doch Steinpicker iſt der Name, den ihm die Niederſachſen geben, vermuthlich weil er ſich gerne zwiſchen den Klippen und an
ſteinigen Oertern aufhält, und die Holländer nennen ihn der Panzerſchilde halben, Harnasman.
Es hat dieſer Fiſch an dem Maule zwey geſpaltene
Warzen, und der Kopf iſt untenher gebartet; dazu
iſt der Körper einigermaſſen achteckig. Die Anzahl
der Finnen iſt in der erſten Rückenfloſſe fünf, und
in der andern ſieben, oder wenn man beyde Floſſen
für eine zählt, fünf zwölftel, weil die fünf erſten
ſtachlich, die ſieben andern aber weich ſind, in der
Bruſtfloſſe funfzehn bis ſechzehn, in der Bauchfloſſe drey, in der Afterfloſſe ſechs bis ſieben, und in
der Schwanzfloſſe eilf.

Dieſer Fiſch erreicht etwa die Länge von zwey
Hand breit, der Kopf iſt faſt dreyeckig, und zwey
Zoll breit, an den Seiten warzig, hinten dornig,
unten gebartet, und nur mit einem kleinen Maule
verſehen. Der Körper iſt gleichſam achteckig, und
nahe an dem Bauche ſechseckig, oben braun mit
ſchwarzen Flecken, unten weißlich, und allenthalben
wie die Störe, mit beinigen Schuppen oder Schilden
gedeckt. Im Maule ſind keine Zähne, ſtatt deſſen
aber ſind die Lippen rauh, und in der Kehle ſind,
wie bey vielen andern Fiſchen, ſtachliche Knochen
oder Erhöhungen. Er lebt von Garnelen, einer
kleinen Art Squillen, und hält ſich in der Nordſee
auf, wie er denn an der Elbe und Eyder häufig gefangen wird. Das Fleiſch iſt ſchmackhaft, man
ſchneidet ihm den Kopf herunter, und ißt ihn mit
Butter und Eßig.

2. Das

2. Der Vierhörnige. Cottus Quadricornis.

2.
Vier-
hörnige.
Quadri-
cornis.

Tab. V.
fig. 4.

Es hat dieser Fisch vier knochiche warzenförmi-
ge Erhöhungen auf dem Kopfe, und darum wird er
Quadricornis genennt; wie ihn denn auch die
Schweden, an deren Küsten er sich in der Ostsee aufhält, Hornsimpa nennen. Die erste Rü-
cenflosse hat neun, die andere vierzehn, die Brustflosse siebenzehn, die Bauchflosse vier, die Afterflosse vierzehn, und die Schwanzflosse zwölf Finnen.

Der Kopf ist platt, die Mundspalte weit, der
Körper etwas höher, als die Breite ausmacht, die
vier beinigen Erhöhungen stehen auf dem Kopfe in
einem Viereck, und ausserdem haben beyde Kiefer eine Menge Stacheln; in dem Maule stehen etliche
Reihen kleiner Zähnchen; oberhalb der Seitenlinie
laufen an beyden Seiten des Rückens zwey Reihen
rauher Höckerchen hin, und die Haut zwischen selbigen ist glatt und ohne Schuppen. Die Farbe ist
dunkel und grau abwechselnd, mit schwarzen Quer-
strichen an den Seiten. Der Bauch ist weiß, jedoch
haben die Flossen öfters schwarze Flecken. In dem
Rückgrade hat man vierzig Wirbelbeine gezählt, und
in Absicht auf die Begattung wahrgenommen, daß
sich diese Fische gegen das Ende des Monats December miteinander paaren. Ihre Nahrung besteht
in den sogenannten Seecasseln, Zee-Pillebedden,
und sie werden bey Gothland und auch in den fin-
nischen und bothnischen Meerbusen gefangen.
Siehe Tab. V. fig. 4.

3. Der Brummer. Cottus Grunnicus.

Die gegenwärtige Art ist es, welche einen knorrenden Ton von sich giebt, und darum nennen wir
ihn Brummer, wie er denn auch sonst Knorr-

hahn,

hahn, und bey den Brasilianern Nigui genennt
wird. Nach dem Linne ist die Kehle mit Läpgen
gebartet, und der Körper nackt. Nach dem Gronov ist er bunt, ungeschuppt, und hat einen gebär-
teten Unterkiefer, der länger als der obere ist. Die
Länge ist etwa sechs bis sieben Zoll; der Kopf platt,
breit, und mit einem weiten Maul versehen. Der
Rücken ist hoch, der Bauch breit, und der Körper
rund. Der Farbe nach ist dieser Fisch röthlich braun,
und weißlich bunt und schmutzig. Die Seitenlinie besteht aus einzelnen Löcherchen. In der Zählung der
Finnen weicht der Ritter nach den verschiedenen
Exemplarien von dem Gronov ab. Die erste
Rückenflosse nämlich hat zwey bis drey, die andere
ein und zwanzig bis fünf und zwanzig, die Brustflosse achtzehn bis drey und zwanzig, die Bauchflosse drey, die Afterflosse sechszehn bis zwey und
zwanzig, die Schwanzflosse zwölf bis funfzehn.
Sie sind schmackhaft, und halten sich in den americanischen Gewässern auf.

4. Der Gabler. Cottus Scaber.

Bey jetziger Art ist der Kopf gestreift, und der
Körper mit sägeförmig gezähnelten Schuppen gedeckt, der Seitenstrich ist erhaben. Alle diese Umstände zusammen genommen, machen diesen Fisch rauh,
daher er Scaber genennt wird. Gabler aber ist
der Name, den man den Knorrhähnen auch giebt.
Die Kiemendeckel haben an dieser Art sieben statt
sechs Strahlen. Die erste Rückenflosse hat neun,
die andere eilf Finnen, die Brustflosse zwey, die
Bauchflosse drey sechstel, die Afterflosse eilf, die
Schwanzflosse zwölf. Das Vaterland ist unbekannt.

5. Die

5. Die Donnerkröte. Cottus Scorpius.

Die vielen Stacheln, welche dieſer Fiſch an
dem Kopfe hat, gab Gelegenheit, daß man ihn Scor-
pius oder Seeſcorpion nennte; weil aber der Kopf
auch etwas ähnliches mit einem Krötenkopfe hat, ſo
wurde er ehedem bey den Holländern Porshoeft,
welches vielleicht Padde Hooft oder Krötenkopf
ſeyn ſoll, jetzt aber Donder Pad, das iſt Donner-
kröte genennt. Die übrigen Benennungen ſind in
Engelland Father-Lasher; in Schweden Rot-
ſimpa, Fisk-Sympen, Scraba und Skyalryta;
in Dänemark Ulka und in Holſtein Wulk; denn
er hält ſich in denſelbigen Gegenden, und überhaupt
in dem europäiſchen Ocean auf.

Der obere Kiefer iſt in dieſem Fiſch länger als
der untere. Die Anzahl der Finnen iſt in der erſten
Rückenfloſſe ſieben bis acht, in der andern vierzehn
bis ſiebenzehn, in der Bruſtfloſſe vierzehn bis ſechzehn,
in der Bauchfloſſe drey bis vier, in der Afterfloſſe
zehn bis dreyzehn, in der Schwanzfloſſe acht bis
zwölf. Die Farbe dieſes Fiſches iſt röthlich braun,
und ſchmutzig weiß marmorirt, beſonders am Rücken,
der Bauch aber iſt ganz weiß. Er dient dem gemeinen Mann zur Speiſe. Die Abbildung ſiehe Tab.
V. fig. 5.

Donner-
kröte.
Scor-
pius.

Tab. V.
fig. 5.

6. Der Kaulkopf. Cottus Gobio.

Die jetzige Art wurde eigentlich wegen des groſſen Kopfs bey den Alten Cottus genannt, oder auch
Cottus Capitatus, worauf auch die deutſche Benennung Kaulkopf zielt. Bey den Holländern
heißt er Govie oder Göbgen; italiäniſch Capo
groſſo; engliſch Bullhead oder Stierkopf; ſonſt
auch Millers-Thumb; ſchwediſch Stenſimpa
und Stenlake.

6.
Kaul-
kopf.
Gobio.

J 5   Es

Es hat aber der Kopf nur zwey Stacheln, und der Körper iſt glatt. Weil die Augen oben auf dem Kopfe ſtehen, ſo wurde er von Gronov in das Geſchlecht der Sternſeher gebracht. Die erſte Rückenfloſſe hat ſieben, die andere ſiebenzehn bis achtzehn Finnen, in der Bruſtfloſſe befinden ſich deren vierzehn, in der Bauchfloſſe vier, in der Afterfloſſe zwölf bis dreyzehn, in der Schwanzfloſſe acht bis dreyzehn.

Die länge dieſes Fiſches beläuft ſich etwa auf vier oder fünf Zoll, und der Aufenthalt iſt in den europäiſchen Flüſſen und Bächen, wo ein ſteiniger oder ſandiger Boden iſt, denn ſie verkriechen ſich gerne unter den Steinen, und das Weibchen hat die ganz beſondere Eigenſchaft, daß es ſich daſelbſt eine Höhlung, Grübgen oder Neſt macht, und die Eyer hinein legt, alsdann aber darauf ſitzt, und ſie gleichſam ausbrüthet, wenigſtens ſtirbt oder verhungert es eher, als daß es das Neſt verlaſſen ſollte. Andere behaupten, daß es von dem Rogen unmäßig ſchwelle, und gleichſam aufgetriebene Brüſte bekomme. Vielleicht bleibt es nach der Zeit vor Ermüdung liegen. Der Herr Gronov beſchreibt ein ähnliches Fiſchlein aus der Donau.

161. Geschlecht. Meerscorpione.
Thoracici: Scorpaena.

Die Stachlichkeit des Kopfs bey den Fischen **Geschl.** dieses Geschlechts, hat vermuthlich den Alten **Benen-** Gelegenheit gegeben, diese Fische Scorpaena zu **nung.** nennen, wenigstens hat wohl der deutsche Name Meerscorpion davon seinen Ursprung, welchen der Herr Gouttuin durch Zee-Scorpioenen beybehalten hat.

Die Kennzeichen sind, daß der Kopf groß und **Geschl.** stachlich ist, die Augen nahe beysammen stehen, und **Kennzei-** nicht nur allein die Kiefer, sondern auch der Gaumen **chen.** und der Schlund mit Zähnen besetzt sind, die Kiemenhaut hat hingegen sieben Strahlen. Wir finden folgende drey Arten zu betrachten.

1. Das Dornschwein. Scorpaena Porcus.

Da die Italiäner diese Art Scrofanello, und **1.** die folgende Scrofano nennen, so mag dieses den **Dorn-** Ritter veranlaßt haben, den Namen Porcus und **schwein.** Scrofa an die zwey Arten auszutheilen, wobey wir **Porcus.** es im Deutschen auch lassen; dahingegen diese Art die kleinste und folgende die größte ist.

Die jetzige Art hat an den Augen und an der Nase bartartige Fortsätze, der Kopf ist besonders an den Kiemendeckeln, sehr stachlich, und oberhalb den Augen befinden sich zwey habrunde ungleiche Erhö-
hun-

hungen, zwiſchen derſelben aber zeigt ſich eine Grube, die unten dreyeckig, oben länglich iſt. Die Naſen-löcher ſind groß und rund. Die Farbe iſt dunkel und ſchmutzig gelb, mit braunen Flecken bezeichnet. Der Körper iſt mit kleinen Schuppen gedeckt, und wird etwa ein Pfund ſchwer.

Die Anzahl der Finnen betreffend, ſo hat die Rückenfloſſe zwölf zwey und zwanzigſtel, die Bruſt-floſſe achtzehn, die Bauchfloſſe ſieben oder vielmehr ein ſechstel, die Afterfloſſe drey achtel, und die Schwanzfloſſe zwölf bis funfzehn. Wiewohl Arredi, Haſſelquiſt und Gronov eine ganz andere Zählung haben. Der Aufenthalt dieſer Fiſche iſt im mittel-ländiſchen Meere und im Ocean.

2. Die Stachelſau. Scorpaena Scrofa.

**2.
Stachel-
ſau.
Scrofa.** Von der Benennung haben wir oben bey der er-ſten Art ſchon Rechenſchaft gegeben. Es iſt aber dieſer Fiſch wohl drey bis viermal größer als der vo-rige, auch ſchmackhafter und geſünder, der Farbe nach ganz und gar röthlich mit ſchwarzen Flecken ge-ſprenkelt, am untern Kiefer mit zweyen Bärten ver-ſehen, und an den Enken der Kiemendeckel ſtachlich. Die Anzahl der Finnen iſt in der Rückenfloſſe zwölf zwey und zwanzigſtel, in der Bruſtfloſſe funfzehn, in der Afterfloſſe ſechs, und in der Schwanzfloſſe dreyzehn.

Der Herr Hontruin glaubt, daß des Pontop-pidans Zee-Ulk hieher gehöre. Derſelbe wird in Norwegen wohl zwey Ellen lang, und hat eine Mundſpalte von einer halben Elle, daher derſelbe wohl Großmaul genennt wird. Er iſt gleichfalls roth, und kleinſchuppigt, und aaſet auf andere Fiſche, wie auch auf Mewen und Seevögel, mithin wäre dieſe Art nicht allein im mittelländiſchen Meere, ſondern auch in der Nordſee anzutreffen.

3. Der

3. Der Zauberfiſch. Scorpaena Horrida.

Zuletzt wird noch ein Fiſch aus dem Valentin hieher gerechnet, den die Indianer Ikan Sowang-gi Bezar nennen, welches ſo viel als Zauberfiſch, hollándiſch Toverviſch heißt. An dieſem Fiſche nahm der Herr Gronov den ſeltnen Umſtand wahr, daß die geraume Haut, welche an die Finnen hinauſteigt, die dreyzehn erſten Finnen der Rückenfloſſe an den Spitzen breiter, und auf dieſe Art einen lappigen Kamm aus ſelbigen mache. Uebrigens aber iſt dieſe Haut mit ſchwieligen Höckern geſprenkelt. Was die Anzahl der Finnen betrift, ſo hat die Rückenfloſſe dreyzehn zwanzigſtel, die Bruſtfloſſe funfzehn, die Bauchfloſſe ſechs, die Afterfloſſe drey neuntel, und die Schwanzfloſſe vierzehn In den Kiemen aber zählet man nur fünf Stralen, an ſtatt, daß ihrer nach dieſem Geſchlechte ſieben ſeyn ſollten. Der Aufentholt iſt in den oſtindianiſchen Meeren.

3. Zauber-fiſch. Horri-da.

162. Ge-

162. Geſchlecht. Spiegelfiſche.
Thoracici: Zeus.

**Geſchl.
Benennung.** Zeus war ſonſt die Benennung derjenigen Art/ welche No. 3. unter dem Namen Taber vor⸗ kommt/ und wird von dem Ritter dem ganzen Ge⸗ ſchlechte ertheilt/ welches von dem Herrn·Houttuin Spiegelviſch genennt worden.

**Geſchl.
Kennzei⸗
chen.** Was die Kennzeichen betrift/ ſo iſt der Kopf platt gedruckt und abhängig; die Oberlefze iſt durch eine Querhaut gewölbt (wiewohl man ſolches nach des Gronovs Anmerkung auch bey dem Verſchinge und andern Fiſchen findet/) die Zunge iſt ſpitzig; die Kiemenhaut hat ſieben ſenkrecht herablaufende Stra⸗ ſen/ wovon aber die untere in die Quere geht; der Kör⸗ per iſt an den Seiten platt gedruckt. Der Ritter zählt in dieſem Geſchlechte nur die vier folgenden Arten.

1. Der Pflugſchaar. Zeus Vomer.

**1.
Pflug⸗
ſchaar.
Vomer.** Da dieſer Fiſch hinter dem After zwey Stacheln hat/ ſo ſcheint die Benennung Vomer oder Pflug⸗ ſchaar daher genommen zu ſeyn. Doch die Hol⸗ länder nennen ihn wegen ſeines Silberglanzes Zil⸗ verviſchje. Der Schwanz iſt gabelförmig/ und vor der Rücken⸗ und Afterfloſſe befindet ſich ein rück⸗ werts gebogener Stachel. Die Seitenlinie iſt ſehr kurz/ und der Bauch raget in einer ſtarken Rundung ſehr hervor. Betreffend die Anzahl der Finnen/ ſo zeigen ſich in der erſten Rückenfloſſe fünf oder acht/

in der zwenten ein zwen und zwanzigſtel, in der Bruſtfloſſe achtzehn, in der Bauchfloſſe fünf, in der Afterfloſſe ein zwanzigſtel, und in der Schwanzfloſſe drey
und zwanzig. Der Ort des Aufenthalts iſt in den
americaniſchen Gewäſſern.

2. Der Meerhahn. Zeus Gallus.

Dieſer Fiſch wird von den Braſilianern Abu-
catuja, von den Portugieſen Peixe Gallo; und
von den Indianern Ikan Kapelle genannt. Da
aber du Tertre ihn dem Namen Lune gab, ſo iſt er
von den Holländern Maanviſchje oder Mond-
fiſch genannt worden. Sonſt heiſſen auch dieſe
Silberfiſche.

Die zehnte Finne der Rückenfloſſe, und die
zwente der Afterfloſſe ſind länger als der ganze Körper, und der Herr Gronov giebt davon folgende
Beſchreibung Der Körper, wie auch der Kopf
ſind dünn, und ſenkrecht breit; der Rücken und der
Bauch ſind ſehr ſcharf, der obere Kiefer etwas kürzer
als der untere; in beyden Kiefern ſtehen Zähne, die
aber kaum ſichtbar ſind; der Körper glänzt wie Silber; der Seitenſtrich iſt krumm, und nach dem Rücken zu gebogen. Die Rückenfloſſe hat ein und
drenßig Finnen, davon die neun erſten ſcharf wie
Dornen, die übrigen aber alle weich ſind, die erſte
dieſer weichen Finnen iſt gleich einem Bürſtenhaare
ausgereckt, die andern aber ſind kurz, die Bruſtfloſſen ſind ſehr lang, haben zwanzig Finnen, die Bauchfloſſen ſind ebenfalls lang und ſchwärzlich, in ſelbigen
befinden ſich ſechs Finnen, die Afterfloſſe hat zwanzig
Finnen, davon die erſte allein ſcharf und ſteif iſt,
die andern ſind weich, und davon iſt wiederum die
erſte gleich einem Bürſtenhaare verlängert. Der
Schwanz iſt breit, mit weit auseinanderſtehenden
gabelförmigen Zacken, und beſteht aus ſiebenzehn

2.
Meer-
hahn.
Gallus,
Tab. V.
fig. 6.

lan-

langen Finnen. Der Bauch zwischen der After= und
Bauchfloſſe, beſteht aus einem einzigen dünnen und
ſcharfen Beine. Dieſe Beſchreibung weicht alſo von
der Linneiſchen wenig ab.

Das Exemplar, welches Tab. V. fig. 6.
vorgeſtellt wird, war zwey Zoll breit und drey Zoll
lang, den Schwanz nicht mitgerechnet. An ſelbigem
hatte der Rücken die Dicke eines viertel Zolls. Es
halten ſich dieſe Fiſche in den americaniſchen Ge=
wäſſern auf.

3. Der St. Peterfiſch. Zeus Faber.

Es hat dieſer Fiſch an den Seiten des Körpers
einen braunen runden Flecken, und weil man ſelbi=
gen mit dem Stater vergleicht, den Petrus in dem
Munde eines Fiſches gefunden, ſo wird er St. Pe=
terfiſch genennt, wie er denn auch jetzo in Italien
Peſce ſan Pietro, deßgleichen Citula und Rotu-
la; in Dalmatien aber Fabro heißt. Der Name
Faber hingegen kommt von der Kupferfarbe dieſes
Fiſches her, deßwegen ihn auch die Griechen mit
dem Namen Chalkeus belegen, und die Franzoſen
nennen ihn noch jetzo Doré, oder verguldet; ſpaniſch
Gal; die Holländer nennen ihn wegen der runden
Geſtalt Sonnenfiſch.

Der Schwanz deſſelben iſt abgerundet; am Af=
ter befinden ſich zwey Stacheln; der Kopf iſt groß;
die Mundſpalte ſehr weit, die Augen ſind groß mit wei=
ten Augäpfeln, die in einem gelben Ringe ſtehen; die
Naſenlöcher befinden ſich dichte an den Augen; die
Seiten ſind olivenfärbig, mit weißlich blauen Flecken
geſprenkelt; die Schuppen und Zähne ſind klein; der
Körper iſt breit und dabey ſehr dünne und platt, doch
ſchwimmt der Fiſch, nicht wie der Plattfiſch, auf
den Seiten, ſondern gerade, und muß nicht mit den
Mühl=

Mühlſteinfiſchen, dergleichen im dritten Theile unter den Amphibien vorkommen, verwechſelt werden.

Die Anzahl der Finnen iſt in der erſten Bauchfloſſe zehn, in der andern ein und zwanzig bis drey und zwanzig, in der Bruſtfloſſe dreyzehn bis vierzehn, in der Bauchfloſſe ſieben, in der Afterfloſſe 1⅔, in der Schwanzfloſſe dreyzehn bis funfzehn. Auſſer dem zeigen ſich noch hin und wieder an dem Körper einige kleine Dorne, die neben den Floſſen ſowohl am Rücken als am After hervorragen; deßgleichen befinden ſich auch einige dergleichen am Hinterkopfe. Das Maul ſtehet ſpitzig voraus.

Das Exemplar, welches Tab. V. fig. 7. abgebildet iſt, war fünf Zoll lang, und drey Zoll breit, jedoch giebt es noch größere, und man ſieht zugleich, wie ſich einige Finnen in den Floſſen faſerartig verlängern. Man findet dieſe Fiſche öfters in dem Ocean, und ſie geben, geſotten oder gebacken, mit Citronen, ein gutes Eſſen ab, zumal wenn ſie etwas groß ſind, denn man hat einige gefangen, die ſiebenzehn Zoll lang, und ſieben Zoll breit waren. Sie pflegen auf die Schmelte zu gehen.

4. Der Saurüſſelfiſch. Zeus Aper.

Beyde Benennungen ſind von dem vorgeworfenen Maule dieſes Fiſches hergenommen. Der Schwanz iſt gerade abgeſtutzt, und der Körper hat eine rothe Farbe. Er iſt viel kleiner als der vorige und erreicht höchſtens vier Zoll. Die Schuppen ſind rauh, oder gleichſam haarig, und über den Rücken laufen auch einige borſtenartige Fortſätze. Die Anzahl der Finnen iſt in der erſten Rückenfloſſe neun, in der zweyten drey und zwanzig, in der Bruſtfloſſe vierzehn, in der Bauchfloſſe $\frac{1}{6}$, denn die eine iſt ſcharf und ſpitzig, die andern fünf ſind weich, in der Afterfloſſe aber $\frac{3}{16}$, denn die drey vorderſten ſind kurz und ſcharf, die ſiebzehn übrigen aber lang und weich Man fängt ihn im mittelländiſchen Meere, und er wird in Rom Riondo, in Genua aber Strivale genennt.

163. Ge

163. Geſchlecht. Seitenſchwimmer.
Thoracici: Pleuronectes.

Der Name Pleuronectes zielt auf die Art des
Schwimmens, indem dieſe Fiſche welche ganz
platt ſind, eben nicht gerade auf dem flachen Bauch,
ſondern in einer ſchiefen Lage, und alſo auf den Seiten ſchwimmen, daher wir ſie auch Seitenſchwimmer
nennen. Indeſſen führen ſie auch den Namen Plattfiſche, (Pisces plani), wie ſie denn in Holland
Plattviſchen heiſſen.

Ihre Kennzeichen ſind: daß beyde Augen an einer und der nämlichen Seite des Kopfs ſtehen.
Die Kiemenhaut hat ſieben Strahlen. Der Körper
iſt breit und ganz platt gedruckt, ſo daß die eine Seite den Rücken vorſtellt, welcher dunkelfärbig iſt, die
andere aber den Bauch, welcher weiß iſt. Wir
könnten auch noch hinzu fügen, daß das obere Auge
über das untere hervorragt und durchgängig etwas
größer iſt.

Inzwiſchen macht der Ritter noch eine Unter-
abtheilung, nämlich:

A.* Einige haben die Augen an der
rechten Seite, und dazu gehören
10. Arten.

B.** Andere hingegen haben die Augen
an der linken Seite, und dazu
gehören 7. Arten.

Mit-

Mithin haben wir überhaupt siebenzehn Arten zu betrachten, welche nunmehr folgen:

A.* Seitenschwimmer mit den Augen an der rechten Seite, die wir Rechte nennen wollen.

1. Der amboinische Seitenschwimmer.
Pleuronectes Trichodactylus.

Trichodactylus soll soviel als Haarfingerig heissen, und der Ritter zielt damit auf die Brustflossen, welche er mit den Fingern vergleichet, und welche faden= oder haarförmig sind. Um aber dieser dunkeln Benennung zu entgehen, wollen wir ihm den Beynamen Amboinischen geben, weil er in den indianischen Gewässern um Amboina herum gefangen wird.

Der Körper dieses Fisches ist rauh, an der Rückenseite braun, und durch dunkle Flecken bunt. Was die Flossen betrift, welche bey den Plattfischen an den scharfen Enden der Seiten stehen, so sind solche sehr klein und kaum sichtbar; man zählt in der Rückenflosse drey und funfzig, in der Brustflosse vier, in der Bauchflosse fünf, in der Afterflosse drey und vierzig, und in der Schwanzflosse sechzehn Finnen, wovon die zwey mittlern in den beyden letzten Flossen die längsten sind. Das hier beschriebene Exemplar war nur zwey und einen halben Zoll lang, und einen Zoll breit.

2. Der carolinische Seitenschwimmer.
Pleuronectes Plagiusa.

Die Gestalt des gegenwärtigen Fisches, welcher in Carolina entdeckt worden, ist länglich, ein wenig rauh

rauh, und hat dieses besondere an sich, daß die
Rücken- und Afterfloße dergestalt mit der Schwanzfloße vereinigt sind, daß man sie gar nicht, auch
nicht einmal durch die Länge, von einander unterscheiden kann, daher keine Zählung der Finnen statt hat.
Die Farbe des Körpers ist aschgrau.

3. Der surinamische Seitenschwimmer.
Pleuronectes Ocellatus.

Weil dieser Fisch auf der Rückenseite vier
große schwarze Flecken hat, welche mit einem weissen Ringe umgeben sind, und daher den Augen
gleich sehen, so wird er Ocellatus genannt. Er
ist ein Ausländer, der sich in den surinamischen Gewässern aufhält. Die Rückenfloße ist an
ihm gefalten oder gerunzelt, und die Schwanzfloße hat eine schwarze Querbinde. Die Anzahl
der Finnen ist in der Rückenfloße sechs und sechzig,
in der Brustfloße drey, in der Bauchfloße sechs,
in der Afterfloße fünf und funfzig, und in der
Schwanzfloße vierzehn.

4. Der Heilbutt. Pleuronectes
Hippoglossus.

Da die drey ersten Arten ausländische waren,
so kommen wir jetzo zu den Europäischen und mehr
bekannten Plattfischen. Der jetzige nämlich ist
der sogenannte Heil- oder Hillbutt, welcher wegen seiner länglichen und dicken Gestalt mit einer
Pferdzunge verglichen, und darum Hippoglossus
genennt wird. Aus eben dem Grunde hieß er
auch vormals Buglossus, oder Ochsenzunge.
Bey den Engländern Holybut oder heilige Butt,
deßgleichen Hellbut, wovon der Holländer Heil-

K 3   both

A.
Rechte.

both gekommen ist; in Schweden heißt er Haelg-flundra, und in Dänemark Helle-Flinder.

Der Körper ist glatt, oben dunkel, unten weiß, die Schuppen sind klein, nirgends ist einige Rauhigkeit oder stachliches Wesen vorhanden, das Maul aber ist ziemlich bewafnet, denn es befindet sich eine gedoppelte Reihe Zähne darinn, welche etwas hinterwärts gekrümmt stehen, auch stehen am Gaumen gezähnelte Flügel, und die Kiemen sind stachlich. Es merkt der Ritter auch noch an, daß die Augen zuweilen, jedoch sehr selten, an der linken Seite stehen. Die Anzahl der Finnen ist in der Rückenflosse hundert und zwey bis hundert und fünf, in der Brustflosse funfzehn bis sechzehn, in der Bauchflosse sechs, in der Afterflosse acht und siebenzig bis neun und siebenzig, und in der Schwanzflosse neunzehn.

Größe.

Man kann aus der großen Anzahl der Finnen fast vermuthen, daß er nicht klein seyn werde, und gewiß, sie sind oft so beträchtlich groß, daß einer allein ein ganzes Boot bedecken kann. Gewöhnlich sind sie in der Nordsee hundert bis hundert und funfzig Pfund schwer, doch unter Ißland fängt man sie zu vierhundert Pfund. Sie leben von Krebsen, Hummern und Schnottolfen.

Fang.

Wenn die Fischer auf den Hilbüttenfang ausgehen, nehmen sie sich sehr in acht, ihm mit dem Boote nicht zu nahe zu kommen, weil sie sonst durch den Fisch mögten umgeschlagen werden. Sie werfen aber Hamen aus, die an verschiedene lange Stricke befestigt sind. Diese Stricke sind oben in eins vereinigt und an ein Bret angemacht, welches zum Zeichen oben auf dem Wasser schwimmt, unten aber breiten sich diese lange Stricke mit ihren Hamen auf dem Boden des Meers oder einer Sandbank aus, und

und wenn ein solcher Strick, den sie Gangfaden **A.***
nennen, eine Nacht liegt, so finden sich oft zwey **Rechte.**
bis drey Heilbutten daran, die sie dann in die
Höhe ziehen, tödten und einsalzen. Sie sind sehr
fett, das Fleisch hart, und ob es gleich gut schmeckt,
ziemlich schwer zu verdauen. Dieser Fischfang
wird an den nordischen Sandbänken, und von den
Franzosen, welche diese Flaitans nennen, bey Terreneuve getrieben. Einzelne Heilbutten versteigen
sich auch wohl an den holländischen Küsten, und
werden daselbst nicht weit vom Strande gefangen
und zu Markte gebracht; welche Gelegenheit von
den Liebhabern fleißig wahrgenommen wird, sich
von einem frischen Heilbutten eine Mahlzeit zurechte zu machen.

Bey der Oefnung eines solchen Fisches fand **Anato-**
man in dem Magen eine helle salzige Feuchtig- **mische**
keit; in der Krößdrüse war zwar eine ähnli- **Anmer-**
che helle Feuchtigkeit, doch dieselbe hatte einen **tung.**
bittern Geschmack. An besagter Krößdrüse hiengen vier drüsige Fortsätze. Die Kanäle haben
seitwärts eine Menge schräger Zellen, wie Lungen-
bläschen, und so war es auch mit den Därmern
beschaffen. Der Ausgang des Gallengangs war
sehr enge. Von einer Luftblase wird nichts er-
wehnt, und vermuthlich haben sie keine, wie denn
auch die andern Plattfische keine besitzen, daher
sie auch so träge schwimmen.

5. Die Hundszunge. Pleuronectes Cynoglossus.

Man hat ein Kraut, welches Hundszunge ge- **5.**
nennet wird, wegen der Aehnlichkeit der Blätter, **Hunds-**
und aus diesem Grunde gebraucht auch hier der **zunge.**
Ritter diese Benennung, jedoch wird dieser Fisch **Cyno-**
bey den Holländern Scharre-Tong genennet, **glossus.**
T. VI.
fig. 1.

vermuthlich weil er das Mittel hält zwiſchen einer Scharre, und Tong, denn die Scharre iſt bey ihnen ein kleiner und etwas breiter, die Zunge aber ein größerer und länglicher Fiſch, welche beyde unten No. 9. und 10. vorkommen. Der Körper iſt alſo nach dem Linne länglich und glatt, der Schwanz abgerundet, und die Zähne ſind ſtumpf. Die Anzahl der Finnen iſt in der Rückenfloſſe hundert und zwölf, in der Bruſtfloſſe eilf, in der Bauchfloſſe ſechs, in der Afterfloſſe hundert und zwey, und in der Schwanzfloſſe vier und zwanzig.

Ob nun gleich dieſer Fiſch eine große Anzahl von Finnen hat, ſo iſt er doch nicht groß. Der Herr Gronov beſchreibet einen ſolchen, welcher nur etwas über einen Schuh lang, und einen viertel Schuh breit war. Die rechte Seite nämlich iſt röthlich braun, die linke hingegen ganz weiß. Die Augen ſtehen an der rechten Seite dichte bey ſammen, und haben blaue Augenäpfel, die in weißen Ringen ſtehen. Die Schuppen ſind länglich rund, weich und glatt. Der Seitenſtrich iſt breit und glatt, gehet in der Mitte gerade bis zur Bruſtfloſſe fort, wo er ſich ein wenig erhöhet. Die Kiefer ſind, wenn das Maul geſchloſſen iſt, gleich lang. Die Kiemenhaut hat an beyden Seiten ſechs Beinchen, welche ſpindelrund, und bogenweiſe krumm ſind. Der Nabel ſtehet dichte an dem Kiemendeckel, und die Anzahl der Rippen war in dem Gronoviſchen Exemplar eilf; die Zahl der Wirbel aber fünf und ſechzig.

Die Abbildung, welche Tab. VI. fig. 1. vorkommt, iſt nach einem Exemplar gemacht, das über einen halben Schuh lang, und zwey Zoll breit war. Deſſen Kopf hatte an der linken Seite einige kleine weiße Bartfäden, und Herr Houttuin berichtet, daß es auch kleinere gäbe, die aus
Oſt-

Ostindien kommen, sonst sind sie in der Nordsee häu- **A.***
fig, und werden viel an den holländischen Strande **Rechte.**
gefangen und zu Markte gebracht.

6. Der Platteiß. Pleuronectes Platessa.

Dieser Fisch, der bey den Schriftstellern Pla- **Plateiß.**
tessa und Passer laevis heißt, wird französisch **Platessa**
Plye oder Plie, englisch Plaise, dänisch Schik-
pleder, schwedisch Skalla, holländisch Scholl,
deutsch Plateiß, und zuweilen auch Schulle genennet. Damit aber der deutsche Leser, dem die
Plateise gar wohl bekannt sind, diese Art nicht
mit Vorurtheil betrachte, und sie mit dem hier unter dem Namen Plateiß mehrentheils angebrach-
tem Fische vergleiche; so müssen wir nur vorher
sagen, daß solche Plateise die allerkleinsten und
schlechtesten, die niemand an den Seeküsten essen
mag, ja mehrentheils nur getrocknete Zungen und
Scharren sind, welche unten die neunte und zehnte Art ausmachen. Denn ein rechter Scholl oder
Plateiß hat ohne Kopf und Schwanz doch die Länge und Breite von einem ordentlichen Bogen
Schreibpapier, und ist frisch oder eingeweicht seine
zwey bis drey Finger reichlich dick, dabey fett und ungemein schmackhaft; ja wir haben selbst viel größere
gesehen und gegessen, die in der Nordsee ohnweit
der Insel Ameland, gegen Frießland über, gefangen waren.

Inzwischen ist nicht zu läugnen, daß fast unter keiner Fischart soviel Verschiedenheit in Absicht
auf die Größe sowohl, als auf den Geschmack ob-
waltet, als bey den eigentlichen Schollen; ja so
gar scheinet dieser Unterschied auch mit von dem
Ort des Aufenthalts abzuhangen. Einige werden
im Kochen weich und schleimig, andere hingegen

K 5   hübsch

6.

A.*
Rechte.

hübſch feſte, und man kann ihnen die Güte ſo ziemlich von auſſen anſehen, denn diejenigen, welche dünn und am Bauche bläulichweiß ſind, haben lange den guten Geſchmack nicht, als andere, welche dick und hart anzufühlen, und am Bauche röthlich oder gelblichweiß ſind. Vielleicht beſtimmt ſich dieſer Unterſchied bey der Anzahl der Finnen, welche in der Rückenfloſſe zwey und ſiebenzig bis ſieben und ſiebenzig, in der Bruſtfloſſe eilf bis zwölf, in der Bauchfloſſe ſechs, in der Afterfloſſe ein bis fünf und funfzig, und in der Schwanzfloſſe ſiebenzehn bis zwanzig ſind.

Hinter dem Kopfe oberhalb der Kiemen zeigen ſich vier beinige Erhöhungen, und an dem After befindet ſich ein Dorn. Die Haut des Rückens iſt roth geſleckt, übrigens aber bläulichgrau. Friſch geſotten ſind ſie mit Butter und Peterſilienkraut, oder mit ſeiner Eyer, Eßig, oder Sauerampferſauce ein herrliches Eſſen; etwas geſalzen und leicht gedörret, werden ſie aus der Hand, wie Käſe zum Butterbrod gegeſſen, ſonſt aber härter gedörret verſchickt, und in Deutſchland häufig conſumirt, welches nur die kleinere und ſchlechtere Art zu treffen pflegt. Seltſam iſt es, daß man dieſe Fiſche auch in ſüſſen Waſſerflüſſen und Seen, durch welche einige Flüſſe oder Bäche fließen, im Leben erhalten kann, denn ſie ſuchen ſogar die Mündungen der Flüſſe auf, ſonſt aber wühlen ſie gerne in dem Meeresſchlamm, und müſſen aus den Tiefen aufgefiſchet werden.

Bey einigen großen Exemplaren ſcheinen die rothen Flecken zu vergehen, auch trift man, jedoch ſelten, ſolche an, deren Bauch auch braun iſt, oder deren Augen an der linken Seite ſtehen. Vielleicht aber könnten dieſe auch wohl eigene Arten ſeyn.

Betref-

Betreffend den innern Bau, so ist die Leber **A.***
lang, unzertheilt und roth; die Gallenblase groß, **Rechte.**
und die Milz schwärzlich. Die Därmer sind an **Anato-**
ihrem Darmfelle befestigt, welches die Länge hin- **mische**
unter an der Bauchhöhle fest gewachsen ist, wodurch **Anmer-**
zwey Höhlen entstehen. An dem Magenmunde spal- **kung.**
tet sich der Darm von einander, und macht zwey
vorwärts gerichtete Hörner. Die Därmer selbst
liegen ordentlich gewunden. Das Bauchfell ist
schwarz; die Harnblase groß, und vermittelst eines langen und weiten Canals an den Nieren befestigt. Sie haben viele ölichte Theile, und enthalten ein flüchtiges Salz. Ihr Fleisch hat ein
leimiges Wesen an sich, daher es zwar nahrhaft
ist, aber nebst guten Saucen auch einen gesunden
Magen erfordert.

7. Der Flunder. Pleuronectes Flesus.

Man nennt diesen Fisch in England Flounder **7.**
oder Flucke; französisch Flez; schwedisch Flundra; **Flunder**
dänisch Flynder; und daraus mag wohl Flunder **Flesus.**
und Flesus entstanden seyn. Doch die Holländer
nennen diesen Fisch Both oder Butt. Es ist eine
kleine, aber sehr dicke, und überaus schmackhafte
Art von Schollen, hat auch mit selbigen sehr viele
Aehnlichkeit, wird aber nicht länger als einen halben Schuh, wenigstens sehr selten erreicht er mit
dem Schwanze einen ganzen Schuh.

Er unterscheidet sich von dem Schollen durch
eine Reihe rauher Erhöhungen, die nach hinten
zu gedornt sind, sodann durch die rauhe Seitenlinie, und endlich auch dadurch, daß er verhältniß-
mäßig nicht so breit ist, sondern sich etwas mehr in
die Länge dehnt. Die Anzahl der Finnen ist gleichfalls verschieden, denn es sind in der Rückenflosse

vier

A.*
Rechte. vier und funfzig bis zwen und ſechzig, in der
Bruſtfloſſe eilf bis zwölf, in der Bauchfloſſe ſechs,
in der Afterfloſſe vierzig bis drey und vierzig, in
der Schwanzfloſſe endlich vierzehn bis ſiebenzehn.
Man fängt dieſe Fiſche allenthalben · in dem nordiſchen Meere, und auch bey ihnen trift es ein,
was man bey den Plateißen wahrnimmt, daß ſie
nämlich an einem Orte beſſer und ſchmackhafter
ſind, als am andern. Diejenige, die bey Amſterdam in Y gefangen werden, haben faſt vor
allen den Vorzug, und vielleicht darum, weil das
Waſſer daſelbſt nicht ſo ſehr ſalzig iſt, denn es
trift bey ihnen ein, was wir oben bey den Plateißen erwähnt haben, daß ſie nämlich gerne die
ſüßern Waſſer aufſuchen, ja ſie halten ſich noch
beſſer und länger in ſelbigen, als jene. Wir haben in Friesland, bey verſchiedenen Herrſchaften,
auf ihren Gütern Weiher gefunden, die nur allein mit Seebutten angefüllt waren, und wir wundern uns, daß, ſo viel wir wiſſen, nicht auch
deutſche Herrſchaften ſolche Weiher anlegen, denn
man kann dieſe Fiſche in Fiſchkäſten etliche Meilen
weit lebendig über Land bis zum beſtimmten Orte
bringen.

8. Der Schuppenblutfiſch. Pleuroneĉtes
Limanda.

8.
Schup-
penblut-
fiſch.
Liman-
da. Er heißt franzöſiſch Limande; engliſch Dab,
und iſt nichts anders als eine mehr viereckige
Scholle, deſſen Schuppen fadig oder bartartig ſind,
ſo daß ſie rauh erſcheinen. An der Wurzel der Rü-
cken- und Afterfloſſen ſind kleine Stacheln, die Zähne ſind ſtumpf. Die Anzahl der Finnen in der Rückenfloſſe iſt fünf und ſiebenzig bis neun und ſiebenzig, in der Bruſtfloſſe zwölf, in der Bauchfloſſe
zwey

zwey bis ſechs, in der Afterfloſſe ſechzig bis ein und
ſechzig. Er hält ſich in den europäiſchen Meeren auf.

A.*
Rechte.

9. Die Zunge. Pleuronectes Solea.

Dieſer Fiſch ſieht einer Zunge ſehr gleich, daher er auch Bugloſſus und Lingulaca heißt; franzöſiſch Sole und Soul; ſchwediſch Tunga; däniſch
Tungpleder; holländiſch Tong. Er iſt länger
und ſchmäler als der Plateiß und Flunder, dabey
aber ungemein dünne, und ſelten wird er länger
als ein Schuh. Der Körper iſt mit einer überaus
zähen und rauhen Haut gedeckt, daher man ihm,
wenn man ihn backen will, an beyden Seiten die
Haut herunter ziehen muß. Der obere Kiefer iſt länger als der untere. Die Farbe iſt an der Rückenſeite ſchwärzlich braun, an der untern Seite aber
weißlich. Statt der Zähne befinden ſich an der linken Seite des Mundes einige kleine ſtachliche Bärte.
Die Anzahl der Finnen iſt in der Rückenfloſſe ein
und ſiebenzig bis ein und neunzig, an der Bruſtfloſſe
ſieben bis neun, an der Bauchfloſſe fünf, an der Afterfloſſe vierzig bis vier und ſiebenzig, an der Schwanzfloſſe vierzehn bis vierzig. So verſchieden iſt die Zählung in verſchiedenen Exemplarien, ja der Herr
Gouttuin hat in den holländiſchen Zungen noch
weit mehrere Finnen gefunden. Das Fleiſch iſt feſt,
läßt ſich gut verſchicken, und giebt gebacken einen
überaus niedlichen Biſſen. Man findet ſie rings um
Europa herum in der See, auch im mittelländiſchen und großen Meere bis am Cap der guten
Hofnung.

9.
Zunge.
Solea.

10. Der

A.*
Rechte.

10. Die Scharre. Pleuronectes Linguatula.

**10.
Schar=
re. Lin=
guatu=
la.**

Er wird in Rom Linguatula genennt, und für eine Art kleiner Zungen gehalten. Die Hollän= der nennen ihn Scharr. Er wird häufig am hol= ländischen Strande gefunden, gedörrt und ver= schickt. Im Anfange sind sie sehr schmackhaft, und werden wie Schollen trocken aus der Hand gegessen, aber die überjährigen, welche unter dem Namen Plateisse öfters zu uns kommen, haben allen Ge= schmack verlohren, und man käuet auf ihnen wie auf Stroh. Es ist ein besonderer Umstand an diesem Fische, daß der After nicht unten, sondern an der weissen Seite steht. Was die Zählung der Finnen in verschiedenen Exemplarien betrift, so hat man in der Rückenflosse fünf und sechzig bis acht und sechzig, in der Brustflosse neun bis zehn, in der Bauchflosse sechs, in der Afterflosse fünf und vierzig bis fünf und funfzig, in der Schwanzflosse aber neunzehn gefunden. Der Aufenthalt dieser Fische ist allent= halben in dem europäischen Ocean.

B.**
Linke.

B.** Seitenschwimmer, welche die Augen an der linken Seite haben.

11. Bandirter Plattfisch. Pleuronectes Lineatus.

**11.
Platt=
fisch.
Linea=
tus.**

Mit Recht kann man diesen bandirt nennen, denn er hat zwischen der Brust und dem Schwanze sieben schwarze Querstriche, die bey einigen breiter, bey andern schmäler ausfallen; dasjenige aber, wo= durch er sich besonders von den übrigen Arten dieser Abtheilung unterscheidet, besteht darinn, daß er keine

keine Bruſtfloſſen hat.   Die Schuppen ſind nur fa= B.**
ſerige Fortſätze, und der Schwanz iſt abgerundet. Linke.
Die Anzahl der Finnen iſt in der Rückenfloſſe drey
und funfzig bis ſechzig, in der Bauchfloſſe vier bis
fünf, in der Afterfloſſe fünf und vierzig bis acht und
vierzig, in der Schwanzfloſſe ſechzehn.   Der Aufent=
halt iſt in den Meeren, welche das mitternächtliche
Americ̃a umgeben.

12. Das Viereck.   Pleuronectes Rhombus.

Weil die gegenwärtige Art viel breiter als 12.
die Scholle iſt, ſo wird ſie Rhombus genannt, Viereck.
die andern Benennungen ſind ſehr abweichend und Rhom-
dunkel, denn er heißt engliſch Pearl oder Prill; bus.
in Venedig Scatto oder Snagia; in Schweden
Pigghuarf; holländiſch Griet   Die Haut iſt
glatt ohne Stachel, auch iſt kein Stachel wie
bey dem Plateiße und Flunder, am Nabel vor=
handen; die Rückenſeite iſt ſehr braun, die Rü=
ckenfloſſe fängt nahe bey dem Kopfe an, und en=
digt ſich dichte am Schwanze.   Die Anzahl der
Finnen iſt ſehr verſchieden, denn in der Rücken=
floſſe werden ſiebenzig bis acht und ſiebenzig, in
der Bruſtfloſſe zehn bis zwölf, in der Bauchfloſſe
ſechs, in der Afterfloſſe ſechs und funfzig bis ein
und ſechzig, und in der Schwanzfloſſe ſechzehn bis
achtzehn gezählt.   Er hält ſich in dem europäi=
ſchen Ocean auf.

13. Das Haſenmaul.   Pleuronectes Dentatus.

Er führt obige Namen, weil die Lippen offen 13.
ſtehen, und die Zähne hervorragen.   Der Körper Haſen-
iſt länglich und glatt.   Die Zähne ſind ſpitzig und maul.
ſcharf, Denta-
tus.

B.**
Linke.

ſcharf, der Schwanz iſt abgerundet, und ſchuppig. Die Anzahl der Finnen iſt in der Rückenfloſſe ſechs und achtzig, in der Bruſtfloſſe zwölf, in der Bauchfloſſe ſechs und ſechzig, und in der Schwanzfloſſe ſiebenzehn. An der Kiemenhaut aber zählt man ſieben Strahlen. Nach D. Gardens Bericht hält ſich dieſer Fiſch in Carolina auf.

14. Die Steinbutte. Pleuronectes Maximus.

14.
Stein-
butte.
Maxi-
mus.

Er iſt der größte unter allen Plattfiſchen, nur allein dem Heilbutte No. 4. ausgenommen, denn er erreicht oft die Länge von drey Schuhen, und die Breite von zwey Schuhen, daher er Maximus genennt wird, und weil er ſich an den Klippen und ſteinigen Gegenden aufhält, wird er auch Steinbutt genennet. Engliſch und franzöſiſch heißt er Turbot, in Norwegen Butta, in Holland aber Tarboth.

Er iſt daran gar bald zu erkennen, daß der Rücken mit ſtachelichen Höckern beſetzt iſt. Der Körper iſt oval, an der linken Seite ſchwärzlich aſchgrau, an der rechten weiß. Die Augen ſind oval. Das Maul hat verſchiedene Reihen kleiner Zähne. Die Kiemendeckel gehen hinten oberhalb den Bruſtfloſſen in eine ſtumpfe Spitze aus. Die Anzahl der Finnen iſt verſchieden, die Rückenfloſſe hat neun und funfzig bis ſiebenzig, die Bruſtfloſſe eilf bis dreyzehn, die Bauchfloſſe ſechs, die Afterfloſſe neun und dreyßig bis funfzig, die Schwanzfloſſe ſechzehn bis ſiebenzehn. Das Fleiſch iſt hart und ſchwer zu verdauen, wenn keine gute Senf oder Eßigbrühe dazu kommt. Der Aufenthalt iſt im europäiſchen, mehrentheils aber nordiſchen Ocean, denn er kommt in Holland, Frießland und andern daſigen Seeküſten ſehr häufig zu Markt.

15. Der

B.**
15. Stachelflunder. Pleuronectes Paſſer. Linke.

15.
Stachel-
flunder.
Paſſer.

Die Seitenlinie iſt an dieſem Fiſche, der ſonſt dem Flunder ſehr ähnlich ſieht, ſtachlich, und dies iſt die Urſache der Benennung. Die Anzahl der Finnen iſt in der Rückenfloſſe ſechs und ſechzig, in der Bruſtfloſſe neun, in der Bauchfloſſe ſechs, in der Afterfloſſe funfzig. Der Aufenthalt iſt im europäiſchen Meere.

16. Warzenflunder. PleuronectesPapilloſus.

16.
Warzen-
flunder.
Papillo-
ſus.

Dieſer Fiſch iſt aus den americaniſchen Gewäſſern, und wird in Braſilien Aramaca genennt. Er unterſcheidet ſich dadurch, daß der Körper mit warzenförmigen Erhöhungen beſetzt, und die Seitenlinie krumm iſt. Man zählt in der Rückenfloſſe acht und funfzig, in der Bruſtfloſſe zwölf, in der Bauchfloſſe fünf oder ſechs, in der Afterfloſſe zwey und vierzig, und in der Schwanzfloſſe ſechzehn Finnen.

17. Der Sichelſchwanz. Pleuronectes Lunatus.

17.
Sichel-
ſchwanz.
Luna-
tus.

Weil ſich die Schwanzfloſſe an dieſer Art mond oder ſichelförmig zeigt, ſo ſind ihr obige Benennungen beygelegt. Auch unterſcheidet ſie ſich dadurch, daß der Körper hin und her mit blauen halbgetheilten Augen gleichſam geſprenkelt iſt. Es ſind in der Rückenfloſſe fünf und achtzig, in der Bruſtfloſſe zwölf, in der Bauchfloſſe ſechs, in der Afterfloſſe neun und ſiebenzig, und in der Schwanzfloſſe ſiebenzehn Finnen vorhanden. Der Aufenthalt iſt in den Meeren, welche das mitternächtliche America umgeben.

164. Geſchlecht. Klippfiſche.
Thoracici: Choetodon.

Geſchl.
Benen-
nung.

Daß es unter den Cabeljauarten etliche gebe, welche geſalzen und auf den Klippen getrock-net werden, aus dieſem Grunde aber Klippfiſche heiſſen, iſt ſchon oben bey dem 154. Geſchlecht Gadus, beſonders aber bey der dritten Art Morrhua gezeiget worden. Allein die Fiſche dieſes Geſchlechts heiſſen darum Klippfiſche, weil ſich viele derſelben nur allein bey den Klippen aufhalten. Der Name Choetodon iſt indeſſen bey den alten Schriftſtellern deßwegen gewählet, weil dieſe Fiſche borſtenartige Zähnchen haben, und es kommt, um ſie von andern Geſchlechtern zu unterſcheiden, mehrentheils auf die Kennzeichen an, welche in folgenden Stücken beſtehen:

Geſchl.
Kennzei-
chen.

Die Zähne ſind bürſtenartig, biegſam, ſtehen dichte und in ſehr großer Anzahl beyſammen. Die Kiemenhaut hat ſechs Strahlen, der Körper iſt mit Zeichnungen beſetzt, und die Rücken- und After-floſſe iſt fleiſchig und ſchuppig. Man könnte hinzu-fügen, daß der Körper ſehr platt gedruckt, und eini-germaſſen tellerförmig rund iſt. Wir finden folgende drey und zwanzig Arten zu beſchreiben:

1.
Stachel-
bart.
Cane-
ſcens.

1. Der Stachelbart. Choetodon Caneſcens.

Da die Farbe dieſes Fiſches weißgrau iſt, ſo wurde er vom Artedi Caneſcens genannt. Doch die

Benennung Stachelbart haben wir von den bey=
den Stacheln hergenommen, die derselbe zu beyden
Seiten an dem Munde hat.   Auch unterscheidet er
sich dadurch, daß der Schwanz gespalten, und die
dritte Finne der Rückenfloße bürstenartig und außer=
ordentlich lang ist, indem sie wie ein Bogen über
den ganzen Körper geht.   Der Körper ist breit und
dünn, das Maul klein, die Nasenlöcher sind gedop=
pelt dicht an den Augen, welche ganz oben an den
Seiten des Kopfs stehen.   Der Nabel befindet sich
in der Mitte zwischen der Bauch= und Afterfloße.
Die Zähne sind spitzig auf einer Reihe dichte bey=
sammen in jedem Kiefer, und sind weiß.   Die
Kiemenhaut ist mit vier Beinchen unterlegt.   Die
Schuppen sind klein, hart und rauh, der Seiten=
strich ist krumm, und gehet dichte an den Rücken
fort.   Das Maul ist vorwärts gleichsam in eine
kleine Schnautze verlängert.

Von dem Rücken gehet bis zur Afterfloße ein
schwarzer breiter Strich, und ein schmaler Strich
gehet über die Augen.   Die Rückenfloße hat $\frac{7}{8}$ Fin=
nen, (denn die zwey ersten sind stachelich)), die
Brustfloße hat siebzehn, die Bauchfloße hat $\frac{1}{7}$, die
Afterfloße $\frac{7}{8}$ und die Schwanzfloße sechzehn.   Diese
Fischlein, welche nur zwey bis drey Zoll groß wer=
den, kommen aus den Indien.

2. Die Kahlhaut.   Choetodon Alepidotus.

Er wird Alepidotus genannt, weil die
Haut glatt und kahl ist, und gar keine Schuppen
hat.   Sonst unterscheidet er sich auch durch einen
gabelförmigen Schwanz, und drey scharfe Finnen
in der Rückenfloße, dahingegen der Bauch gar

2. Kahl= haut. Alepi= dotus.

L 2   keine

keine Flossen hat, denn es belauft sich die Anzahl
der Finnen in der Rückenflosse auf $\frac{7}{11}$, der Brustflossen auf vier und zwanzig, der Afterflossen auf $\frac{7}{4}$,
der Schwanzflossen auf drey und zwanzig.

Der Körper ist fast schräg viereckig, der Rücken blau. Im Maule stehet nur eine einzige Reihe
Zähnchen. Die Seitenlinie lauft mit dem Rücken
paralell, und bestehet aus Puncten, und zwischen
beyden gehet eine gerade Linie von den Kiemen bis
zum Schwanze. Die Rücken- und Afterflossen stehen gegen einander über, und sind sichelförmig.
Man findet diesen Fisch in Carolina.

3. Die Spißfinne. Choetodon Acuminatus.

**3.
Spiß-
finne.
Acumi-
natus.** Vermuthlich wird diese Art Acuminatus genennet, weil sich die Rückenflosse spißig erhebt,
indem die drey ersten Finnen derselben stachelich sind,
wovon die dritte am allerlängsten ist, und zweifels-
ohne stachelich in die Höhe stehet, ohngeachtet sie
hernach als borstenartig beschrieben wird, denn es
ist die Anzahl der Finnen in der Rückenflosse $\frac{13}{11}$,
in der Brustflosse sechzehn; in der Bauchflosse $\frac{1}{5}$,
in der Afterflosse $\frac{3}{11}$ und in der Schwanzflosse siebenzehn. Das Vaterland ist Indien.

Wir hätten in der That unendlich viel zu thun,
und würden dieses Werk verdrießlich weitläuftig machen, wenn wir aller Widersprüche Erwehnung thun
wollten, die sich in dem Linneischen System ereignen; denn wer kann die Absicht errathen, warum
der Ritter die drey ersten Rückenfinnen als Stacheln,
zum Kennzeichen dieser Art angiebt, in der Beschreibung aber sagt, daß die dritte Ruckfinne nur borstenartig sey? und dieses begegnet uns allenthalben.
Ange-

ungegebene Kennzeichen und nachfolgende Beschrei=
bungen stimmen bey tausend Arten nicht überein.

4. Die Langfinne. Choetodon Pinnatus.

Man kann diese Art mit Recht also nennen,
indem die Rücken = und Afterflossen vorzüglich hoch,
und der mehreste Theil der Finnen sehr lang ist,
denn die vörderste Finnen derselben sind so lang,
daß sie bis über den Schwanz hinaus reichen, und
nehmen bis zur letzten Finne stuffenweise ab, so daß
der Schwanz ganz klein zwischen den langen Fin=
nen als zwischen einem halben Monde hervorsticht,
selbst aber gerade abgestutzt ist. Die vier ersten
Rückenfinnen sind scharf, wie Dorne, und also ist
die Zählung der Finnen in den Flossen folgende:
In der Rückenflosse ⅖, in den Brustflossen achtzehn,
in den Bauchflossen ⅕, in der Afterflosse acht und
zwanzig, und in der Schwanzflosse achtzehn. Doch
in einem chinesischen Exemplar fand Lagerström
in der Rückenflosse nur dreysig Finnen, die übrigen
aber trafen alle richtig ein. Der Kopf ist stumpf
und unbewafnet. Die Schuppen sind mäßig groß.
Ueber den Kopf gehet eine weiße Binde, deßglei=
chen über den Schwanz. Der übrige Theil des
Körpers ist grau. Man findet diese Art in
Indien.

5. Der Stachelkopf. Choetodon Cornutus.

Es stehen diesem Fische ein paar kurze Stacheln
über den Augen, daher ihm obige Benennungen
gegeben werden; der Schwanz ist gabelförmig, die
Rückenflosse hat sieben Stachelfinnen, wovon aber
die dritte die längste ist. Die Anzahl der Finnen

ist

iſt alſo in der Rückenfloſſe $\frac{7}{46}$; in der Bruſtfloſſe
achtzehn; in der Bauchfloſſe $\frac{1}{5}$; in der Afterfloſſe
$\frac{3}{18}$; und in der Schwanzfloſſe ſechzehn. Der Körper iſt mit abwechſelnden breiten ſchwarzen und
weiſen Banden ſchön gezeichnet. Der Kopf ſtehet
gleichſam rüſſelförmig hervor, und die Schuppen
ſind ſehr klein. Das Vaterland iſt Indien.

6. Der Silberklipfiſch. Choetodon Argenteus.

6.
Silber-
klipfiſch
Argen-
teus.

Er unterſcheidet ſich von den übrigen dadurch,
daß er keine Bauchfloſſen, an deren Stelle aber
ein paar kurze Stacheln hat, auch ſind die erſten acht
Finnen der Rückenfloſſe ſtachelich, aber ſo klein,
daß man ſie kaum ſiehet. Die Zählung derſelben
aber giebt folgende Anzahl aus: in der Rücken-
floſſe nämlich ſind $\frac{8}{27}$; in der Bruſtfloſſe ſechs und
zwanzig. Am Bauche $\frac{1}{2}$; in der Afterfloſſe $\frac{3}{17}$; in
der Schwanzfloſſe ſiebenzehn. Die Farbe iſt ſilberglänzend, und der Aufenthalt iſt in den indianiſchen Meeren.

7. Die Sichelfloſſe. Choetodon Punctatus.

7.
Sichel-
floſſe.
Puncta-
tus.

Wir nennen ihn Sichelfloſſe, weil die Bauchfloſſe ſichelförmig iſt; er wird aber von dem Artet
Punctatus genannt, weil der Körper auf einem
ſilberförmigen Grunde mit braunen Puncten gezeichnet iſt. Die Rückenfloſſe hat acht Stachelfinnen,
und die drey erſten Finnen der Afterfloſſe ſtehen von
einander entfernt. Daher entſtehet dann folgende
Art zu zählen. In der Rückenfloſſe $\frac{8}{32}$; in der
Bruſtfloſſe ſiebenzehn; in der Bauchfloſſe $\frac{1}{6}$; in der
After-

floſſe $\frac{1}{16}$ und in der Schwanzfloſſe ſiebenzehn. Uebrigens erweitert ſich der Körper nach dem After zu, und bekommt daſelbſt eine Karpfengeſtalt. Die Augen ſind groß und roth, und die Seitenlinie gehet bogenweiſe in die Höhe. Man bringt ihn aus Aſien, und findet nur vier Kiemenſtrahlen an ihm.

8. Der Bogenfiſch. Choetodon Arcuatus.

Da dieſer Fiſch über den Körper mit drey oder vier weiſſen bogenförmigen Strichen in die Quere bandirt iſt, ſo wird er Arcuatus oder Bogenfiſch genennt. Sonſt iſt die Farbe des Fiſches ſchwärzlichblau. Die Rückenfloſſe hat acht Stachelfinnen, der Schwanz iſt ein wenig abgerundet, der Körper iſt dünn und breit, der Kopf kurz, das Maul klein, die Augen groß, die Kiemendeckel ſind ſchuppig, ihre Defnung weit, und der Rand mit einem großen und einem kleinen Stachel bewafnet. Das ſchwediſche Exemplar iſt beſchrieben, daß es fünf ſchwarze Bogen habe; man nimmt alſo bald die ſchwarze Grundfarbe für Striche an, und die weiſſen Striche müſſen zur Grundfarbe dienen, bald wendet man es um, und wer kann dieſem Naturſpiele Gränzen ſetzen? In der Rückenfloſſe ſind vierund dreyſig bis acht und vierzig Finnen, wovon acht bis vierzehn ſtachelich ſind. In der Bruſtfloſſe neunzehn bis zwanzig, wovon zwey ſtachlich. In der Bauchfloſſe $\frac{1}{7}$ oder $\frac{1}{6}$. In der Afterfloſſe $\frac{3}{24}$ bis $\frac{3}{17}$. In der Schwanzfloſſe ſiebenzehn bis neunzehn. Die längſten Rücken - und Afterfinnen, welche die mittelſten ſind, reichen bis über den Schwanz hinaus. Das Vaterland iſt Indien. Siehe Tab. VI. fig. 2.

9. Der Rüßelfisch. Choetodon Rostratus.

9.
Rüßel-
fisch
Rostra-
tus.

Dieser besondere Fisch, der fast ganz platt viereckig ist, hat einen langen beinigen und gleichsam
schnabelförmigen Rüßel mit kleiner Mündung, daher er obigen Namen erhalten hat. In der Ruckenflosse hat er neun Stachelfinnen, und am Ende der
Ruckenflosse stehet ein großer runder schwarzer Flecken. Die Schwanzflosse ist gerade, und die Zahl
der Finnen ist in der Ruckenflosse vierzig; in der
Brustflosse vierzehn; in der Bauchflosse sechs; in
der Afterflosse fünf und zwanzig; und in der
Schwanzflosse vierzehn.

Die Farbe ist gelblichweiß, mit vier dunkeln
Querbändern. Er lebt von Insecten, die über
dem Wasser herum schweben, solche aber zu fangen, gebraucht der Fisch eine ganz besondere Geschicklichkeit; er erhebt sich nämlich mit dem Rüßel
über dem Wasser, und schießt mit einem Tropfen
Wasser nach ihnen, wodurch er sie auch so meister-
lich trift, daß sie auf das Wasser fallen, da er sie
denn verspeiset. Das Vaterland ist Indien.

10. Der Persianer. Choetodon Nigricans.

10.
Persia-
ner.
Nigri-
cans.

Obgleich dieses Geschlecht nur aus indianischen Fischen bestehet, die in Asien und America
zu hause sind, so hat doch der Herr Hasselquist
einen hieher gehörigen Fisch auf seinen Reisen
angetroffen, welcher im rothen Meer gefangen,
und um ein merkliches größer war, als alle andere Indianische, denn es hatte derselbe die Länge
von ein und einem halben Schuh, und der Schwanz
war eine Spanne breit. Artedi aber hatte schon
der-

dergleichen Fisch von schwärzlicher Farbe mit einem
weissen Schwanze beschrieben, woraus sich obige Benennungen rechtfertigen lassen.

Dieser hat in der Schwanzflosse neun Stachelfinnen, und an beyden Seiten des Schwanzes, welcher ein wenig gabelförmig ist, einen Stachel. Man
hat in der Rückenflosse $\frac{6}{13}$, Herr Hasselquist aber
$\frac{6}{13}$, in der Brustflosse sechzehn bis siebenzehn, in der
Bauchflosse $\frac{1}{8}$, in der Afterflosse $\frac{3}{12}$ und $\frac{3}{12}$, in der
Schwanzflosse aber sechzehn, und letzterer sechs und
zwanzig Finnen gefunden. Die Schuppen sind
klein, rauh, und liegen dicht aufeinander. Die Stacheln am Schwanze sind stark, und liegen horizontal
hintereinander.

11. Der Weißschwanz. Choetodon Leucurus.

Dieser Fisch ist klein und von schwarzer Farbe,
doch ist die Schwanzflosse weiß. In der Rückenflosse sind neun Stachelfinnen, davon die erste vor
der eigentlichen Rückenflosse niederliegt; der Schwanz
ist gerade, und die Bauchflosse zugespitzt. Man zählt
am Rücken $\frac{9}{11}$, an der Brust sechzehn, am Bauche $\frac{1}{4}$,
am After $\frac{1}{14}$, und am Schwanze zwanzig Finnen.
Der Ort des Aufenthalts ist in den americanischen
Gewässern.

12. Der gestreifte Klippfisch. Choetodon Lineatus.

12.
Ge-
streifter
Klipp-
fisch.
Linea-
tus.

Da die übrigen Fische dieses Geschlechts in die
Quere bandirt sind, so weicht diese Art sehr ab, weil
sie in die Länge vom Kopfe bis zum Schwanze über
den ganzen Körper mit abwechselnden Linien gestreift
ist.

Z 5

iſt. Die Rückenfloſſe hat neun Stachelfinnen. Der Schwanz iſt gabelförmig, und an beyden Seiten bewafnet. In der Rückenfloſſe ſind $\frac{2}{7\frac{9}{}}$, in der Bruſtfloſſe ſechzehn, in der Bauchfloſſe $\frac{1}{6}$, in der Afterfloſſe $\frac{3}{7\frac{9}{}}$, und in der Schwanzfloſſe ſechzehn. Das Vaterland iſt Indien.

13. Der Dreyſtrahl.   Choetodon Trioſtegus.

13. Drey- ſtrahl. Trio- ſtegus.

Er führt dieſen Namen, weil er von dem allgemeinen Merkmale dieſes Geſchlechts abweicht, und in der Kiemenhaut nur drey, ſtatt ſechs Strahlen hat, gleichwie der Sichelfloſſer No. 7. nur mit vier Strahlen verſehen iſt. Die Rückenfloſſe hat neun Stachelfinnen und der Schwanz iſt einigermaſſen gabelförmig. Man zählt $\frac{2}{7\frac{9}{}}$ Rückenfinnen, achtzehn Bruſtfinnen, $\frac{1}{6}$ Bauchfinnen, $\frac{2}{7\frac{9}{}}$ Afterfinnen, und ſechzehn Schwanzfinnen. Die Farbe iſt aſchgrau und hat ſechs breite ſchwarze Binden, die erſte geht ſchräg durch die Augen, die andern vier über den Rücken, und die letzte durch den Schwanz. Die Seitenlinie geht krumm. Die Rückenfloſſe iſt vorneher nackt, und die dritte Finne iſt die längſte. Er hält ſich in Amerika auf.

14. Der großſchuppigte Klippfiſch. Choetodon Macrolepidotus.

14. Groß- ſchup- pigter Klipp- fiſch. Macro- lepido- tus.

Auſſer den großen Schuppen, wodurch der jetzige Fiſch ſich ſehr unterſcheidet, iſt er auch daran zu kennen, daß die Rückenfloſſe eilf Stachelfinnen hat, wovon die vierte fadenförmig und von auſſerordentlicher länge iſt. An dem Kopfe und über den Körper nach dem Schwanze zu, gehen ein paar breite ſchwär-

ſchwärzliche Bande ſchief herunter, wie aus der Abbildung Tab. VI. fig. 3. zu erſehen iſt. Was nun Tab. VI
die Anzahl der Finnen betrift, ſo zählt Artedi $\frac{4}{17}$ fig. 3.
in der Rückenfloſſe, in der Bruſtfloſſe aber $\frac{2}{18}$,
in der Bauchfloſſe $\frac{1}{6}$, in der Afterfloſſe $\frac{2}{13}$, in der
Schwanzfloſſe ſiebzehn. Herr Gronov hingegen
hat in der Rückenfloſſe $\frac{1}{17}$, in der Bruſtfloſſe neunzehn, in der Bauchfloſſe $\frac{1}{6}$, in der Afterfloſſe $\frac{2}{13}$, und
in der Schwanzfloſſe ſechzehn. Es kommt dieſer
Fiſch aus Indien.

15. Der Argus.   Choetodon Argus.

Die vielen kleinen ſchwarzen Flecken, oder Puncte, womit der Körper dieſes Fiſches bezeichnet iſt,
haben zu der Benennung Argus, Anlaß gegeben.
Es hat aber die Rückenfloſſe dieſes Fiſches eilf Stachelfinnen, daher denn folgende Zählung entſtanden.
In der Rückenfloſſe $\frac{11}{8}$, in der Bruſtfloſſe dreyzehn,
in der Bauchfloſſe $\frac{1}{6}$, in der Afterfloſſe $\frac{3}{14}$, in der
Schwanzfloſſe zwölf. Er kommt gleichfalls aus
Indien.

16. Der bandirte Klippfiſch.   Choetodon
Striatus.

16.
Bandir-
ter Klep-
fiſch.
Stria-
tus.

Bey dieſer Art ſtehen fünf braune Bänder auf
einem gelben Grunde, der Kopf iſt beinig und ragt
hervor; die Rückenfloſſe hat zwölf Stachelfinnen,
und der Schwanz iſt gerade; die Schuppen ſind bey-
nahe viereckig und ziemlich groß. Die Anzahl der
Finnen in der Rückenfloſſe iſt dreyſig bis drey und
dreyſig, davon zehn bis zwölf ſtachlich ſind, in der
Bruſtfloſſe vierzehn bis ſechzehn, in der Bauchfloſ-
ſe $\frac{1}{8}$, in der Afterfloſſe $\frac{3}{14}$, und in der Schwanzfloſſe

flosse siebenzehn bis achtzehn. Das Vaterland ist
Indien.

17. Der Weißkopf. Choetodon Aruanus.

17.
Weiß-
kopf.
Arua-
nus.

Die Insel Aru in Ostindien ist der Aufenthalt eines Klippfisches, der eine weiße Stirn hat, und
dieses macht sogleich die oben stehenden Benennungen
deutlich Der Schwanz ist gabelförmig; der Körper mit drey braunen Bändern besetzt, und die Rückenflosse hat zwölf Stachelfinnen, folglich ist die Anzahl am Rücken $\frac{12}{22}$, in der Brustflosse achtzehn, in
der Bauchflosse $\frac{6}{1}$, in der Afterflosse $1\frac{3}{7}$, und in der
Schwanzflosse sechzehn.

18. Der Soldatenfisch. Choetodon Capiſtratus.

18.
Solda-
tenfisch.
Capi
ſtratus.

Da diesem Fische vom Nacken bis zum Halse ein
schräger bogiger schwarzer Strich über die Augen
läuft, der ihm gleichsam wie ein Zügel steht, so
wird er Capiſtratus genennt. In Indien aber
heißt er Soldatenfisch, vermuthlich der gestickten Haut
halben, denn der Körper ist mit feinen Linien bezeichnet, die von unten hinauf schief nach der Seitenlinie
zu laufen, und jedesmal miteinander daselbst einen
Winkel machen; wozu noch kommt, daß ein großer,
runder, schwarzer Flecken am Schwanze befindlich
ist, welcher in einem weißen Ringe steht, wie die Abbildung Tab. VI. fig. 4. ausweist. Sonst ist der
Schwanz grade, und die Rückenflosse hat zwölf
Stachelfinnen, die Anzahl aller Finnen aber ist in
besagter Flosse zwey und dreyßig, in der Brustflosse
vierzehn, in der Bauchflosse $\frac{6}{1}$, in der Afterflosse
$\frac{17}{7}$ bis $\frac{17}{71}$, in der Schwanzflosse achtzehn.

19. Der

19. Der Schwermer. Choetodon Vagabundus.

In der Geſtalt kommt dieſe Art der vorigen ziemlich nahe. Er hat einen ähnlichen Strich über den Augen, aber keine Flecken am Schwanze, ſtatt deren aber nahe bey der Floſſe einen ſchwarzen Strich. Der Körper iſt mit ziemlich großen Schuppen gedeckt, das Maul dehnt ſich etwas rüſſelförmig. In der Rückenfloſſe ſind vierzig Finnen, davon dreyzehn ſtachlich ſind, in der Bruſtfloſſe funfzehn, in der Bauchfloſſe $\frac{1}{5}$, in der Afterfloſſe vier und zwanzig oder $\frac{3}{21}$, in der Schwanzfloſſe achtzehn. Das Vaterland iſt Indien.

(Randnotiz:) 19. Schwermer. Vaga-bundus

20. Die Haarſchuppe. Choetodon Ciliaris.

Weil die Schuppen dieſes Fiſches alle einen faſerigen oder haarigen Rand haben, ſo iſt ihm die obige Benennung gegeben. Er iſt weißgrau und hat vier braune Bänder. Die Kiemendeckel ſind ſtachlich. In der Rückenfloſſe ſind drey und dreyſig oder vier und dreyſig Finnen, wovon vier-zehn ſtachlich ſind, die Bruſtfloſſe hat zwanzig bis ſechs und zwanzig, die Bauchfloſſe $\frac{1}{5}$, die After-floſſe drey und zwanzig bis ſechs und zwanzig, wovon aber drey ſtachlich ſind, und endlich die Schwanzfloſſe ſiebenzehn bis zwanzig. Er kommt gleichfalls aus den Indien.

(Randnotiz:) 20. Haar-ſchuppe. Ciliaris.

21. Der

21. Der Gabelſchwanz. Choetodon Saxatilis.

21. Gabel- ſchwanz. Saxati- lis. In Braſilien wird auch ein zu dieſem Geſchlechte gehöriger Fiſch gefunden, der einem Bärſchinge faſt ähnlich ſieht, und daſelbſt von den Einwohnern Paguacaguara genennet wird. Dieſer unterſcheidet ſich von den übrigen noch durch verſchiedene andere Umſtände, denn der Schwanz iſt gabelförmig, die Zähne ſind gerändelt, und der Körper mit fünf braunen Querbinden auf einem weißlichen Grunde bezeichnet; wer aber die braune Farbe für die Grundfarbe halten will, der findet fünf weiſſe Querbande. Die Rückenfloſſe hat ſechs und zwanzig Finnen, wovon vierzehn ſtachlich ſind, die Bruſtfloſſe funfzehn bis achtzehn, die Bauchfloſſe iſt zugeſpitzt und führt ⅙ Finnen, (denn eine iſt ſtachlich, und die übrigen fünf ſind weich) die Afterfloſſe ₁₇³, und die Schwanzfloſſe funfzehn bis achtzehn. Er iſt vermuthlich Saxatilis genennet, um den Namen Klippfiſch auch einmal bey einer Art anzubringen.

22. Der Scheibenfiſch. Choetodon Rotundatus.

22. Schei- benfiſch. Rotun- datus. Wir vergleichen die Rundung dieſes Fiſches mit einer Scheibe, welches darum wohl angeht, weil dieſe Fiſche überhaupt, ſo wie bey dem ganzen Geſchlechte platt, und ſcheibenförmig gedruckt ſind. Die Farbe dieſes Fiſches iſt aſchgrau, und er hat fünf blaßbraune Binden. In der Rückenfloſſe ſind ſechs und zwanzig Finnen, wovon drey und zwanzig ſtachlich ſind, in der Bruſtfloſſe zehn, in der Bauchfloſſe ⅙, und in der Afterfloſſe ₁₇⁴. Das Vaterland iſt Indien.

23. Der

23. Der Lanzenfisch. Choetodon Lanceolatus.

Er führt diese Benennung, weil der Körper länglich gestreckt ist. In America, woselbst er zu Hause ist, nennt man ihn Quaperva, und Edward hatte ihm wegen seiner Bandirung den Namen Rib-band-Fish gegeben, denn es befinden sich auf dem Körper drey dunkle, grau eingefaßte Bänder, davon das erste quer durch die Augen, das andere quer über die Brust, das dritte aber schräg von der ersten Rückenfinne bis zur Schwanzflosse läuft, die Schwanzflosse selbst aber ist gerade.

23. Lanzen-fisch. Rance-olatus.

165. Geſchlecht. Meerbrachſeme.
Thoracici: Sparus.

**Geſchl. Benen-
nung.**
Sehr ſchön folget das Geſchlecht der Brachſemen auf die Klippfiſche, indem ſie eben auch
einen ziemlich breiten und platt gedruckten Körper
haben. Warum ſie aber lateiniſch Sparus; deutſch
Meerbrachſem; holländiſch Zeebraaſemen; franzöſiſch Brame de Mer; und italiäniſch Sparo heiſſen, davon können wir keine Auskunft geben, ſondern müſſen alle die Benennungen als willführliche
Namen anſehen, und uns vielmehr zur Betrachtung
der Kennzeichen wenden.

**Geſchl.
Kennzei-
chen.**
Es hat nämlich dieſes Geſchlecht ſehr ſtarke
Hundszähne, und viele ſtumpfe Backenzähne, die
dicht an einander ſtehen. Die Lippen ſind verdop-
pelt. Die Kiemenhaut hat fünf Strahlen; die
Kiemendeckel ſind ſchuppigt, der Körper iſt platt
gedruckt; die Seitenlinie nach hinten zu gekrüm-
met, und die Bruſtfloſſen ſind abgerundet. Dieſes
ſind die von dem Ritter angegebene Merkmale.
Inzwiſchen muß man doch mit demſelben geſtehen,
daß dieſes Geſchlecht mit den folgenden drey Geſchlechtern in genauer Verwandſchaft ſtehe, denn es ſind
die Meerbrachſeme von den folgenden Lippfiſchen
ſchwer zu unterſcheiden, und das Geſchlecht der
Umberfiſche hält gleichſam zwiſchen den Lippfiſchen
und Börſchen das Mittel, von welchen beyden
Geſchlechtern daſſelbige ebenfalls ſchwer zu unterſcheiden iſt.

Um

Um indeffen bey der großen Anzahl der Arten dieses jetzigen Geschlechts sich desto geschwinder zu finden, so macht der Ritter vier Abtheilungen, wie folget.

A.* Brachseme, die mit einem schwar=
zen Flecken bezeichnet sind. 8 Ar=
ten.

B.** Brachseme, deren Farbe roth ist.
3 Arten.

C.*** Brachseme, welche gestreift sind.
6 Arten.

D.**** Brachseme, die bunt sind. 9 Ar=
ten.

Es hat also dieses Geschlecht sechs und zwan=
zig Arten, deren Beschreibung wir jetzo vor uns
nehmen.

A.* Brachseme, die mit einem schwar= *A.* Schwarz= flect.*
zen Flecken bezeichnet sind.

I. Die Goldbrachseme. Sparus Aurata.

Die Griechen nannten diesen Fisch Chryso= *I. Gold= brach= feme. Aurata.*
phrys; die Römer aber Orata, weil Sergius
Orata, als ein Erfinder schmackhafter Speisen, viel
Wesens von diesem Fische machte, daher mag aber
der Lateiner Aurata eigentlich gekommen seyn, weil *T. VL.
fig. 5.*
dieser Fisch einen goldfärbigen halbmondförmigen
Flecken zwischen der Stirn hat. Darum ihn auch die
Engländer Gilthead, oder Goldkopf, die Vene=
tianer Ora, und die Spanier Dorado nennen.

Linne IV. Theil.   M   Weil

A.*
Schwarz-
fleck.
Weil auch an dem Körper hin und wieder ein Goldglanz durchdringt, ſo iſt er von den Deut-ſchen Goldbrachſeme, und von den Holländern Goud-Braaſem genennet worden.

Der Rücken iſt, nach Kleins Beſchreibung, dunkelgrün, die Seiten ſind braun, mit einem Gold-glanz. Die Augenringe ſind ſilberfärbig; der Rücken iſt ſcharf, und kielförmig ſpitzig zuſammen gedruckt. Der obere Kiefer iſt mit ſechs, und der untere mit acht ſcharfen Vorderzähnen bewafnet.

Die Abbildung, welche hier Tab. VI. fig. 5-mitgetheilet wird, iſt aus der Burmanniſchen Sammlung, von Abbildungen africaniſcher Thiere, (denn dieſelbe ſtellet einen Meerbrachſem vom Vor-gebürge der guten Hofnung vor) unter welche der Ritter mit eigener Hand geſchrieben: Sparus aurata, ſo daß dieſelbe gewißlich ächt iſt. Die-ſer Brachſem alſo war über und über pomeranzen-färbig, auf dem Kopfe aber, desgleichen an den Kie-mendeckeln und an der Mitte des Rückens blau ge-zeichnet; die Seitenlinie war krumm, doch der gol-dene halbmondförmige Flecken war nicht vorhanden. In dem Exemplar, das der Ritter ſelbſt hatte, war ein ſchwarzer Flecken am Schwanze befindlich. Die Anzahl der Finnen weicht nach den verſchiede-nen Exemplarien der Schriftſteller ab. Indeſſen iſt der Unterſchied eben nicht beträchtlich. Der Rit-ter hat in der Rückenfloſſe vier und zwanzig Fin-nen gezählet, davon eilf ſtachelich ſind; in der Bruſtfloſſe funfzehn; in der Bauchfloſſe ſechs; in der Afterfloſſe funfzehn, davon drey ſtachelich ſind, und in der Schwanzfloſſe ſiebenzehn, in welcher Gronov zwanzig und Haſſelquiſt zwey und zwan-zig angetroffen haben.

Dieſer Fiſch ſoll zwey Spannen lang werden, und wenn er recht groß iſt, doch nicht über zehn Pfund

Pfund wiegen, wiewohl Herr Haſſelquiſt auch ſolche **A.***
geſehen, die eine Elle lang waren. Zur erſten Län- **Schwarze**
ge ſind zehn Pfund zu viel, und zur zweyten zu we- **flecke.**
nig, mithin iſt hierdurch die wahre Größe doch noch
nicht recht beſtimmt. Die jetzigen Griechen nennen
ihn Sippouris, und das Exemplar des Herrn Haſſelquiſt hatte über der Seitenlinie noch ſechs ſchwarze und ſechs weiße Striche, unter dem Seitenſtriche
war der Fiſch ſilberfärbig. Die Schuppen waren
oval breit, und der Goldflecken zwiſchen den Augen
war auch vorhanden.

 Den innern Bau betreffend, ſo fand Herr Haſſelquiſt die Haut, welche den Bauch bekleidete, **Anato-**
ſchwarz. Die Därmer hiengen an einem geräumigen **miſche**
Darmfelle, waren dreymal umgewickelt, und das **Anmer-**
Darmfell hatte große Blutgefäße. An dem Aus- **kung.**
gange des Magens waren drey dicke Anhänge, und die
Luftblaſe lag die Länge am Rückgrade hinunter.

 Der gewöhnliche Aufenthalt dieſer Fiſche iſt
im mittelländiſchen Meere, deßgleichen im Ocean
zwiſchen Africa und America. An der Küſte von
Holland kommen ſie ſelten, hingegen öfters am
Vorgebürge der guten Hofnung vor, wo ſie vom
Kolbe beſchrieben werden als Fiſche, die ein
weißlich rothes Fleiſch haben, und ſehr ſchmackhaft
ſind. Wenigſtens haben die Alten dieſen Fiſch
hoch geſchätzt; ſonſt würde Hieronymus nicht in
ſeinem Briefe an den Lucinius (Ep. XXVIII) geſchrieben haben: Piſcator hominum, miſſo rete
Apoſtolico te quoque quaſi pulcherrimum
AURATAM, inter innumera piſcium gene-
ra, traxit ad littus. So viel aber iſt doch
richtig, daß diejenigen, die ſich im mittelländiſchen Meere aufhalten, vor allen andern die beſten ſind.

A.*
Schwarz
flecke.

2. Der Schwarzringel. Sparus Annularis.

2.
Schwarz
ringel.
Annu-
laris.

Dieser ist der Sparus der Schriftsteller, und wird noch jetzo in Venedig Sparo genennet. Er hat keinen goldenen Mond zwischen den Augen, hat aber am Schwanze einen schwarzen ringelförmigen Flecken; der ganze Körper ist einfärbig gelb, und kommt übrigens fast mit der vorigen Art überein, wird auch in Absicht auf den Geschmack für eben so gut gehalten. Man trift ihn im adriatischen Meer, und besonders in den toskanischen Gegenden an, jedoch niemalen in der Größe als den Goldbrachsem.

3. Der Bandirte. Sparus Sargus.

3.
Bandir-
ter.
Sargus.

Der jetzige Meerbrachsem, welcher in Italien Sargo heißt, hat zwar auch einen großen Ringel-flecken am Schwanze, aber er unterscheidet sich durch die schwarzen Bänder, welche quer über den Körper gehen. Die Gestalt ist länglich oval, im Maule stehen stumpfe Zähne von einerley Größe, und der Schwanz ist gabelförmig. Die Schuppen sind glänzend bräunlich-silberfärbig, die Flossen weiß, und in denselben ist die Anzahl der Finnen wie folget: in der Rückenflosse $\frac{11}{14}$; in der Brustflosse sech-zehn; in der Bauchflosse sechs; in der Schwanz-flosse $\frac{4}{14}$. Der Aufenthalt ist im toscanischen Meere, und er wird in Rom und Genua zu Markte ge-bracht, woselbst Willoughby einen fand, der fünf Zoll lang war.

4. Der Schwarzschwanz. Sparus
Melanurus.

4.
Schwarz-
schwanz.
Mela-
nurus.

Man nennet ihn nur Schwarzschwanz, weil auf beyden Seiten desselben ein großer schwarzer

Flecken befindlich ist. Er ist silberfärbig, und hat brau­ **A.*** ne Striche, die vom Kopfe bis zum Schwanze lau­ **Schwarz­fleckt.** fen; der Rücken ist bläulich schwarz und nicht scharf; der Schwanz gabelförmig; in jedem Kiefer steht eine Reihe Zähne, wovon die vordern breit, die hintern spi­ tzig sind. Er kommt im toskanischen Meere vor; und man findet in Rom, Genua und Livorno sol­ che die einen halben Schuh lang und ein Pfund schwer sind.

5. Die Rothflosse. Sparus Smaris.

Der einzige Umstand, wodurch sich dieser Fisch **5.** von den andern unterscheidet, ist, daß die Brust- und **Roth­flosse.** Schwanzflosse beyde roth sind. Er wird aber bey den **Smaris.** Schriftstellern sowohl Cerrus als Smaris; in Ve­ nedig Giroli und Gerruli und in Marseille Ger­ res genennt, woraus dann sogleich erhellet, daß er sich im mittelländischen Meere aufhalte.

6. Der Larierfisch. Sparus Maena.

Die griechische Benennung Mainis könnte **6.** etwa auf die Veränderung der Farben dieses Fisches **Larier­** sehen, denn es haben einige Schriftsteller angemerkt, **fisch.** daß er im Winter weiß, und im Sommer bunt und **Maena.** bandirt ist; inzwischen scheint daraus Maena ge­ macht zu seyn, und die Venetianer nennen ihn noch jetzo Menelo, gleichwie er in Rom Menola, und in Marseille Mendole heißt. Weil er aber die Eigenschaft hat, daß diejenigen, die ihn essen, davon eine Oeffnung des Leibs bekommen, so nennen wir ihn Larierfisch, wie der Herr Gouttuin ihn den Na­ men Zee Schyter gegeben, um den Engländern zu folgen, die ihn Cackerell nennen.

Die

A.*
Schwarz-
necke.

Die Gestalt dieses Fisches hat mit einem Bärsche viele Aehnlichkeit, nur ist er etwas platter und breiter, und unterscheidet sich von den andern am meisten durch die Beschaffenheit seines Mauls, denn es stehen nicht nur im untern Kiefer vier größere Zähne, als bey den andern, sondern es ist auch das Maul sehr groß, wenn es offen steht, weil sich die untere Lippe gewaltig dehnen und verlängern kann, dahingegen sehr klein, wenn es geschlossen ist, denn alsdann ziehet sich die untere Lippe wieder ein, und verbirgt sich in ein Grübchen des obern Kiefers. Die Anzahl der Finnen kommt am nächsten mit derjenigen überein, die man bey den Goldbrachsemen angetroffen hat. Der Ort des Aufenthalts ist wohl mehrentheils das mittelländische Meer, denn er ist in Italien so häufig, daß man ihn weder wiegt noch zählt, sondern ihn in Haufen nach dem Augenscheine, um ein geringes Geld verkauft, ohnerachtet er sehr schmackhaft ist, ja man muß wegen der großen Menge seine Zuflucht zum einsalzen nehmen, da er denn Halec, und an der adriatischen Küste Sclave heißt.

7. Die Steinbrachseme. Sparus Saxatilis.

7.
Stein-
brach-
seme.
Saxa-
tilis.

Es hat dieser Fisch zwey schwarze Ringelflecken zu beyden Seiten sowohl an der Brust als an dem Schwanze, und dieselben sind mit einem weissen Ringe eingefaßt. Der Ritter zählt in dieser Art in der Rückenflosse $\frac{4}{9}$, in der Brustflosse sechzehn, in der Bauchflosse $\frac{1}{5}$, in der Afterflosse $\frac{1}{11}$, und in der Schwanzflosse sechzehn Finnen; der Herr Gronov aber in der ersten $\frac{4}{9}$, in der andern siebenzehn, in der dritten $\frac{1}{5}$, in der vierten $\frac{1}{11}$, und in der letzten siebenzehn Flossen. Der Aufenthalt ist in den surinamischen Gewässern.

8. Der

8. Der Rothkopf.   Sparus Orphus.

A.*
Schwarz-
flecke.

Der Kopf ist an jetziger Art roth, und wenn es der Orphus der jetzigen Griechen ist, so soll er nach Rondelers Bericht wohl zwanzig Pfund schwer werden, dennoch aber ungemein schmackhaft seyn. Der Rücken dieses Fisches ist schwärzlich, der Bauch weißlich, wobey denn der rothe Kopf sehr absticht. Der Körper ist breit und lang; das Maul klein; die Schuppen sind rauh, die Flossen bunt, und in der Rückenflosse sind zehn Stachelfinnen; der Schwanz ist nicht gespalten. Er soll sich lediglich vom Meer-mooße nähren, daher ihn die Holländer Wiervree-ter nennen.

8.
Roth-
kopf.
Orphus

B.** Meerbrachseme, deren Farbe roth ist.

B.**
Rothe.

9. Der Schweinszahn.   Spatus Hurta.

Vielleicht ist, wie der Ritter vermuthet, dieser der Dentex der Alten, weil er zwey große Hundszähne hat, welche, wie bey den Schweinen, auswerts aus den Lippen hervorragen. Der Schwanz ist gabelförmig, und der Körper in die Quere mit rothen Banden gestreift. In der Rückenflosse sind $\frac{11}{12}$, in der Brustflosse sechzehn, in der Bauchflosse sechs, in der Afterflosse $\frac{3}{9}$, und in der Schwanzflosse siebenzehn. Der Aufenthalt desselben ist zwar im mittelländischen Meere, jedoch wird von dem Herrn Gronov hieher auch ein Fisch vom Vorge-bürge der guten Hofnung gerechnet, welchen man seiner rothen Farbe halben Rooman, oder rother Mann nennt. Derselbe ist einen Schuh lang, die Augen sind groß, der untere Kiefer ist länger als der obere, der Kopf ist schuppig, das Maul voller

9.
Schwein
zahn.
Hurta.

star-

B.**
Rothe.

starken Zähne, davon vier, die groß und kegelförmig
sind, heraus ragen. In der Rückenflosse desselben
sind auch $\frac{1}{2}\frac{1}{2}$, in der Brustflosse aber siebenzehn, in
der Bauchflosse $\frac{1}{6}$, in der Afterflosse $\frac{1}{11}$, und in der
Schwanzflosse funfzehn Finnen.

10. Die Rothschuppe. Sparus Erythrinus.

10.
Roth
schu: re
Ery-
thrin.

Da an diesem Fische alle Schuppen eine Erd-
beerfarbe haben, und folglich den ganzen Körper roth
machen, so wird er Rothschuppe genennt, worauf
auch die aus dem Griechischen genommene Benennung zielt; lateinisch Rubellio; italiänisch Fran-
golino oder Fragolino. In Venedig heißt er
Alboro und Arboro; in Spanien und Frankreich
Pagel; in Holland Roode Braatem.

Er ist kleiner als der Goldbrachsem, der
Schwanz ist fast gerade abgestutzt, und nur ein wenig
gabelförmig, und das Maul einigermassen spitzig.
Die Anzahl der Finnen ist auf dem Rücken $\frac{1}{11}$, an
der Brust sechzehn, am Bauche sechs, am After $\frac{1}{11}$,
am Schwanze achtzehn. Andere Beobachtungen
zählen in der einen Flosse eine Finne mehr, und in
der andern eine weniger, wie denn die verschiedene
Exemplare selten in der Zahl der Finnen vollkommen
miteinander übereinstimmen. Der Aufenthalt ist
im mittelländischen Meere, deßgleichen in den
americanischen Gewässern. Ja es setzt der Herr
Gronov den capschen Hottentotsfisch in diese
Classe.

11. Die Sackflosse. Sparus Pagrus.

11.
Sack-
flosse.
Pagrus.

Pagrus oder Phagrus zielt auf die Gefräßigkeit dieses Fisches, wenn man diese Benennung aus
dem

ſein Griechiſchen herleitet. Es nennen ihn aber B.**
Rothe.
auch die Italiäner Pagro; und die Franzoſen
Pagre. Da er inzwiſchen dieſen beſondern Umſtand an ſich hat, daß die Haut an der Rücken= und
Afterfloſſe über die letztern Finnen vorläuft, und
ſelbige gleichſam als in einem Sacke verbirgt, ſo nen=
nen wir ihn Sackfloſſe, zumal auch die Holländer
ihm den Namen Zack-Braaſem geben. Er wird
viel größer als der vorige, denn er erreicht zehn und
mehr Pfund, da der vorige nur ein, bis ein und ein
halbes Pfund wiegt. Die Geſtalt iſt alſo breiter und
dicker, der Kopf zwiſchen den Augen mehr platt und
ungeſchuppt. An der Wurzel der Kiemenfloſſe zeigt
ſich ein eißgrauer Flecken. Die Seitenlinie iſt punctirt, und hat gleichfalls zu beyden Seiten beym Anfange einen großen Flecken. Die Schuppen ſind roth
und ſehr groß; der Schwanz iſt gabelförmig. Er glän-
zet des Nachts wie eine feurige Kohle, und wird im
Winter bläulich. Er hält ſich in den ſüdlichen Meeren von Europa auf.

C.** Meerbrachſeme, die geſtreift ſind. C.***
Ge=
ſtreifte.

12. Das Großauge. Sparus Boops.

12.
Groß=
auge.
Boop-.

Dieſe dritte Abtheilung enthält nun ſolche Meerbrachſeme, welche die Länge hinunter über den Körper
geſtreift ſind, und dieſe jetzige Art hat an jeder Seite
vier gold= und ſilberglänzende Striche, welche ordentlich abwechſeln. Man nennt dieſen Fiſch Groß=
auge wegen ſeiner großen Augen, die daher gleichſam
mit Ochſenaugen verglichen werden, daher er auch
griechiſch Boops; engliſch Oxe-eyed Cackerell; holländiſch Groot-Oog genennt wird. In
Venedig, Rom und Marſeille heißt er Boga.
Er erreicht kaum die Länge eines Schuhes, iſt auf
dem Rücken grünlich glänzend gelb, je nachdem

C.***
Ge-
ſtreift.

die Lichtſtrahlen auf ihn fallen, und am Bauche ſil-
berweiß. Die Anzahl der Finnen iſt in der Rückenfloſſe dreyſig, und in der Afterfloſſe neunzehn. Der
Aufenthalt iſt im toſcaniſchen Meere.

13. Das Ringauge. Sparus Cantharus.

13.
Ring-
auge.
Cantha-
rus.

Cantharus iſt eigentlich die Benennung gewiſſer Käferarten, welche einen ſchönen Glanz
haben; mit ſolchen ſcheint man dieſen Fiſch zu vergleichen. Er iſt mit ſchönen paralell laufenden gelben Strichen geziert, und hat einen Silberring um
die Augen. Im Maule befinden ſich ſtarke Hundszähne. Er ſieht ſonſt den Goldbrachſemen nicht ungleich, und hält ſich im toſcaniſchen Meere auf.

14. Die Borſtenfloſſe. Sparus Chromis.

14.
Borſten-
floſſe
Chro-
mis.

Man ſagt von dieſem Fiſche, daß er, wenn
er gefangen wird, einen brummenden Ton von
ſich gebe, und aus der Urſache ſoll man ihm den Namen Chromis beygelegt haben, daher ihn auch die
Engländer Grunter nennen. Warum er aber
bey den Sicilianern Monachelle; bey den Tos-
canern Caſtagnole, und bey den Holländern
Monnikje heißt, haben wir nicht errathen können.
Wir nehmen unſere Benennung Borſtenfloſſe daher, weil die zweyte Finne der Bauchfloſſe in einen
ſehr langen bürſtenartigen Faden ausgeht. Es
iſt die Anzahl der Finnen in der Rückenfloſſe
drey und zwanzig, in der Bruſtfloſſe ſiebenzehn, in
der Bauchfloſſe ſechs, in der Afterfloſſe zwölf, die
Schwanzfloſſe aber iſt gabelförmig. Er hält ſich in
den ſüdlichen Meeren von Europa auf, wird aber
nicht groß, ſondern erreicht etwa vier Zoll, und iſt
bräunlich mit blaſſen Strichen.

15. Der

15. Der Goldstrich. Sparus Salpa.

C.***
Ge=
streifte.
15.
Gold=
strich.
Salpa.

Da sich auf beyden Seiten dieses Fisches eilf schöne goldgelbe Striche zierlich ausnehmen, so mag er bey uns den Namen Goldstrich führen, gleich wie ihn die Engländer Goldlin, und die Holländer Goudstreep nennen, denn er wurde auch bey den Griechen deswegen Chryfopleuros geheissen; doch in Frankreich führt er den Namen Virgadelle. Die Linneische Benennung aber wird bey einigen Schriftstellern gefunden, und die Genueser bedienen sich derselben noch, da sie diesen Fisch Salpa nennen. Der Schwanz ist gabelförmig. Die Anzahl der Finnen ist in der Rückenflosse ¹¹/₁₅, in der Brustflosse sechzehn, in der Bauchflosse sechs, in der Afterflosse ³/₁₁, und in der Schwanzflosse siebenzehn. Der Aufenthalt ist im mittelländischen Meere, und er wird einen Schuh lang.

16. Die Purpurbrachseme. Sparus Synagris.

Der ganze Körper ist mit purpurfärbigen Schuppen bedeckt, und an den Seiten mit sieben Goldlinien gezieret; der Rücken ist etwas dunkel, und der Bauch blaß; die Augen sind groß, und haben einen breiten rothen Ring; die Flossen sind gelb; der Schwanz aber ist roth und gabelförmig. Man trift diesen Fisch im mitternächtlichen America an.

17. Der Gelbflosser. Sparus Rhomboides.

Weil die Gestalt einem schiefen Vierecke ziemlich ähnlich ist, so wird er Rhomboides genannt. Weil aber die Bauch= After= und Schwanzflossen an der Wurzel gelb gefleckt sind, so wollen wir ihn

Gelb=

C.***
Ge-
streifte.

Gelbflosser nennen, wiewohl sich an der Wurzel der Rücken- und Brustflossen schwarze Flecken befinden. Uebrigens ist der Schwanz ganz; in den Rücken geht eine Furche hinein; die Seiten sind die länge hinunter gelb gestreift; die Zähne sind alle stumpf; die Kiemenhaut hat aber sechs, statt fünf Strahlen. Catesby zählte ihn unter die Bärsche. Was die Anzahl der Finnen betrift, so zählt man in der Rückenflosse $\frac{1}{3}\frac{2}{7}$, in der Brustflosse sechzehn, in der Bauchflosse $\frac{1}{6}$, in der Afterflosse $\frac{3}{7}$, und in der Schwanzflosse zwanzig. D. Garden nennt ihn Saltwater Bream oder Salzwasserbrachsem, das ist, Meerbrachsem. Er hält sich in den americanischen Gewässern auf, und wächst ebenfalls zu keiner sonderlichen Größe. Dieses sind also die gestreiften Meerbrachseme, und nun ist noch die letzte Abtheilung der bunten Brachsemen zu betrachten.

D.****
Bunte.

D.**** Meerbrachseme, die bunt sind.

18. Das Goldauge. Sparus Chrysops.

18.
Gold-
auge.
Chry-
sops.

Die Augen stehen bey diesem Fische in gold-gelben Ringen, der Rücken hat eine Furche, und der Schwanz ist gabelförmig. In der Rückenflosse befinden sich $\frac{1}{3}\frac{2}{7}$, in der Brustflosse siebenzehn, in der Bauchflosse sechs, in der Afterflosse $\frac{3}{8}$, und in der Schwanzflosse neunzehn Finnen. Die Kiemenhaut aber hat sechs Strahlen. Dieser Fisch siehet schön aus, denn der Kopf ist blau bandirt, der Körper hat einen bläulichen Glanz, und die Flossen sind roth. Er hält sich in den Gewässern von Carolina auf.

19. Das

19. Das Silberauge. Sparus Argyrops.

D.****
Bunte.
19.
Silber-
auge.
Argy-
rops.

Dieſer würde dem vorigen ziemlich ähnlich ſeyn, wenn die Augen nicht in einem weißen ſilberglänzen=
den Ringe ſtünden, dazu aber kommt auch noch, daß
die vorderſten Finnen der Rückenfloſſe in eine lange
Bürſte ausgehen. Sonſt iſt der Schwanz halb=
mondförmig, der Rücken hat eine Furche, und die
Vorderzähne ſind coniſch. Die Anzahl der Finnen
in der Rückenfloſſe iſt ¹²⁄, in der Bruſtfloſſe ſieben=
zehn, in der Bauchfloſſe ſechs, in der Afterfloſſe
funfzehn, und in der Schwanzfloſſe zwanzig. Er hält
ſich in Carolina, desgleichen auch um Jamaica
herum, auf.

20. Der Zahnbrachſeme. Sparus Dentex.

Wir haben oben No. 9. einen rothbandirten
Brachſem beſchrieben, von dem der Ritter zweifelt,
ob er nicht etwa der Dentex der Alten ſeyn mögte,
weil er hervorragende Hunds= oder Hauerzähne hat;
dieſer aber, der hier unter dem Namen Dentex vor=
kommt, iſt mit jenem nicht zu verwechſeln, ob er gleich
auch vier große Zähne hat, denn in jedem Kiefer iſt
der zweyte Zahn der größte an jeder Seite. Zwar
hat er auch einen Gabelſchwanz; die Farbe aber
macht bey ihm den Unterſchied, denn in der Jugend
iſt er ſchmutzig grüngelb mit helblauen und ſchwarz=
zen Flecken, aber hernach wird er purpurfärbig röth=
lich. In der Größe übertrift er auch jenen Dentex,
indem er gemeiniglich drey bis vier, zuweilen aber
auch wohl gar zehn Pfund wiegt. Inzwiſchen nen=
nen ihn die Italiäner Dentale, weil er bey den Alten
Synodon und Dentex hieß. In England führet
er den Namen Sea-Rough, oder Ruft, bey den
Holländern Tand-Braaſem.

Zu

D.****
Bunte.

Zu dieſer Art rechnet nun der Ritter zuerſt das Exemplar des Artedi, welches zur Verwunderung in der Rückenfloſſe neunzig, und in der Afterfloſſe zehn Finnen hat; ſodann das Exemplar des Gronovs, welches in der Rückenfloſſe nur $\frac{12}{41}$ in der Bruſtfloſſe ſechzehn, in der Bauchfloſſe ſechs, in der Afterfloſſe $\frac{12}{7}$, und in der Schwanzfloſſe funfzehn Finnen hat. Eben dieſes Gronovs. be Exemplar iſt der ſogenannte Goldfiſch vom Cap der guten Hofnung, welcher die Gröſſe von einem Schuhe und etwas über vier Zoll, ſodann an der Kiemenhaut ſechs Strahlen hatte. Der Braſilianer Acara wird von eben demſelben Schriftſteller auch dahin gerechnet. Das Exemplar des Willoughby hingegen hatte nur zehn Finnen in der Rückenfloſſe, und acht in der Afterfloſſe, welche alle weich waren. Es werden alſo dieſe Fiſche im adriatiſchen und toſcaniſchen Meere, ſodann auch am Vorgebürge der guten Hofnung, und auch an der öſtlichen Küſte von Südamerica gefunden.

21. Der Dornbrachſeme. Sparus Spinus.

21.
Dornbrachſeme.
Spinus.

Weil dieſer Fiſch einen rückwerts liegenden Stachel auf dem Rücken hat, ſo iſt ihm obige Benennung gegeben worden. Es hat aber der Körper blaue bunte Striche, und einen gabelförmigen Schwanz. Die Anzahl der Finnen iſt in der Rückenfloſſe $\frac{12}{4}$, $\frac{13}{4}$ oder auch $\frac{13}{4}$, in der Bruſtfloſſe funfzehn bis ſiebenzehn, in der Bauchfloſſe $\frac{5}{1}$, $\frac{1}{5}$ oder auch $\frac{7}{1}$, in der Afterfloſſe $\frac{7}{12}$, $\frac{3}{12}$ oder $\frac{7}{12}$, und in der Schwanzfloſſe ſechzehn bis achtzehn. Man bringt dieſen Fiſch aus den Indien.

22. Das

22. **Das Strahlauge.** Sparus Radiatus.

D.***
Bunte.
22.
Strahl-
auge.
Radia-
tus.

Es hat diese Art einen schwarzen Augenkern mit einem goldgelben Ringe, der mit blauen ro, then und geben Strahlen unterbrochen ist, daher wir sie Strahlauge nennen. Der Körper ist am Rücken grün, an den Seiten purpurfärbig, am Bauche roth. Der Kopf ist mit blauen, gelben und grünen Strichen geziert. Die Augenwimpern bestehen aus einer Reihe Puncte, die obere Lippe läßt sich ausdehnen, die Zähne sind kegelförmig, und die zwey vördersten sind die größten, die Kiemendeckel haben zwey Flecken, nämlich, einen purpurfärbigen und gelben. Die Seitenlinie besteht aus einer Reihe von zwey und dreystrahligen Schuppen, die mit dem Rücken paralell laufen, und zu Ende der Rückenflosse herunter gehen. Alle Finnen sind buntfärbig, und der Schwanz ist ein wenig abgerundet.

Man zählt in diesem auserordentlich schönen, und fast allenthalben mit bunten Strahlen bezeichneten Fische in der Rückenflosse ½¹, in der Brustflosse zwölf, in der Bauchflosse sechs, in der Afterflosse ₇₁₆³, in der Schwanzflosse siebenzehn Finnen. Die Anzahl der Kiemenstrahlen aber ist sechs. Der Aufenthalt ist in America in den Gewässern um Carolina, wo er, vermuthlich wegen seiner bunten Farben Puddingbsk genennt wird.

23. **Der virginische Meerbrachseme.** Sparus
Virginicus.

In dem nordamericanischen Meere findet man noch eine andere schöne bunte Art, die in der Rückenflosse ½¹₇, in der Brustflosse achtzehn, in der Bauchflosse ⅙¹, in der Afterflosse ₇₁₃¹, und in der Schwanz-

D.····
Bunte.
Schwanzfloſſe achtzehn Finnen hat, und ſich in den
Farben folgender Geſtalt unterſcheidet. Von den
Schultern geht erſtlich eine ſchwarze Binde durch
die Augen nach dem untern Kiefer, ſodann eine andere von den Schultern über die Bruſt nach den Bruſtfloſſen, übrigens aber laufen noch viele blaue Linien
der Länge nach in einer paralellen Richtung an den
Seiten hin, der Schwanz iſt zwar gabelförmig aber
ſtumpf, und die Kiemendeckel ſind ein wenig gezähnelt.

24. Der Murmelbrachſem. Sparus Mormyrus.

24.
Mur-
mel-
brach-
ſem
Mor-
myrus.
Die griechiſche Benennung Mormyros deutet ein Geräuſch oder Gemurmel flieſſender Waſſer
an, und es hat ſchon Ariſtoteles dieſen Namen gewiſſen Fiſchen zugeeignet, die im Waſſer mit dem
Maule allerhand Bewegungen machen, wodurch immer von dem Fiſche aus dem Waſſer Blaſen in die
Höhe ſteigen, die ein Gemurmel des Waſſers erregen.
Daher ſcheint auch der Lateiner Murmur zu entſte-
hen, welches im Italieniſchen und Franzöſiſchen mit
einiger Veränderung beybehalten iſt; daher man dieſen Fiſch in Rom Mormilo, in Benedig Mormiro,
in Marſeille Mormo und Morme nennt. Aus dieſem Grunde geben wir ihm den Namen Murmelfiſch,
welches den nämlichen Gedanken ausdruckt, weil
das Wort Murmeln, Murren, und der Holländer
Murmureeren aus eben dieſer Quelle entſprungen
zu ſeyn ſcheint, wiewohl der Herr Houttuin dieſen
Fiſch der Farbe halben, Gemarmorde, oder mar-
morirten nennt.

Nach der Linneiſchen Beſchreibung ſoll dieſer
Fiſch einen gabelförmigen Schwanz und ſehr viele
ſilberfärbige und ſchwarze Bänderzeichnungen haben.
Willoughby fand dergleichen in Genua, welcher
noch)

noch keinen Schuh lang war, derſelbe hatte eilf bis
zwölf ſchwarze Ringe um den Körper, welche auf
einem grünlich blauen Grunde lagen.   Das Exem=
plar des Herrn Haſſelquiſt in Smyrna hatte neun
bis eilf ſchwarze Bänder auf einem ſilberfärbigen
Grunde.   Artedi beſchreibt ihn als einen Fiſch, deſ=
ſen oberer Kiefer länger als der untere iſt, und der
auf beyden Seiten zwey paralell laufende ſchwarze
Bande hat.   Gronov giebt an, daß der Kopf glatt,
und der Kiemendeckel ſchuppig und mit zwey Sta=
cheln verſehen iſt.   Seba hingegen macht den untern
Kiefer länger als den obern.   In dieſen verſchiede=
nen Exemplarien zählt man in der Rückenfloſſe drey
und zwanzig bis vier und zwanzig Finnen, wovon
zehn bis eilf ſtachlich ſind, in der Bruſtfloſſe drey=
zehn bis funfzehn, in der Bauchfloſſe ſechs, wo=
von eine ſtachlich iſt, in der Afterfloſſe zehn bis drey=
zehn, und in der Schwanzfloſſe drey bis achtzehn.
Der Aufenthalt dieſer Fiſche iſt im mittelländiſchen,
beſonders aber toſcaniſchen Meere.

D.****
Bunte.

25. Der Zügelbrachſem.   Sparus Capiſtratus.

25.
Zügel=
brach=
ſem.
Capi-
ſtratus.

    Vermuthlich geht eine Binde bis an das Maul,
weil er Capiſtratus heißt, daß ſich aber der Körper
dieſes Fiſches zeigt, als ob er mit einem Netze bedeckt
wäre, kommt daher, weil jede Schuppe mit einem
weiſſen Winkelhafen bezeichnet iſt.   Im Maule ſtehen
oben zwey große Vorderzähne, und unten vier, der
Schwanz iſt gerade abgeſtutzt, und die Rücken=
floſſe iſt faſt ſo lang als der Rücken.   In derſelbi=
gen befinden ſich $\frac{2}{9}$ Finnen, denn von den zwanzig
Finnen ſind neune ſtachlich, in der Bruſtfloſſe zwölf,
in der Bauchfloſſe $\frac{1}{4}$, in der Afterfloſſe $\frac{3}{9}$, und in
der Schwanzfloſſe vierzehn.   Das Vaterland iſt
America.

n.****
Bunte.

26.
Galiläi-
sche. Ga-
lilaeus.

26. Der galiläische Meerbrachsem.
Sparus Galilaeus.

Weil dieser Fisch in dem See Genezareth in Galiläa gefunden wird, so glaubt der Ritter, daß es derjenige sey, der nach dem 5ten Cap. des Ev. Lucä, einen solchen reichen Fischzug verschafte. Er ist oben grünlich, unten weiß, und hat einen ungetheilten Schwanz. Die Finnen sind in der Rückenflosse $\frac{1}{2}\frac{7}{7}$, in der Brustflosse eilf, in der Bauchflosse sieben, in der Afterflosse $\frac{1}{7}\frac{3}{7}$, und in der Schwanzflosse zwanzig. Der Herr D. Hasselquist hat diesen Fisch entdeckt, und vielleicht gehört auch sein Nilbrachsem, den die Egypter Girelle nennen, hieher.

166. Geſchlecht. Lippfiſche.
Thoracici: Labrus.

Durch den Geſchlechtsnamen Labrus, drückt **Geſchl.** man hier eine beſonder Beſchaffenheit dieſer **Benen-** Fiſche aus, daß ſie nämlich ſehr dicke Lippen ha- **nung.** ben, welche ihre Zähne bedecken, und eben dieſer Umſtand iſt auch Urſache, daß ſie von dem vorherge- henden Geſchlechte der Brachſeme ſehr ſchwer zu unterſcheiden ſind. Man nennt ſie alſo Lippfiſche, holländiſch Lipviſchen; franzöſiſch Labre.

Unter die Kennzeichen werden folgende Umſtän- **Geſchl.** de gezählt: die Zähne ſind ſcharf, die Lippen einfach, **Kennzei-** jedoch dick und groß; die Kiemenhaut hat ſechs Strah- **chen.** len; die Kiemendeckel ſind ſchuppig, (welchem aber Gronov widerſpricht. Die Finnen der Rücken- floſſe haben nach hintenzu jede noch einen faſerigen Fortſatz. Die Bruſtfloſſen ſind gleichſam zugeſpitzt, und die Seitenlinie geht gerade. Uebrigens macht der Ritter folgende Abtheilungen.

A.* Etliche haben einen gabelförmigen Schwanz, und deren giebt es eilf Arten.

B.** Andere haben eine gerade abgeſtutz- te Schwanzfloſſe, und die Zahl der Finnen in der Rückenfloſſe iſt

bekannt,

bekannt, wovon 25. Arten vor=
handen ſind.

C.*** Noch andere aber ſind in Abſicht
auf die Anzahl der Finnen in der
Rückenfloſſe nicht hinlänglich be=
kannt, und von denen zählet man
5. Arten.

Es ſind alſo in dieſem Geſchlechte überhaupt
folgende ein und vierzig Arten abzuhandeln.

A.*
Gabel=
ſchwän=
ze.]

A.* Lippfiſche mit gabelförmigem Schwan= ze.

1. Der Springer.   Labrus Scarus.

1.
Sprin=
ger.
Scarus.

Scarus iſt eine alte griechiſche Benennung
einiger Fiſche, welche die Eigenſchaft haben, in ih=
rem Gefängniſſe ſcharf mit dem Schwanze zu ſchla=
gen, und ſich alſo eine Oefnung irgendwo zu machen,
welches bey dieſer Art beſonders eintreffen mag, da=
her wir dieſen Fiſch den Springer nennen. Zu
Tiberii Claudii Zeiten wurde er als ein ſchmackhaf=
tes Eſſen geſchätzt, ſoll aber, wie der Ritter meint,
heut zu Tage nicht viel bekannt ſeyn, oder wenig
geachtet werden. Sein beſonderes Merkmal iſt, daß
er an den Seiten des Schwanzes gewiſſe in die
Quere liegende Angehänge oder faſerige Fortſätze hat.

Die Berichte, welche die Alten von dieſem Fi=
ſche geben, lauten dahin, daß er die Gewohnheit
habe, des Nachts zwiſchen den Klippen zu ſchlafen,
und daher des Nachts, welches ſonſt die gewöhnli=
che Fiſchzeit iſt, nicht könne gefangen werden. Er
lebt

lebt von Seemoos, hat auf dem Rücken eine dun-
kelblaue Farbe, und ist am Bauche weiß, das Fleisch
ist schmackhaft, und leicht zu verdauen, die Leber ist, ꝛc.
wie fast bey allen Fischen, angenehm, und die Därmer sind wohlriechend, daher man sie mit ißt. Der
Aufenthalt soll an der Insel Rhodus und an den
Ufern von Griechenland seyn.

A.*
Gabel-
schwän-

2. Der Cretenser. Labrus Cretensis.

Die Insel des mittelländischen Meers, welche heut zu Tage Candia heißt, hieß vormals Creta,
und an den Ufern derselben und in den benachbarten
Gegenden hält sich dieser Fisch auf, daher ist ihm
der Name Cretenser gegeben. Uebrigens aber ist er
heut zu Tage nicht sonderlich bekannt. Der Herr
Klein beschreibt einen solchen also, daß der Bauch
und der halbe Kopf untenher gelblich, der halbe
Körper nach dem Rücken zu schmutzig oder braun-
grün, die Augenringe breit und grünlich, und die
weissen Kieferbeine statt der Zähne gleichsam einge-
kerbt seyn sollen, doch der Ritter sagt, daß er vier Zähne habe. Ob nun, nach des Herrn Gronovs Meinung, auch der Cacatoehafisch von Banda, und
der americanische Scheermesserfisch mit dem Pa-
pageyschnabel auch hierzu gehöre, kommt uns sehr
zweifelhaft vor.

2.
Creten-
ser.
Creten-
sis.

3. Der Röthling. Labrus Anthias.

Die Benennung Anthias bezieht sich auf das
schöne Blumenroth, welches sich über diesen Fisch
gleichsam ergießt, daher wir ihn Röthling nennen.
Von der Rückenflosse sind zehn Finnen stachlich, und
neun sind weich; die Kiemendeckel sind an dem Rande gezähnelt; ihre Größe ist etwa einen Schuh, bald

3.
Röth-
ling.
Anthi-

etwas

A.*
Gabel
ſchwän-
ʒe.

etwas mehr, bald weniger; der Obertheil des Kopfs iſt dunkelſchwarz, der Rücken braunroth, die Bauch- und Afterfloſſen, wie auch die Schwanzfloſſe ſind hellroth, die Kiemendeckel aber purpurfärbig; das Maul iſt voller Zähne. In den bahamiſchen Inſeln hält man dieſen Fiſch für den ſchmackhafteſten der ganzen Gegend. Er hält ſich nicht nur in den ſüd-lichen Meeren von Europa auf, ſondern befindet ſich auch in den americaniſchen Gewäſſern Catesby der ihn beſchreibt, nennt ihn Muttonfish, und die Holländer heiſſen ihn Schaapenbout, das iſt, Schöpfenſchlägel.

4. Der Leberfiſch. Labrus Hepatus.

4.
Leber-
fiſch.
Hepa-
tus.

Es hat dieſer Fiſch ſeinen Namen von dieſer Farbe bekommen, indem er leberfärbig, ſonſt aber auf beyden Seiten mit einer ſchwarzen Querlinie und hinter den Stachelfinnen mit einem ſchwarzen Flecken bezeichnet iſt. Der untere Kiefer iſt länger als der obere. Die Anzahl der Finnen in der Rückenfloſſe iſt ein und zwanzig, wovon zehen ſtachlich ſind, die Bruſtfloſſe hat dreyzehn, die Bauchfloſſe ſechs, und die Afterfloſſe neun Finnen. Allerdings ſcheinen auch hieher des Jonſtons Channa oder Hiatula, (welcher der Engländer Gaper oder Ginfish, und der Italiäner Canadella iſt,) deßgleichen ſein Hepatus Tab. XIV. No. 12. 13. zu gehören, welche ſämtlich für eine Art Meerbärſche gehalten werden, und in Frankreich unter dem Namen Serran, in Italien aber unter dem Namen So-pracielo bekannt ſind, denn der Aufenthalt dieſer Fiſche iſt im mittelländiſchen Meere.

5. Der

5. **Der graue Lippfisch.** Labrus Griseus.   A.*
Gabel=
schwän=
te.

Der Rücken dieses Fisches ist umbergrau und 5.
Grauer.
Griseus.
am Bauche etwas blasser; der Schwanz nur wenig
gabelförmig, und die Kiemen, wie auch die Brust,
nach des Catesby Abbildung) ohne Flossen, wor=
an aber der Ritter mit Recht zweifelt. In der Rü=
ckenflosse sind drey und zwanzig Finnen befindlich, die
alle scharf oder stachlich sind; in jedem Kiefer sind
zwey große Zähne; das Fleisch ist schmackhaft, und
der Fisch wird etwa einen Schuh lang. Der Aufent=
halt ist in den americanischen Gewässern.

6. **Der Gabelschwanz.** Labrus Lunaris.   6.
Gabel=
schwanz.
Lunaris

Es unterscheidet sich der Schwanz dieses Fisches
von den übrigen darinn, daß die Mitte der Schwanz=
flosse gerade abgestutzt ist, und nur an beyden Sei=
ten längere Finnen hervorragen, die also einer Ga= Tab.VI
fig. 6.
bel ähnlich sehen, welches sich aus der Vergleichung
der Tab. VI. fig. 6 mit andern Figuren gabelför=
miger Schwänze bald erkennen läßt. Uebrigens ist
der Kopf purpurfärbig, auch zieht sich eine purpur=
färbige Linie über die Rücken= und Afterflosse hin.
In dem Exemplare des Ritters befanden sich $\frac{8}{1\frac{2}{7}}$ Rü=
ckenfinnen, funfzehn Brustfinnen, $\frac{2}{9}$ Bauchfinnen,
$\frac{2}{1\frac{2}{7}}$ Afterfinnen, und sechzehn Schwanzfinnen. Das
Gronovische hingegen hatte in der Rückenflosse $\frac{8}{7\frac{2}{1}}$,
in der Brustflosse siebenzehn, in der Bauchflosse $\frac{6}{1}$,
in der Afterflosse $\frac{2}{7\frac{2}{1}}$, und in der Schwanzflosse nur
vierzehn Finnen. Der Aufenthalt dieser Art ist in
den Indien.

N 4   7. Der

7. Der Kiemenfleck. Labrus Opercularis.

Da ſich auf den Operculis oder Kiemendeckeln dieſes Fiſches zu beyden Seiten ein brauner Flecken befindet, ſo iſt die Urſache obiger Benennung leicht einzuſehen. Auſſerdem hat der Körper auch zehen braune Bande auf einem bleyfärbigem Grunde. Was die Anzahl der Finnen betrift, ſo ſind in der Rückenfloſſe 1 1/10, in der Bruſtfloſſe ſechzehn, in der Bauchfloſſe 1/6, in der Afterfloſſe 1 1/6, und in der Schwanzfloſſe ſechzehn vorhanden. Man findet dieſen Fiſch in Aſien.

8. Der Meerpfau. Labrus Pavo.

Da bey dieſem Fiſche die grüne, blaue, blutrothe und weißgraue Farbe ungemein ſchön durcheinander ſpielen, ſo hat man ihn mit den Pfauenfedern verglichen, daher wird er in Rom Papagallo; in England Peacockfish; in Portugall Budia; in Holland Paauw-Viſch genennt. Von den Schriftſtellern wird er für den ſchönſten gehalten, der ſich unter demjenigen Geſchlechte, welches ſie der bunten Farben und Sprenkel halben Turdus oder Krammetsvogelfiſche nennten, befindet.

Herr Haſſelquiſt fand einen an der ſyriſchen Küſte, der eine Spanne lang und zwey Zoll breit, mithin länglich war, und beſchreibt die Farben folgendergeſtalt. Das Maul iſt bläulich grün, der Kopf, die Kehle und der Bauch oberhalb dem Nabel weißgrau; auf dem Kopfe befinden ſich bogige blaue Strichlein; der Rücken hat oberhalb der Seitenlinie vor der Rückenfloſſe einen hellgelben Flecken, dergleichen ſich auch an der Bruſtfloſſe befindet; die Rückenfloſſe iſt ſchön marmorirt; der untere Theil des Bauchs iſt theils ſchwarz, theils blau; der

Schwan

Schwanz hat rothe und blaue Flecken und Striche, die äuſſern Strahlen der Schwanzfloſſe ſind ſchwärz-lich; die Seiten des Bauchs ſind mit weißgrauen, grünen und eiſenfärbigen Querſtrichen gezieret; am Anfange des Bauchs zeigt ſich eine hellgrüne Binde; die Schuppen ſind groß, glatt, geſtreift, und kle-ben feſte an. Die Bruſtfloſſen ſind abgerundet, die Kiemenhaut hat ſechs Strahlen, und die Anzahl der Finnen iſt in der Rückenfloſſe ein und dreyſig, in der Bruſtfloſſe vierzehn, in der Bauchfloſſe ſechs, in der Afterfloſſe $\frac{3}{14}$, und in der Schwanzfloſſe ſechzehn. Der Ort des Aufenthalts iſt im mittelländiſchen Meere an der Küſte von Syrien.

A. Gabel-ſchwän-ic.

9. Das Langohr. Labrus Auritus.

Weil die Kiemendeckel in eine lederartige, lan-ge, jedoch ſtumpfe Spitze von ſchwarzer Farbe aus-gehen, ſo hat es das Anſehen, als ob dieſer Fiſch Ohren hätte, und führt darum obige Namen. Die Augen haben gelbe Ringe, die Rückenfloſſe hat ein und zwanzig Finnen, wovon zehn ſtachlich ſind, die Bruſtfloſſe funfzehn, die Bauchfloſſe ſechs, die Af-terfloſſe $\frac{3}{10}$, die Schwanzfloſſe ſiebenzehn; in der Kie-menhaut ſind ſechs Strahlen vorhanden. Man hat dieſen Fiſch in den ſüſſen Waſſern von Penſylvanien gefunden.

9. Langoh-Auritu,

10. Die Sichelfloſſe. Labrus Falcatus.

Der Name Sichelfloſſe iſt dieſem Fiſche deß-wegen gegeben, weil die fünf vörderſten von den wei-chen Finnen der Rücken- und Afterfloſſe viel länger, als die übrigen ſind, und daher eine ſichelförmige Geſtalt haben, denn die übrigen Finnen ſind kurz und gleich, auch ſind die Bruſtfloſſen ganz klein; das

10. Sichel-floſſe. Falca-tus.

Maul

A.*
Gabel-
ſchwän-
ꝛc.

Maul iſt mit ſcharfen Zähnen verſehen, und der Körper iſt ſilberfärbig, etwa ſo breit als ein Brach- ſem. Die Zahl der Finnen iſt in der Rückenfloſſe ₁₇/, in der Bruſtfloſſe ſiebenzehn, in der Bauchflo- ſe fünf, in der Afterfloſſe ₁½/, und in der Schwanz- floſſe zwanzig. Das Vaterland iſt America.

11. Der Saurüſſel. Labrus Rufus.

11.
Sau-
rüſſel.
Rufus.

Ob gleich der Ritter dieſen Fiſch Rufus nennt, ſo iſt er doch weder roth noch röthlich, ſondern gelb- lich, oder löwenfarbig. Die Engländer nennen ihn Hogfiſh, oder Schweinsfiſch, weil das Maul wie ein Schweinsrüſſel ausſieht, und eine Art Hauerzähne hat. Nechſt dem iſt der obere Kiefer beweglich, und kann ſich ausſtrecken und wieder ein- ziehen. Der Fiſch wird höchſtens zwey Schuh lang, und kommt aus America.

Man hat in der Rückenfloſſe drey und zwanzig, in der Bruſtfloſſe ſiebenzehn, in der Bauchfloſſe ſechs, in der Afterfloſſe zwölf, und in der Schwanz- floſſe ſechzehn Finnen gefunden.

B.**
Gerad-
ſchwän-
ꝛc.

B.** Lippfiſche, deren Schwanzfloſſe ge- rade abgeſtutzt, und die Anzahl der Finnen in der Rückenfloſſe be- kannt iſt.

12. Der Gähnfiſch. Labrus Hiatula.

12.
Gähn-
fiſch.
Hiatu
la.

Es iſt oben bey No. 4. des Jonſtons Chan- na oder Hiatula, den die Engländer Gaper oder Gintiſh nennen, gedacht worden, welche Fiſche darum ſo genennt worden, weil das Maul allezeit offen ſteht, als ob ſie gähneten. Weil ſich nun an dieſer

dieſer Art die Lippen zurücke ziehen, wodurch das
Maul geöfnet iſt, ſo wird ſie Hiatula, oder Gähn-
fiſch genennt, gleich wie man auch eine Art Mu-
ſcheln des Klaffens halben mit dem Namen Gähn-
muſchel belegt.

Wie wir nun bisher lauter Gabelſchwänze betrachtet haben, ſo kommen wir jetzo an diejenige
Abtheilung, deren Schwanzfloſſen gerade abgeſtutzt
ſind, welches allerdings auch bey gegenwärtiger
Art eintrift. Man zählt hier nur fünf Kiemenſtrahlen, und was die Finnen betrift, ſo hat man in der
Rückenfloſſe $\frac{1}{17}$, in der Bruſtfloſſe ſechzehn, in der
Bauchfloſſe $\frac{1}{5}$, und in der Schwanzfloſſe ein und
zwanzig gefunden, denn dieſer Fiſch hat ganz und gar
keine Afterfloſſe.

Das Maul iſt innwendig rauh; in den Kiefern
ſtehen Hundszähne, im Gaumen aber runde Höcker-
zähne; die Kiemendeckel ſind vorneher ſchuppig, und
haben einen punctirten Rand; der Körper iſt mit
ſechs bis ſieben ſchwarzen Banden umgeben; die Seitenlinie geht gerade; die Rückenfloſſe iſt faſt ſo lang
als der Rücken, vorneher mit Stachelfinnen, die
gleich groß, und mit fadenförmigen kurzen Fortſätzen
verſehen ſind, und hintenher mit weichen Finnen beſetzt, übrigens aber iſt dieſe Floſſe nach hinten zu
ſchwarz und abgerundet. Der Aufenthalt dieſer Fiſche iſt in Carolina. Ihre Gröſſe und übrige kör-
perliche Geſtalt kommt ſonſt mit den vorigen Arten
ſo ziemlich überein.

13. Die Saumfloſſe. Labrus Marginalis.

Da die Rücken- und Bruſtfloſſen an dieſem Fiſche
einen gelben Rand oder Saum haben, ſo ſind ihm
obige Benennungen gegeben worden. Uebrigens aber
ſiehet der ganze Fiſch bräunlich aus, und hat in der
Rücken-

B.**
Gerad-
ſchwän-
ſe.

13.
Saum
floſſe.
Margi-
nalis.

B.** Gerad-ſchwän-ᵗᵉ. Rückenfloſſe $\frac{1}{14}$, in der Bruſtfloſſe ſiebenzehn, in der Bauchfloſſe ſechs, in der Afterfloſſe $\frac{1}{12}$, und in der Schwanzfloſſe ſiebenzehn Finnen. Er hält ſich in dem großen Weltmeere auf.

14. Der roſtfärbige Lippfiſch. Labrus Ferrugineus.

14. Roſtfär-biger. Ferru-gineus. Er iſt über und über bläulichbraun, oder eiſen- und roſtfärbig, und hat keine Flecken. Man zählt in der Rückenfloſſe $\frac{3}{8}$, in der Bruſtfloſſe ſechzehn, in der Bauchfloſſe $\frac{1}{5}$, in der Afterfloſſe $\frac{3}{17}$, und in der Schwanzfloſſe ſiebenzehn Finnen, denn in der Rückenfloſſe ſind zwey, in der Bauchfloſſe eine und in der Afterfloſſe drey ſtachlich. Er kommt aus Indien.

15. Der Meerjunker. Labrus Julis.

15. Meer-junker. Julis. Die auſſerordentliche Schönheit dieſes Fiſches und die Pracht ſeiner Farben, hat ihm den Namen Meerjunker erworben. Die griechiſche Benennung Julis aber iſt ihm vom Ariſtoteles ſeiner Niedlichkeit halben beygelegt worden. Die Italiener nennen ihn Domzellina und Zigurella; in Venedig Donzella; in Marſeille Dovella; und ſonſt in Frankreich Girella; in Rom und Neapel Menchina, di Re; auf der Inſel Candia Afdelles; und auf der Inſel Rodhus Zillo. Er hält ſich im mittelländiſchen Meere, beſonders aber bey Genua auf, und iſt unter den europäiſchen Fiſchen der zierlichſte, wenigſtens prangen die Männchen mit den ſchönſten Farben, die ſich aber im Spiritus nach und nach verliehren, und blaß oder ſchwärzlich werden.

Die

Die Engländer nennen ihn Regenbogenfisch, weil man an jeder Seite fast alle abwechselnde Regenbogenfarben siehet. Es ist nämlich der Rücken ꝛc. grün. Vom Maule lauft über die Augen und Kiemen ein viereckiger Flecken, der anfangs gelb, hernach aber schwarz ist, und eine Einfassung hat. Von der Mitte der Seiten an, geht dann ein gezacktes, und auf beyden Seiten gleichsam ausgeschnittenes Band bis zum Schwanze, welches pomeranzenfärbig ist; endlich hat auch die Rückenflosse zwischen den drey vördersten Finnen einen hochrothen, und ausserdem auch noch einen schwarzen Flecken. In dem obern Kiefer befinden sich zwey grössere Zähne; es wird dieses Fischlein überhaupt nicht groß, und erreicht etwa die Länge eines guten Fingers.

B.** Gerad-schwän-

Betreffend die Anzahl der Finnen, so befinden sich derselben in der Rückenflosse ein und zwanzig bis zwey und zwanzig, und neun davon sind stachlich, in der Brustflosse dreyzehn bis vierzehn, in der Bauchflosse sechs, wovon eine stachlich ist, in der Afterflosse dreyzehn bis funfzehn, wovon drey stachlich sind, und in der Schwanzflosse zwölf bis sechzehn.

Sie hängen sich gerne an, um Blut zu saugen, daher die Taucher nicht gerne mit ihnen etwas zu thun haben, wenigstens hat Rondelet, da er sich einst im Meerwasser badete, sie fast nicht von den Füssen abbringen können, und nach Salvians Bericht soll dieser Fisch zur Suppe gekocht den Kranken dienlich seyn, sonst aber gebacken recht gut schmecken.

16. Das Blauohr.   Labrus Paroticus.

Die Kiemendeckel sind blau, daher wir ihn Blauohr nennen, aber die Flossen sind roth, und die Seitenlinie lauft krumm. In der Rückenflosse befinden

16. Blau-ohr. Paroti-cus.

B.
Gerad-
schwän-
ze.

finden sich $\frac{2}{?}$, in der Brustfloße zwölf, in der Bauchfloße sechs, in der Afterfloße vierzehn und in der Schwanzfloße gleichfalls vierzehn Finnen. Der Aufenthalt ist in dem indianischen Meere.

17. Der Schweinsrücken. Labrus Suillus.

17.
Schweins-
rücken.
Suillus.

Wir nennen diesen Fisch Schweinsrücken, weil die Rückenfloße faserig ist, und daher borstenartig aussieht, indem die Finnen über der Flossenhaut wie Borsten hervorragen. Ueber dem Schwanze befindet sich ein schwarzer Flecken. Man zählt in der Rückenfloße siebenzehn Finnen, wovon neun stachlich sind, in der Brustfloße dreyzehn, in der Bauchfloße $\frac{1}{5}$, in der Afterfloße $\frac{3}{10}$, und in der Schwanzfloße vierzehn. Man findet ihn in den europäischen Meeren.

18. Der gestreifte Lippfisch. Labrus Striatus.

18.
Gestreif-
ter.
Stria-
tus.

Die Rückenfloße ist an diesem Exemplare zwar auch so faserig wie an der vorigen Art, jedoch unterscheidet sich der gegenwärtige von dem vorhergehenden durch gewisse weiße und braune Linien. In der Rückenfloße zählt man $\frac{4}{1}$, in der Brustfloße siebenzehn, in der Bauchfloße $\frac{1}{5}$, in der Afterfloße $\frac{2}{11}$, und in der Schwanzfloße zwölf Finnen. Die americanischen Meere sind der Ort des Aufenthalts.

19. Der braune Lippfisch. Labrus Guaza.

19.
Brau-
ner.
Guaza.

An dieser Art ragen die Finnen überall aus der Flossenhaut hervor. Der Schwanz ist abgerundet, und die Farbe ist bräunlich. Die Rückenfloße hat $\frac{3}{17}$
die

die Brustfloffe sechzehn, die Bauchfloffe sechs, die
Afterfloffe drenzehn, und die Schwanzfloffe funfzehn
Finnen. Der Aufenthalt ist im Ocean.

B.**
Gerad-
schwän-
re.

20. Das Pfauenauge. Labrus Ocellaris.

Es befindet sich in der Mitte bey der Schwanz-
wurzel ein schön gezeichneter Flecken, der einem
Pfauenauge gleichet, darum sind diesem Fische obige Namen gegeben, sonst ist die Rückenfloffe wie
an der No. 17. und 18. beschaffen, hat aber $\frac{14}{34}$,
die Brustfloffe funfzehn, die Bauchfloffe $\frac{1}{5}$, die
Afterfloffe $\frac{3}{13}$, und die Schwanzfloffe drenzehn
Finnen. Das Vaterland ist unbekannt.

20.
Pfauen-
auge.
Ocella-
ris.

21. Die Meerschleye. Labrus Tinca.

Weil die äusserliche Gestalt dieses Fisches viele
Aehnlichkeit mit den Schleyen hat, so ist ihm der
Name Meerschleye gegeben. In dem Meere um
England herum wird er am häufigsten gefunden,
und daselbst heißt er Warße oder Old Wife,
das alte Weib, französisch Vieille; holländisch
Zee-Zeelt, das ist, Meerschleye. Das Maul
ist in die Höhe gezogen, und die Lippen sind dick
und fleischig, die Farbe ist bunt, und an den
Seiten befinden sich abwechselnde rothe, gelbe,
und braune Striche, welche der Länge nach vom
Kopfe bis zum Schwanze hinunter laufen, die
Floffen sind mit rothen, gelben und blauen Flecken gesprenkelt, jedoch wechselt die Farbe bey
den verschiedenen Exemplaren immer ab, und
scheint ganz willführlich zu spielen. In der Rückenfloffe sind $\frac{14}{28}$ Finnen, wovon sich die weichen
mit blauen Spitzen über die Floffen erheben, in
der Brustfloffe befinden sich vierzehn, in der Bauchfloffe sechs, in der Afterfloffe $\frac{3}{13}$ Finnen. Wie schön

21.
Meer-
schleye.
Tinca.

aber

B.**
Gerad-
ſchwän-
ze.

aber auch dieſer Fiſch ausſieht, ſo iſt doch das Fleiſch ſehr unſchmackhaft.

22. Der Doppelfleck. Labrus Bimaculatus.

22.
Doppel-
fleck.
Bima-
culatus.

Dieſer hat nicht nur am Schwanze einen Flecken oder Auge, wie No. 20. ſondern auch mitten an der Seite einen zweyten, daher er Doppelfleck heißt. Die Rückenfloſſe iſt faſerig, wie bey No. 17. es befinden ſich darinn $\frac{19}{13}$ Finnen, in der Bruſtfloſſe aber ſind deren funf-zehn, in der Bauchfloſſe $\frac{1}{6}$, und in der Afterfloſſe $\frac{3}{12}$. Der Aufenthalt dieſes Fiſches iſt in dem mittelländiſchen Meere.

23. Der punctirte Lippfiſch. Labrus Punctatus.

Punctir-
ter.
Punčta-
tus.

Dieſe Art wird alſo genennt, weil ſie auf einem braunen Grunde neun bis zehn parallel laufende Seitenlinien hat, die alle aus abwech-ſelnden weiſſen und ſchwarzen gleichweitigen Pun-cten beſtehen. Der Ritter fand an ſeinem Exem-plare die Rückenfloſſe mit hervorragenden Finnen-faſern beſetzt; und die Anzahl der Finnen war $\frac{6}{14}$ in der Bruſtfloſſe vierzehn, in der Bauchfloſſe $\frac{6}{1}$, in der Afterfloſſe $\frac{3}{10}$, und in der Schwanzfloſſe ſechzehn. Der Herr Gronov hingegen zählt $\frac{15}{14}$ funfzehn, $\frac{1}{6}$, $\frac{3}{10}$, und in der Schwanzfloſſe acht-zehn, merkt auch dabey an, daß die zweyte Fin-ne bürſtenartig ſey. Es kommen dieſe Fiſche aus Suriname.

24. Das

24. Das Schwarzauge. Labrus Melops.

Die griechiſche Benennung Melops oder Schwarzauge, kommt daher, weil dieſer Fiſch hinter, oder über den Augen mit einem dunkelbraunen halben Monde bezeichnet iſt. Die Rückenfloſſe iſt gleichfalls faſerig und die Schwanzfloſſe bunt. Uebrigens zählt man in der Rückenfloſſe $\frac{17}{7}$; mithin ſind von den fünf und zwanzig Finnen ſechzehn ſtachlich: in der Bruſtfloſſe dreyzehn, in der Bauchfloſſe $\frac{1}{5}$, denn die eine iſt von den ſechſen ſtachlich, in der After floſſe $\frac{3}{7}$, denn drey Finnen ſind von den dreyzehn ſtachlich, in der Schwanzfloſſe endlich zwölf. Man fängt dieſen Fiſch in den ſüdlichen Meeren von Europa.

25. Die Wolkenfloſſe. Labrus Niloticus.

Die Rücken- After- und Schwanzfloſſe ſind mit Wolken bezeichnet, und der Fiſch wird in Egypten gefunden, mithin ſind beyde obige Benennungen zu verſtehen. Herr Haſſelquiſt hat in der Rückenfloſſe $\frac{17}{7}$, in der Bruſtfloſſe funfzehn, in der Bauchfloſſe $\frac{1}{8}$, in der Afterfloſſe $\frac{3}{7}$, und in der Schwanzfloſſe zwanzig Finnen gefunden. Die Zählung des Rit ters iſt faſt die nämliche; der meiſte Unterſchied iſt in der Schwanzfloſſe, da er nur ſiebenzehn zählt.

26. Der Europäer. Labrus Oſſifagus.

Fagus heißt eine Buche, und Os ein Kno chen, mithin kommt da bey der Ueberſetzung nichts heraus: wollten wir Oſſifragus daraus machen, ſo käme Beinbrecher heraus, ſollte es aber Oſſipha gus ſeyn, ſo müßten wir ihn Beinfreſſer nennen, mithin thun wir am beſten, ihm den Namen Euro päer zu geben.

Linne IV. Theil. O Er

B,**
Gerad
ſchwän
rc.

24.
Schwarz
auge.
Melops

25.
Wolken
floſſe
Niloti-
cus.

26.
Euro
päer.
Oſſifa-
gus.

B.**
Gerad-
ſchwän-
ze.

Er iſt von der vorigen Art wenig oder gar nichts unterſchieden, und könnte wohl dazu gerechnet werden, denn die Rückenfloſſe hat nach der Beſchreibung dreyſig, nach der Zählung aber ein und dreyſig Finnen, wovon abermals ſiebenzehn ſtachlich ſind, in der Bruſtfloſſe funfzehn, in der Bauchfloſſe $\frac{1}{6}$, in der Afterfloſſe $\frac{3\frac{1}{3}}{}$, in der Schwanzfloſſe aber nur dreyzehn. Er hält ſich in dem europäiſchen Meere auf.

27. Der Felſenkriecher.   Labrus Rupeſtris.

27.
Felſen-
kriecher.
Rupe-
ſtris.

Weil er ſich an den felſigen Stranden in Norwegen aufhält, ſoll er Felſenkriecher heiſſen. Er iſt von der vorigen Art, in Abſicht auf die Anzahl der Finnen, wenig oder gar nicht unterſchieden, nur zeichnet er ſich dadurch aus, daß er an dem obern Rande des Schwanzes einen braunen Flecken hat. Man zählt in der Rückenfloſſe $\frac{3\frac{7}{}}{}$, in der Bruſtfloſſe dreyzehn bis vierzehn, in der Bauchfloſſe $\frac{1}{6}$, in der Afterfloſſe $\frac{3}{10}$ oder $\frac{3}{11}$, und in der Schwanzfloſſe dreyzehn Finnen.

28. Der Schmußbauch.   Labris Onitis.

28.
Schmuß-
bauch.
Onitis.

Da ſonſt die mehreſten Fiſche einen weiſſen Bauch haben, ſo müſſen wir dieſen Schmußbauch nennen, weil derſelbe aſchgrau und braun gefleckt iſt. Die Rückenfloſſe iſt faſerig und hat $\frac{1}{27}$, die Bruſtfloſſe funfzehn, die Bauchfloſſe $\frac{1}{6}$, die Afterfloſſe $\frac{3}{11}$, und die Schwanzfloſſe vierzehn Finnen. Er iſt ein Fremdling, deſſen Vaterland unbekannt iſt.

29. Der

29. Der Grünling. Labrus Viridis.

B.**
Gerad-
schwän-
zc.

Er ist über und über, wenigstens obenher, zc. grün, und hat nur an jeder Seite einen blauen Strich. Man zählt in der Rückenfloße dreyßig Finnen, davon achtzehn stachlich sind, das ist also ¹⁸⁄₁₂. Er ist vermuthlich der Verdone des Salvianus, und der Garzetto der Genueser, denn es hat der Willougbby daselbst einen Grünling gesehen, der vier und zwanzig Finnen in der Rückenfloße hatte, wovon funfzehn stachlich waren, derselbe war etwas breiter und dicker als die andern Arten; die Floßen waren auch ein wenig gefleckt, und am Nabel befand sich ein violetfärbiger Höcker. Die übrigen aber sollen nach seiner Aussage zuweilen am Bauche mit blauen Flecken bezeichnet seyn. Indeß erhellet aus obigem, daß der Aufenthalt dieses Fisches mehrentheils im mittelländischen Meere seyn müße.

29.
Grünling.
Viridis.

30. Der Blinzler. Labrus Luscus.

30.
Blinzler
Luscus.

Das vorzüglichste Merkmal dieses Fisches ist, daß die obern Augenlieder schwarz sind, daher er das Ansehen hat, als ob er die Augen zurück drückte und blinzelte. Die Floßen sind alle gelb, und haben am Rücken ¹⁸⁄₁₇, an der Brust vierzehn, am Bauche sechs, am After ₁₄, und am Schwanze vierzehn Finnen.

31. Der bleyfärbige Lippfisch. Labrus Liveus.

31.
Bleyfärbiger.
Liveus.

Der ganze Körper ist bräunlich blau, der Schwanz abgerundet, und die Rückenfloße faserig. In derselben befinden sich ¹⁸⁄₁₀ Finnen, in der Brust

B.**
Gerad‐
ſchwän‐
te.

Bruſtfloſſe aber ſind deren vierzehn, in der Bauch‐
floſſe ½, in der Afterfloſſe ₁²/₃, und in der Schwanz‐
floſſe eilf.

32. Die Meeramſel.   Labrus Turdus.

32.
Meer‐
amſel.
Turdus

Daß die alten Schriftſteller dieſe Fiſche ihrer
bunten Farben halben Turdus genennt haben, iſt
oben ſchon erinnert worden, und das iſt auch die Ur‐
ſache, warum wir ſie Meeramſel nennen.   Dieſe
Art iſt länglich, faſt wie ein Hecht, obenher grün
untenher blaß und gelblich, mit aſchgrauen und blaß‐
blauen Flecken geſprenkelt.   Um die Augen geht ein
goldfärbiger Ring, und die Rückenfloſſe iſt mit zwey
und dreyſig Finnen beſetzt, wovon neunzehn ſcharf
oder ſtachlich ſind.   Der Aufenthalt iſt in den euro‐
päiſchen Meeren.

33. Der blaßfärbige Lippfiſch.   Labrus Exoletus.

33.
Blaß‐
färbiger
Exole‐
tus.

In dem großen Ocean zeigt ſich noch ein Fiſch
dieſes Geſchlechts, der die Rückenfloſſe faſerig, den
Körper aber mit blaßblauen Linien beſetzt hat, und
überhaupt blaßfärbig iſt.   Man zählt in der Rücken‐
floſſe ₁²/₇, in der Bruſtfloſſe dreyzehn, in der Bauch‐
floſſe ½, in der Afterfloſſe ₁²/₃, und in der Schwanz‐
floſſe dreyzehn Finnen.

34. Der chineſiſche Lippfiſch.   Labrus Chinenſis.

34.
Chineſi‐
ſcher.
Chinen‐
ſis.

Es iſt die Rückenfloſſe an dieſer Art gleichfalls
faſerig, der Körper hat eine Bleyfarbe, und der
Kopf iſt höckerig ſtumpf.   Was die Finnen betrifft
ſo hat man in der Rückenfloſſe ₁²/₄, in der Bruſtfloſſe

drey

dreyzehn, in der Bauchfloße ⅙, in der Afterfloße ₁₀⅘, und in dem Schwanze zwölf gezählet, welches also von voriger Art nicht viel abweicht, daher wir uns wundern, daß überhaupt in diesem Geschlechte nicht mehrere Arten zusammen gezogen sind. Der Aufenthalt dieses Fisches ist in Asien.

B.**
Gerad-
schwän-
ze.

35. Der carolinische Lippfisch. Labrus Cronis.

Man nennt diesen Fisch in Brasilien Guatucupa. Er hat dielen besondern Umstand an sich, daß die Rückenfloße nicht recht zusammen hängt, und sich in der Afterfloße eine sehr große dicke Finne befindet, welche die zwepte in der Ordnung ist, denn die erste ist zwar auch steif und stachlich, aber sehr kurz. Uebrigens sieht dieser Fisch einem Flußbärschinge sehr ähnlich, und hat braune Bänder auf einem silberfärbigen Grunde. Die Kiemendeckel sind nicht gezähnelt, sondern haben nur einen einzigen Stachel. Was die Finnen betrift, so werden sie von dem Ritter folgendergestalt gezählt. Am Rücken ₅₁₅, in der Brust achtzehn, am Bauche sechs, am After ⅜, und am Schwanze neunzehn. Das Vaterland ist Carolina.

35.
Caroli-
nischer.
Cromis.

35. Der indianische Lippfisch. Labrus Linearis.

Der Körper ist länglich, und zusammen gedruckt, von weisser Farbe. In der Rückenfloße befindet sich nur eine einzige weiche Finne, daher die Zählung folgendergestalt ist: in der Rückenfloße ₂₀⅞, in der Brustfloße zwölf, in der Bauchfloße sechs, in der Afterfloße funfzehn, und in der Schwanzfloße zwölf. Das Vaterland ist Indien.

36.
India-
nischer.
Linea-
ris.

C.*** Lipp-

C.***
Unbe-
kannte.

C.*** Lippfische mit unbekannten Finnen in der Rückenflosse, und geradem Schwanze.

37. Der marmorirte Lippfisch. Labrus Mixtus.

37.
Marmo-
r...ter.
Mixtus.

Wir kommen jetzt auf die dritte und letzte Abtheilung dieses Geschlechts, worinn nur solche Fische vorkommen, daran man die Anzahl der Finnen besonders in der Rückenflosse, noch nicht untersucht hat, und die auch den übrigen Umständen nach nicht genug bekannt sind. Die erste Art derselben wird wegen der Marmorirung oder gelben und blauen Farben Mixtus genennt, und Artedi hält diesen Fisch aus der Ursache für den Meerpfau. Die Vorderzähne sind die größten und man findet ihrer, welche über einen Schuh lang sind. Der Schwanz ist an dieser Art, so wie an allen folgenden gerade. Der Aufenthalt ist im mittelländischen Meere, besonders in der Gegend von Livorno.

38. Der Gelbfisch. Labrus Fulvus.

38.
Gelb-
fisch
Fulvus.

Wir wollen diesmal den Engländern folgen, und den gegenwärtigen Fisch Gelbfisch nennen, denn bey ihnen heißt er Yellowfish, weil der ganze Körper fast goldgelb ist, denn die Schuppen spielen mit einem hochgelben Glanze, der zuweilen ins röthliche fällt. Es wird dieser Fisch etwa einen Schuh lang, hat ein breites Maul, einen längern Unter-kiefer, vorne eine doppelte Reihe kleiner Zähnchen, hinten aber große Zähne. Vorne befindet sich in der Afterflosse eine große scharfe oder stachlichte Finne,

Finne, und der Schwanz iſt am Ende abgerundet. Der Aufenthalt iſt in den americaniſchen Ge-wäſſern.

30. Der bunte Lippfiſch. Labrus Varius.

Man kann dieſen mit recht den bunten Lippfiſch nennen, denn er hat vier Farben, nämlich Purpur, grün, blau und ſchwarz. Die Engländer geben ihm den Namen Cud, oder Chewing-Fish. Bey den Schriftſtellern heißt er Scarus, Meirix und Ru-minax, weil man glaubte, daß er wiederkäue, welches jedoch bey den Fiſchen nicht ſtatt zu haben ſcheint.

Was nun die Vertheilung der Farben betrift, ſo ſind die Augen, und die Gegend um den Nabel am Schwanze violet, der Schwanz iſt dunkelblau, der übrige Körper theils grün, theils ſchwärzlichblau, und die Schuppen ſind gleichſam mit dunkeln Flecken ge-ſprenkelt. Das Maul iſt mäßig groß, der obere Kiefer hat dicht aneinander ſtehende breite, und der untere Kiefer weit auseinander ſtehende ſpitzige Zähne, über den Rücken läuft eine Floſſe von gleich-weitig auseinanderſtehenden Stachelfinnen, die an ihren Spitzen fliegende Faſern haben. Die Kiemen-floſſen ſind breit und oval. Mitten am Bauche befin-den ſich zwey Purpurflecken. Der Magen iſt groß, die Leber weiß, die Därmer ſind weit, das Netz iſt ziemlich ausführlich, und die Gallenblaſe iſt reichlich verſehen. Man findet dieſe Fiſche im mittelländi-ſchen Meere, vorzüglich aber bey Antibes und Marſeille.

40. Die

C.***
Ueber-
kannte.

40.
See-
merle.
Merula

40. Die Seemerle. Labrus Merula.

Die obige Benennung ist diesem Fische vermuthlich der schwarzen Farbe halben gegeben, denn dieselbe ist über und über bläulichschwarz, oder bleich-
braun. Man will angemerkt haben, daß die Leber
dieses Fisches weiß, in zwey Lappen zertheilt und mit
einer cylindrischen, zweymal umgeschlungenen, sehr
langen Gallenblase versehen sey. Der Aufenthalt ist
in den europäischen Gewässern.

41.
Stein-
fisch.
Cynae-
dus.

41. Der Steinfisch. Labrus Cynaedus.

Der Name Cynaedus ist eben keiner der schönsten, und ist diesen Fischen gegeben, weil sie sehr geil
sind, und sich nach Art der Hunde begatten sollen;
daher sie auch griechisch Alhpestes genennt werden; weil aber die Holländer diese Fische Steenvi-
schen nennen, darum daß sie sich an steinigen Oertern aufhalten, so wollen wir diese Benennung lieber,
als jene wählen. Sie werden etwa einen Schuh
lang, sind etwas schmal und dicke, der Farbe nach
gelb, auf dem Rücken purpurfärbig, und vom Kopfe bis zum Schwanze mit einer langen Flosse besetzt. Der Aufenthalt ist im mittelländischen
Meere.

167. Geſchlecht. Umberfiſche.

Thoracici: Sciaena.

Die griechiſche, und auch von den Lateinern Geſchl.
übernommene Benennung Scia bedeutet Benen-
einen Schatten. Man hat alſo dieſe Fiſche mit nung.
dem Geſchlechtsnamen Sciaena belegt, weil ſie
nicht nur eine dunkle Schattenfarbe haben, (daher
ſie auch wohl Meerſchatten genennt werden,)
ſondern auch an den Seiten mit goldgelben und
braunen Strichen bezeichnet ſind, davon die untern der Schatten der obern zu ſeyn ſcheinen. Daß
man aber dieſe Fiſche ſowohl bey uns als in Holland Omberviſchen, oder Umberfiſche nennt,
iſt daher gekommen, weil erſtlich eine Art derſelben von den Schriftſtellern der Farbe halben Umbra genennt wird, und zweytens die bekannte Um-
berfarbe von den Mahlern zum ſchattiren gebraucht
wird.

Es beſtehen aber die Kennzeichen des Ge- Geſchl
ſchlechts in folgenden Stücken: der ganze Kopf Kennzi
und die Kiemendeckel ſind ſchuppig; die Kiemenhaut chen.
hat ſechs Strahlen; in dem Rücken befindet ſich
ein Grübchen, worein ſich die Rückenfloſſe verbergen kann. Man hat in dieſem Geſchlechte die fünf
folgenden Arten.

1. Die Doppelſchuppe. Sciaena Cappa.

Die Benennung Cappa mag vielleicht nichts anders als eine Kappe bedeuten, welche dieſer Fiſch zu führen ſcheint, da ſich an den Seiten des Kopfs eine doppelte Reihe von Schuppen befindet, weßhalben wir ihn Doppelſchuppe nennen. Die Anzahl der Finnen iſt in der Rückenfloſſe $\frac{1}{2}\frac{1}{4}$, in der Bruſtfloſſe ſechzehn, in der Bauchfloſſe $\frac{1}{6}$, in der Afterfloſſe $_1\frac{2}{3}$, und in der Schwanzfloſſe ſiebenzehn. Der Aufenthalt iſt im mittelländiſchen Meere.

2. Die Blätterſchuppe. Sciaena Lepisma.

Wir ſagten oben, daß die Fiſche dieſes Geſchlechts ihre Rückenfloſſe in eine Grube verbergen können, da nun dieſe Grube an gegenwärtiger Art aus zweyen blätterigen Schuppen gemacht wird, ſo haben wir den Namen Blätterſchuppe gewählet. Wo aber dieſer Fiſch her iſt, ſolches iſt nicht recht bekannt. Inzwiſchen iſt die Anzahl der Finnen in der Rückenfloſſe $\frac{4}{5}\frac{9}{}$, in der Bruſtfloſſe eilf, in der Bauchfloſſe $\frac{1}{6}$, in der Afterfloſſe $_1\frac{2}{3}$, und in der Schwanzfloſſe dreyzehn.

3. Der Seitenfleck. Sciaena Unimaculata.

Der Name iſt von dem einfachen braunen Flecken entſtanden, der dieſem Fiſche zu beyden Seiten mitten auf dem Körper ſteht. Der Rücken hat $\frac{11}{1?}$, die Bruſt funfzehn, der Bauch $\frac{1}{6}$, der After $_1\frac{1}{3}$,

1½, und der Schwanz ſiebenzehn Finnen. Man erhält dieſe Fiſche aus dem mittelländiſchen Meere.

4. Die Seekrähe. Sciaena Umbra.

Dieſe Art iſt es, von welcher das ganze Geſchlecht, wie wir oben erwehnet haben, den Namen Umberfiſche führet; die jetzige Art aber heißt
bey den Alten Coracinus, Corvulus, Graculus
und Corvinus, weil er ſchwarzbraun iſt, und darum hieß er auch Umbra. Es ſey nun daß er
ſchwärzlich ſey wie die Krähen, oder bräunlich wie
der Umber, ſo führt er doch beyderley Benennungen, denn er heißt in Venedig Corvo; in Rom
Umbrino; engliſch Crowfish, das iſt, Krähen-
fiſch; franzöſiſch Ombre de Mer oder auch
Ambre de Lune, das iſt, Mondſchatten. Zuweilen heißt er auch bey den Deutſchen Seerabe
und Seerapp. Er iſt obenher dunkelbraunfärbig,
oberhalb der Seitenlinie mit allerhand dunkelfärbigen
Strichen geſchlängelt, wird etwa einen Schuh lang,
hat nach dem Art edi ſehr ſchwarze Bauchfinnen, (pin-
nis Ventralibus nigerrimis, nicht integerrimis)
und wohnt im mittelländiſchen Meere. Siehe die
Abbildung eines ſolchen Fiſches Tab. VI. fig. 7.

Die Anzahl der Finnen iſt in der Rückenfloſſe,
welche ſich abgetheilt darſtellt, eilf bis vier und
zwanzig, in der Bruſtfloſſe ſiebenzehn, in der Bauchfloſſe ⅙, und in der Afterfloſſe ⅔. Nach der Zählung des Herrn Haſſelquiſt aber in der Rückenfloſſe ſehen bis ſechs und zwanzig, in der Bruſtfloſſe
achtzehn, in der Bauchfloſſe ⅙, in der Afterfloſſe ⅞,
und in der Schwanzfloſſe achtzehn. Man trift dieſe
Fiſche im mittelländiſchen, beſonders aber toscani-
ſchen Meere an.

(margin: 4. Seekrä-
he. Um-
bra. T. VI. fig. 7.)

Der-

Egypti-ſcher.

Derjenige, welchen der Herr Haſſelquiſt bey Damiate in Egypten, folglich in der Mündung des Stroms fand, war an den Seiten platt ge-drückt, der Kopf höckrig und jähe herablaufend, das Maul ſtumpf und weit, mit kleinen Zähnchen be-ſetzt, die Augen groß, der ganze Kopf nebſt dem Kör-per mit großen, rauhen, ſchief viereckigen Schup-pen bedeckt, der Farbe nach obenher mit ſilberfärbi-gen, wellenförmigen und gelben Strichen bezeichnet, untenher weißlich. Die Rückenfloſſe war braun mit weißlichen Strichen, die Afterfloſſe röthlich, die Kiemenhaut ſchwarz, und die Länge belief ſich auf vier Spannen, die Breite aber auf eine Spanne.

Die inwendige Geſtalt betreffend, ſo war der Magen länglich, und lief ſpitzig aus. An dem Ma-genmunde hiengen ſechs dicke Angehänge oder faſerige Fortſätze. Der Darm war dreymal geſchlungen, und hatte an jeder Seite ein kurzes ſtumpfes Bärt-chen, welches nur ein Höcker zu ſeyn ſchiene.

5. Der Bartumber. Sciaena Cirrosa.

5. Bart-umber. Cirrosa

Dieſer hat am untern Kiefer ein kleines Bärt-chen hangen, der obere Kiefer iſt etwas länger als der untere. Die Geſtalt kommt ſo ziemlich mit einem Karpfen überein, und der Körper iſt mit bleyfärbi-gen und blaßgelben Strichen bezeichnet, welche ſchräg vom Rücken bis zum Bauche laufen. Die Kiemen-deckel ſind nebſt dem Kopfe ſchuppig, der Kopf, die Augen, das Maul und die Zähne ſind alle klein, die Größe aber des ganzen Fiſches iſt ein bis einen halben Schuh. Er hat ein ſchmackhaftes Fleiſch, und iſt im mittelländiſchen Meere, beſonders bey Genua häufig. Die Anzahl der Finnen iſt in der Rückenfloſſe $\frac{1}{4}$, in der Bruſtfloſſe funfzehn, in der Bauchfloſſe $\frac{1}{6}$, und in der Afterfloſſe $\frac{1}{7}$.

Ob

Ob nun aber auch zu dieſer Art noch der
weſtindianiſche oder braſilianiſche Corocoro, und
des Marggrafs Guatucuſa, (den die Portugieſen Corvina nennen) und des Sloane Drum-
merfish, Trommelſchlägerfiſch) von Jamaica gehöre, oder ob ſelbige vielmehr zu dem folgenden
Geſchlechte der Bärſche müſſen gezählt werden,
ſolches läßt ſich darum nicht genau beſtimmen,
weil erſtlich die Arten nicht vollkommen bekannt
ſind, und zweytens die Umberfiſche ſo viele Aehnlichkeit mit den Bärſchingen haben, daß man dieſe
Geſchlechter kaum zuverläſſig auseinander erkennen
kann, denn die Bärſchinge haben von den vorigen drey Geſchlechtern kein anderes Unterſcheidungs-
zeichen, als daß ihre Kiemendeckel gezähnelt ſind,
wie wir aus den folgenden erſehen werden.

168. Geſchlecht. Bärſchinge.
Thoracici: Perca.

Geſchl.
Benen-
nung.
Von der lateiniſchen Benennung **Perca** ſtammt ohnſtreitig der Italiäner Perſego; der Franzoſen Perche; der Engländer Peark; ſo ſogar der Deutſchen Bärſching, und der Holländer Baars her. Schwediſch heißt er Abborre, däniſch Abora, norwegiſch Tryde und Skibbo. Bey den Schriftſtellern iſt aber die erſte Art nur der Perca major, da er einen Schuh und darüber groß wird.

Geſchl.
Kennzei-
chen.
Ob nun gleich dieſer Fiſch von den drey vorigen Geſchlechtern ſchlimm zu unterſcheiden iſt, ſo giebt doch der Ritter folgende Merkmale an: die Kiemendeckel ſind ſchuppig und gezähnelt, die Kiemenhaut hat ſieben Strahlen, und die Floſſen ſind mit Stachelfinnen beſetzt. Es werden aber von ihm drey Abtheilungen gemacht. Nämlich:

A.* Bärſchinge mit zwey von einander unterſchiedenen Rückenfloſſen. 7. Arten.

B.** Bärſchinge mit einer einzigen Rückenfloſſe und unzertheilter Schwanzfloſſe. 15. Arten.

C.*** Bär-

C.*** Bärſchinge mit einer einzigen Rü=
ckenfloſſe und einem gabelförmi=
gen Schwanze. 14. Arten.

Mithin enthält dieſes Geſchlecht ſechs und dreyſig
Arten, welche wir nunmehro beſchreiben werden.

A.* Bärſchinge mit zwey von einander
unterſchiedenen Rückenfloſſen.

A.*
Mit
zwey
Rücken=
floſſen.

1. Der Flußbarſch. Perca Fluviatilis.

Dieſer Fiſch iſt den deutſchen Leſern wohl ſo
bekannt, daß er keine weitläufige Beſchreibung be=
darf, indem er ſich allenthalben in unſern euro=
päiſchen Flüſſen und Gewäſſern, auch in Weihern
und Teichen, ja ſogar in Gräben und Moräſten be=
findet, nur mit dem Unterſchiede, daß er in Flüſſen
und guten reinen und großen Weihern viel ſchmack=
hafter und größer wird, als in irgend einigen andern
Gewäſſern.

1.
Fluß=
barſch.
Fluvia=
tilis.

Er hat zwey Rückenfloſſen, die Finnen ſtehen
etwas weit auseinander, ragen mehrentheils mit
ſcharfen Spitzen hervor, und ſind bläulich, aber am
Bauche roth. An dem hintern Theile der erſten Rü=
ckenfloſſe befindet ſich ein ſchwarzer Flecken. Die
Farbe des Körpers iſt obenher bläulich, weiter in
den Seiten und nach unten zu ſilberfärbig, in die
Quere mit fünf, auch wohl ſieben dunkeln Bändern
beſetzt. Die Kiemendeckel beſtehen aus zwey Bein=
chen, etwas krummen und vermittelſt einer Haut zu=
ſammen verbundenen Platten, davon die obere größer
und am Umfange gezähnelt, die untere aber kleiner,
und nur mit einer einzigen Stachelſpitze gewafnet
iſt. In den Bauchfloſſen iſt eine, und in der After=
floſſe

A.*
Mit
zwey
Rücken-
floſſen.

floſſe ſind zwey ſtachliche Strahlen. Die Schwanzfloſſe iſt roth, ſo wie die Bauchfloſſen, die Schuppen ſind rauh und hart, aber klein.

Die Anzahl der Finnen iſt in der erſten Rü-
ckenfloſſe vierzehn, in der zweyten ſechzehn, in der
Bruſtfloſſe vierzehn, in der Bauchfloſſe ⅕, in der
Afterfloſſe ₇²/₃, und in der Schwanzfloſſe ſiebenzehn.
Doch trift man auch wohl hie oder da eine Finne
weniger an.

Anato-
miſche
Anmer-
kung.

Der Eyerſtock iſt einfach, lang, cylindriſch
und groß, ſo daß derſelbe den ganzen Bauch aus-
füllet, aber die Milch oder der Saame des Männ-
chens iſt gedoppelt, liegt gegen einander an, und iſt
unten an der Spitze mit einander verbunden. Die
Luftblaſe iſt einfach und groß, und ſitzt, ſo lang
der Bauch iſt, gegen das Rückgrad angewachſen.
Der Magen iſt weit, hat drey wurmförmige Fortſätze, und unterſcheidet ſich von den Därmern deutlich. Das innere Bauchfell iſt ſilberfärbig.

Eigen-
ſchaft.

Der Bärſch iſt ein ſehr geſchwinder Fiſch, der
faſt ſo ſchnell als der Hecht fortſtreicht, aber wegen
der Stachlichkeit ſeiner Finnen vor dem Hechte ziemlich ſicher iſt; wiewohl der Hecht die junge Brut der
Bärſche ſtark aufreibet, dahingegen der Bärſch
ſich ſowohl an ſeine eigene Brut, als an die Brut
der Weißfiſche und anderer Weichfloſſer macht, dahero man in den Weihern, wo Bärſche ſind, wenig
andere Fiſche, und auch wenig junge Brut antrift. Nachdem der Boden und das Waſſer rein
iſt, werden ſie ſchmackhaft, ſumpfige Waſſer aber,
und die von Torfmoren herunter fließen, oder keine
Erfriſchung haben, geben grundige Bärſche, die
einen Erdgeſchmack haben; aber die Flußbärſche, beſonders in Holland, ſind ein unvergleichliches Eſſen,
und wird daſelbſt ein ſo genanntes Waterzoodje,
das iſt, Bärſching mit Peterſilienwurzel- und deſſen

ſen Kraut in bloſſem Waſſer gekocht, und ſo mit
einem Semmel-Butterbrod aus dem Waſſer gegeſſen, für eine der allergeſündeſten und delicate-
ſten Speiſen gehalten, worinnen man ſich faſt nicht
ſatt eſſen, und es kaum zu oft genießen kann, indem es allezeit gut ſchmeckt. Man ſucht dazu gemeiniglich die viertelpfündigen dunkelgefärbten Milcher
mit hochrothen Bauchfloſſen aus, denn die halb- und
ganz pfündigen, deßgleichen die blaßfärbigen und
Rogner ſind ſo fein und edel nicht als die andern.

In Holland iſt das Fangen dieſer Fiſche mit
einer Angelruthe, (oder Hamen), eine der aller-
angenehmſten Beluſtigungen für vornehme Perſonen
und Herrſchaften, auf ihren Luſtgüthern in ihren ſchönen angelegten Weihern, oder vorbeyflieſſenden Waſſern. Man gebraucht zum Lockaas die dünnen röthlichen Waſenwürmer, welche man auf eine beſtimmte
Tiefe herunter hängen läſſt, indem der Bärſch eine
gewiſſe Höhe im Schwimmen hält, und nicht
tiefer und nicht höher anzubeiſſen pflegt, da man
denn in einer Stunde allezeit eine gute Mahlzeit
mit einer Geſellſchaft zuſammen bringt. Die beſte
Jahrszeit dazu iſt nach dem Maymonath bis in den
Herbſt. Ihre Gehirnbeinchen haben die Kraft der
Krebsaugen.

2. Der Sandbarſch. Perca Lucioperca.

Die Benennung Lucioperca ſoll ſo viel als
Hechtbarſch bedeuten, und zwar deßwegen, weil
die Kennzeichen mit dem Geſchlecht der Bärſchinge, die Geſtalt aber (vorzüglich der Länge halben) mit den Hechten überein kommt. Man nennt
ſie um Augsburg herum Schindel oder Schiel;
im Pommeriſchen und Hollſteiniſchen aber San-
dat, ſonſt aber gewöhnlich Sandbarſch; latei-

A.*
Mit
zwey
Rücken-
floſſen.

niſch) Nagemulus, daher man ihn auch wohl Nag-
maul nennt.

Er iſt länglicher als ein Barſch, hat eine
längere und ſpitzigere Schnautze, der Rücken iſt
nicht ſo hoch gewölbt, und der Bauch iſt platt
und breit. Der Rücken und die Seiten haben
eine ſchmutzigbraungelbe Farbe mit dunkeln unre-
gelmäßigen Strichen. Der Unterleib iſt nebſt
den Bauchfloſſen etwas röthlich, die beyden Kiefer
ſind mit kleinen Zähnchen beſetzt, und der obere iſt
etwas länger als der untere. Neben dem erſten
Paar Floſſen iſt ein Beinchen mit drey Stacheln.
Die Kiemendeckel endigen ſich in einem ſcharfen Stachel. Die Schuppen ſind mit einem rauhen Rande
umſäumt, und nach dem Artedi haben die Kiefer
größere Hundszähne. In der erſten Rückenfloſſe
befinden ſich vierzehn, in der andern $\frac{2}{3}$, in der
Bruſtfloſſe ſechzehn, in der Bauchfloſſe ſechs, in
der Afterfloſſe vierzehn, und in der Schwanzfloſſe
ſiebenzehn Finnen.

Obgleich dieſer Fiſch ſich in den europäiſchen
Sümpfen und Gewäſſern aufhält, ſo bekommt man
ihn doch wenig zu ſehen, weil er ſich in den Tiefen
verbirgt, und es wollen einige behaupten, daß ſie zuweilen eine Elle lang werden. Willoughby hatte
einen ſolchen Sandbarſch, welcher in der Donau
gefangen war, und die Länge von ein und einem halben Schuh hatte. Artedi beſchreibt einen, der
zwey Schuh lang war, jedoch werden ſie ſelten ſchwerer als zehen Pfund. Das Fleiſch dieſes Fiſches
iſt ſehr fett, und dabey ſchneeweiß, und wird, es
ſey gebraten, oder gedämpft, als ein ſchmackhaftes
und delicates Eſſen geſchätzt, doch ſind die ganz groſſen, ſo wie die großen Bärſche, etwas hart und lei-
merig.

3. Der

3. Der Streberbarſch.   Perca Aſper.

A.*
Mit
zwey
Rücken-
floſſen.
3.
Streber-
barſch.
Aſper.

In den ſüdlichen Gegenden von Europa hält ſich ein Fiſch auf, der noch länger und dünner als der Sandbarſch iſt: aber lange nicht ſo groß wird, man nennt ihn Streber. Vom Kopfe bis zur erſten Rückenfloſſe gehet ein Grübchen, die Seiten ſind nach Art der Bärſche mit acht bis neun ſchwarzen Querbändern bezeichnet. Der Rücken iſt ſchuppicht, aber der Bauch nackt. Man zählt in der erſten Rückenfloſſe vierzehn, in der andern zwanzig, in der Bruſtfloſſe vierzehn, in der Bauchfloſſe ½, in der Afterfloſſe dreyzehn, und in der Schwanzfloſſe ſiebenzehn Finnen. Artedi führt einen ſolchen Fiſch an, der aber in der erſten Rückenfloſſe nur acht, in der andern dreyzehn, in der Bruſtfloſſe vierzehn, in der Bauchfloſſe fünf, und in der Afterfloſſe zwölf Finnen hatte. Er wird in Lion Apron genennt.

Hierzu kommt noch eine Nebenart aus der Donau, welche vom Herrn Schäfer unter dem Namen Zindel beſchrieben iſt. Dieſe hat in der erſten Rückenfloſſe vierzehn, in der andern zwanzig, in der Bruſtfloſſe vierzehn, in der Bauchfloſſe ½, in der Afterfloſſe dreyzehn und in der Schwanzfloſſe ſiebenzehn Finnen. Gronovs und Kramers Zählung der Finnen dieſes Donaufiſches weicht etwas von obiger Anzahl ab. Der Ritter hält dafür, daß dieſer Zindelfiſch mit dem Streberbarſch ſehr nahe verwandt ſey. Indeſſen hat der Streber einen dünnern Kopf als der Zindel.

4. Der Gelbſchwanz.   Perca Punctatus.

Es wird dieſer Fiſch Punctatus genennt, weil der Körper mit verſchiedenen ſchwarzen Linien, die aus lauter Puncten beſtehen, auf einem ſilberfärbigen

A.*
Mit
zwey
Rücken-
floßen.

färbigen Grunde beſetzt iſt. Bey den Holländern heißt er Geel-Staart, oder Gelbſchwanz, da er von den Engländern Yllo wtil genennt wird. Die Rückenfloſſen ſind nicht vollkommen von ein= ander abgeſondert, und der Schwanz iſt ungetheilt. Die Kiemenhaut hat ſieben Strahlen, und man zählt in der erſten Rückenfloſſe eilf, in der zwey= ten $\frac{14}{1}$, in der Bruſtfloſſe ſechzehn, in der Bauch= floſſe $\frac{1}{6}$, in der Afterfloſſe $\frac{12}{1}$, und in der Schwanz= floſſe neunzehn Finnen. Der Aufenthalt dieſer Art iſt in dem americaniſchen Meere, beſonders in den Gewäſſern um Carolina.

5. Der Salmbarſch.   Perca Labrax.

5.
Salm=
barſch.
Labrax

Labrax heißt in den Lericis, wo man ſich nicht um die Naturgeſchichte bekümmert, ein Fiſch, mit einem großen Maul, und mag von Labium oder Labrum herſtammen, weil die Großmäuler mit guten ausführlichen Lippen verſehen ſind. Inzwi= ſchen kann dieſe Benennung recht gut dieſem Fiſche zugeeignet werden, weil er würklich ein ſehr großes Maul hat, und um eben der Urſache willen wird er auch von den Schriftſtellern Lupus oder See= wolf, von den Holländern aber Zee-Snœk oder Seehecht genennt; in Rom heißt er Spigola, in Venedig Bronchini, in Toscana Araneo. Von den Engländern wird er Boſſe, ſpaniſch Lupo, und franzöſiſch Lupin genennt. Weil er aber die Geſtalt, die Fettigkeit, und dem Geſchmacke nach viele Aehnlichkeit mit einem Salm hat, ſo nennen wir ihn Salmbarſch.

Der Rücken iſt braun, der Bauch ſilberfär= big, das Maul iſt mit vielen kleinen Zähnchen be= wafnet, die Zunge iſt rund, die Naſenlöcher ſind dichte bey den Augen, die Augen ſtehen weit von einander, und

und ſind mit blauen Augenliedern, einem ſilberfärbi= A.*
gen Ringe und einer gelben Einfaſſung verſehen; Mit 2.
die Bruſt iſt mit einem ſchwarzen Flecken gezeichnet; Rücken=
die Leber iſt klein; die Gallenblaſe groß, und das Herz floſſen.
länglich.

Was die Anzahl der Finnen betrift, ſo zählt
man in der erſten Rückenfloſſe neun, in der zweyten
dreyzehn oder $\frac{1}{14}$, in der Bruſtfloſſe funfzehn bis
neunzehn, in der Bauchfloſſe ſechs oder $\frac{1}{6}$, in der Af=
terfloſſe $\frac{3}{14}$, und in der Schwanzfloſſe achtzehn. An
denjenigen Exemplar, welches man im December
1750. am holländiſchen Strande fand, und von wel=
chem obige Beſchreibung durch den Herrn J. Fr. Gro=
nov gemacht worden, nahm man acht Floſſen wahr:
als zwey auf dem Rücken, zwey an der Bruſt, zwey
am Bauche, eine am Nabel, und denn die Schwanz=
floſſe, die einigermaſſen gabelförmig war. Sonſt iſt
er ein Einwohner des mittelländiſchen Meers, und
diejenigen, die in Rom zwiſchen den zweyen Brücken
der Tyber gefangen wurden, hielt man für die be=
ſten, wie ſie denn auch noch den Stören gleich=
geſchätzet werden.

6. Der Weißbarſch. Perca Alburnus.

6.
Weiß=
barſch.
Albur-
nus.

Da ſonſt die Rückenfloſſen an den Bärſchingen
ſcharf ſind, ſo hat dieſe Art zwey unbewafnete Rü=
ckenfloſſen, und ſtatt der rothen Bauchfloſſen weiſſe,
daher er auch Alburnus oder Weißbarſch, engliſch
Whiting oder Weißling, holländiſch Bley genennt
wird.

Er hat die Geſtalt wie ein Barſch, nur iſt er
etwas mehr länglich. Der Körper iſt mit vielen,
ſchrägen, braunen Bändern beſetzt, das Maul wie
in den Bärſchingen gezähnelt, die Kiemendeckel ſind

ein

A.*
Mit :.
Rücken
floſſen.

ein wenig gezackt, und die Kiemenhaut har man drey
Strahlen. Die zwey Rückenfloſſen ſind deutlich abgeſondert, und die erſte hat eine ſehr kurze Stachelfinne, alle übrige Finnen aber ſind ſteif. Ihre Anzahl
iſt in der erſten Rückenfloſſe $\frac{1}{6}$, in der zweyten $\frac{1}{12}$,
in der Bruſtfloſſe zwey und zwanzig, in der Bauchfloſſe
ſechs, in der Afterfloſſe $\frac{4}{7}$, und in der Schwanzfloſſe
neunzehn. Er kommt aus Carolina.

7. Der Nilbarſch. Perca Nilotica.

7.
Nil-
barſch.
Niloti-
ca.

Dieſe Fiſche ſind von dem Herrn Haſſelquiſt in
Egypten wahrgenommen worden, welcher ſie öfters in der Größe von vier bis fünf Schuh, und bey
hundert Pfund ſchwer angetroffen. Die Araber
nennen dieſelben Keſchr, und die Franzoſen, die
ſich in Kairo aufhalten, geben ihnen den Namen
Variole.

Die Geſtalt iſt völlig wie ein Barſch, der Kopf
und der Körper ſind mehr hoch als breit, oben bräunlich, unten ſilberfärbig, ſowohl an den Floſſen als
am Körper. Das Maul iſt ſpitzig, und etwas aufgeworfen, der obere Kiefer kürzer als der untere; die
Augen ſind röthlich, und dichte aneinander; die Kiemendeckel ſchuppig, und an der Seite ſtachlich. Die
beyden Rückenfloſſen ſind nicht ganz abgetheilt; in der
vörderſten befinden ſich acht Stachelfinnen, in der hin-
derſten dreyzehn Finnen, davon aber nur eine ſtachlich
iſt. In der Bruſtfloſſe zählt man ſechzehn, in der
Bauchfloſſe $\frac{1}{6}$, in der Afterfloſſe $\frac{3}{12}$, und in der
Schwanzfloſſe zwanzig Finnen. Jedoch führt der
Ritter auch ein Exemplar an, das am Rücken acht
und $\frac{1}{18}$, an der Bruſt vierzehn, am Bauche ſechs,
am After $\frac{3}{12}$, und am Schwanze nur funfzehn Finnen hatte.

Er

Er ist einer der besten Fische des Nilstroms. A.*
Man pflegt sie im ganzen zu braten, und als- Mit 2.
dann ist ein solcher Fisch von der ersten Größe ge- Rücken-
wißlich auf der Tafel bey großen Gastmalen eine flossen.
stolze Zierde.

Eben dieser Herr Hasselquist fand bey Damiate noch zwey andere hieher gehörige Bärsche, davon
der eine von den Arabern Charms, der andere aber
Luth genennet wird. Der erste hatte eine Schwanzflosse, die einigermaßen gabelförmig ist, der andere
aber eine runde, und seine Zähne waren länglich scharf,
untenher doppelt.

B.** Bärschinge, welche nur eine Rü- B.**
ckenflosse, dabey aber einen unge- Gerad-
theilten oder geraden Schwanz schwän-
haben. ner Rü-
ckenflosse.

8. Der Wellenbarsch. Perca Undulata.

8.
Dieser Fisch, der sich in Carolina aufhält, Wellen-
wird von D. Garden Croker; von den Hollän- barsch.
dern Kwaaker genennt, und da der Körper braun Undu-
und mit Wellen bezeichnet ist, so heißt er bey dem lata.
Ritter Undulata, oder Wellenbarsch. Er kommt
aber in diese zweyte Abtheilung um deswillen zu
stehen, weil die zwey Rückenflossen einigermaßen
miteinander verbunden sind und gleichsam nur eine einzige ausmachen; sonst ist dieser Fisch auch
an einem dunkelbraunen Flecken zu kennen, welcher sich in der Gegend der Brustfinnen befindet.
Die vördern Kiemendeckel haben fünf kurze Zähnchen, der Schwanz ist ungetheilt, welches nebst
einer einfachen Rückenflosse das Merkmal der jetzigen Abtheilung ist. Man zählt also an der ersten

B +.
Gerad
schwän-
ze mit ei-
ner Rü-
kenfloſſ.

Helfte der Rückenfloſſe zehn Finnen, worauf seiner eine Stachelfinne und dann noch acht und
zwanzig andere folgen, (oder 10 $\frac{1}{29}$) die Bruſt hat
achtzehn, der Bauch $\frac{1}{6}$, der After $\frac{2}{13}$, und der
Schwanz neunzehn.

9. Der Seebarſch. Perca Marina.

9.
See
barſch.
Marina

Die Alten nennten dieſen Fiſch vorzüglich
Perca, daher er noch in Rom Percia heißt; um
ihn aber von dem Flußbarſche zu unterſcheiden,
wird er Seebarſch genennt. Er iſt in Abſicht auf
die Farben einer der ſchönſten Bärſchinge, denn
auſſer den ſechs bis ſieben Querbinden iſt der ganze
Kopf nebſt dem Vordertheile des Bauchs, mit
hochrothen und himmelblauen Strichen recht zierlich bezeichnet. Die Floſſen ſind gelb und mit
röthlichen Puncten und Linien geſprenkelt, wenn
ſie aber alt werden, ſind ſie nicht ſo ſchön. Ueberhaupt aber weichen ſie in der Farbe und Zeichnung
ſehr voneinander ab, jedoch iſt ihr Fleiſch ſehr
ſchmackhaft. Was die Anzahl der Finnen betrifſt,
ſo hat der Ritter in der Rückenfloſſe $\frac{15}{0}$, in der
Bruſtfloſſe neunzehn, in der Afterfloſſe $\frac{3}{11}$, und in
der Schwanzfloſſe vierzehn gezählt. Der Aufent-
halt iſt im mittelländiſchen Meere, am italiäniſchen
Strande, deßgleichen in der Nordſee und an der
norwegiſchen Küſte.

10. Der Augenſchwanz. Perca Ocellata.

10.
Augen-
ſchwanz.
Ocella-
ta.

Es führt der gegenwärtige dieſen Namen deßwegen, weil ſich an der Wurzel des Schwanzes nach
oben zu ein ſchwarzer, mit einem weißen Ringe um-
gebener Flecken zeigt, welcher einem Pfauen- oder Pa-
pillonsauge ähnlich ſieht. Weil aber die Rückenfloſſen
nicht völlig in eins zuſammen ſtoſſen, ſo zählt man erſt

zehn

zehn und dann fünf und zwanzig · Finnen, von
welchen letztern der erſte ſehr kurz iſt; in den
Bruſtfloſſen befinden ſich ſechzehn, in der Bauchfloſſe ſechs, davon die erſte wiederum ſehr kurz
einfach und ſtumpf iſt, in der Afterfloſſe zehn,
davon eine Finne ſcharf iſt, und endlich in der
Schwanzfloſſe ſechzehn. Die Kiemenhaut hat hingegen ſieben Strahlen. Das Vaterland iſt Carolina.

B.**
Gerad-
ſchwän-
ze mit ei-
ner Rü-
ckenfloſſe.

11. Der Silberbarſch. Perca Nobilis.

11.
Silber-
barſch.
Nobilis.

Obige Benennungen laſſen ſich leicht aus der
Beſchaffenheit dieſes Fiſches ſchließen, denn der
Körper iſt ganz ſilberfärbig, und mit acht ſchönen
braunen Querbändern geziert. Die Rückenfloſſe
geht hier in einem fort, und hat fünf und vierzig
Finnen, davon zwölf ſtachlich, und zugleich an
den Seiten ſilberfärbig ſind, die Bruſtfloſſe hat
funfzehn, die Bauchfloſſe $\frac{1}{5}$, die Afterfloſſe $\frac{7\frac{1}{3}}{}$, und
die Schwanzfloſſe ſiebenzehn Finnen. Der Auf-
enthalt dieſer Fiſche iſt in den nördlichen Meeren
von America.

12. Der weißbandirte Barſch. Perca Polymna.

12.
Weiß-
bandir-
ter.
Polym-
na.

Vermuthlich wird dieſe Art Polymna genennt
ſeyn, weil ſie mit vielen Fiſchen eine Aehnlichkeit hat,
denn ſie gleicht den Lippfiſchen, Brachſemen, und
Klippfiſchen, muß aber doch der ſtachlichen Kiemendeckel halben unter die Bärſchinge gerechnet werden.
Da inzwiſchen dieſer Fiſch ſchwarz iſt, und drey
weiſſe Querbänder hat, ſo nennen wir ihn den Weiß-
bandirten. Die Rückenfloſſe iſt einfach, und hat
fünf und zwanzig bis ſechs und zwanzig Finnen, wovon eilf ſtachlich ſind, in der Bruſtfloſſe ſind achtzehn

P 5
bis

B.**
Gerad
ſchwän=
ze mit ei=
ner Rü=
ckenfloſſe

bis neunzehn, in der Bauchfloſſe ſechs, wovon eine
Finne ſtachlich, und in der Afterfloſſe ſechzehn, da=
von abermals eine ſtachlich iſt, wiewohl Herr Gro=
nov in ſeinem Exemplare nur eilf Afterfinnen, da=
von aber drey ſtachlich waren, gefunden, die Schwanz=
floſſe endlich hat ſechzehn bis ſiebenzehn Finnen. Der
Schwanz iſt ein wenig abgerundet, und die mittlere
Querbinde geht durch den Hintertheil der Rücken=
floſſe. Das Vaterland iſt Indien.

13. Der Knorrbarſch.   Perca Cottoides.

13.
Knorr=
barſch.
Cottoi=
des.

Das oben abgehandelte 160ſte Geſchlecht der
Knorhähne führt den Namen Cottus. Weil nun
die gegenwärtige Art einige Aehnlichkeit mit ſelbigen
hat, ſo wird ſie Cottoides genannt, daher wir den
Namen Knorrbarſch gewählet haben. Uebrigens
aber iſt ſie daran zu kennen, daß alle Floſſen zwey punc=
etirte Linien haben. Die Rückenfloſſe hat $\frac{17}{20}$, die
Bruſtfloſſe vierzehn, die Bauchfloſſe $\frac{1}{5}$, die After=
floſſe $\frac{3}{10}$, und die Schwanzfloſſe zwölf Finnen.
Man bringt dieſe Art aus den Indien.

14. Der penſylvaniſche Barſch.   Perca Philadelphica.

14.
Penſyl=
vani=
ſcher.
Phila=
delphi=
ca.

Die Rückenfloſſe geht in eins durch, und hat
in der Mitte, wo ſie niedriger und verbunden iſt, ei=
nen ſchwarzen Flecken; es iſt auch der Körper ſchwarz
gefleckt, und hat von oben etliche ſchwarze Bänder,
iſt aber von untenher roth. Die Schuppen ſind fa=
ſerig, deßgleichen auch die Kiemendeckel, die aber
nach hinten zu ſtachlich auslaufen. Die Anzahl der
Kiemenſtrahlen iſt ſieben, davon eine ſtachlich aus=
lauft. In der Rückenfloſſe ſind ein und zwanzig
Finnen,

Finnen, wovon zwölf stachlich, und die ersten zwey sehr kurz sind, in der Brustflosse sechzehn, in der Bauchflosse sechs, davon eine stachlich, in der After-flosse zehn, wovon aber drey stachlich sind, in der Schwanzflosse endlich eilf. Der Aufenthalt dieser Fische ist Pensylvanien in Nordamerica, woselbst Philadelphia die Hauptstadt ist, woraus sich denn obige Benennungen von selbst aufklären.

15. Der Braunwimper. Perca Palpebrosa.

Da sich an den Augenliedern ein brauner Fle-cken zeigt, so sind obige Benennungen gewählet wor-den. Sonst geht die Seitenlinie krumm, und der Schwanz ist gerade abgestutzt. Was die Anzahl der Finnen betrift, so verhält sich solche folgendergestalt. Es befinden sich nämlich in der Rückenflosse $\frac{7}{3}$, in der Brustflosse funfzehn, in der Bauchflosse $\frac{4}{7}$, in der Afterflosse $\frac{3}{7}$, und in der Schwanzflosse sieben-zehn. Der Fisch ist sehr klein und kommt aus Amerika.

16. Der Köhlerbarsch. Perca Atraria.

Der ganze Fisch ist schwarz, die Rückenflosse aber weiß gestreift, und die übrigen Flossen sind weiß gefleckt. Die Seitenlinie ist gerade; die Kiemende-ckel sind vorneher gezähnelt, hintenher aber faserig. Was die besondern Kennzeichen dieser Abtheilung be-trift, so lauffen die Rückenflossen in eins zusammen, und der Schwanz ist gerade abgestutzt. Die Eng-länder nennen ihn seiner schwarzen Farbe halben Blackfish, das ist Dintenfisch, welches sonst der Name der Pepiae ist, die eine dintenartige Feuchtigkeit aus-

B.**
Gerab-
ſchwän-
ze mit ei-
ner Rü-
kenfloſſe

ausſprißt, daher wir lieber den Namen Köhler-
barſch gewählet haben. Man zählt in der Rückenfloſſe achtzehn bis drey und dreyſig, in der Bruſtfloſſe zwanzig, in der Bauchfloſſe ſieben, in der Afterfloſſe ſechs und zwanzig, und in der Schwanzfloſſe
zwanzig Finnen. Die Kiemenhaut hat ſieben Strahlen. Das Vaterland iſt Carolina.

17. Der Gelbfloſſer. Perca
Chryſoptera.

17.
Gelb-
floſſer.
Chry-
ſoptera

Man kann dieſen Fiſch wohl ſo nennen, da
die Bauch- After- und Schwanzfloſſen goldgelb,
hin und wieder aber bräunlich geflekt ſind. Die
Seitenlinie geht gerade; der Schwanz iſt abge-
ſtußt und gerade, die Rückenfloſſe lauft in eins
zuſammen, aber die Kiemendeckel ſind nur ſchwach
gezähnelt. Aus des Catesby Beſchreibung erhellet, daß der Rücken hoch empor ſteht. Das
Vaterland iſt Carolina.

18. Der Bruſtfleck. Perca Mediterranea.

18.
Bruſt-
fleck.
Medi-
terra-
nea.

Da der Ritter America, als das Vaterland
angiebt, ſo ſcheint die Benennung Mediterranea
dunkel zu ſeyn. Wir haben aber den Namen Bruſt-
fleck gewählt, weil ſich an der Wurzel der Bruſtfloſſen
ein ſchwarzer Flecken zeigt. Es ſind aber auch an dieſem Exemplare alle Floſſen, auſſer der Rückenfloſſe,
goldgelb. Die Anzahl der Finnen iſt in beſagter
Rückenfloſſe $\frac{16}{17}$, in der Bruſtfloſſe dreyzehn, in der
Bauchfloſſe $\frac{1}{6}$, in der Afterfloſſe $\frac{1}{13}$, und in der
Schwanzfloſſe dreyzehn.

19. Der

19. Der Bänderbarſch. Perca Vittata.

Da die Bärſche ſonſt in die Quere bandirt ſind, ſo hat dieſer vielmehr die Länge hinunter fünf weiſſe und braune Bänder, man kann ihn alſo Bänderbarſch nennen. Er hat in der Rückenfloſſe ⁴⁄₁₈, in der Bruſtfloſſe achtzehn, in der Bauchfloſſe ½, in der Afterfloſſe ₇³, in der Schwanzfloſſe ſiebenzehn Finnen, und iſt aus America gebürtig.

B.**
Gerad-
ſchwän-
ze mit ei-
ner Rü-
ckenfloſſe
19.
Bänder-
barſch.
Vittata.

20. Der Sprenkelbarſch. Perca Punctata.

Der Körper, der die Geſtalt eines Bärſchings hat, iſt blau geſprenkelt, die Länge erſtreckt ſich gemeiniglich auf ſechs bis zehn Zoll. Die Farbe iſt ſonſt dunkelbraun, die Augenringe ſind roth, das Maul iſt weit, und hat ſcharfe Zähne, der Schwanz iſt am Ende abgerundet. Der Aufenthalt iſt gleichfalls in America.

20.
Spren-
kelbarſch
Puncta-
ta.

21. Der Jacob Evertsfiſch. Perca Guttata.

Es giebt unter dieſer Abtheilung auch noch eine Art geſprenkelter Fiſche, deren Flecken den rothen Blutstropfen gleich ſehen, aber ſowohl in den Flecken ſelbſt, als in der Grundfarbe ein wenig von einander abweichen. Es giebt nämlich braune, hernach rothe, die man in Braſilien Pira Piranga, holländiſch Gattviſch nennt, dann punctirte, welche in den Indien Cunapu-Guacu heiſſen, und endlich iſt auch der Cugupu Guacu der Braſilianer, oder der ſogenannte Jacob Everts vorhanden. Alle dieſe Fiſche gehören, ſowohl in Abſicht auf die unterſchiedenen Merkmale, als äuſſerliche Geſtalt und fleckige Zeichnung hieher, wiewohl ſie nicht alle gleich groß werden, und

21.
Jacob
Everts-
fiſch.
Guttata
T. VII
fig. 1.

und

B.**
Gerad-
ſchwän-
je mit ei-
ner Rü-
kenfloſſe

und auch ſonſt den Namen Brachſeme führen; denn der Capſche, den die Hottentotten fleißig mit dem Angel fangen, und der hier Tab. VII. fig. 1. abge-bildet iſt, bekommt eine mäßige Gröſſe, dahingegen der Cugupu der Braſilianer wohl fünf bis ſechs Schuh lang, ein und einen halben Schuh breit, und mehr als vier Schuh im Umfange groß wird.

Es wird inzwiſchen einem jeden der Name Jacob Everts ſehr fremd vorkommen. Damit aber hat es folgende Bewandniß: ein gewiſſer See-capitain, Namens Jacob Everts war ſehr durch die Blattern geſchändet und mit rothen Gruben und Blatternarben im Angeſichte gezeichnet, ſo daß, wenn ſein ſchwarzer Bart raſirt wurde, die ſchwarzen Haare doch allezeit in den Blattergrüb-gen ſtehen blieben, welches ihn roth und fleckig machte. Als nun obige Fiſche einmal zur Tafel kamen, nennte ein Spottvogel dieſelbe wegen ih-rer rothen Farbe und Flecken Jacob Everts-fiſche, und ſeitdem iſt der Name allgemein geworden und geblieben.

Was nun die zwey Hauptarten betrift, ſo iſt an der einen die Haut hellroth, deßgleichen ſind auch die Schuppen roth, und auf dieſer Grundfarbe zeigen ſich blaue Flecken. An der Mitte des Bauchs iſt die Farbe goldgelb. Die Augen ſind groß und roth, und ſtehen in ſilber-färbigen Ringen. Das Maul iſt klein, und die Zähne ſind ſcharf. Die andere Art iſt gröſſer, übrigens zwar auch ſo gezeichnet, aber unter der Kehle iſt dieſelbe dunkelroth.

Der braſilianiſche Cugupu hingegen, der, wie oben geſagt worden, ſehr groß, und von den Einwohnern auch Meros genennt wird, hat ein großes rundes Maul ohne Zähne, die Augen ſind nur
unter

mittelmäßig groß, und haben gelbe Ringe. Die
Schuppen ſind klein, die Schwanzfloſſe iſt faſt viereckig, die Farbe aſchgrau mit Umber melirt, nach
den Rücken zu etwas dunkler, und am Bauche weißlich. Alle Floſſen ſind braun, das übrige iſt geſprenkelt.

B.**
Gerad-
ſchwän-
ze mit ei-
ner Rü-
ckenfloſſe

22. Der Schriftbarſch. Perca Scriba.

22.
Schrift-
barſch.
Scriba.

Da ſich auf dem Kopfe Zeichnungen von
Buchſtaben, oder die einer Schrift ähnlich ſehen,
befinden, ſo iſt ihm obige Benennung gegeben
worden. Er hat aber auch dieſes merkwürdige an
ſich, daß die Bruſtfloſſen gelb ſind. Uebrigens
zählt man in der Rückenfloſſe $\frac{17}{1}$, in der Bruſtfloſſe dreyzehn, in der Bauchfloſſe $\frac{1}{5}$, in der Afterfloſſe $\frac{3}{10}$, und in der Schwanzfloſſe funfzehn
Strahlen. Das Vaterland iſt unbekannt.

C.***
Gabel-
ſchwän-
ze mit ei-
ner Rü-
ckenfloſſe

C.*** Bärſche, deren Schwanz gabel-förmig iſt, die aber dabey auch nur eine Rückenfloſſe haben.

23. Der Giftbarſch. Perca Venenoſa.

23.
Gift-
barſch.
Vene-
noſa.

Die Engländer nennen dieſen Fiſch Rock-
fiſh, und die Einwohner von den bahamiſchen
Inſeln halten ihn für ſehr giftig, doch ſoll er in
einigen Gegenden nicht giftig ſeyn, welches die
Einwohner dem Fiſche äuſſerlich anſehen zu können glauben, zuweilen aber doch empfindlich betrogen werden. Er iſt ſchwärzlich braun, mit
Blutflecken geſprenkelt, hat gelbe Spitzen an der
Bruſtfloſſe, einen weiſſen Bauch, und um die
Augen dunkelfärbige rothe Ringe. Man trift
ihn

C.**f
Gabel-
ſchwän-
ze mit ei-
ner Rü-
tenfloſſe
ihn in Amerika an, und erkennt ihn auch an dem weit ausgebreiteten halbmondförmigen Schwanze.

24. Der Schwarzſchwanz. Perca Melanura.

Die obige Benennungen kommen mit der engländiſchen Black-Tail überein, und ſind dieſer Art
gegeben, weil der gabelförmige Schwanz ſchwarz
und nur mit einem weiſſen Saum eingefaßt iſt; ſonſt
hat der Körper auch verſchiedene gelbe Striche, das
Vaterland iſt America.

25. Der Springer. Perca Sectatrix.

Catesby nennt ihn Saltatrix, und bey dem
Ritter ſteht jetzt Sectatrix. Er hat einen gabelförmigen Schwanz, der an der Spitze roth iſt. Die
Eigenſchaft dieſes Fiſches iſt, ſich an das Ruder der
Schiffe feſt zu halten, und auch im ſchnellſten ſegeln
das Schiff zu begleiten, ſo daß man ſelten ein Schiff
in den americaniſchen Gewäſſern ohne dieſen Fiſch
ſieht, indem er auf den Schleim, der ſich unten an
den Schifsboden anſetzt, zu aaſen pflegt. Der Bauch
dieſes Fiſches iſt gelb, und mit grauen Linien oder
Strichen gezeichnet. Der Aufenthalt iſt im groſſen
Weltmeere zwiſchen Europa oder Africa und
America.

26. Der Zeichenbarſch. Perca Stigma.

Man nennt dieſen Stigma oder Zeichenbarſch,
weil die Kiemendeckel eine Zeichnung haben, die einem Brandmal ähnlich ſieht, auch iſt die Rückenfloſſe faſerig. Man zählt aber in ſelbiger 1½, in der
Bruſt-

Brustflosse dreyzehn, in der Bauchflosse $\frac{1}{6}$, in der Afterflosse $\frac{9}{19}$, und in der Schwanzflosse siebenzehn Finnen. Der Aufenthalt ist in Ostindien.

C.*** Gabelschwänze mit einer Rückenflosse

27. Der Titelbarsch. Perca Diagramma.

27. Titelbarsch. Diagramma.

Es hat das Ansehen, als ob sich an diesem Fische gewisse Inschriften zeigten, weil der Körper mit verschiedenen gelben Strichen geziert ist. Man zählt in der Rückenflosse $\frac{1}{28}$, in der Brustflosse dreyzehn, in der Bauchflosse $\frac{1}{6}$, in der Afterflosse $\frac{3}{11}$, und in der Schwanzflosse achtzehn Finnen. Das Vaterland ist unbekannt.

28. Der Strichbarsch. Perca Striata.

28. Strichbarsch. Striata.

In den mitternächtlichen Theilen von America wird auch noch ein Barsch gefunden, dessen Körper mit vielen Strichen besetzt ist, und der dem obigen Schwarzschwanz No. 24. sehr ähnlich sieht, ausgenommen daß sein Schwanz nicht schwarz ist. Die Kiemendeckel sind nur wenig gezähnelt, und was die Anzahl der Finnen, so sind in der Rückenflosse $\frac{1}{28}$, in der Brustflosse funfzehn, in der Bauchflosse $\frac{1}{6}$, in der Afterflosse $\frac{3}{11}$, und in der Schwanzflosse siebenzehn Finnen verhanden, die zweyte Finne aber ist ungemein stark.

29. Der lineirte Barsch. Perca Lineata.

29. Lineirter. Lineata.

Der Körper hat fünf weisse und braune Linien, welche der Länge nach an dem Körper vom Kopfe bis zum Schwanze hinunter laufen, und sich untereinander abwechseln. Die Rückenflosse ist faserig. Man zählt in selbiger $\frac{17}{93}$, in der Brustflosse funfzehn, in der Bauchflosse $\frac{1}{6}$, in der Afterflosse $\frac{1}{16}$, und in der

C.**
Gabel-
ſchwän-
ze mit ei-
ner Rü-
ckenfloſſe

Schwanzfloſſe ſechzehn Finnen. Das Vaterland
dieſes Fiſches iſt unbekannt, vermuthlich aber hält
er ſich auch in America, bey ſeinem Bruder
No. 19. auf, denn wer kann ihrem Vaterland
ſo enge Schranken ſetzen?

30. Der Kaulbarſch. Perca Cernua.

30.
Kaul-
barſch.
Cernua

Der Kaulbarſch, wie wir ihn in Deutſchland gemeiniglich nennen, iſt ein kleiner dem europäiſchen Bärſching ganz ähnlicher Fiſch, der
aber keine ſchwärzliche Bänder hat, dergleichen der
gemeine Barſch zu führen pflegt, ſondern ſtatt deſſen mit braunen Sprenkeln oder Flecken über den
Körper bezeichnet iſt. Er führet bey den Schriftſtellern den Namen Cernua fluviatilis und
Perca minor. In England nennt man ihn der
Stachlichkeit halben, Roug, oder Ruffe, und in
Holland heißt er Poſch, Pos oder Poſt, und ſeine
Kleinigkeit halben Poſchje. Weil ſich auch zuweilen an den Kiemendeckeln ein Goldglanz zeigt, ſo
hat man ihm den Namen Goldbarſch gegeben.

Der Kopf iſt zwiſchen den Augen einigermaſſen platt, oben, unten und an den Seiten hingegen
mit einigen Grübchen verſehen. Der Rücken iſt
ſcharf, und der Bauch etwas flach, auch iſt er
platter oder ſchlüpferiger, als der ordentliche Barſch.
Die Zählung der Finnen iſt verſchieden, da man
ſechs und zwanzig bis acht und zwanzig in der Rückenfloſſe wahrgenommen, davon funfzehn ſtachlicht
ſind; in der Bruſtfloſſe zwölf bis funfzehn; in
der Bauchfloſſe ⅙, in der Afterfloſſe ⅞ oder ⅝,
und in der Schwanzfloſſe ſechzehn bis ſiebenzehn.
Der Aufenthalt iſt faſt allenthalben in den inländi-
ſchen Gewäſſern von Europa.

31. Der Schraitser. Perca Schraetser.

Dieser Barsch kommt aus der Donau und hält sich sonst auch in den Gewässern der südlichen Theile von Europa auf. Er unterscheidet sich von den vorigen dadurch, daß er zwey braune Striche an jeder Seite in die Länge stehen hat. Sodann ist der Körper länger und dünner, die Farbe blasser, und der Schwanz ist mehr gabelförmig. Man zählt in der Rückenflosse etwa dreyßig bis zwey und dreyßig Finnen, wovon achtzehn stachlich sind; in der Brustflosse vierzehn bis sechzehn, in der Bauchflosse ½, in der Afterflosse sieben, acht bis neun, wovon zwey stachlich sind, und in der Schwanzflosse siebenzehn bis achtzehn. Der Kopf hat keine Schuppen, und ist bey einigen etwas stachlich, die Farbe des Körpers fällt etwas in das gelbliche, und die gewöhnliche Länge trägt etwa vier Zoll aus.

32. Die Köchernase. Perca Argentea.

Ob diese Art mehr als andere silberfärbig sey, weil sie der Ritter Argentea nennet, solches können wir eben nicht bestimmen; nach der Linneischen Beschreibung aber sind die Nasenlöcher köcherförmig, mithin kann sie unsere Benennung genug von den vorigen, die etwa auch silberfärbig sind, unterscheiden. Uebrigens hat sie auch an dem stachlichen Theile der Rückenflosse einen schwarzen Flecken, denn die Rückenflosse hat zwey und zwanzig Finnen, wovon zwölf stachlich sind, die Brustflosse zwölf, die Bauchflosse ⅕, die Afterflosse 1/13, und die Schwanzflosse siebenzehn. Die americanischen Gewässer sind der Ort des Aufenthalts.

Q 2   33. Der

C.***
Gabel‹
ſchwän‹
ze mit ei‹
ner Rü‹
ckenfloſſe

33.
Blut‹
ſtrieme.
Cabril‹
la.

33. Der Blutſtrieme. Perca Cabrilla.

Statt der Querbänder iſt dieſer Fiſch in die Länge mit vier buntfärbigen Strichen gezeichnet, und wegen der Aehnlichkeit rechnet der Ritter auch noch eine Nebenart hieher, welche eben ſo ab‹ wechſelnde gelbe und violetfärbige Striche hat, inzwiſchen die Anzahl der Finnen bey beyden Arten faſt mit einander übereinkommt, denn es ſind bey beyden in der Rückenfloſſe zehn ſtachliche und vierzehn weiche Finnen, die erſte hat in der Bruſtfloſſe ſech‹ zehn, die andere aber vierzehn. Beyde haben in der Bruſtfloſſe ſechs Finnen, davon bey der erſten eine ſtachlich iſt. In der Afterfloſſe haben beyde drey ſtachliche und ſieben weiche Finnen, und im Schwanz zählt man bey der erſten ſiebenzehn, und bey der andern ſechzehn. Der Aufenthalt iſt im mittelländiſchen Meer.

34. Der Raſpelbarſch. Perca Radula.

Da die Schuppen dieſes Fiſches eingeferbet ſind, ſo kann man ſich wohl vorſtellen, daß die Oberfläche deſſelben ganz rauh und ſcharf anzufüh‹ len ſeyn müſſe; man kann ihm alſo wohl nach der Linneiſchen Benennung den Namen Raſpel‹ barſch geben. Der Körper iſt übrigens mit weiſ‹ ſen punctirten Linien beſetzt In der Rückenfloſſe ſind eilf ſtachliche und zwanzig weiche Finnen, in der Bruſtfloſſe zwölf, in der Bauchfloſſe ſechs, in der Afterfloſſe drey ſtachliche und zehn weiche, in der Schwanzfloſſe aber ſiebenzehn. Das Vater‹ land iſt Indien.

35. Der

35. Der Blaukopf. Perca Formosa.

Es wird dieser Fisch von den Engländern Squirrelfisk, von den Holländern Inkhoorn-Visch genannt. Wegen seiner Zierlichkeit aber heißt er bey dem Ritter Formosa, und um dieses näher zu bestimmen, haben wir den Namen Blaukopf gewählet, denn der Kopf ist mit schönen blauen Strichen und Bändern gezieret.

Man kann zwar nicht sagen, daß dieser Fisch nur eine Rückenflosse habe, aber doch stehen sie so nahe zusammen gerückt, daß sie gleichsam für eine einzige können gehalten werden, wiewohl sie sich dadurch von einander unterscheiden, daß die erste nach der zweyten zu abnimmt und kürzer wird. Die Kiemendeckel aber sind ordentlich gezähnelt, wiewohl die Kiemenhaut nur vier Strahlen hat.

Die Anzahl der Finnen betreffend, so sind in der Rückenflosse drey und zwanzig, davon zehn stachelich, in der Brustflosse sechzehn, in der Bauchflosse $\frac{6}{1}$, in der Afterflosse $\frac{10}{3}$, in der Schwanzflosse aber neunzehn befindlich. Das Vaterland ist Carolina.

36. Der Dreyzack. Perca Trifurca.

Gegenwärtiger Art ist obiger Name beygeleget, weil sie den besondern Umstand hat, daß die Schwanzflosse, statt zwey, drey Spitzen hat, als ob es eine gedoppelte Schwanzflosse wäre, daher sie auch von den Holländern Dubbelstaart genennet wird.

Der Kopf ist zierlich bunt, oder scheckigt, die Kehle inwendig gelb, die Kiemendeckel nur

Margin notes: C.*** Gabelschwänze mit ebner Rückenflosse. 35. Blaukopf. Formosa. — 36. Dreyzack. Trifurca.

sehr

C.***
Gabel
ſchwän
ze mit ei
ner Rü
ſenfloſſe

ſehr fein gezähnelt, und der Körper iſt mit ſieben blauen Bändern geziert.

Was die Anzahl der Finnen betrifr, ſo hat die Rückenfloſſe zwey und zwanzig, davon eilf ſtach- lich ſind, unter den eilf ſtachlichen Finnen aber hat die dritte und vierte noch einen faſerigen Forſatz, der wieder eben ſo lang als die Finne ſelbſt iſt. In der Bruſtfloſſe ſind ſechzehn, in der Bauchflo- ſe $\frac{1}{8}$, in der Afterfloſſe $\frac{3}{11}$, und in der Schwanz- floſſe zwanzig Finnen befindlich. Der Aufenthalt dieſer Fiſche iſt in dem americaniſchen Meere, in der Gegend von Carolina.

169. Ge

169. Geschlecht. Stachelbärsche.
Thoracici: Gasterosteus.

Die Stachlichkeit des Bauchs ist der Grund **Geschl.** der Linneischen Geschlechtsbenennung. Benen **nung.** Da aber diese Fische den Bärschen sehr ähnlich sind, und ausserdem auf dem Rücken etliche abgesonderte Stacheln haben, die gleichsam statt der Rückenflosse dienen, so werden sie insgemein Stachelbärsche, holländisch Stekelbaarsen genannt.

Es bestehen aber die Kennzeichen dieses Ge **Geschl.** schlechts in folgenden Stücken: Die Kiemenhaut **Kennzei** hat drey Strahlen, (nach den Artedi) der Körper **chen.** ist nach dem Schwanze zu, an beyden Seiten kielför mig. Vor der Rückenflosse stehen einige abgesonderte Stacheln, und die Bauchflossen stehen zwar hinter den Brustflossen, aber doch oberhalb dem Brustbein. Es sind folgende eilf Arten zu betrachten.

1. Der Stichling. Gasterosteus Aculeatus.

Der Stichling, welcher sich in den europäi **Stich** schen Gewässern aufhält, und hinlänglich bekannt **ling.** ist, hat vor der Rückenflosse drey abgesonderte Sta **Aculea** cheln, wiewohl Herr Klein angemerkt hat, daß man **tus.** auch solche finde, die nur zwey Stacheln haben. Sie sind selten grösser, als zwey bis drey Zoll, haben am

Bauche

Bauche auch zwey Stacheln, der Körper iſt nicht ſchuppig, ſondern mit beinigen Schilden gedeckt, nach Art der Störe; Kopf und Rücken ſind ſchwärzlich, aber der Bauch ſilberfärbig.

Die Rückenfloſſe hat zwölf, die Bruſtfloſſe zehn, die Bauchfloſſe ½, die Afterfloſſe ⅞, und die Schwanzfloſſe zwölf Finnen. Der Aufenthalt iſt in den europäiſchen ſüſſen Waſſern, und der Herr Doctor D' Annone giebt in den Act. Helv. Phyſico Math. Med. Nachricht, daß einmal einige Liebhaber den 7. und 10. April des Jahrs 1758. eine ganze Menge ſolcher Fiſchlein in den Bächen und Seen bey Birſa in der Schweiz fiengen, die aber alle, als man ſie öfnete, eine gewiſſe Art Würmer bey ſich hatten, die gegen der Größe eines jeden Fiſchleins verhältnismäßig groß waren, und faſt wie der bekannte Bandwurm ausſahen. Er wird ſonſt, weil er ſo klein iſt, zur Speiſe faſt nicht geachtet.

2. Der Lootsmann. Gaſteroſteus Ductor.

2. Leog-no Ductor. T. VII. fig. 2. Der Name Loots, oder Lootsmann gehört eigentlich einer Art ſeefahrenden Perſonen, welche durch Erfahrung der Gründe und Sandbänke, und der Beſchaffenheit der Ufer und Strande gewiſſer Gegenden kundig ſind, daher fremden Schiffern dienen, ihre Schiffe in ſichere Hafen zu ſteuren, oder ſie wenigſtens zu begleiten, und ihnen den Weg zu zeigen. Sie werden nämlich in Holland Loots oder Lootsmannen genennt, (vielleicht weil ſie immer mit dem Senkbleye, welches holländiſch Loot heißt, umgehen, um die Tiefen zu ergründen). Man hat alſo dieſen Namen gegenwärtiger Art Fiſche beygelegt, weil ſelbige die Haanfiſche gleichſam

ſam führen und begleiten, und allzeit bey ihnen gefunden werden, daher ſie auch von dem Ritter mit-
dem Namen Ductor bezeichnet ſind.

Vermuthlich leben dieſe Fiſche von dem, was
die Haanfiſche übrig laſſen, wie wir im vorigen dritten Theile pag. 261. gemuthmaſſet haben, weil ſie
ſolche treue Geſellen ſind. Die Engländer nennen
dieſen Fiſch Pilote-Fish, und die Schweden Lods,
denn ſie ſchwimmen allezeit voran, und öfters hau-
fenweiſe. Daher auch Herr Osbeck auf ſeiner Reiſe
durch Hinunterlaſſung eines todten Haanfiſches nebſt
einem Netze, ihrer, da ſie ſich zum Haan geſellen
wollten, etliche gefangen, davon er einige gegeſſen,
und ſie ſehr ſchmackhaft gefunden.

Sie ſehen einem Bärſchinge ähnlich, werden eine viertels Elle lang, haben plattgedruckte Seiten,
einen ſchräg herablaufenden Kopf, gleichlange Kiefer mit vielen kleinen Zähnchen, kleine rothe Augen,
mit abwechslenden gold- und ſilberfärbigen Ringen,
einen blauen Rücken, weiſſen Bauch, den Kopf,
Rücken und Bauch mit ſieben dunkelblauen Bändern
umgeben, mit kleinen und feſt anſchlieſenden Schuppen. Es hat aber die Kiemenhaut ſieben Strahlen,
und der Rücken iſt vor der Rückenfloſſe mit vier einzelnen Stachelfinnen beſetzt. Die Seitenlinie iſt gerade;
daß es aber auch ſolche giebt, die ſechs Stachelfinnen auf dem Rücken haben, erhellet aus der Tab.
VII. fig. 2 beygefügten Abbildung, welche nach der
Originalzeichnung aus der Sammlung des Herrn
Profeſſor Bürmanns gemacht iſt.

Betreffend nun die Zählung der Finnen in den
Floſſen, ſo zeigt ſich freylich ein merklicher Unterſchied,
je nachdem nämlich die Exemplarien der verſchiedenen
Gegenden beſchaffen ſind, und wenn man des Linne,
Haſſelquiſt, Osbeck und Gronov Rechnungen

zuſam-

zuſammen wirft, ſo kommen in der Rückenfloſſe
ſieben und zwanzig bis dreyßig, in der Bruſtfloſſe
achtzehn bis zwanzig, in der Bauchfloſſe fünf bis
ſechs, in der Afterfloſſe ſechzehn bis ſiebenzehn,
und in der Schwanzfloſſe ſechzehn bis ſechs und
zwanzig Finnen heraus. Der Aufenthalt iſt hin
und wieder im großen Weltmeere und im mittelländiſchen Meere, wo ſich nur Haanfiſche aufhalten, und wie dieſe allezeit die Schiffe verfolgen,
ſo ſind auch beſtändig dieſe Lootsmännchen zugegen.

3. Der Streiſſchwanz. Gaſteroſteus Occidentalis.

3.
Streif-
ſchwanz.
Occi-
denta-
lis.

Weil der Schwanz dieſes Fiſches die länge
hinab geſtreift iſt, welche Striche durch hervorragende Querſtriche unterbrochen werden, ſo nennen wir ihn Streiſſchwanz, obgleich der Ritter
ihm den Beynamen von ſeinem Vaterlande, welches America iſt, gegeben haben. Es iſt aber
derſelbe beſonders daran zu kennen, daß er vor
der Rückenfloſſe ſieben, und vor der Afterfloſſe
zwey einzelne Stachelfinnen hat; die Anzahl der
ordentlichen Finnen aber iſt in der Rückenfloſſe
eilf, in der Bruſtfloſſe ſieben, in der Bauchfloſſe
ſechs, in der Afterfloſſe ⁷⁄, und in der Schwanzfloſſe ſechzehn.

4. Der Weichbauch. Gaſteroſteus Ovatus.

4.
Weich-
bauch.
Ovatus

Der Ritter hat die Benennung Ovatus von
der länglichen ovalen Geſtalt des Körpers entlehnt,
und wir nennen ihn Weichbauch, weil ihm das
harte Bruſtſchild, wie bey etlichen Klippfiſchen,
mangelt. Es kommt nämlich die Geſtalt des Körpers

pers mit den Klippfiſchen überein. Die Zähne, der Kiefer und die Lippen ſind rauh. Vor der Rückenfloſſe ſind ſieben beſondere Stachelfinnen, wie bey etlichen Mackrelen vorwärts gebogen; die erſte davon iſt kurz, und die andere etwas länger, und mit den folgenden eins ums andere nach einer der Seiten zugekehrt. Vor der Afterfloſſe ſtehen auch zwey beſondere Stachelfinnen, und ſtatt daß die übrigen Stachelbärſche drey Strahlen in der Kiemenhaut haben, ſo iſt dieſe mit ſechs derſelben verſehen. Die Rückenfloſſe hat zwanzig, die Bruſtfloſſe ſechzehn, die Bauchfloſſe ſechs, die Afterfloſſe $\frac{1}{7}$, und in der Schwanzfloſſe zwanzig Finnen. Es werden dieſe Fiſche in den aſiatiſchen Gewäſſern gefunden.

5. Die Sichelfloſſe. Gaſteroſteus Carolinus.

Von Carolina kommt ein Fiſch dieſes Geſchlechts, deſſen Rücken- und Afterfloſſe ſichelförmig iſt. Es befinden ſich auf dem Rücken acht beſondere Stachelfinnen, und am After drey. Der Körper iſt länglich eyrund. Die Seitenlinie geht gerade, und der Schwanz iſt gabelförmig. Er wird auch Crevalle genennt. In der Rückenfloſſe ſind ſechs und zwanzig, in der Bruſtfloſſe achtzehn, in der Bauchfloſſe fünf, in der Afterfloſſe $\frac{1}{7}$, und in der Schwanzfloſſe ſieben und zwanzig Finnen.

(Randnotiz:) 5. Sichelfloſſe. Carolinus.

6. Der Kahlafter. Gaſteroſteus Canadus.

Ein anderer, den man aus Carolina oder Canada bringt, hat auf dem Rücken zwar ſieben oder acht Stachelfinnen, die miteinander eine Floſſe auszumachen ſcheinen, allein am After ſind dergleichen

(Randnotiz:) 6. Kahlafter. Canadus.

Sta

Stacheln nicht befindlich, daher wir ihn Kahlafter nennen. Der Körper iſt gleichfalls länglich,
und die Rücken- und Afterfloſſe iſt, wie an der
vorigen Art, ſichelförmig, die Schwanzfloſſe geht
einigermaſſen in zweyen Lappen aus. In der eigentlichen Rückenfloſſe ſind drey und dreyſig, in
der Bruſtfloſſe nur zwey, in der Bauchfloſſe ſieben, in der Afterfloſſe ſechs und zwanzig, und
in der Schwanzfloſſe zwanzig Finnen. Die Kiemenhaut hat ſieben Strahlen.

7. Der Hüpfer. Gaſteroſteus Saltatrix.

7.
Hüpfer.
Salta-
trix. Es hat der jetzige Fiſch zwar auch acht Stachelfinnen auf dem Rücken, allein ſie ſtehen nicht
ſo einzeln, wie bey andern Arten, ſondern ſind
mit einer ſehr dünnen Haut verbunden, auch ſind
ſie nicht ſehr ſtachlich, und können ſich in ein
Grübchen verbergen. Uebrigens iſt die Geſtalt
den Bärſchen ſehr ähnlich. Im untern Kiefer
iſt eine, und im obern eine gedoppelte Reihe
Zähnchen; der Schwanz iſt gabelförmig. Er
macht Sprünge im Waſſer, und wird darum der
Hüpfer genennt. Bey den Engländern heißt er
Shipjach. Die Kiemenhaut hat ſieben Strahlen. Die eigentliche Rückenfloſſe führt acht und
zwanzig Finnen, die Bruſtfloſſe ſechzehn, die
Bauchfloſſe $\frac{1}{5}$, die Afterfloſſe ſieben und zwanzig,
und die Schwanzfloſſe ein und zwanzig. Das
Vaterland iſt ebenfalls Carolina.

8. Der

8. Der Seestichling. Gasterosteus Pungitius.

Dieser ist ein bekannter Fisch aus den europäischen Gewässern. Er hat zehen bis eilf einzelne Stachelfinnen; der Körper ist etwas länger
als an der ersten Art, und die Rückenstacheln
hangen eins uns andere nach dieser und jener
Seite über. Die eigentliche Rückenfloße hat eilf,
die Brustfloße zehn, die Bauchfloße nur eine, und
die Afterfloße eilf Finnen.

8. See-stichling Pungi-tius.

9. Der fliegende Barsch. Gasterosteus Volitans.

Da die Brustfloßen dieses Fisches länger als
der ganze Körper sind, so haben sie das Ansehen
und den Nutzen der Flügel, indem sie sich damit
aus dem Wasser erheben, und über demselben
fliegen, obwohl nicht so hoch und weit als der
rechte fliegende Fisch. Er hat dreyzehn Rückenstacheln, die nur an der Wurzel mit einer Haut
verbunden sind, und sechs Bartfaden an den Augen und Kiemendeckeln. Die Anzahl der Kiemenstrahlen ist sieben. Der Schwanz ist etwas abgerundet und zu beyden Seiten stachlich. Man
zählt in der Rückenfloße zwölf, in der Brustfloße
vierzehn, in der Bauchfloße sechs, in der Afterfloße $\frac{1}{5}$, und in der Schwanzfloße dreyzehn Finnen. Das Vaterland ist Indien, besonders die
Insel Amboina, woselbst er als eine gute Speise
gegessen wird.

9. Fliegen-der Barsch. oli-tans.

10. Der Dornfiſch. Gaſteroſteus Spinachia.

Dieſer Fiſch mag obigen Namen von den vielen Stacheln führen, die vor der Rückenfloſſe ſtehen, denn er hat derer funfzehn, und wird darum wohl Seeſtachelbarſch genannt. In Hollſtein heißt er Steinpicker, und die Fiſcher an der Elbe und Heiligland nennen ihn Erskriecher, oder Arskriecher. Der Körper iſt gleichſam viereckig, ſehr dünne und dabey lang. Die Haut glatt, und auf dem Rücken ſchwärzlich, am Bauche aber gelblich weiß. Der Kopf iſt ſpitzig faſt wie am Hechte, aber dünner. An den Kiemen befinden ſich zwey Stachelfinnen. In der Mitte des Rückens ſteht eine dreyeckige Stachelfinne, woſelbſt die funfzehn Rückenſtacheln ihren Anfang nehmen, und alle etwas hinter ſich liegen. Mitten am Bauche befinden ſich zwey Stacheln, die voneinander nach den Seiten zu abweichen. Auch iſt ein Stachel am Nabel vorhanden, und die Schwanzfloſſe iſt dreyeckig. Die Engländer nennen ihn great Prickleback. Er hat in der Rückenfloſſe ſechs, in der Bruſtfloſſe zehn, in der Afterfloſſe ſieben, und in der Schwanzfloſſe zwölf Finnen. Er hält ſich in den Gewäſſern der ſüdlichen Theile von Europa auf, wiewohl man in Norwegen auch einen großen Fiſchfang von einer Art ſehr großen Stachelbärſche hat, die man Steinbeiſſer nennt; ſelbige werden eine Elle lang, und verfolgen die Seehummer, oder Krebſe. Man fängt dieſe Steinbeiſſer in großem Ueberfluſſe durch die Anzündung eines Feuers, welchem er nachzieht, und ſo in die Netze fällt, worauf man ihn zu einem Oele kocht, und das übrige auf die Aecker zur Düngung führt; das reine Oel iſt in den Lampen dienlich.

11. Der

11. Der Zwergstichling. Gasterosteus Spinarella.

Er ist nicht länger als einen Daumen breit, oder einen Zoll. Der Körper ist rund, der Kopf groß und voller Runzeln; am Hintertheile mit vier sägeförmig gezähnelten und rückwärts gebogenen Stacheln bewafnet, welche so lang sind, als der Bauch. Die Rückenflosse hat sechzehn, die Brustflosse zwanzig, die Bauchflosse vier, und die Afterflosse acht Strahlen. Das Vaterland ist Indien.

11.
Zwerg-
stichling
Spina-
rella.

170. Ge-

166. Geschlecht. Mackrele.

Thoracici: Scomber.

Geschl.
Benen-
nung.

Die Benennung Scomber, welche man bey den Schriftstellern findet, ist die nämliche, welche noch heut zu Tage in Venedig gebraucht, und der ersten Art, welche bey ihnen Scombro heißt, beygelegt wird. Da nun der Ritter sowohl die erste Art, als das ganze Geschlecht, mit diesem Namen beleget, jene aber auch durchgängig von uns Mackrell oder Mackrele genennt wird, so wollen wir auch dem ganzen Geschlechte die nämliche Benennung beylegen.

Geschl.
Kennzei-
chen.

Es werden aber von diesem Seefische folgende Merkmale angegeben. Der Kopf ist gedruckt und glatt. Die Kiemenhaut hat sieben Strahlen. Der Körper ist gleichfalls glatt, und die Seitenlinie geht nach dem Schwanze zu, in eine kielförmige Erhöhung aus. In der Gegend des Schwanzes befindet sich sehr oft eine unächte oder Bastardfloße; um aber diesen letztern Umstand noch etwas näher zu bestimmen, so macht der Ritter zwey Abtheilungen.

A.* Etliche nämlich haben deutliche und einzeln stehende Bastardfloßen. 4. Arten.

B.** Bey

B.** Bey andern hingegen ſind dieſe Baſtardfloſſen an einander ver=
wachſen. 6. Arten.

Folglich ſind überhaupt folgende zehn Arten
zu betrachten.

A.* Mit einzeln ſtehenden Baſtardfloſ=
ſen.

    I. Gemeine Makrele. Scomber
Scomber.

Dieſe Art iſt der Scomber der Schriftſteller,
und wird in Venedig Scombro; in Rom Ma-
carello; in Neapolis Lacerto; in Marſeille
Auriol; in Spanien Carallo oder Cavalio; in
Frankreich Maquereau; in England Macarell;
in Schweden Makrill; in Holland Makreel
genennt.

Dieſer Fiſch hat fünf Baſtardfloſſen am Ende
des Rückens, er wird von einem Schuhe bis einer
Elle lang, hat der Geſtalt nach viele Aehnlichkeit
mit den Heringen, denn der Körper iſt rund, dick
und fett, lauft aber vorne und hinten ſpitzig zu, die
Schuppen ſind klein, und das Maul iſt mit kleinen
aber ſcharfen und ſpitzigen Raubzähnen bewafnet, die
Haut hat erliche bläuliche und grünliche Striemen,
und glänzt im finſtern. Die erſte Rückenfloſſe hat
eilf bis zwölf, die andere gleichfalls eilf bis zwölf
Finnen, worauf die kleinen Baſtardfloſſen folgen; in
der Bruſtfloſſe ſind achtzehn bis zwanzig, in der
Bauchfloſſe ſechs, und in der Afterfloſſe zwölf bis
dreyzehn.

A.*
Mit ein zelnen Bastard flossen.

Dieser Fisch lebt zwar mehrentheils von Medusenköpfen, Seesternen und dergleichen, ist aber dabey ein sehr räuberischer und gefräßiger Fisch, wie der Haanfisch, ja er packt sogar Menschen an; welches einmal ein Matrose, der in den Hafen Karkulen in Norwegen schwimmen wollte, auf eine traurige Art empfand; denn unter dem Schwimmen entkam er seinen Cameraden, und da er sich wieder empor schwung, war er sehr blutig und zerfetzt, und verschiedene Makrelen saßen ihm am Körper. Ob ihm gleich von seinen Gesellen geholfen wurde, so war es doch schon zu spät, und er mußte unter vielen Schmerzen den Geist aufgeben.

Den Winter über stecken diese Fische in den nordischen Gewässern, kommen im Frühjahre in einer starken Menge herunter, und zertheilen sich in Columnen, davon eine in die Ostsee, eine andere durch den Canal in die spanische See, und so weiter nach dem mittelländischen Meere zieht, eine aber sich an den holländischen, engländischen, und norwegischen auch jütischen Stranden aufhält, und allenthalben gefangen und geessen wird; doch ist ihr Fleisch schwer zu verdauen, und von ihren Rogen wurde vor Alters ein Cavejaar oder Garum bereitet. Sie haben, nach Art der Cabeljaue, am Ausgange des Magens verschiedene zottige Fortsätze, und bey der Oefnung findet man den Magen insgemein mit kleinen Fischlein angefüllt. In den Gegenden, wo man Heringe und Lachse überflüssig haben kann, werden die Makrelen nicht viel geachtet.

2. Der Bonetfiſch. Scomber Pelamis.

A.*
Mit ein-
zelnen
Baſtard-
floſſen.
2.
Bonet-
fiſch.
Pelamis

Pelamis war die Benennung, womit die Alten auch die folgende Art, nämlich den Thonn- oder
Thunfiſch belegten. Doch der Name Bonet iſt dieſer Art vom Herrn Osbeck gegeben, da die Franzoſen ihn Bonite nennen, wiewohl er an der franzöſiſchen Küſte auch Germon heißt.

Es hat dieſer Fiſch oben auf dem Rücken, nahe am Schwanze ſechs, untenher aber ſieben kleine
viereckige Baſtardfloſſen. Die Farbe iſt auf dem
Rücken ſchieferblau, und zieht ſich hin und wieder
etwas in das grünliche. Der Bauch iſt perlgrau;
die Seiten haben vier gelbe Linien, welche gleichwei-
tig vom Kopfe anfangen, und ſich am Schwanze
vereinigen. Die Augen ſind groß, und ſtehen in einem ſilberfärbigen Ringe. Die Anzahl der Finnen
iſt in d.r erſten Rückenfloſſe funfzehn, in der zweyten
zehen bis eilf, dann folgen die kleinen Baſtardfloſſen.
In der Bruſtfloſſe findet man ſieben und zwanzig
bis acht und zwanzig, in der Bauchfloſſe ſechs bis
ſieben, in der Afterfloſſe vierzehn, und in der
Schwanzfloſſe ſechs und zwanzig Finnen.

Es hält ſich dieſer Fiſch zwiſchen den Wendezirkeln, und wohl bey hundert Meilen weit, rings um
Madera, und den canariſchen Inſeln herum, deßgleichen bey Capo Verde, oder dem grünen Vorgebürge, in der größten Menge auf, ſo daß es in
ſelbigen Gewäſſern davon wimmelt. Er wird gemeiniglich drey bis vier Schuh lang, iſt dick und
fleiſchig, und mit überaus kleinen und feinen Schuppen dichte beſetzt. Man fängt ſie mit Harpunen oder
mit Hamen, und die Seefahrer ſehen ſie oft nicht allein im Waſſer, ſondern auch über demſelben, denn

ſie

sie springen wohl zehn bis zwölf Schuh hoch aus dem Wasser heraus, und schnappen nach den fliegenden Fischen, die ihren Nachstellungen durch den Flug entgehen wollen. Ihr Fleisch ist vortreflich, trocken nahrhaft, fest und schmackhaft.

3. Der Thaunfisch. Scomber Thynnus.

Die griechische Benennung Thynnus ist in vielen Sprachen beybehalten Denn es heißt dieser Fisch französisch Thon; italiänisch Tonno; englisch Tunnyfish; holländisch Thonyn; deutsch Thaunfisch; ist aber nichts anders als die spanische Makrele, weil sie an den Küsten von Spanien häufig gefangen wird, und man hat die vorige Art Pelamis, gemeiniglich für die jungen Thaunfische gehalten, wie denn auch zu dieser Art verschiedene gerechnet werden, die mit derselben in sehr genauer Verwandschaft stehen.

Es hat dieser Fisch auf beyden Seiten acht Bastartflossen, auch wohl neun; oder neun oben und acht unten. Der Kopf ist mehr hoch als breit und geht vom Rücken schräg bis zur Schnautze hinunter. Auf dem Körper sieht man keine Schuppen (vermuthlich) weil sie ungemein klein seyn werden.) Die Augen stehen nahe an der Schnautze, wo die Spalte des Mauls ihren Anfang nimmt. Die Kiefer laufen etwas spitzig zu, sind mit scharfen Zähnchen gewafnet, und der untere ist etwas länger als der obere. Die Kiemendeckel sind glatt, rund und glänzend: der Körper ist lang, rund, und an den Seiten etwas gedruckt; der Rücken hebt sich nicht hoch, und ist fast kielförmig; so hängt auch der Bauch nicht merklich herunter; der Schwanz end-

endlich iſt gabelförmig. Die verſchiedene Zählung
der Finnen verhält ſich folgender Geſtalt. Die erſte
Rückenfloſſe hat deren vierzehn, die zweyte zwölf
bis vierzehn, die Bruſtfloſſe zwey und zwanzig bis
vier und dreyſig, die Bauchfloſſe ſechs, die After⸗
floſſe dreyzehn bis ſechzehn, und die Schwanzfloſſe
dreyſig. Doch das Exemplar Gronovs, davon
wir oben die Beſchreibung gegeben haben, hatte in
der erſten Rückenfloſſe nur ſechs, und in der After⸗
floſſe nur eilf Finnen.

A.*
Mit ein⸗
zelnen
Baſtard⸗
floſſen.

Daß dieſer Fiſch beträchtlich groß werde, hat
ſeine Richtigkeit, denn es iſt gar nichts ſeltenes, daß
man einige fängt, die über hundert Pfund ſchwer
ſind, wenigſtens ſind diejenigen, die ſieben bis zehn
Schuh in der Länge halten, ſehr gewöhnlich. Sie
ſchwimmen ſchaarenweiſe zu etlichen hunderten und
tauſenden, machen in ihrem Zuge ein länglich Viereck,
und ſchwimmen gliederweiſe, wie wenn ein Regi⸗
ment Soldaten mit der ganzen Fronte vorrückt; ſie
werden daher auch in den langen Netzen, die bey vier
Monathe in der See aufgeſpannt ſtehen, und worein
ſie ſich zuletzt, als in einen Sack verlaufen müſſen,
in beträchtlicher Anzahl gefangen, hernach in Stü⸗
cke zerhackt, eingeſalzen, und zu Proviant auf die
Galeeren gegeben, oder in feine Riemen geſchnitten,
geſalzen, marinirt, und als ein niedlicher Biſſen in
Tönnchen verſchickt, wie ſie denn in Conſtantinopel in
hoher Achtung ſtehen, bey uns aber nicht mehr gelten,
ſeitdem wir die eingemachten Sardellen haben. In⸗
zwiſchen iſt doch eine in Baumöl gebratene, und her⸗
nach mit Oel, Eßig, Pfeffer, Nägelchen und Lor⸗
beerblättern marinirte Thunfiſchſcheibe ein ſchmack⸗
haftes, aber ſchwer zu verdauendes Eſſen. Man ſtellt
dieſen Fang bey Cadix, und an der ganzen Küſte
bis an Gibraltar an, denn es hält ſich dieſer Fiſch
in der ſpaniſchen See, und im großen Weltmeere
zwiſchen den Wendezirkeln am meiſten auf.

R 3　　　　4. Der

4. Der Breitfisch. Scomber
Cordyla.

Breit-
fisch.
Cordy-
la.

T. VII.
fig. 3.

Die Benennung Cordyla, war sonst gebräuchlich, um die jungen Thunfische damit zu belegen.
Da dieser aber, wider die Gewohnheit der Thunfische, einen sehr breiten, an den Seiten platt gedruckten dünnen Körper hat, so nennen wir ihn
Breitfisch. Bey den Brasilianern führt er den
Namen Guara tereba, und der Herr Gronov
rechnet auch den Salkotoc, den grünen Königs-
fisch, und den Dondioc Fisch des Valentyns,
wie auch den Saurus des Browns hieher.

Er hat zehn Bastardfloffen. Die Seitenlinie lauft erst von den Kiemen bis zur Helfte
des Körpers gerade, von da aber schräg bis zum
Schwanze, und diese letzte Helfte ist mit hinterwärts gerichteten Häkchen gewafnet, an beyden
Seiten aber mit kleinen dreyeckigen Schuppen
steif gepanzert. Der Kopf ist stumpf, die Augenringe sind goldgelb, im Maule befinden sich
sehr kleine Zähnchen; der Schwanz ist gabelförmig; die Farbe am Rücken und in den Seiten
bis zur oben beschriebenen Seitenlinie, grünlich-
blau, unterhalb der Linie aber weißlich, mit einem
Goldglanze. Die Bauchfloffen sind weiß, doch
alle übrige Floffen nebst dem Schwanze goldgelb.

Die Zahl der Finnen betreffend, so sind in
der ersten Rückenfloffe sieben, in der andern neun,
und dann folgen die zehn kleine Bastardfloffen.
Die Brustfloffe hat funfzehn, die Bauchfloffe sechs,
die Afterfloffe zwey und vierzehn, die Schwanzfloffe aber zwanzig Finnen. Derjenige Fisch aber,
der

der vom Seba vorgeſtellt wird, hatte in der zwey= A.*
ten Rückenfloſſe zwey und zwanzig, in der Bruſt= Mit ein=
floſſe ein und zwanzig, und in der Afterfloſſe zelnen
neunzehn bis zwanzig Strahlen, welches alſo ei= Baſtard
nen ſehr großen Unterſchied ausmacht, ſo daß man floſſen.
würklich auf die Zahl der Finnen allein nicht bauen
kann, wenn nicht andere Merkmale noch dazu
kommen, die mehr entſcheiden, dergleichen an die=
ſem Fiſche die gepanzerte und mit Häkchen beſetz=
te Seitenlinie iſt.   Uebrigens wird dieſer Fiſch
etwan ſieben bis acht Zoll lang, und man findet ihn
in den americaniſchen Gewäſſern.   Siehe **Tab.
VII.** fig. 3.

B.** Makrele deren Baſtardfloſſen mit= Mit ver=
einander verwachſen ſind. wachſe=
ne Ba=
ſtard=
floſſen.

5. Die blaue Makrele.   Scomber
Glaucus.

Dieſer Fiſch iſt breit und dünne wie ein ge= 5.
ſchobenes Viereck, auf dem Rücken dunkelblau, Blaue.
aber an den Seiten und am Bauche ſilberfärbig, Glau=
jedoch ſtehen an jeder Seite noch drey bis vier cus.
braune Flecken: die Schuppen ſind klein, die Au=
gen mittelmäßig groß, das Maul iſt inwendig klein,
und mit ſehr kleinen Zähnchen verſehen.   Die erſte
Rückenfloſſe beſteht aus einer Reihe von ſieben
ſteifen Stachelfinnen, die ſehr kurz und ſcharf
ſind, wovon die erſte vorwärts, die übrigen aber
rückwärts gekehrt ſind; die andere Rückenfloſſe hat
fünf und zwanzig Finnen, wovon die zweyte ſehr
lang iſt.   In der Bruſtfloſſe befinden ſich fünf,
in der Afterfloſſe fünf und zwanzig, und in der
Schwanzfloſſe, welche ſich in zwey Hörner endigt,
deren Spitzen ſchwarz ſind, zwanzig Finnen.

Herr

B.**
Mitver-
wachſe-
nen Ba-
ſtart-
floſſen.

Herr Osbeck traf dieſen Fiſch an der Inſel Aſcen-
ſion im großen Weltmeere an, und vielleicht iſt es
die nämliche blaue Makrele, welche Willoughbey
in Rom und Livorno geſehen.

6. Die Baſtardmakrele.   Scomber
Trachurus.

6.
Baſtard
Tra-
churus.

Die griechiſche Benennung Trachurus, welche einen rauhen, oder gleichſam ſtachlichen Schwanz
bedeuten müßte, zielet auf das knorpeliche rauhe
Bein, welches ſich bey dem Schwanze zeigt. Es
hat zwar dieſer Fiſch die Geſtalt einer Makrele,
iſt aber kleiner und wird darum von den Franzoſen
eine Baſtardmakrele mit dem Beynamen Gasca-
nel genennt. Uebrigens heißt er in England Horſe-
Makrell, auch Scad und Stoecker; und in Holland Marsbanker. Vielleicht iſt er der Italiäner
Fructura; der Engländer Ansjovis Mutter und
der Pür der Norweger. Ob ihn gleich der Ritter
nur das mittelländiſche Meer zur Wohnung anweiſt,
denn er iſt auch an den hollandiſchen Stranden
befindlich.

Er iſt nicht ſo dick und rund, als die Makrele,
und hat auch kein ſo ſpitziges Maul; der Rücken iſt
himmelblau, der Bauch ſilberfärbig mit etwas violet
melirt, die Kiemen ſind ſchwarz, die Augen groß,
und die Kiefer rauh. Die Zunge iſt ſcharf, der
Schwanz gabelförmig, und das Fleiſch hart und
trocken.

Obgleich dieſem Fiſche von den Alten die
Schuppen abgeſprochen worden, ſo iſt doch nichts
richtigers, als daß ſie wie andere Fiſche Schuppen
haben, nur daß ſie ſehr klein ſind, und feſt anliegen.
Derjenige, welchen der Herr Haſſelquiſt in dem Hafen
von

von Smyrna antraf, war am Kopfe ſchwärzlich, auf dem Rücken bis zur Seitenlinie blau, unterhalb beſagter Seitenlinie aber ſilberfärbig. Alle Floſſen waren weiß, nur hatten die vorderſten Finnen der zweyten Rückenfloſſe von obenher eine ſchwarze Farbe. Der Magen war dreyeckig und hatte an dem untern Munde zehn bis vierzehn Angehänge oder Fortſätze. Der ganze Fiſch war einen Schuh lang, mithin größer als man ſie ſonſt antrifft.

B.**
Mit verwachſenen Baſtardfloſſen.

Was den Unterſchied in der Zählung der Finnen betrift, ſo ſind in der erſten Rückenfloſſe allezeit acht, in der zweyten aber ein und dreyſig bis vier und dreyſig gefunden worden, die Bruſtfloſſe hat achtzehn bis zwanzig, die Bauchfloſſe ſechs, die Afterfloſſe ſieben und zwanzig bis dreyſig, worunter ſich bey einigen zwey Stachelfinnen befinden, die Schwanzfloſſe endlich hat ſiebenzehn bis zwanzig. Aber Baſtardfloſſen ſind nicht vorhanden.

7. Der Pferdbrachſem. Scomber Hippos.

7. Pferdbrachſem. Hippos

Vielleicht iſt es dieſer, und nicht der vorige, den die Engländer the Horſe-Makrell nennen. Er hat zwar Baſtardfloſſen, ſie ſind aber mit einander verwachſen. Die Kiemendeckel haben nach hintenzu einen ſchwarzen Flecken. In dem Maule befindet ſich eine einfache Reihe von Zähnen, da von zwey nach vorne zu, größer als die übrigen ſind. Die Seitenlinie biegt ſich in der Mitten nach unten zu, und iſt hinten etwas ſtachlich und kielförmig erhöht, die hintere Rückenfloſſe iſt roth, die Bauchund Afterfloſſe aber gelb, und vor der Afterfloſſe ſtehen abgeſonderte Stacheln. Die Kiemenhaut hat

R 5   ſieben

ſieben Strahlen. In der erſten Rückenfloſſe befin
den ſich ſieben, in der andern zwey und zwanzig, in
der Bruſtfloſſe zwey und zwanzig, in der Bauchfloſſe
ſechs, in der Afterfloſſe 1 ⅔, und in der Schwanz
floſſe dreyßig Finnen. Das Vaterland iſt Ca
rolina.

8. Der Goldſchwanz. Scomber Chryſurus.

Die goldgelbe Farbe des Schwanzes hat zu
obigen Benennungen Anlaß gegeben, daher ihn
die Engländer Yllowtaill nennen, wie denn auch
die vereinigten Baſtardfloſſen gelb ſind. Dieſer
Fiſch hat keine Zähne im Maule, und die Sta
cheln vor der Afterfloſſe ſtehen ein wenig entfernt.
Man zählt in der erſten Rückenfloſſe acht bis neun,
in der andern ſechs und zwanzig bis neun und
zwanzig, in der Bruſtfloſſe ſechzehn bis neunzehn,
in der Bauchfloſſe fünf bis ſechs, in der After
floſſe dreyßig, wozu die zwey entfernten Stachel
finnen gehören, und in der Schwanzfloſſe zwey
und zwanzig Finnen. Das Vaterland iſt Caro
lina.

9. Der Streitthunfiſch. Scomber Amia.

Die deutſche Benennung iſt wohl von der letzten
Finne der zweyten Rückenfloſſe entſtanden, welche
ſehr lang iſt, wie denn auch übrigens ſich an dieſem
Fiſche, der wohl drey Ellen lang wird, verſchiedene
Sta

Stachelfinnen befinden, ſo daß er ſich wohl in einem Streit mit ſeinen Waffen einfinden kann. Man hat aber eine groſe und kleine Gattung, deßgleichen noch eine Art, deren Seitenlinie in vielen Bögen wie eine Schlangenlinie läuft. Sie werden jetzt in Rom und Livorno Leccia, in Frankreich aber Cabrolle genannt.

Die Geſtalt iſt faſt wie ein Salm, denn der Körper iſt dick, lang, und bey dem Schwanze etwas viereckig. Die erſte Rückenfloſſe hat fünf ſcharfe, hinter ſich gerichtete, und die zweyte Rückenfloſſe vier und dreyſig Finnen, in der Bruſtfloſſe ſind deren zwanzig, in der Bauchfloſſe ſechs, in der Afterfloſſe vier und zwanzig. Der Rücken iſt dunkelblau mit einer ſchwachen Purpurfarbe übergoſſen, die Seiten ſind mehr violetfärbig. Die Kiefer ſind rauh, die Augen mittelmäſig groß, und die Schuppen klein. Der Schwanz iſt gabelförmig, und vor der Schwanzfloſſe zeigen ſich die Baſtardfloſſen.

Der Magenmund iſt voller faſerigen Fortſätze, deren man, wie Willoughbey berichtet, über hundert zählt, der Magen ſelbſt iſt ſchmal, die Gallenblaſe bey neun Zoll lang, und die Schwimmblaſe nimmt faſt die ganze Länge unter dem Rücken ein.

10. Die Seemakrele.   Scomber
Pelagicus.

Dieſer hat das Merkmal, daß die Baſtardfloſſen mit der Rückenfloſſe in eins verwachſen ſind. Es hat daher die Rückenfloſſe vierzig, die Bruſtfloſſe neunzehn, die Bauchfloſſe fünf, die Afterfloſſe zwey

und

B **
Mitverwachsenen Bastardflossen.

und zwanzig, und die Schwanzflosse zwanzig Finnen. Der Körper ist groß und platt, die Seitenlinie gerade, und wegen der Vereinigung aller Rückenflossen fängt sie sich vom Kopfe an, und endigt sich dichte am Schwanze. Es scheint dieser Fisch keinen bestimmten Aufenthalt zu haben, sondern allenthalben im Meere herum zu streifen.

———————

171. Geſchlecht. Meerbarben.
Thoracici: Mullus.

Damit nicht etwa unſere gewöhnliche Flußbar- Geſchl.
ben, die in dem Geſchlechte der Karpen vor- Benen-
kommen, mit dieſem Geſchlechte verwechſelt werden, nung.
ſo haben wir den Namen See- oder Meerbarben
gewählet, die Benennung Barbe aber kommt von
dem Barte her, den die zwey erſten Arten am untern
Kiefer führen, und die Schriftſteller ſind gewohnt,
dieſe Fiſche Mullus zu nennen, da jene, (die Fluß-
barben) Mugil heiſſen.

Die Kennzeichen des jetzigen Geſchlechts ſind, Geſchl.
daß der Kopf gedruckt, abhängig und mit Schuppen Kennzei-
gedeckt iſt, die Kiemenhaut hat nur drey Strahlen, chen.
und der Körper iſt mit ſehr großen Schuppen bedeckt,
die leicht herunter fallen. Es giebt nur folgende
drey Arten.

1. Der Rothbart. Mullus Barbatus.

Obige Namen ſind eben diejenigen, die bey den 1.
deutſchen und lateiniſchen Schriftſtellern gefunden Roth-
werden, doch die Italiäner nennen ihn Trigla, bart.
welches die Linneiſche Benennung des folgenden Barba-
Geſchlechts iſt, franzöſiſch Rouget; holländiſch tus.
Koning der Haringen, oder Heringkönig, weil
die Geſtalt viele Aehnlichkeit mit den Heringen
hat.

Er

Er wird selten zwey Pfund schwer, doch Seneca schenkte einmal dem Kaiser Tiberio einen Rothbart von vier Pfund, und Tondelet bestimmt ihre Größe auf eine Elle; ob aber Plinius recht hat, daß sie im rothen Meere wohl achtzig Pfund schwer vorkommen sollen, solches wollen wir dahin gestellt seyn lassen.

Er ist ganz roth, wenn er todt und abgeschuppt ist, so daß er ungemein schön aussieht, und einen herrlichen Geschmack hat, der fast über alle Fische geht, so daß selbst Seneca, Horaz, Juvenal und Martial ihn sehr rühmen, da er gegen Silber aufgewogen wurde. Aus diesem Grunde haben auch die Italiener noch jetzo das Sprichwort: la Triglia non mangia chi la piglia, weil er so kostbar ist, und von dem, der ihn fängt, lieber zu Gelde gemacht wird.

Der Unterkiefer hat ein Grübchen, worinn sich die zwey Bartfaden befinden, die so lang als der Kopf sind, der Kopf selber ist glatt, mit Schuppen gedeckt, und die Schuppen des Körpers sind größer als an den Salmen. Was die Anzahl der Finnen betrift, so sind in der ersten Rückenflosse sieben, in der zweyten neun, in der Brustflosse funfzehn bis siebenzehn, in der Bauchflosse sechs, wovon eine stachlich, in der Afterflosse sieben, wovon abermals eine stachlich ist, und in der Schwanzflosse sechzehn bis siebenzehn. Das Vaterland ist das mittelländische Meer. Sie befinden sich aber auch häufig in der Nordsee.

2. Der Riesenbarbe. Mullus Surmuletus.

Ein Barbe heißt französisch Mulet, da nun die jetzige Art viel größer als die vorhergehende wird, so haben die Franzosen selbige Surmullet, und gleich-

gleichsam einen Fisch der noch über den Barben ist,
genennt. Aus diesem Wort ist nun Surmuletus
gemacht, und wir nennen ihn seiner Größe halben
Riesenbarbe. Nun will ihn zwar Gronov für
eine Verschiedenheit der vorigen Art halten, allein
er unterscheidet sich durch die vier gelben Linien, welche an jeder Seite der Länge nach über den Körper
laufen. Die Schuppen sind an jetziger Art dicker
und fester. Auch sind die Flossen etwas anders ge-
farbt, denn die vorige Art hat weiße ins violetfarbi-
ge ziehende Flossen, bey dieser Art aber sind sie
gelblich, auch findet man sie mit rothen Finnen. Der
Aufenthalt ist im mittelländischen Meere.

3. Der Kahlbart. Mullus Imberbis.

Es ist aus der Benennung leicht zu schliessen,
das dieser Art die Bartfasern an dem untern Kiefer
mangeln. Man findet sie am häufigsten an der Insel Maltha, in dem mittelländischen Meere, wo
sie Re di Triglia genennt werden, vielleicht ihres
vortreflichen Geschmacks-halben. Diejenigen, welche Willoughbey sahe, waren kaum eine Spanne
lang, und sehr bäuchig. Sie sind ganz roth und
haben einen glatten Kopf. Die Anzahl der Finnen
ist in der ersten Rückenflosse sechs, in der andern
zehn, wovon eine stachlich ist, in der Brustflosse
zwölf, in der Bauchflosse sechs, in der Afterflosse
zehn, wovon zwey stachlich sind, und endlich in der
Schwanzflosse zwanzig. Dieses wären die Arten der
See- oder Meerbarben, wohingegen von den Fluß-
barben bey dem letzten Geschlechte, (welches das 189.
ist,) ein mehrers wird geredet werden.

172. Geschlecht. Seehähne.
Thoracici: Trigla.

Geschl. Benennung.

Die griechische und hernach im Lateinischen angenommene Benennung Trigla, wurde ehedem aus dem Grunde den Meerbarben beygelegt, weil sie sich im Jahr dreymal fortpflanzen sollen. Da nun aber der Ritter zum vorigen Geschlecht den Namen Mullus gebrauchet hatte, so scheinet er dem jetzigen Geschlecht den Namen Trigla wohl deswegen beygelegt zu haben, weil die mehresten Fische aus demselben wenigstens drey fingerartige freye Fortsätze an der Brustflosse haben. Weil der Herr Gouttuin Zeehaanen daraus gemacht hat, so sollen sie auch bey uns Seehähne heissen.

Geschl. Kennzeichen.

Die Kennzeichen sind, daß der Kopf gepanzert, und mit rauhen Linien besetzt ist. In der Kiemenhaut befinden sich sieben Strahlen, und an den Brustflossen hangen gewisse freye fingerförmige lange Fortsätze. Wir finden in diesem Geschlecht folgende neun Arten zu beschreiben:

1. Der Panzerhahn. Trigla Cataphracta.

1. Panzerhahn. Cataphracta.

Dieser Name entsteht aus der schildförmigen achteckigen Gestalt dieses Fisches, denn es hat der Körper etliche Reihen Dorne, und siehet einem Stör nicht ungleich, weil aber dieselbe oben und unten nur einfach, und nicht doppelt sind, so ist er in der That nur sechseckig. Das Maul gehet in

zwey

zwey hornartige Spitzen aus, und ſcheint darum gabelförmig zu ſeyn. Vorne an den Bruſtfloſſen hangen zwey fingerförmige Fortſätze. Die Unter-lippe iſt mit vielen Bartfaſern beſetzt, das Maul hat keine Zähne, und die Bauchfloſſen ſitzen an den Bruſtfloſſen. Die Farbe iſt blaßroth, und die Au-genringe führen einen Goldglanz. Der Kopf iſt mit vielen Stacheln beſetzt. Man zählt in der Rü-ckenfloſſe ſechs und zwanzig bis ſieben und zwanzig, in der Bruſtfloſſe eilf bis zwölf, in der Bauch-floſſe ſechs, in der Afterfloſſe neunzehn bis zwanzig, und in der Schwanzfloſſe zehn Finnen. Er hält ſich im mittelländiſchen Meer auf, und wird in Rom Peſce Capone, und Peſce Forca, in Marſeille aber Malarmat genennet. Er iſt des Arredi Trigla cornuta, anderer Schriftſteller Lyra altera, oder Cataphractus, und vermuth-lich auch des Valentins rother Teufel.

2. Der Meerleyer. Trigla Lyra.

Die Alten geben dieſem Fiſch den Namen Ly-ra wegen der gabelförmigen Geſtalt der Schnauze. Die Genueſer nennen ihn Organie, die Franzo-ſen Rouget, die Engländer Piper, oder Pfeifer, weil er, wenn er gefangen wird, einen pfeifenden Ton von ſich giebt.

Er hat drey fingerförmige Fortſätze in der Ge-gend der Bruſtfloſſen. Der obere Kiefer theilt ſich vorneher in zwey lange Lappen, die Naſenlöcher ſind tötherförmig; vor den Augen ſtehet ein zurück-gebogener Stachel, hinter den Augen ein anderer, der kürzer iſt, an den Seiten der Bruſt zeigt ſich ein Stachel, welcher ſo lang iſt, als die dabey han-gende fingerförmige Fortſätze, doch die Bruſt-floſſen ſelbſt ſind kaum ſo lang. Man zählt in der

Linne IV. Theil.   S   erſten

ersten Rückenflosse zehn, in der andern achtzehn, in der Brustflosse zwölf, und in der Bauchflosse Finnen, die übrigen aber sind nicht gezählt. Das Vaterland ist England.

Willoughby beschreibt einen solchen Pieper, der funfzehn und einen halben Zoll lang war, also daß die vordere Rückenflosse mit zehn Stacheln umgeben, und fünf Zoll lang von der Spitze der Schnauße entfernt gewesen, Brust= und Bauchflossen saßen nur drey und einen viertel Zoll, die Afterflosse hingegen sieben Zoll vom Maule entfernt. Der Kopf ist mit einem beinigen Schilde bedeckt, welches am Hinterkopfe in zwey scharfe Spitzen ausläuft. Die Rückenflosse stehet in einer Grube, deren Rand mit sechs und zwanzig Stacheln besteckt ist. An den Kiemen sind zu beyden Seiten drey fingerförmige Bärtchen befindlich, die Augen sind groß und mit der gemeinen Haut bedeckt, über den föcherförmigen Nasenlöchern befinden sich noch ein paar andere Löcher. Die Kiefer sind eigentlich nur rauh und nicht recht gezähnelt, und sowohl unten als oben im Maule mit zweyen höckerigen Erhöhungen versehen. Die Schwimmblase ist sehr groß, und hat nur eine Kammer, die Leber ist klein; die längsten Finnen der Kiemenflossen sind vier und einen halben Zoll lang. An jeder Seite des Körpers stehen siebenzig Flecken oder Punkte. Die Mitte des Rückens und der Schwanz sind roth, die Seiten aber nebst dem Bauche und Bauchflossen weiß.

3. Der Kirrhahn. Trigla Gurnardus.

Wir haben oben ein Geschlecht Fische betrachtet, welche Knorrhähne heissen, weil sie einen brummenden oder knorrenden Ton von sich geben, wenn man sie fängt. Dieser Fisch nun hat die nämliche Eigenschaft,

genschaft, sein Ton aber kommt mit dem Kirren der Tauben einigermassen überein, und darum nennen wir ihn Kirrhahn. Der Name Gurnardus aber ist von den Engländern entlehnt, die ihn Gournet und Gournard nennen, welches von curre oder Kirren herkommt. Bey den Holländern aber heißt er Knorrhaan.

Dieser Fisch hat gleichfalls drey fingerförmige Fortsätze; der Rücken ist roth oder gelb und schwarz gefleckt; der Kopf ist groß und mit beinigen Schildern gedeckt, aber nicht so stachlich als an der vorigen Art. Das Maul ist weit, und hat kleine Zähnchen. An beyden Augen, welche silberfärbige Ringe haben, stehen gedoppelte Stachel, das Maul gehet in zwey Stachelspitzen aus, und die Brustflosser sind blaßfärbig. Die erste Rückenflosse hat acht, die andere achtzehn, die Brustflosse zehn, die Bauchflosse sechs, die Afterflosse siebenzehn bis neunzehn, und die Schwanzflosse funfzehn Finnen. Das Vaterland ist England.

4. Der Seeguckguck. Trigla Cuculus.

Wenn die Schriftsteller diesen Fisch nicht wegen der löcherförmigen Nasenlöcher etwa Guckguck genennt haben, so ist es doch vielleicht des Tons halben geschehen, welchen derselbe von sich giebt. Er hat ebenfalls drey fingerförmige Fortsätze, aber die Seitenlinie ist ohne Stachel. Das Maul ist nach dem Artedi nicht so zweyhörnig als bey den vorigen Arten, die Kiemendeckel sind strahlig und der ganze Fisch ist roth. Man zählt in der ersten Rückenflosse neun, in der zweyten sechzehn bis siebenzehn, in der Brustflosse zehn bis eilf, in der Bauchflosse sechs, in der Afterflosse funfzehn bis sechzehn, und in der Schwanzflosse dreyzehn Finnen. Das Vater-

4.
Seeguckguck
Cuculus.

T. VII.
fig. 4.

S 2   land

land iſt ſowohl im mittelländiſchen als groſſen
Weltmeere. Er heißt franzöſiſch Morrude und
engliſch Rotchet. Das Exemplar, davon wir
die Abbildung Tab. VII. fig. 4. mittheilen, iſt
vom Vorgebürge der guten Hofnung, woſelbſt
man ihn für den beſten Fiſch hält. Derſelbe iſt
ganz roth, auſſer am Bauche, welcher weiß iſt.
Die Floſſen hingegen ſind blaßgelb; nur haben die
Bruſtfloſſen eine grünliche Farbe, und blaue Spißen, die mit kleinen weißlichen Flecken geſprenkelt
ſind, welche in einem groſſen ſchwarzen Flecken
ſtehen.

5. Die Meerleuchte. Trigla Lucerna.

Dieſe Art, welche vom Gronov nur zu einer Verſchiedenheit der folgenden Art gemacht wird,
führt den Namen Lucerna oder Meerleuchte, deswegen, weil der Gaumen und die Zunge hochroth
ſind, und bey der Oefnung des Mundes, zu Nachts
wie ein helles Licht glänzen. In Neapel heißt dieſer
Fiſch Cocco, in Ligurien Organo, in Marſeille
Galline, in Holland Poon.

Er hat drey fingerförmige Fortſätze, das Maul
lauft einigermaſſen gabelförmig aus, der Seitenſtrich theilt ſich nach dem Schwanze zu, in zwey Theile, und iſt nicht mit Stacheln beſetzt. Die Bruſtfloſſen ſind breit, und ſchwärzlich, und weil dieſe bey
ihrer Ausbreitung gleichſam wie die Flügel eines
Hühnergeyers ausſehen, ſo wurde der Fiſch bey den
Alten ſowohl Milvus als Lucerna genennt. Der
Schwanz iſt nicht ſehr gabelförmig. Die Kiemenflo-
ſen ſind zuweilen ſchwarz und blaubunt. Man zählt
in der erſten Rückenfloſſe acht bis zehn, in der zweyten ſechzehn bis ſiebenzehn, in der Bruſtfloſſe zehn
in

in der Bauchfloſſe ſechs, und in der Afterfloſſe funfzehn Finnen. Der Aufenthalt iſt in der Nordſee.

6. Die Meerſchwalbe. Trigla Hirundo.

6.
Meer‑
ſchwal‑
be. Hi‑
rundo.

Es hat dieſer Fiſch nicht nur obige Namen, ſondern wird auch Corvus, oder Seerabe genennt, weil die Bruſtfloſſen, die gleichſam, wegen ihrer Gröſſe, Flügel vorſtellen, ſchwarz ſind. An dieſen Bruſtfloſſen befinden ſich an beyden Seiten drey fingerförmige Fortſätze. Der Kopf iſt ſtachlich, deßgleichen auch die Seitenlinie. Weil der Kopf ſehr groß iſt, ſo nennt man ihn in Rom Capone; in England Tubfish. Die Oberlippe iſt gerändelt, oben glatt, und an jeder Seite mit drey Stacheln bewafnet, davon der vörderſte der längſte iſt. Die Augen ſtehen in blauen Ringen. Der Rücken iſt aſchgrau, der Bauch ſilberfärbig. In der erſten Rückenfloſſe ſind ſieben bis neun, in der zweyten achtzehn bis neunzehn, in der Bruſtfloſſe neun bis zehn, in der Bauchfloſſe ſechs, in der Afterfloſſe achtzehn bis neunzehn, und in der Schwanzfloſſe eilf bis zwölf Finnen. Wenn dieſe Fiſche gefangen werden, ſo murren ſie wohl eine halbe Stunde lang, und werden deßwegen auch wohl Knorrhähne genennt, gleichwie ſie auch wegen der groſſen Bruſtfloſſen fliegende Fiſche heißen. Wenn ſie ſterben, endigen ſie ihr Leben mit einer zitternden Bewegung. Ihr Aufenthalt iſt im ſüdlichen Ocean.

7. Die Langnaſe. Trigla Aſiatica.

7.
Lang‑
naſe.
Aſiatica.

Aus der Linneiſchen Benennung iſt leicht zu ſchließen, daß dieſer Fiſch aus den oſtindiſchen Gewäſſern ſeyn müſſe; wir aber geben ihm den Na‑

S 3

men

men Langnaſe, da der obere Kiefer in einer glatten
Spitze hervor ragt. Er hat vier, ſtatt drey, fünger-
förmige Fortſätze. Der Körper iſt ſpindelförmig
rund, und ſilberfärbig, das Maul inwendig rauh,
die Bruſtfloſſe ſichelförmig, und die vördern Kiemendeckel ſind gezähnelt. Die erſte Rückenfloſſe hat ſ,
die andere ſechzehn, die Bruſtfloſſe achtzehn, die
Bauchfloſſe ſechs, die Afterfloſſe ſiebenzehn, die
Schwanzfloſſe achtzehn Finnen.

8. Der kleine Flieger. Trigla Evolans.

**8.
Kleiner
Flieger.
Evolans**
Es hat dieſer Fiſch nur drey fingerförmige
Fortſätze, und zwiſchen den beyden Rückenfloſſen ſte-
hen drey ſägeförmige Stacheln, der Kopf ſcheint
ſtrahlenweiſe ausgemeißelt zu ſeyn, der Schnabel
iſt ausgeränelt, die Bruſtfloſſen ſind ſchwarz, halb
ſo lang als der Körper, aber breiter. Die erſte und
zweyte Finne der erſten Rückenfloſſe, dann die erſte
Finne der zweyten Rückenfloſſe, ſind rauh, und
der Schwanz iſt gabelförmig. Man zählt in der er-
ſten Rückenfloſſe acht, in der zweyten eilf, in der
Bruſtfloſſe dreyzehn, in der Bauchfloſſe ſechs, in der
Afterfloſſe eilf, und in der Schwanzfloſſe dreyzehn
Finnen. Die Kiemenhaut hat acht, ſtatt ſieben
Strahlen, und der Aufenthalt iſt in Carolina.

9. Der fliegende Fiſch. Trigla Volitans.

**9.
Fliegen-
der Fiſch
Voli-
tans.**
Dieſe letzte Art wird auch wie No. 5. Milvus
genennt; in Sicilien Falcone; in Spanien Volador; in England Flying-Fish; in Frankreich Poiſſon volant; in Holland Vliegende
Viſh.

Die

Dieser Fisch ist nicht allein der größte, sondern auch der gemeinste unter allen fliegenden Fischen, und hält sich nicht nur im mittelländischen, sondern auch im großen Weltmeere zwischen den Wendezirkeln, sowohl in Asia als America, wo ihn die Brasilianer Pirapebe nennen, besonders aber auch am Vorgebirge der guten Hofnung in Africa auf. Man sieht daselbst ganze Flüge zu etlich hunderten aus dem Wasser heraus steigen, und in der Luft herum fliegen, wiewohl sie es nicht lange treiben können, denn sobald ihre Flossen trocken werden, fallen sie wieder in das Wasser, oder auch öfters auf die Schiffe, und werden alsdann gefangen und gegessen.

Das Exemplar, dessen Abbildung Tab. VII. T. VII. fig. 5. befindlich ist, war ein und einen halben Schuh lang, welches die größte Länge ist, die sie zu erreichen pflegen, und drey Zoll dick. Die Brustflossen, welche die Flügel ausmachen, sind zehn Zoll lang, und fünf Zoll breit, der Kopf hat hinten vier starke und steife hervorstehende Spitzen, davon zwey unter die Brustflossen, die zwey andern aber über selbige hinstreichen.

Die Gestalt des Körpers ist spindelförmig, der Kopf breit, platt, und zwischen den Augen hohl, mit einer beinigen Platte von gelber, blauer und dunkler Violetfarbe bedeckt. Der ganze Körper ist mit harten rauhen Schuppen bedeckt, die sich in der Mitte kielförmig erhöhen, und also gewisse Reihen vom Kopfe bis zum Schwanze machen. Die Kiemendeckel haben eben wie der Kopf, einen starken, steifen und hinter sich gerichteten Stachel. Der Rücken ist braun, und der Bauch silberfärbig, die Flügel hingegen sind etwas olivenfärbig, hin und wieder mit blauen Flecken und Strichen bezeichnet.

Die

Die erste Rückenfloſſe hat fünf bis ſechs, die andere aber acht Finnen, in der Bruſtfloſſe ſind acht und zwanzig, in der Bauchfloſſe fünf, in der After- floſſe ſechs, und in der Schwanzfloſſe achtzehn Fin- nen. Da die mittlern Finnen der Bruſtfloſſe län- ger ſind als die übrigen, ſo erſcheinen die Flügel etwas abgerundet, und vor ſelbigen zeigt ſich eine kleine beſondere Floſſe (ſtatt der Kiemenfloſſe) mit ſechs Finnen. Wie wir oben in dem 169. Geſchlechte der Stachelbärſche No. 9. ſchon einen fliegenden Barſch geſehen haben, ſo wird uns nachher das 185. Ge- ſchlecht auch noch andere fliegende Fiſche kennen ler- nen. Inzwiſchen beſchließen wir mit dieſer Art nicht nur das jetzige Geſchlecht, ſondern auch die bisherige dritte Ordnung der Bruſtbäucher.

IV. Ordnung. Bauchfloſſer.

Piſces Abdominales.

Welche in ſolchen Fiſchen beſtehen, deren Bauchfloſſen nicht, wie bey der vorigen Ordnung an der Bruſt, ſondern wirklich am Bauche, und folglich hinter der Bruſt ſitzen, daher wir ſie auch nicht füglicher als mit dem Namen Bauchfloſſer belegen können. Es kommen in dieſer Ordnung die nachfolgenden ſiebenzehn Geſchlechter vor.

(Marginalie: Benennung und Kennzeichen der IV Ordnung.)

173. Geſchlecht. Hochſchauer.

Abdominales: Cobitis.

Die griechiſche Benennung Cobitis deutet eigentlich eine Grundel an, und iſt dieſem Geſchlechte deßwegen beygelegt, weil die Fiſche deſſelben in der Geſtalt ſehr viele Aehnlichkeit mit den Grundeln haben. Wir haben aber den Namen Hochſchauer gewählt, weil ihre Augen oben auf dem Kopfe ſehr hervorragen.

(Marginalie: Geſchl. Benennung.)

S 5

Denn

Geſchl.
Kennzei-
chen.

Denn es gehört zu den Merkmalen dieſes Geſchlechts erſtlich die ſo eben erwehnte Stellung der Augen, ſodann zählt man an der Kiemenhaut vier bis ſechs Strahlen, auch ſind die Kiemendeckel von unten zugeſchloſſen, endlich iſt der Körper faſt allenthalben gleich dick, und der Schwanz verdünnet ſich nicht ſonderlich. Wir zählen in dieſem Geſchlecḧte die folgende fünf Arten.

1. Der Schmerling. Cobitis Anableps.

1.
Schmer-
ling.
Ana-
bleps.
T.VIII.
fig. 1.

Die griechiſche Benennung Anableps ſollte eigentlich Hochſchauer gegeben werden; da wir aber dieſes ſchon zum Geſchlechtsnamen gewählt haben, ſo nennen wir die jetzige Art lieber Schmerling, da ſie ſelbigen ſehr nahe kommt. Die Holländer aber heißen ſie Hoogkyker.

Es haben dieſe Fiſche an der Mundſpalte auf beyden Seiten eine kurze Bartfaſer, der Kopf iſt niedergedruckt, und die Augen ſtehen oben auf dem Kopfe hoch hervor, ſind aber dennoch ſo gebaut, daß ſie damit nicht gerade in die Höhe, wohl aber ſeitwerts und hinterwärts ſehen können. An dem Nabel zeigt ſich ein langer köcherförmiger Fortſatz, welcher hinter ſich zurück ſteht, und gleichſam die Stelle der Afterfloſſe vertritt, bey den verſchiedenen Exemplarien aber nicht allezeit auf gleiche Art gebildet iſt. Die Geſtalt iſt länglich rund, der Kopf bis über die Kiemendeckel ſchuppig, die Lippen ungeſchuppt, aber mit ſcharfen Zähnchen beſetzt, deren runzliche Haut in den Ecken des Mauls die oben erwehnten Bartfaſern macht. Die Seiten ſind mit vier in die Länge laufenden ſchwarzen Strichen gezeichnet, dahingegen iſt keine punctirte Seitenlinie vorhanden. Die Augen, die gleichſam auſſerhalb dem Kopfe ſitzen,

ſchei-

scheinen nur gelbe glänzende Kugeln zu seyn. Die Kiemenhaut hat sechs Strahlen, und die Anzahl der Finnen ist in der Rückenflosse sieben, in der Brustflosse zwey und zwanzig, in der Bauchflosse sieben, und in der Afterflosse neun. Man trift diese Fischlein an den Ufern von Suriname an. Die Abbildung siehe Tab. VIII. fig. 1.

2. Die Bartgrundel. Cobitis Barbatula.

Dieser Fisch führt nicht nur obige Namen, sondern heißt auch in einigen Gegenden Schmerle, oder zum Unterschied der vorigen Art, Flußschmerling, da er sich bey uns in Europa in den süssen Wassern und Bächen aufhält; französisch Loche franche und lateinisch Fundulus. Die Holländer nennen ihn Bermtje.

Die Gestalt kommt sehr mit den Flußgrundeln überein, davon unter dem Karpfengeschlechte gesprochen wird, ist aber klein, glatt und schlüpfrig, da die Schuppen sehr klein sind. Höchstens werden sie vier bis fünf Zoll lang, sind am Kopfe, an den Flossen und Schwanze schwärzlich gesprenkelt, übrigens aber schmutzig gelb. Der obere Kiefer hat sechs Bartfaden, der Kopf ist gedruckt und ohne Stacheln. Man zählt in der Rückenflosse acht, in der Brustflosse fünf bis zwölf, (welch ein Unterschied?) in der Bauchflosse sieben, in der Afterflosse sechs, und in der Schwanzflosse sechzehn Finnen. Sie sind, blau gesotten, oder auch gebacken, gut zu essen, und werden in einigen Gegenden Deutschlands in großer Menge gefunden.

3. Der Steinbeißer. Cobitis Taenia.

Er heißt Taenia, oder Bandwurm wegen seiner plattgedruckten Gestalt, auch Dorngrundel, weil

(Randnotiz:) 2. Bartgrundel. Barbatula.

(Randnotiz:) 3. Steinbeißer. Taenia

weil er unter jedem Auge einen Dorn hat, ſonſt aber gewöhnlich Steinbeißer, weil er an ſteinigen Ufern gerne in die Rißen kriecht, und ſich in Höhlen aufhält, welche die flieſende Waſſer unter den Ufern machen und ausſpülen. Er hat auch ſechs Bartfaſern und iſt übrigens in Geſtalt und Gröſſe von der vorigen Art nicht viel unterſchieden. Die Schuppen aber ſind kleiner und oval, der Kopf etwas groß, und der Körper etwas plattgedruckt. Man zählt in der Rückenfloſſe ſieben bis neun, in der Bruſtfloſſe ſieben bis acht, in der Bauchfloſſe ſieben, in der Afterfloſſe ſechs bis acht, und in der Schwanzfloſſe ſechzehn bis achtzehn Finnen. Der Aufenthalt iſt in allerhand europäiſchen ſüſſen Gewäſſern.

4. Der Prißker. Cobitis Foſſilis.

4.
Prißker.
Foſſilis. Der Beyname Foſſilis iſt ihm darum gegeben, weil er ſich im Moraſte verkriecht, und zuweilen, nach den Ueberſchwemmungen der Flüſſe, in dem Moraſt gefunden wird, in welchen er ſich tief hinein bohret. Er führt verſchiedene Benennungen, als Mißgurn und Fißgurn, jedoch iſt der Name Prißker der gewöhnlichſte.

Er hat acht Bartfaſern, und die Stacheln ſißen nicht unter, ſondern über den Augen. Die Farbe iſt bläulich, und auf beyden Seiten mit fünf in die Länge gehenden Strichen geziert. Die Anzahl der Finnen in der Rückenfloſſe iſt ſechs bis ſieben, in der Bruſtfloſſe neun bis eilf, in der Bauchfloſſe fünf bis ſechs, in der Afterfloſſe fünf bis ſieben, und in der Schwanzfloſſe funfzehn bis ſechzehn. Was die Anzahl der Strahlen in der Kiemenhaut betrift, ſo ſind deren nur drey vorhanden. Sie halten ſich in den innländiſchen Gewäſſern von Europa auf, und ſind ein lebendiges Wetterglaß, denn man kann ſie

lange

lange in einem Glas mit Waſſer halten, da ſie denn jede
Veränderung des Wetters, durch ihre Bewegung,
und die Stürme durch ihre Unruhe, und wenn ſie zu
Boden ſinken, andeuten.

5. Der Ausländer. ·Cobitis Heteroclita.

Der Kopf hat keinen Bart, die Rücken- und
Afterfloſſen ſind weiß geſprenkelt, die Schwanzfloſſen aber ſchwarz bandirt. Der Körper iſt länglich,
mit großen Schuppen beſetzt, und etwa eine Spanne
lang, der Körper platt und ſchuppig, die Lippen ſind
gezähnelt, der Bauch iſt gelblich. Die Rückenfloſſe
ſtehet am Gleichgewichtspuncte, und die Afterfloſſe
demſelben gerade über, beyde aber ſind ſchwarz geſprenkelt. Der Schwanz iſt abgerundet, hat weiße
Flecken mit ſchwarzen Bändern, und einen durchſichtigen Saum. In der Kiemenhaut ſind fünf Strahlen. Die Rückenfloſſe hat zwölf, die Bruſtfloſſe
ſechzehn, die Bauchfloſſe ſechs, die Afterfloſſe zehn,
und die Schwanzfloſſe fünf und zwanzig Finnen.
Man bringt dieſen Fiſch aus Carolina, wo ihn die
Engländer Mudfisk nennen. Jedoch iſt ſein Geſchlecht noch nicht recht bekannt.

174. Geschlecht. Wallerfische.

Abdominales : Amia.

Geschl.
Benen-
nung.
Amia war sonst die Benennung der Welse, und
diese heißen auch bey einigen Wallerfische;
wir haben daher letztere Benennung für das jetzige
Geschlecht gewählet, dessen Kennzeichen folgende sind.

Geschl.
Kennzei-
chen.
Der Kopf ist knochig, nackt, rauh, und hat
sichtbare Näthe. In den Kiefern und im Gaumen
stehen scharfe Zähne dicht aneinander. An der Nase
hangen zwey Bartfaden. Die Kiemenhaut hat zwölf
Strahlen, und der Körper ist schuppig. Man hat
nur die folgende einzige Art bisher entdeckt.

Der Moderfisch. Amia Calva.

Moder-
fisch.
Calva.
Da die Engländer diesen Fisch, (so wie die
letzte Art des vorigen Geschlechts,) Mudfisk nennen, so haben wir den Namen Moderfisch für diese
Art gewählet, welcher Name von den Holländern
als ein Geschlechtsname gebraucht wird, denn sie
heißen ihn Moddervisch, und wird daher rühren,
weil diese Art, die zugleich das ganze Geschlecht ausmacht, sich in den schlammigen Gründen der süßen
Gewässer in den Gegenden von Carolina in America
aufhält. Die Linneische Benennung Calva aber
ist demselben gegeben, weil der Kopf gleichsam kahl
ist, indem er auf selbigem keine Haut zu haben, und
mit einer nackten Hirnschale bedeckt zu seyn scheint.

Der

Der Körper iſt ziemlich rund und mit Schuppen beſetzt, die Seitenlinie geht gerade, die Kehle
iſt mit zweyen ſchildförmigen Knochen beſetzt, die
aus dem Mittelpuncte Strahlen haben. Die Kiemendeckel ſind ſteif und knochig. Die Bruſtfloſſen
ſind nicht größer als die Bauchfloſſen, und letztere
ſtehen mitten am Bauche; die Rückenfloſſen hingegen
ſind länger; die Schwanzfloſſe aber iſt abgerundet,
und hat am obern Theile der Wurzel einen ſchwarzen
Flecken. Man zählt in der Rückenfloſſe zwey und
vierzig, in der Bruſtfloſſe funfzehn, in der Bauchfloſſe ſieben, in der Afterfloſſe zehn, und in der
Schwanzfloſſe zwanzig Finnen. Dieſer Fiſch iſt wegen ſeines modrigen Geſchmacks ſelten zum Eſſen
tauglich.

175. Geſchlecht. Welſe.

Abdominales: Silurus.

Geſchl.
Benen-
nung.

Die zweyte Art dieſes Geſchlechts, welche der
Donau-Wels iſt, wurde ehedem von den
Schriftſtellern Glanis und Silurus genennt. Die
erſte Benennung hat der Ritter der beſagten Art
gelaſſen, die andere aber dem ganzen Geſchlecht
gegeben, und darum nennen auch wir dieſes Geſchlecht Welſe. Franzöſiſch heiſſen ſie Silure;
der holländiſche Geſchlechtsname iſt Meirvall, weil
es einige darunter giebt, die inſonderheit von den
Holländern ſo genennt werden, ſo wie auch das
vorige Geſchlecht von ihnen, aus der nämlichen Urſache, Meirslang genennt wird. Nun wiſſen wir
zwar, daß Meir in Holland ein inländiſches Gewäſſer bedeutet, welches aus ſüſſen Teich-, Quell-
oder Flußwaſſern entſtanden iſt, dergleichen bey
uns Seen genennt werden: Was aber hier Vall
ſeyn ſoll, iſt uns unbekannt, es müßte denn die
Benennung ſo viel bedeuten, als daß dieſe Fiſche
in den Meiren oder Seen, vallen, das iſt, vorfallen
oder vorkommen.

Geſchl.
Kennzei-
chen.

Die Kennzeichen dieſes Geſchlechts ſind folgende: Der Kopf iſt nackt, das Maul mit etlichen Bartfaden beſetzt, die Kiemenhaut hat vier bis vierzehn
Strahlen (es wäre alſo wegen der groſſen Verſchiedenheit in der Anzahl dieſer Strahlen beſſer,
ſolche gar nicht als ein Kennzeichen anzunehmen.)
Uebrigens aber iſt die erſte Finne in der Rücken-
oder Bauchfloſſe allezeit ſtachlich und hinter ſich gezähnelt.
Wir

Wir finden folgende ein und zwanzig Arten zu be=
ſchreiben:

1. Der aſiatiſche Wels. Silurus Aſotus.

Die Benennung Aſotus, welche einen Schwel=
ger oder Schlemmer bedeutet, hat vermuthlich
ihre Abſicht auf das große Maul und gefräßige
Weſen dieſes Fiſches; wir wollen ihn aber von
der folgenden europäiſchen Art durch die Anzeige
des Vaterlandes, welches Aſien iſt, unterſcheiden.
Er hat, nebſt verſchiedenen folgenden Arten, nur
eine einzige Rückenfloſſe, welches darum wohl zu
merken iſt, weil die erſten ſieben Arten auf dem
Rücken weiter nichts, als dieſe einzige Floſſe, die
übrigen Arten aber alle hinter der Floſſe noch eine
Speckfloſſe führen, die bey einigen, etliche, und
bey andern gar keine Finne hat. Uebrigens hat
der jetzige Fiſch vier Bartfaſern, nämlich, zwey
über und zwey unter dem Maul. In dem Maule
befindet ſich eine große Anzahl von Zähnen. In
der ganzen Rückenfloſſe iſt keine einzige ſteife Fin=
ne, aber wohl eine dergleichen ſägeförmige in je=
der Bruſtfloſſe, ſo wie auch bey den übrigen Ar=
ten, die Afterfloſſe iſt ſehr lang, und mit der
Schwanzfloſſe vereinigt. Man zählt alſo in der
Rückenfloſſe fünf weiche Finnen, in der Bruſt=
floſſe vierzehn, wovon eine ſteif iſt, in der Bauch=
floſſe dreyzehn, in der Afterfloſſe zwey und achtzig,
und in der Schwanzfloſſe ſechzehn. Die Kiemen=
haut überſteigt ſchon die oben bey den Geſchlechts=
zeichen angegebene Zahl der Strahlen, denn ſie
hat deren vierzehn.

1.
Aſiati=
ſcher.
Aſotus.

2. Der europäiſche Wels. Silurus Glanis.

**2.
Euro-
päiſcher
Wels.
Glanis.
T.VIII.
fig.2.**

Die Alten belegten, wie wir oben ſchon angezeigt haben, dieſen Fiſch mit dem Namen Glanis,
die deutſchen heiſſen ihn Wels, wornach wir das
ganze Geſchlecht nennen, und auch Wallerfiſch,
welchen Namen wir aber dem vorigen Geſchlecht
gegeben haben, deßgleichen Backkablau. Engliſch
heißt er Seatfish, franzöſiſch Silure, ſchwediſch
Mal, polniſch Sum, öſterreichiſch Harcha, und
türkiſch Glano.

Es hat dieſer Fiſch nur eine einzige Rückenfloſſe mit vier weichen Finnen. An der Bruſtfloſſe
zählt man funfzehn bis achtzehn Finnen, davon eine ſtachlich iſt. Die Anzahl der Bauchfinnen beläuft ſich auf eilf bis dreyzehn, in der Afterfloſſe
zählt man acht und achtzig bis neunzig. Obwohl
Artedi in ſeinem Exemplar nicht mehr als zwanzig, vielleicht durch einen Druckfehler, angegeben.
Die Schwanzfloſſe hält funfzehn bis ſiebenzehn, und
iſt gerade abgeſtutzt. Zwey ſehr lange Bartfaſern
ſind am obern, und vier kurze am untern Kiefer.

Dieſer Fiſch iſt nebſt dem Hauſen, unter allen Fiſchen der ſüſſen Gewäſſer der größte. Beträchtlich
groß und häufig iſt er in den Morgenländern; jedoch
bekommt man ihn auch in den europäiſchen großen
Flüſſen und Seen genug zu Geſichte, nur iſt er in der
Donau, Elbe und Weichſel häufiger, als im
Rheinſtrom, und man fängt ihn gerne weg, weil
er durch ſeine Gefräßigkeit viele andere Fiſche
wegräumt und die Gegenden leer macht. In der
Elbe fängt man ſie wohl zu hundert und zwanzig
Pfund, in der Weichſel giebt es ihrer, die ſechzehn Schuh lang ſind, und Geßner behauptet, daß
man in den ungariſchen Gewäſſern einige angetroffen,
die über acht Ellen in der Länge hatten, und mehr
als

als hundert und funfzig Pfund ſchwer waren, we-
nigſtens kommen in Wien öfters beträchtlich große
Welſe vor, und man hält ihn für den eigentlichen
Tobiasfiſch.

VIII. Dasjenige Exemplar, deſſen Abbildung Tab.
ſig. 2. mitgetheilt wird, war nach dem Osbeck zwey Ellen lang, und in den ſchwediſchen
Seen gefangen worden. Die Breite deſſelben trug
faſt acht Zoll aus, die Haut war blau, hatte aber dunkelfärbige unordentlich ſtehende Striche, war ſchleimig und ohne Schuppen, untenher aber weiß; der
Kopf obenher platt, vorne über abgerundet und
ſtumpf. Die obern Bartfaden waren ſo dick wie
ein Strohhalm, und acht Zoll lang, die vier untern aber hielten nicht mehr als zwey Zoll. Das
Maul war mit Warzen beſetzt, und der obere Kiefer etwas kürzer als der untere. Die Zähne waren klein und beweglich, die Zunge breit, dick, glatt,
kurz, und etwas geſpalten, die Rückenfloſſe war
ſehr klein. Einen ähnlichen Fiſch giebt auch
Herr Gronov an, der in dem Harlemer Meer
oder See, zwiſchen Harlem und Amſterdam gefangen ward, und macht von deſſen innern Lycilen
folgende Beſchreibung:

Die Haut ſaß durch verſchiedene Muskeln an   Anato-
einem Rocke von Fett feſte, der dreymal dicker als miſche
die Haut ſelbſt, und voller öligen Theile war, ſo Anmer-
daß die Haut dadurch ſehr beweglich blieb. Der tung.
Schlunckdarm oder die Speiſeröhre war groß, geräum-
lich und runzlich, an der Oefnung in der Kehle unten und oben mit zwey runden rauhen Beinchen
beſetzt; der Gaumen ſelbſt aber war glatt. Der
Magen war nicht viel geräumiger als die Speiſeröhre, und hatte an der Oefnung keine Angehänge,
ſondern lief in einen geraumen Darm zu Ende. Die
Kiemen hatten inwendig lange Stacheln, das Herz

hatte eine kegelförmige Geſtalt, und ein Ohr, das halb ſo groß als das Herz war. Die Leber hatte einen großen Lappen, welcher an der linken Seite und obenher nicht nur den Magen, ſondern auch die ganze Speiſeröhre bedeckte. Es war ferner die Gallenblaſe länglich, die Luftblaſe an den vörderſten Rippen des Rückens befeſtiget, und ſtreckte ſich über den ganzen Bauch hin, war auch zugleich mit einem weiten Canal verſehen, der ſeinen Ausgang in die Speiſeröhre hatte. Es war nur eine einzige dreyeckige breite Niere vorhanden, von welcher etliche Blut- und Saamengefäße durch das Bauchfell hin nach den Saamenbehältern giengen, die länglich waren, und ſich an dem Enddarme hinunter bis zum Nabel erſtreckten, daſelbſt aber zwiſchen dem Nabel und der Afterfloſſe in einer ein und einen halben Zoll langen Ruthe ausliefen.

Dieſes Exemplar war vier Schuh lang, und vier und zwanzig Pfund ſchwer; daß aber der Herr Gronov keiner Zunge erwehnet, iſt merkwürdig, da doch Willoughby, Artedi, und Herr Osbeck ſolche beſchrieben haben. Weil nun dieſer Fiſch keine Schuppen hat, ſo durften die Juden ihn nicht eſſen, andere aber eſſen ihn faſt lieber als den Lachs.

3. Der rauhe Wels. Silurus Aſpredo.

3. Rauher Wels. Aſpredo.

Die Benennung iſt von der rauhen und warzigen Beſchaffenheit der Haut hergenommen. In der einzigen Rückenfloſſe ſind fünf Finnen vorhanden, das Maul iſt mit acht Bartfäden beſetzt, diejenigen welche ſich an den Seiten befinden, ſind an der Wurzel ſehr breit. Der Rücken iſt kielförmig, und der Schwanz gabelförmig. Der Aufenthalt iſt in den americaniſchen Flüſſen, beſonders in Suriname.

Was

Was sonst die Gestalt dieses Fisches betrift,
so ist folgendes zu merken: der Kopf ist breit, platt,
nackt und höckerig, die Augen sind klein, und schwarz,
das Maul ist breit. Die Zähne bestehen aus zweyen
beinigen Warzen, welche sich innerhelb der Ober-
lefse befinden, die breit, und länger als die untere
ist. Die Kiemenhaut hat nur vier Strahlen. Weder der Kopf noch die Brust haben Fleisch, sondern
alles ist Knochen. In der Brustflosse befinden sich
7, in der Bauchflosse sechs, in der Afterflosse fünf-
und funfzig, und in der Schwanzflosse neun bis
eilf Finnen.

4. Der Bartwels. Silurus Myftus.

Die Benennung Myftus ist wohl von dem
Barte entstanden, und dahero auch andern Arten
beygelegt worden; weil aber jede Art doch einen Namen haben soll, so sucht man alle mögliche Benennungen hervor, und theilt sie aus, darum wollen
wir denn diesen Fisch Bartwels nennen, ob sie
gleich alle Bärte haben. Es sind aber an der
jetzigen Art acht Bartfäden vorhanden. Die Kiemenhaut hat zehn Strahlen. In der Rückenflosse
ist fünf bis sieben Finnen, wovon eine stachlich
sieben, in der Bauchflosse sechs, in der Afterflosse
sieben und funfzig bis zwey und sechzig, und in der
Schwanzflosse neunzehn bis zwanzig. Der Kopf
ist platt und breit, der Körper gedruckt und hoch,
das Maul halb rund und groß, die Kiefer voller
kleinen Zähnchen. Die Augen ragen stark hervor,
haben schwarze Augäpfel und gelbe Ringe. Die
Nasenlöcher stehen am Ende des Mauls. Die
Seitenlinie gehet dichte am Rücken gerade fort,
und liegt vertieft wie eine Grube, der Nabel befindet sich näher am Kopfe, als am Schwanze. Die
Haut ist sehr dünn, glatt und hat keine Schuppen,

der

der Rücken und Schwanz ſind braun, der Bauch iſt ſilberfärbig. Dieſer Fiſch wird in dem Nil ſtrom gefunden, und von den Egyptiern Schilbe genennet. Das Exemplar, welches der Herr Haſſelquiſt daſelbſt fand, war eine Spanne lang, und in der Mitte am Bauche zwey Zoll dick.

5. Der Aalwels. Silurus Anguillaris.

5.
Aal-
wels
Anguil-
laris.

Die lange und ſchlanke Geſtalt dieſes Fiſches hat obige Benennung veranlaſſet; er wird von den Arabern Charmuth genennt, und es gehört auch der Engländer Blackfish, oder der Siloor der Araber, ſodann auch der Buntaal, oder die indtanische lamprete des Willoughby hieher. Der Charmut aber iſt aus dem Nilſtrom.

Die Kiemenhaut hat neun Strahlen; am Kopfe ſind acht Bartfäden, die Rückenfloſſe hat neun und ſechzig bis zwey und ſiebenzig Finnen, woraus man ſchon die lange Aalgeſtalt ſchließen kann. In der Bruſtfloſſe ſind ſieben bis zehn, in der Bauchfloſſe ſechs bis ſieben, in der Afterfloſſe funfzig bis neun und funfzig, und in der Schwanz floſſe ſiebenzehn bis zwanzig. Der Kopf und hintere Theil des Rückens iſt an dem egyptiſchen Aalwels platt, der Kopf iſt auſſerdem punctirt und grubig, mit drey Hervorragungen; an jedem Kiefer ſind vier Bartfäden, nämlich zwey vorne und zwey zur Seiten an der Mundspalte. Das Maul ſitzt bis in den Gaumen voller Zähnchen, die Zunge iſt ſtumpf und mit einer dicken Haut bekleidet. Die Haut iſt glatt und dicke, der Nabel ſtehet in der Mitte des Körpers, und der Schwanz iſt abgerundet.

Das

Das Exemplar des Herrn Haſſelquiſt war oben ſchwärzlich, unten weiß, das Fleiſch wird im Kochen roth, ſchmeckt nicht gut, und iſt ungeſund, wiewohl ſie den ganzen Winter über in Aleppo in Ermanglung beſſerer Fiſche, häufig zu Markte kommen, da ſie vom November bis in dem Merz im Fluße Orontes gefangen werden. Der Gangesfluß in Bengalen iſt auch an dieſen Fiſchen reich.

6. Der Froſchwels. Silurus Batrachus.

Die Geſtalt des Kopfs giebt dieſem Fiſche das Anſehen eines Froſches. Er iſt aber auch mit acht Bartfaſern verſehen. Die einzige Rückenfloſſe hat ſechzig Finnen, die Bruſtfloſſe $\frac{7}{8}$, die Bauchfloſſe ſechs, die Afterfloſſe acht und vierzig, und die Schwanzfloſſe, welche gerade iſt, vierzehn Finnen. In der Kiemenhaut zählt man fünf Strahlen. Das Vaterland iſt Aſia und Africa.

7. Der Eilfſtrahl. Silurus Undecimalis.

Die jetzige Art wird nach der Zahl der Finnen in der Rücken- Bruſt- und Afterfloſſe, deren in allen Floſſen eilf ſind, Eilfſtrahl genennt, in den Rücken- und Bruſtfloſſen aber iſt die Vorderfinne ſcharf, und wie oben geſagt iſt, kammartig eingeſägt, die Bauchfloſſe hingegen hat nur ſechs, und die Schwanzfloſſe, welche gabelförmig ausläuft, ſiebenzehn Finnen. Das Maul hat acht Bartfaſern, wie etliche der vorigen Arten. Der Aufenthalt dieſer Fiſche iſt in Surinane.

T 4   7. Der

8. Der Steifbart. Silurus Militaris.

Bisher haben wir lauter Welſe mit einer Rückenfloſſe betrachtet, nunmehr aber kommen wir zu
ſolchen, die zwey Rückenfloſſen haben, davon aber
die hintere nur eine Fettfloſſe iſt.

Der jetzige wird Steifbart genennt, weil er
am Maule zwey gedruckte, ſteife, knochige Bartfaſern oder vielmehr Stacheln hat, und weil er ſich
damit gegen andere Fiſche, die ihm zu Leibe wollen,
verwahren kann, ſo hat ihm der Ritter den Namen
Militaris gegeben. Die Augen ſtehen ihm zur Seiten des Kopfs, die Seitenlinie geht gerade, der Rücken
aber ſteigt bis zur Rückenfloſſe in die Höhe. Die
erſte Rückenfloſſe hat ½ Finnen, die Fettfloſſe hingegen gar keine, in der Bruſtfloſſe zählt man $\frac{1}{11}$, in
der Bauchfloſſe ſieben, in der Afterfloſſe zwanzig, und
in der Schwanzfloſſe achtzehn. Das Vaterland iſt
Aſien.

9. Die Weichfloſſe. Silurus Inermis.

Es iſt oben angezeigt worden, daß die Fiſche dieſes Geſchlechts in der Rücken- und Bruſtfloſſe die
erſte Finne ſcharf und ſägeförmig haben. Da nun
an dieſer Art die ſteifen Finnen mangeln, auch die
Bartfaſern nicht ſteif ſind, ſo heißt ſie Inermis,
und wir nennen ſie Weichfloſſe.

Die erſte Rückenfloſſe hat ſieben, und die Fettfloſſe keine Finnen, an der Bruſtfloſſe zählt man ſiebenzehn, an der Bauchfloſſe ſieben, und an der Afterfloſſe acht und dreyßig. Der Kopf iſt platt, breit
und glatt, die Kiefer ſind rauh, vor den Naſenlöchern befinden ſich nur zwey kurze Bartfaſern. Die
erſte Rückenfloſſe fängt nahe am Kopfe an, und ihre

erſte

erſte Finne iſt zwar ſtark, aber glatt, mithin nicht
ſägeförmig gezackt, und auch nicht ſcharf. An der
Afterfloſſe ſind auch die vier erſten Finnen kürzer als
die folgenden. Der Schwanz iſt einigermaſſen abgerundet, und kann alſo kaum gabelförmig genennt
werden. Der Aufenthalt dieſer Art iſt Suriname.

10. Der Katzenwels. Silurus Felis.

Vermuthlich hat der Kopf mit den vielen Bartfaſern Anleitung zur obigen Benennung gegeben,
Denn an der Unterlippe ſind vier, und an jeder Seite oberhalb der Mundſpalte eine Bartfaſer. Die
Hinterfloſſe des Rückens iſt gleichfalls eine Fettfloſſe,
und hat keine Finnen, da hingegen ſich in der erſten
$\frac{1}{8}$ befinden, und in der Bruſtfloſſe $\frac{1}{11}$, die Bauchfloſſe hat ſechs, die Afterfloſſe drey und zwanzig, und
die Schwanzfloſſe ein und dreyßig. In der Kiemenhaut zählt man fünf Strahlen. Der Rücken dieſes
Fiſches iſt blau, die Bauch- und Afterfloſſen ſind
roth, und die Schwanzfloſſe geſpalten. Man trift
ihn in Carolina an, und er iſt mit dem Katerwelſe
No, 12. ſehr nahe verwandt.

10.
Katzen-
wels.
Felis.

11. Der Helmkopf. Silurus Galeatus.

Da der Kopf von oben mit einem harten leder-
artigen Schilde gedeckt iſt, ſo ſind ihm obige Namen
gegeben. Die hinterſte Rückenfloſſe iſt gleichfalls eine
Fettfloſſe ohne Finnen, die vörderſte aber hat $\frac{1}{7}$ Finnen, die Bruſtfloſſe führt $\frac{1}{7}$, die Bauchfloſſe ſechs,
die Afterfloſſe vier und zwanzig, und die Schwanzfloſſe neunzehn. Das Maul iſt mit ſechs Bartfaden
beſetzt, und der Schwanz iſt gerade abgeſtutzt.
Man trift dieſe Art im ſüdlichen America an.

11.
Helm-
kopf.
Galea-
tus.

T 5

12. Der

12. Der Katerwels. Silurus Catus.

**12.
Kater-
wels.
Catus.**

Es verhält ſich mit dieſem Fiſche wie oben mit
No. 10. dem er auch ſehr gleich kommt. Die Engländer nennen ihn the Catfish, und die Holländer
Katviſch. Mit der Fettfloſſe iſt es eben ſo, wie
an den vorigen Arten beſchaffen. Die vordere Rückenfloſſe hat ½, die Bruſtfloſſe ₁₃, die Bauchfloſſe
acht, die Afterfloſſe zwanzig, und die Schwanzfloſſe
ſiebenzehn Finnen. Die Anzahl der Kiemenſtrahlen iſt fünf. Sie kommen aus America und Aſien,
und aus letzterer Gegend hat der Ritter einen angetroffen, welcher in der Bauchfloſſe nur ſechs Finnen
hatte. Das Maul hat acht Bartfaſern.

13. Der ſyriſche Wels. Silurus Cous.

**13.
Syri-
ſcher.
Cous.**

Dieſe Art, die aus Syrien kommt, hat an
der Kiemenhaut nur einen Strahl. In der erſten
Rückenfloſſe ½, in der Fettfloſſe gar keine Finne,
in der Bruſtfloſſe neun, in der Bauchfloſſe ſechs,
und in der Afterfloſſe acht Finnen. Die Schwanzfloſſe iſt gabelförmig, und die Fettfloſſe iſt oval,
Der Kopf führt acht Bartfaſern.

14. Der Kielrücken. Silurus Carinatus.

**14.
Kielrü-
cken.
Carina-
tus.**

Da der Kopf ſamt dem Körper an den Seiten zuſammen gedruckt, mithin der Rücken ſcharf
iſt, ſo wird die Geſtalt mit dem ſcharfen Kiel eines
Schifs verglichen, wiewohl auch obige Benennung
auf die Seitenlinie zielen kann. Die hintere Rückenfloſſe iſt gleichfalls eine Fettfloſſe ohne Finnen;
die vordere aber hat ſechs, die Bruſtfloſſe acht, die
Bauchfloſſe acht, die Afterfloſſe zwölf, und die
Schwanzfloſſe vier und zwanzig Finnen. Die Bartfaſern

faſern an den Seiten ſtehen einzeln, und ſind an der untern Seite ſtachlich; die übrigen vier befinden ſich an der Unterlippe, ſind gleich lang, mit einander verbunden, kurz und untenher warzig, mithin ſind überhaupt ſechs Faſern vorhanden. Die Seitenli-nie iſt kielförmig erhöht, und einigermaſſen ſtachlich, wie bey den Seemakrelen. Die erſte Finne in der erſten Rückenfloſſe iſt an der vordern Seite hinauf-werts gezackt, daß die Sägezacken in die Höhe ge-richtet ſtehen, dahingegen die Zacken der erſten Fin-ne in den Bruſtfloſſen nach unten zu gerichtet ſind. Der Schwanz iſt gabelförmig. Der Aufenthalt dieſer Art iſt in den ſurinamiſchen Gewäſſern in America.

15. Der Langbart.   Silurus Clarias.

Der Fiſch, der ſechs Bartfaſern führt, iſt dadurch aus allen Arten zu kennen, weil ſeine Bartfa-ſern ſo lang als der Körper ſind, daher wir ihn auch Langbart genennt haben. Sonſt war er der Alten Aſpredo, und führt bey den Arabern den Namen Scheilan. Man hat ſich ſehr zu wundern über den großen Unterſchied, der ſich zwiſchen den Exemplarien zeigt, die hier von dem Ritter angeführt werden, denn ſie haben vier, ſechs und neun Strahlen in der Kiemen-haut. Die erſte Rückenfloſſe hält ſieben Finnen, wo-von eine zackig und ſcharf iſt, die andere iſt eine Fett-floſſe ohne Finnen, die bis zum Schwanze läuft, die Bruſtfloſſe hat neun bis zehn Finnen, wovon gleichfalls eine zackig und ſcharf iſt, die Bauchfloſſe hat fünf bis ſieben Finnen, wovon eine bey einigen Exemplarien ſtachlich iſt, die Afterfloſſe hält zehn bis zwölf, und die Schwanzfloſſe ſechzehn bis neunzehn Finnen, letz-tere iſt zugleich gabelförmig. Es hält ſich dieſer Fiſch in den Flüſſen von Africa und America auf, und von dem, der im Nilſtrome gefangen wird,

glaubt

glaubt man, daß er giftig ſeyn ſolle. Derſelbe hat
eine große ſtarke beinige Platte, welche unter der
vorderſten Ecke der Kiemenhaut ihren Anfang nimmt,
und herunterwärts bis zur Bruſtfloſſe fortlauft, untenher mit einem dicken Rande verſehen, nach oben zu
aber dreyeckig iſt. Die ſteife und zackige Bruſt-
finne iſt das vermeintliche Giftwerkzeug, deren
Stich nicht nur eine Entzündung erregt, ſondern
auch einmal einem ſchwediſchen Matroſen den Tod
ſoll verurſacht haben. Es kann aber vielleicht auch
eine andere Urſache dazu gekommen ſeyn.

16. Der bandirte Wels.   Silurus Faſciatus.

Der Körper dieſes Fiſches iſt auf beyden Seiten des Rückens mit weißen Banden, die in einen
ſchwarzen Grund gezogen ſind, geziert, und darum
heißt er Faſciatus. Man ſollte ihn aber billig
Langkopf nennen, denn es iſt der Kopf, wider
die Gewohnheit dieſer Fiſche, ein drittel ſo lang, als
die Länge des Fiſches austrägt, vorneher rund, und
oben niedergedruckt. Der Körper iſt übrigens nackt,
der Bauch weiß, und die Bartfaſern, deren er
ſechs führt, ſind ſehr lang. Was die Floſſen betrift,
ſo ſteht die erſte Rückenfloſſe gleich hinter dem Kopfe,
und hat ſieben Finnen, die zweyte iſt eine Fettfloſſe
ohne Finnen, und ſteht dichte am Schwanze, die
Bruſtfloſſe hat zehn bis eilf Finnen, wovon eine ſtachlich iſt, die Bauchfloſſe hat ſechs, die Afterfloſſe
dreyzehn bis vierzehn, und die Schwanzfloſſe ſiebenzehn Finnen. Alle Floſſen aber ſind mit ſchwarzen
Puncten geſprenkelt. Der untere Kiefer iſt an dieſem Fiſche kürzer als der obere, und die Schnautze
des obern Kiefers geht platt und breit aus.

Man

Man macht in der Colonie von Suriname, wo
dieser Fisch zu Hause ist, viel Wesens daraus, und
sucht ihn bey Gastmalen. Doch findet man ihn da=
selbst nicht allein, sondern auch in Brasilien.

17. Die Schmeerflosse. Silurus Bagre.

17.
Schmeer=
flosse.
Bagre.

Ob wir gleich schon etliche Welse mit Fettflossen
beschrieben haben, und noch mehrere nachfolgen, so
kann es doch nicht schaden, wenn wir auch eine davon
mit dem Namen Schmeerflosse belegen, und dazu
wählen wir eben diese Art, weil wir den Linnei=
schen Namen Bagre, der aus dem Ray genommen
ist, und den Provinzialnamen seines Vaterlandes,
welches sich in Nordamerica befindet, gar nicht
verstehen.

Es hat dieser Fisch an den Seiten nur vier
aber sehr lange Bartfaden, deßgleichen vier Strah=
len in der Kiemenhaut. Die erste Rückenflosse hat
acht Finnen, wovon eine sehr lang und bürstenartig
ist, die andere Flosse besteht aus einem Klumpen
Fett, die Brustflosse hat zwölf Finnen, und eine da=
von ist gleichfalls bürstenartig, die Bauchflosse hat
acht, die Afterflosse zwey und dreyßig, und die
Schwanzflosse funfzehn Finnen. Wenn wir nun die
erste Finne der Rücken= und Bauchflosse betrachten,
wie groß ist denn die Abweichung in den Geschlechts=
kennzeichen?

18. Der Dickbauch. Silurus Ascita.

18.
Dick=
bauch.
Ascita?

Die Aerzte verstehen unter Ascites die Bauch=
wassersucht. Da nun dieser Fisch, wenn die Eyer oder
Rogen groß werden, und zur gewöhnlichen Reife
kommen, einen sehr dicken Bauch hat, so ist diese Be=
nennung sehr schicklich gewählt worden. Der Fisch
selbst

ſelbſt iſt klein, der Kopf kurz und ſtumpf, die Haut
ſchleimig. Am Maule befinden ſich ſechs Bartfaſern, und die zweyte Rückenfloſſe iſt abermals eine
Fettfloſſe ohne Finnen. In der erſten Rückenfloſſe
ſind acht Finnen, wovon eine ſtachlich, in der Bruſtfloſſe zwölf, wovon abermals eine ſtachlich iſt, die
Bauchfloſſe hat ſechs, die Afterfloſſe achtzehn, und
die Schwanzfloſſe ebenfalls achtzehn Finnen. Wenn
die Rogen groß werden, ſo ſpaltet ſich endlich der
Bauch in die Länge auf. Das Vaterland iſt Indien.

19. Der gerippte Wels. Silurus Coſtatus.

19.
Geripp-
ter.
Coſta-
tus.
T.VIII.
fig. 3.
Die Urſache, daß dieſer Fiſch gerippt genennt
wird, kommt daher, weil die Schuppen reihenweiſe
ſtehen, welche wie Rippen ausſehen. Auſſer dem
iſt die Seitenlinie nichts als eine Reihe hinter ſich
gebogener Stacheln, die auch gleichſam an jeder Seite
eine Rippe vorſtellen. Es hat dieſer Fiſch ſechs Bartfaſern, nämlich vier kürzere unter dem Kinne und zwey
längere an den Seiten des Mundes. Die erſte Rückenfloſſe hat ſieben Finnen, wovon die erſte ſteif,
ſpitzig und an der vördern Seite gezähnelt iſt, die
übrigen ſind weich, und laufen in gabelförmige
Spitzen aus. Die zweyte Rückenfloſſe, nach dem
Schwanze zu, iſt eine Fettfloſſe, die Bruſtfloſſen haben neun Finnen, wovon die erſte abermals ſteif und
gezähnelt iſt, die Bauchfloſſen beſtehen aus ſieben,
die Afterfloſſe aus zwölf, und die Schwanzfloſſe aus
ſiebenzehn Finnen. Der Körper iſt an den Seiten
gedruckt, der Nabel ſteht mehr nach dem Schwanze
zu, die Kiefer ſind voller kleinen Zähnchen, alle Floſſen
ſehr lang, und der Schwanz iſt gabelförmig. Siehe
Tab. VIII. fig. 3. Das Vaterland iſt Indien,
doch die Holländer achten ihn daſelbſt nicht viel,
weil ſehr wenig, und dazu nichts delicates daran zu
eſſen iſt.

20. Der

20. Der Welsdelphin. Silurus Callichthys.

Wir nennen dieſen Fiſch Welsdelphin, weil die Geſtalt des Körpers einigermaſſen mit den Delphinfiſchen überein kommt: Holländiſch heißt er Dreg Dolphyn; portugieſiſch Soldido; und braſilianiſch Tamoata. Die Schuppen ſtehen in zweyen Reihen, das Maul hat vier Bartfaſern, und die hintere Fettfloſſe iſt an dieſer Art mit einer einzigen Finne verſehen. Die erſte Rückenfloſſe aber beſteht aus acht Finnen, davon die erſte ſcharf iſt, die Bruſtfloſſe hat ſieben Finnen, davon eine ſcharf iſt, die Bauchfloſſe ſechs, die Afterfloſſe ſieben, deren eine abermals ſcharf ausgeht, die Schwanzfloſſe aber hat vierzehn Finnen. In den Seiten zeigt ſich eine doppelte Reihe von Schuppen. Es wird dieſer Fiſch etwa drey und einen halben Zoll lang. Der Kopf iſt einen Zoll lang, der Körper etwas über einen Zoll breit, das Maul iſt klein, und hat keine Zähne, an jeder Seite hängt ein Bartfaden, der einen Zoll lang iſt. Die Augen ſind ſehr klein, und ſtehen in goldgelben Ringen. Der Kopf hat oben ein beiniges Schild. Die zwey Reihen Schuppen an jeder Seite, beſtehen aus länglichen übereinanderliegenden, und rings herum ſehr fein gezähnelten, beinigen Platten. Die Farbe iſt eiſengrau. Die Kiemen ſind dreyſtrahlig.

Man trift dieſen Fiſch in den Bächen und Flüſſen von America an, und wenn dieſe etwa austrocknen, ſteigt er ſogar über Land, und ſucht andere Gewäſſer auf. Iſt er in einen Weiher eingeſperrt, ſo bohrt er ſich ſogar durch den Damm oder Ufer ein Loch, um zu entrinnen, und ſich in andere Waſſer zu begeben, durch welche Oefnung ihm alsdann die andern Fiſche ſeiner Art alle nachziehen. Man nennt ihn in Suriname Kwikwi.

21. Der Panzerwels. Silurus Cataphractus.

21.
Panzer-
wels.
Cata-
phra-
ctus.

Catesby nennt dieſen Fiſch den americaniſchen Harniſchmann, und darum wird er vermuthlich Cataphractus heißen, ſonſt aber hat er nur eine einzige Reihe Schuppen, ſechs Bartfaden, ſechs Kiemenſtrahlen, und einen geraden abgeſtuhzten Schwanz. Die erſte Rückenfloſſe hat fünf Finnen, wovon eine ſteif iſt, die zweyte oder Fettfloſſe hat auch eine einzige ſteife Finne, am Bauche ſind ſechs, am After neun, und am Schwanze neunzehn Finnen. Der Körper iſt an den Seiten platt gedruckt, der Kopf iſt von oben platt und breiter als der Körper, obenher mit einem beinigen Schilde gedeckt, das ſich bis über den Rücken ausbreitet. Das Maul und die Zähne ſind klein, und die Bartfaſern dünne. Die Augen ſtehen nahe am Maule, jedoch weit voneinander und ſind ſehr klein. Die Reihe Schuppen an den Seiten beſteht aus dornigen Schilden, die erſt bey der Rückenfloſſe ihren Anfang nehmen; Bruſt und Bauch aber ſind glatt, der Nabel iſt näher am Schwanze als nach dem Kopfe zu, die Farbe iſt weiß und braun bunt. Der Aufenthalt iſt in America.

176. Geſchlecht.   Felſenfiſche.

Abdominales : Teuthis.

_____

Durch die Benennung Teuthis, verſtund man **Geſchl.**
einen Fiſch ohne Herz, und einem großen **Benen-**
Gräthe, und mit ſelbiger hat der Ritter ein neues **nung.**
Geſchlecht belegt, wohin er ein paar Fiſche gebracht
hat, die vorhin unter andere Geſchlechter verſteckt
waren.   Und weil eben dieſe Fiſche von Valentin
Klippfiſche genennt werden, ſo haben wir den Namen Felſenfiſche gewählt.

Die Kennzeichen ſind, daß der Kopf vornehcr **Geſchl.**
einigermaſſen abgeſtutzt iſt.   Die Kiemenhaut hat **Kennzci-**
fünf Strahlen.   Die Zähne ſtehen nur in einer ein- **chen.**
fachen Reihe, ſind ſteif, gleich groß, und ſtehen
dichte aneinander.   Es giebt nur folgende zwey Arten.

1. Der Leberfiſch.   Teuthis Hepatus.

1.

Die obigen Namen zielen auf die Farbe dieſes **Leber-**
Fiſches, denn er iſt blaßbraun-röthlich, oder Leber- **fiſch.**
färbig; die Indianer nennen ihn Marocke Vish **Hepa-**
und Valentin den dornigen Klippfiſch.   Er hat **tus.**
nämlich zu beyden Seiten des Schwanzes einen
ſpitzigen, beweglichen, ſtarken und zurückliegenden
Stachel, den aber der Fiſch aufrichten, und wieder
in eine Furche niederlegen kann.   Der Kopf iſt ſehr
abhängig.   Die Seitenlinie iſt kaum zu ſehen und
mit feinen Schuppen, die man mit einem Vergröße-

Linne IV. Theil.   U   rungs-

rungsglase erkennen muß, besetzt. Auf der leber-
färbigen Grundfarbe zeigen sich längliche blaßblaue
Flecken; die Flossen sind hochblau. Die Rückenflosse hat vierzehn Finnen, wovon acht oder neun
stachlich sind, in der Brustflosse befinden sich sechzehn,
in der Bauchflosse $\frac{1}{5}$, und in der Afterflosse $\frac{3}{18}$.
Der Aufenthalt ist in Amboina, und Carolina.
Er ist schmackhaft und gesund zur Speise.

2. Der javaische Felsenfisch. Teuthus Javus.

2.
Felsen-
fisch.
Javus.

T. II.
fig. 4.

Dieser unterscheidet sich von der ersten Art dadurch, daß am Schwanze sich vorbeschriebene Stacheln nicht befinden. Der Körper ist mit länglichen
blauen Flecken gezeichnet; der Schwanz halbmondförmig. In der Rückenflosse sind $\frac{13}{4}$, in der Brustflosse funfzehn, in der Bauchflosse $\frac{1}{5}$, und in der Afterflosse $\frac{3}{7}$ Finnen. Der Aufenthalt dieser Fische
ist um Java, und er wird von den Holländern
Leervisch genennt. Tab. II. fig. 4.

177. Geschlecht. Panzerfische.

Abdominales: Loricaria.

Die Ursache der Benennung ist leicht zu errathen, denn der Körper ist gleichsam gepanzert, oder mit steifen knochigen Schuppen bedeckt,
daher dieses Geschlecht auch von den Holländern:
Harnasmannen genennt wird, obwohl auch etliche
Fische aus andern Geschlechtern solche Namen führen, weil andere Schriftsteller solchen den Namen
Cataphractus beygeleget hatten. Es kommt also
am meisten auf die Kennzeichen an, welche in folgenden bestehen:

Der Kopf ist glatt und niedergedruckt. Das
Maul hat keine Zähne, und kann sich zurücke ziehen.
Die Kiemenhaut führt sechs Strahlen, und der
Körper ist gepanzert. Der Ritter führt nur fol-
gende zwey Arten an.

1. Der Harnischfisch. Loricaria
Cataphractus.

Man mag diesen Fisch wohl mit Recht also nennen, denn die Schuppen sind hart, groß und in die
Quere länglich, sitzen fest aneinander, und machen
den Körper einigermaßen eckig. Der Körper ist
spindelförmig und länglich, oben platt, in der Gegend der Rückenflosse gleichsam viereckig. Der
Kopf ist sehr groß, von oben platt gedruckt und beinig,

Geschl.
Benen-
nung.

Geschl.
Kennzei-
chen.

1.
Har-
nischfisch
Cata-
phra-
ctus.
T. VIII.
fig. 4.

unten nackt, und durch die Kiefer scharfeckig. Die Augen stehen dichte bey den Nasenlöchern, in pomeranzenfärbigen Ringen, sind aber unter sich selbst weit von einander entfernt. Die Schnautze ist rund und stumpf, mit breiten Lippen versehen, das Maul aber klein und gefalten, daher dieser Fisch auch von andern Plecoſtomus genennt wurde. Die Kiemenhaut hat zu beyden Seiten drey Beinchen, die Seitenlinie fängt gleich hinter dem Kopfe an, und geht gerade bis zum Schwanze. Der Nabel steht näher am Kopfe als am Schwanze, die Schuppen sind rauh und gabelförmig. Die obere Finne desselben geht in einen borstenartigen Faden aus, welcher an einem zehn Zoll langen Exemplare des Seba die Länge von zwey und einem halben Zoll hatte. Die Farbe des Rückens und der Floſſe ist dunkelaschgrau, doch sind letztere auch mit schwarzen Puncten gesprenkelt, untenher ist der Körper weiß. Die Anzahl der Finnen ist in der Rückenfloſſe ⅛, in der Brustfloſſe ⅐, in der Bauchfloſſe ⅙, in der Afterfloſſe ⅛, und in der Schwanzfloſſe zwölf. Das Vaterland ist das mittägige America. Siehe Tab. VIII. fig. 4.

Eine Nebenart wird noch von dem Ritter angeführt, welche sich hauptsächlich darinn unterscheidet, daß die obere Finne des Schwanzes in einen langen borstenartigen Faden ausgeht, der so lang als der ganze Körper ist, da sie an dem vorbeschriebenen Exemplare nur einen vierten Theil der Länge des Körpers hatte.

2. Das Runzelmaul. Loricaria
Plecoſtomus.

Dieser Fisch stand in der zehnten Auflage des Linneiſchen Naturſyſtems unter den Stören, ist aber jetzo

jetzo hieher geordnet. Die Brasilianer nennen ihn Guacari. Der Kopf ist glatt und unten, wo das Maul steht, flach, denn das Maul befindet sich an diesem Fische unten wie bey den Haanfischen. Die Mundspalte ist enge und mit einer Falte umgeben, welche einen halben Zirkel macht. An den Brust- flossen nimmt man kleine Oefnungen der Kiemen wahr. Der ganze Körper ist, nur den Bauch aus- genommen, mit beinigen dornigen Platten besetzt. In der Rückenflosse zählt man acht Finnen, und in einer zweyten kleinen Rückenflosse eine einzige Finne. Die Brustflosse hat ⅟, die Bauchflosse sechs, die Af- terflosse fünf, und die Schwanzflosse zwölf Finnen. Das Vaterland ist das südliche America.

178. Geſchlecht. Salme.

Abdominales: Salmo.

Geſchl.
Benen·
nung. Der Geſchlechtsname Salmo, iſt von dem Rit·
ter gewählet, um ein Geſchlecht der Fiſche
zuſammen zu faſſen, welches aus verſchiedenen Sor·
ten beſtehet. Man nennt ſie engliſch Salmon,
franzöſiſch Saumon, holländiſch Salm, deutſch
Lachs und Salm, ſchwediſch Lax, finniſch Lohs,
und es kommen allerdings in ſelbigen nicht nur die
Lachſe, ſondern auch Forellen, Stinte, Aeſche und
Salmbrachſemen vor.

Geſchl.
Kennzei·
chen. Die Kennzeichen ſind folgende: der Kopf iſt
glatt, die Kiefer haben Zähne, desgleichen iſt auch
eine Zunge vorhanden. In der Kiemenhaut ſind
vier bis zehn Strahlen. Die hintere Rückenfloſſe
iſt eine Fettfloſſe, und die Bauchfloſſen ſind viel·
ſtrahlig. Um aber nun die verſchiedenen Sorten
auseinander zu ſetzen, ſo macht der Ritter folgen·
de vier Unterabtheilungen:

A.* Salme, deren Körper bunt iſt. Lachs·
forellen. 12. Arten. Truttæ.

B.** Salme, deren Rücken und After·
floſſen gerade gegen einander über
ſtehen. Spieringe, oder Stinte.
2. Arten. Oſmeri.

C.*** Sal·

C.*** Salme, mit ſehr kleinen und faſt unſichtbaren Zähnchen. Hautinge oder Aeſche. 5.Arten. Coregoni.

D.**** Salme, deren Kiemenhaut nur vier Strahlen hat. Salmbrach=ſeme. 10.Arten. Characini.

Mithin finden wir in allen neun und zwanzig Arten zu beſchreiben, wie folget:

A.* Salme, deren Körper bunt iſt, oder Lachsforellen. 12.Arten. Truttæ.

A.*
Lachsfo-
rellen.
Truttæ

1. Der gemeine Lachs. Salmo Salar.

Dieſer Fiſch iſt der bekannte und gemeine Lachs, der die oben angeführte Geſchlechtsnamen trägt, als Salm, Salmon, Saumon und ſo wei=ter. Er iſt daran zu erkennen, daß die Schnauße über den untern Kiefer hervor ſticht und bey dem Männchen etwas krumm umgebogen iſt; die An=zahl der Kiemenſtrahlen iſt zwölf. Was aber die Zahl der Finnen betrift, ſo zählt man in der Rü=ckenfloſſe funfzehn, in der Bruſtfloſſe vierzehn, in der Bauchfloſſe zehn, in der Afterfloſſe dreyzehn, und in der Schwanzfloſſe neunzehn Finnen. Der obere Theil der Seiten iſt nur allein mit ſchwarzen Flecken geſprenkelt, und der Schwanz iſt kaum et=was gabelförmig.

1.
Gemei-
ner Lachs.
Salar.

Dieſe Fiſche werden ziemlich groß, denn man fängt ſie von zwanzig bis funfzig Pfund, ja im Jahr 1755. wurde in Schottland ein Salm von ſieben=

Geſtalt
und Ver-
ſchieden
heit.

A.*
Lachs-
forellen.
Trutæ

ſiebenzig Pfunden gefangen. Der Körper iſt länglich, der Kopf klein, die Schnauße ſpißig, der
Rücken bläulich, übrigens weiß. Die Schuppen
haben einen Silberglanz, der Nacken iſt grün.
Man macht aber einen Unterſchied zwiſchen Lachſen
von ein, zwey, drey oder vier Jahren, desgleichen
unterſcheidet man ſie nach der Jahrszeit, je nachdem ſie ſchon über die Begattungszeit hin ſind
oder nicht, wie auch nach ihrem Aufenthalte, es ſey
daß ſie in den Flüſſen ſelbſt, oder an deren Mündungen, in dem Meer gefunden werden. Denn
man nennt diejenigen Weißlachs, die in ihrer beſten
Blüthe ſind, Graulachs, welche vermagert oder
elend worden, Rothlachs oder Kalbfleiſchlachs,
deren Schuppen einen fleiſchfärbigen Rand haben,
und ſich mehr am Meer aufhalten. Ja das Vaterland und die Art des Waſſers in den Flüſſen,
macht einen Unterſchied aus, nach welchem man
Schmal- und Breitlachſe oder Meerlachſe mit
einem krummen Kinn hat. In England werden
die einjährigen Smelts, die zweyjährigen Sprods,
die dreyjährigen Morts, die vierjährigen Forktails,
oder Gabelſchwänze, die fünfjährigen Halfliſh, und
die übrigen hernach Salmon genennet. Ja wo man
faſt hin kommt, da es Lachsfänge giebt, (dergleichen durch ganz Europa, wo nur beträchtliche
und reine Flüſſe ſind, gefunden werden,) da
nimmt man allerhand Verſchiedenheiten wahr,
gleichwie ſolches auch im ruſiſchen Reiche ſtatt hat,
wenn man den Malma, den Sibiriſchen Taimen,
den Kamtſchadaliſchen Tſchawytſcha, den Stäl-
männiſchen Inniacha, und den Osmerus gegen
einander vergleicht, da denn nicht nur die Anzahl
der Finnen in den Floſſen, ſondern auch die Anzahl der Wirbelbeine im Rückgrad öfters ſehr von
einander abweichen.

Da

Da der Lachs ein großer Liebhaber vom fri- A.*
schen und klaren Flußwasser ist, so begiebt er sich, Lachs-
so bald das Eiß aufgehet, in die Mündungen der forellen.
Flüsse, und beobachtet dabey einen Wind, der mit Trutta
dem Flusse gehet, und von den Fischern Lachs-
wind genennet wird. Wenn aber dieses geschieht,
so versammlet sich der Fisch erst in großer Menge, und zieht alsdann Schaarenweise den Fluß
hinauf. Der Zug gehet in folgender Ordnung:
der Größte schwimmt, als der Stabsofficier, voran, darauf folgen eine Elle weit hinter ihm zwey
andere, die auch eine Elle von einander sind,
dann drey, dann vier, und so ferner gliederweise,
so viel ihrer füglich und in gehöriger Entfernung
eine Reihe ausmachen können, und sollten es auch
funfzehn und mehr in einer Reihe seyn. Ist es aber
die Begattungszeit, so ziehen die Rogner voran,
und die Milcher folgen alle nach, und wenn der
Zug groß ist, so rauscht es, als wenn ein Sturm-
wind gienge, und die Netze, die im Fluß aus-
gesetzt sind, werden mit loßgerissen, und fortge-
schleppt, doch bringen Holzflösse den Schwarm in
Unordnung, der sonst in vier und zwanzig Stunden in der schönsten Ordnung eine ganze Meile
zurück legt. Wenn sie einem Wasserfall begegnen,
so zertheilen sie sich in kleine Haufen, ruhen zuvörderst
unter den Steinen etwas aus, und dann springt
von jenem Haufen der erste Heerführer zuvörderst aus
allen Kräften in die Höhe, um das obere Wasser
zu erreichen, da man sie denn öfters wie einen Pfeil,
zwey bis drey Ellen hoch heraus schiessen siehet.
Die andern folgen sodann nach, und schwimmen im
obern Strom wieder in kleinen Haufen weiter,
bis daß sie sich ganz vereinigt haben. Wird der
Strom irgend zu stark, so springen sie über dem
Wasser ein paar Fäden weiter, kehren aber nicht
um, sondern wehren sich aus allen Kräften, um

U 5   durch-

A.*
Lachs,
forellen.
Truttæ

durchzukommen. Begegnen ſie Netzen, ſo machen ſie
Halte, und einer kundſchaftet ſeitwerts oder unter
halb dem Netze einen Ort aus, wo man ſicher durch
kommen kann, da ſie denn hernach alle folgen, und
hinter dem Netze wieder ihre alte Fronte machen,
um die Reiſe weiter fortzuſetzen, welche durchgängig
in Schweden im May und Junio, in wärmern Län
dern aber früher vorgenommen wird.

Begat-
tung.

Die Begattung iſt die nämliche, davon wir in
der Einleitung Erwehnung gethan haben; ſie geſel
len ſich zuſammen, reiben ſich, liegen vertraut, und Rei
henweiſe beneinander, und wenn ein Weibchen entwi
ſchen will, beißt das Männchen daſſelbe in dem
Schwanz, und hält es an der Floſſe feſt. Solches ge
ſchiehet in der Sommerzeit Abends und Morgens vor
und nach der Dämmerung, und mehrentheils in den
Mündungen der Flüſſe. Das Weibchen ſteckt den
Kopf in den Sand, und druckt den Rogen aus; her
nach kommt das Männchen, ſteckt gleichfalls den
Kopf in den Sand und ſpritzt die Milch über den Ro
gen. Die Art des Triebs aber, den ſie dazu haben,
und die natürlichen Gründe, daß ſie darinn ein Ver
gnügen finden können, iſt allerdings noch unbekannt.
Man hat zwar auch wahrgenommen, daß die Rog
ner die Milch verſchlucken, aber dieſes iſt vermuthlich
nicht mehr zum Begattungsgeſchäfte gehörig, ſon
dern eine Folge der Gefräßigkeit, denn wenn die Zeit
um iſt, ſind ſie ermüdet, ausgehungert, dürr und
mager, und wollen alles auffreſſen.

Man rechnet in den Rogen drey und zwanzig
tauſend und vierzig Eyer. Aber nur wenige derſel
ben werden ordentlich befruchtet, ſonſt wäre wohl
die Vermehrung erſtaunlich. Inzwiſchen muß man
doch auch viel junge Bruth für die Gefräßigkeit der
Alten und anderer Fluß- und Seefiſche abrechnen,
auch iſt nicht ein Jahr ſo ergiebig als das andere.

Sie

A.*

Sie lieben weiße und reine Gründe, ſuchen ſchattige Lachs-
Ufer, und müſſen daſelbſt gefangen werden, wo keine forellen-
ſtarke Farth oder Durchzüge von Holzflöſſern ſind. Truttæ
Es müſſen auch die Fiſcher nichts rothes an ſich haben, weil ſie davor fliehen, da man ſie hingegen durch
die weiße Farbe leicht anlockt.   Man bauet, um ſie
zu fangen, einen Gitterkaſten im Waſſer, in welchen
ſie ſich verlaufen, aus dieſem gerathen ſie in ein en-
ges Behältniß, wo man ſie ſogleich herausfiſcht, auſſer demſelben ſtehen Netze, nicht ſo ſehr um ſie zu fangen, als vielmehr ihre Richtung im Schwimmen
nach dem Kaſten hinzu zu leiten, wiewohl man ſich
auch durch Ziehnetze, und andere Werkzeuge ihrer
bemächtigt.   In England iſt der Lachsfang erſtaunlich reich, und ein ſchöner Handlungszweig.
Im Rhein und in der Maas werden bey ihren Aus-
flüſſen in Holland auch nicht wenige gefangen, wo man
die ſogenannte Salmhecken von langen Stecken und
Reißigwänden in den Flüſſen hat.   Dergleichen
zwey Salmfiſchereyen gaben im Jahre 1749. bey
Schonhoven zwiſchen dem 16. May und 19. Junii, zu jedermanns Verwunderung, neunhundert
und zwey und funfzig Stück Lachſe von ergiebiger
Größe.

Man rechnet, daß ſie ſechs bis ſieben Jahr zu
wachſen nöthig haben, ehe ſie gegen dreyſig Pfund
ſchwer ſeyn können.   Ihr Fleiſch iſt ungemein zart,
fett und von röthlicher Farbe, wird aber durch Einſalzen und Räuchern noch röther, ja wie Blut, da
man ſie denn verſchickt.   Man nimmt dazu die Lachſe Zuberei-
von achtzehn bis zwanzig Pfund, und es ſind die hol- tung.
ländiſchen von Schonhoven beſſer als die norwegiſchen, welche letztere öfters etwas thranig ſchmecken, oder zu trocken ſind.   Man ſticht ihnen, wenn
ſie gefangen werden, ein Meſſer in den Schwanz,
daß ſie rein ausbluten, ſpaltet ſie, nimmt die Ein-

ge-

A.*
Lachs
forellen.
Truttæ

geweide heraus, wäscht sie, salzt sie mit grobem
spanischen Salze, und läßt sie einen Monat darinne liegen, da man sie denn in Tonnen packt, und
mit reinem Pöckel übergießt; sollen sie aber geräuchert
werden, so nimmt man sie schon nach vier Tagen aus
dem Salze, wischt sie rein ab, und hängt sie in ein
dazu gemachtes Rauchhaus auf, wo sie in vierzehn
Tagen, längstens drey Wochen, schon fertig sind, und
hernach in die Luft gehangen werden. Wo man sie
frisch haben kann, werden sie in Scheiben geschnit-
ten, gesotten, und mit Eßig und Petersilienkraut,
auch wohl mit Eßig und Baumöl, sowohl kalt als
warm gegessen.

2. Der graue Lachs. Salmo Eriox.

2.
Grauer
Lachs.
Eriox.

Der graue Lachs ist, wie wir oben sahen, gleichsam nur als eine Verschiedenheit angemerkt worden,
wie er denn auch zugleich mit der vorigen Art lebt
und herum zieht. Daß aber der Ritter eine besondere Art daraus macht, dies gründet sich auf die Farbe,
da er grau gefleckt ist, und auf den gerade abgestutzten Schwanz, da jener einen in etwas gabelförmigen Schwanz führt. In Schottland heißt er Gney;
in Norwegen Lax-Oring. Er wird nicht so groß als
obiger, hat einen schlankern Körper, und eine dickere
Haut, die voller Schuppen ist. Man zählt zwölf
Kiemenstrahlen, und die Anzahl der Finnen ist in der
Rückenflosse vierzehn, in der Brustflosse vierzehn,
in der Bauchflosse zehn, und in der Afterflosse zwölf.
Willoughby hingegen beschreibt ihn als einen
Lachs, der breiter und dicker wird, als die vorige Art,
jedoch nicht so lang ist. Das Fleisch desselben soll
auch noch einmal so gut schmecken, allein da er sehr
geschwinde ist, wird er selten gefangen.

3. Die

3. Die Lachsforelle. Salmo Trutta.

A.*
Lachs-
forellen.

3.

Trutta.

Dieses ist nun die bestimmte Art, nach welcher Trutta der Ritter die jetzige erste Abtheilung genennt hat. Man nennt ihn in England Salmon Trout oder Lachs, auch Scurf. In Schweden Orlax, und Tuars- forelle. Pol, oder Querschwanz, holländisch Salmforell. Er wohnt in den europäischen Flüssen weit von dem Meere, und unterscheidet sich auch dadurch, daß er schwarze Augen oder Flecken hat, die mit braunen Ringen umgeben sind, wie denn auch die Brustflosse sechs Puncte hat. Sie wachsen zur Größe von zehn und mehr Pfunden, ziehen früher als der Lachs den Strom hinauf, und werden auch bequemer, ja so gar mit Angeln gefangen. Man zählt in der Rü- ckenflosse zwölf bis vierzehn, in der Brustflosse zwölf bis dreyzehn, in der Bauchflosse zehn bis zwölf, in der Afterflosse neun bis zehn, und in der Schwanz- flosse zwanzig Finnen. Das Fleisch ist sehr roth, und überaus schmackhaft.

4. Die gemeine Forelle. Salmo Fario.

4.
Gemei-
ne Fo-
relle.
Fario.

Dieser Fisch ist die eigentliche Trutta Fluviati- lis der Schriftsteller, französisch Truite; englisch Traut; schwedisch Forell, Stenbit und Backreu. Er unterscheidet sich durch seine schwarze und rothe Flecken, daher er auch wohl Variolus heißt, und wird in Italien Troita und Torrentina genannt, weil er häufig bey Wasserfällen und kleinen schnel- len Flüssen (Torrentes) gefunden wird. Viel- leicht kommt also der Name Trutta wohl daher. Der untere Kiefer ist an dieser Art etwas länger, und die Bauchflossen sind, nebst den Schwanzflos- sen mit einem weißen Rande eingefaßt.

Man

A.*
Lachs-
forellen.
Truttæ

Man zählt nur zehn Strahlen in der Kiemenhaut, die Rückenflosse hat dreyzehn bis vierzehn,
die Brustflosse zehn bis vierzehn, die Bauchflosse
neun bis zehn, die Afterflosse zehn bis eilf, und die
Schwanzflosse achtzehn bis zwanzig Finnen.

Sie schwimmen schnell, sind aber viel zahmer,
und lassen sich an steinigen Ufern, und unter den
Wurzeln der Weidenbäume, die im Wasser stehen, öfters mit der Hand herausfangen. Sie leben von
Wasser-, und andern Insecten, und mit diesem Lock-
aase kann man sie auch an Angeln fangen. Sie lieben
ein helles Wasser und einen steinigen Boden, und je rei-
ner ihr Aufenthalt ist, je schöner ist auch der Fisch,
den man übrigens für den besten unter allen Fluß-
fischen hält. Sie werden häufig in Schweden und
in der Schweiz gefunden, wo sie sehr groß sind.
Andere Flüsse in Deutschland haben kleinere Arten.

5. Die Hauchforelle. Salmo Hucho.

5.
Hauch-
forelle.
Hucho.

Diese Art, welche in der Donau gefangen und
in Wien hochgeschätzt wird, führt daselbst den Namen Huch oder Hauch. Sie wird größer als die
Flußforelle, indem sie über zwey Schuh lang wird;
der Körper ist auch dünner und schlanker, am Rücken schwarz gefleckt, an den Seiten aber, und am
Bauche weiß. Im Gaumen befindet sich eine doppelte Reihe Zähnchen, welches bey den vorigen Arten nicht statt hat. Alle Flossen sind braun, schwarz
und goldgelb gefleckt, nur die Kiemenflossen und den
Schwanz ausgenommen. Man zählt in der Rückenflosse vierzehn, in der Brustflosse sechzehn, in der
Bauchflosse zehn, und in der Schwanzflosse zwanzig
Finnen.

6. Die

6. Die Teichforelle. Salmo Lacuſtris.

Sie iſt die Salmon Trout der Engländer, und die Truite-Saumonée der Franzoſen. Sie wird ſehr groß, und man hat in dem Genfer See einige zu funfzig Pfund ſchwer gefangen. Der Körper iſt vollkommen ſpindelförmig, obenher mit ſchwarzen Puncten beſetzt, am Bauche mit einer länglichen Grube verſehen, und der Schwanz geht einigermaſſen gabelförmig aus. Die Rückenfloſſe iſt aſchgrau und ſchwarz gefleckt, die übrigen Floſſen ſind röthlich. Man hat dieſe Forellen in der Schweiz und in Norwegen, doch trift man ſie auch in Deutſchland an, dergleichen Tab. VIII. fig. 5. abgebildet iſt, und daran Herr Houttuin folgende Finnen gefunden: nämlich in der Rückenfloſſe eilf, in der Bruſtfloſſe dreyzehn, in der Bauchfloſſe neun, in der Afterfloſſe zehn, und in der Schwanzfloſſe etwa zwanzig. Das Exemplar war nur klein, nämlich ſechs Zoll lang, ein und einen halben Zoll breit, und drey viertel Zoll dick.

7. Die Goldforelle. Salmo Carpio.

Das Wort Carpio, welches nun einem andern Geſchlechte, nämlich den Karpfen pflegt zugeeignet zu werden, bedeutete bey den Alten nur eine Art der Forellen. Daher auch dieſe Forelle bey den Italiänern noch Carpione genennt wird. Dieſer Fiſch erreicht in der Größe niemalen einen Schuh, und hat im Gaumen fünf Reihen Zähne. Er iſt ſehr ſchmackhaft, wird im kochen roth, und in England Gilt Charre genennt, daher wir ihn ſeiner Koſtbarkeit halben mit den Holländern Goldforelle nennen. Sonſt iſt der Körper ſilberfärbig, an den Seiten weiß, gefleckt, und der Bauch nicht ſehr röthlich, die Unterfloſſen ſind ſchwärzlich, und nur ein wenig roth.

Uebers

A.*
Lachs,
forellen.
Truttæ

Ueberhaupt iſt dieſe Art von der vorigen nicht viel unterſchieden, und wird in den Flüſſen von Eng-land, und Walliſerland gefunden.

8. Die Bergforelle.   Salmo Alpinus.

8.
Berg,
forelle.
Alpinus

Da der Ritter dieſen Fiſch in den kalten Gewäſ-ſern der lappländiſchen Alpen gefunden, ſo hat er obige Namen bekommen, wie er denn auch in den Flüſſen der Gebürge von England angetroffen wird. Er hat einen ſchwarzen Rücken, blaue Seiten und einen gelben Bauch. Er wird etwa einen Schuh lang, hat rothe Bauchfloſſen und einen etwas län-gern Unterkiefer. Das Fleiſch dieſes Fiſches iſt ſehr roth. Er ſchwimmt gleichſam in Haufen die Flüſſe hinauf, und ſucht im Herbſte die ſchattigen Ufer. Man zählt in der Rückenfloſſe dreyzehn, in der Bruſtfloſſe vierzehn, in der Bauchfloſſe zehn, in der Afterfloſſe zwölf, und in der Schwanzfloſſe neun-zehn Finnen. Die Anzahl der Kiemenſtrahlen iſt zehn.

Er iſt der Alten Umbla minor, wird in Wal-lis Torgoch oder Rothbauch, und in Schweden Röding genennt. Wie ſie aber in den lappländi-ſchen Alpen, wo die Gewäſſer ſo wenig Inſecten und Kräuter zur Nahrung haben, leben können, iſt in der That zu bewundern, und der Ritter glaubt, daß ſie etwa durch die allgemeine Sünd-fluth dahin mögen gekommen ſeyn. Inzwiſchen iſt dieſer Fiſch daſelbſt faſt der einzige, welchen die Lap-länder in den Gebürgen zu ihrer Speiſe haben, und wird von dem Ritter anderwerts alſo be-ſchrieben:

Die Länge iſt durchgängig dreyzehn Zoll, die Schuppen ſind ſehr klein, der Kopf iſt glatt, oval und ſtumpf, die Kiefer ſind gezähnelt, die Zunge hat zwey

zwey Reihen Zähne, in deren jeder ſich ſechs befin- den. Der Gaumen iſt an den Seiten gleichfalls gezähnelt, die Naſenlöcher ſind klein, und beſtehen zu beyden Seiten aus zwey übereinander befindli- chen Löchern, jedoch iſt das unterſte Loch am gröſ- ten und dicht. Die Augenringe ſind grau, der Augapfel ſchwarz. Unter den Augen hat die Hirn- ſchaale ſieben ausgehöhlte Punkte, welche in die Län- ge ſtehen, hinterwärts aber noch drey ſolcher Punkte. Der Körper iſt an der Seitenlinie mit gelben Punk- ten geſprenkelt, der Schwanz iſt gabelförmig. (Gro- nov berichtet, daß die Kiefer gleich lang ſind, der Schwanz aber iſt ſchwarzbraun, und die Seiten weiß punktirt.

A.*
Lachs-
forellen.
Truttæ

9. Der Salvelin. Salmo Salve-
linus.

Dieſer Fiſch wird im Oeſterreichiſchen gefun- den, und von den Einwohnern in Linz Salvelin genennet. Er hat einen längern Oberkiefer, und wird etwa einen Schuh lang. Der Rücken iſt ſchwarz, die Seiten ſind gelb geſprenkelt, der Bauch nebſt den Bauchfloſſen gelblich, die Schup- pen ſind klein. Am obern Kiefer zeigt ſich an jeder Seite eine Reihe Punkte, die von den Naſenlöchern über die Augen bis zum Winkel der Kiemendeckel hinlaufen, alsdenn aber ſich ſchwenken und im Na- cken von beyden Seiten zuſammen kommen. Die größten wiegen ſechs Pfund. Man hat ſie aber nicht nur in der Donau, ſondern auch im Gen- ferſee, wo ſie ſehr groß werden, und den Namen Umble Chevaliere führen.

9.
Salve-
lin.
Salveli-
nus.

A.*
Lachs-
forellen.
Truttæ

10. Der Salmarin. Salmo Salmarinus.

10.
Salma-
rine.
Salma-
rinus.

In dem Gebiethe von Trident findet man in
kalten und ſteinigen Flüſſen eine Art, welche daſ
ſelbſt Salmarino, oder Salamandrino genennet
wird, und ſehr viele Uebereinſtimmung mit der
Goldforelle No. 7. hat. Der Rücken iſt dunkel-
gelb, und hat gelbe Flecken, der Schwanz iſt gabelförmig. Er wird höchſtens zwey Pfund ſchwer,
und iſt, friſch gegeſſen, allezeit ſchmackhaft, man mag
ihn zubereiten wie man will.

11. Der Röthling. Salmo Umbla.

11.
Röth-
ling.
Umbla.

Wir haben oben No. 8. der Bergforelle gedacht, welcher der Alten Umbla minor iſt. Jetzt
aber kommt unter dieſer Art der Umbla major
zum Vorſchein, und kann ſo genennet werden, weil
er bey zwey Ellen lang wird. Weil aber das Fleiſch
roth iſt, nennen wir ihn Röthling. Er unterſcheidet ſich aber am meiſten dadurch, daß die Seitenlinie krumm in die Höhe läuft, da ſie bey andern
gerade gehet. Der Aufenthalt iſt in den inlän-
ſchen Gewäſſern, in der Schweitz und Italien.

12. Die Silberforelle. Salmo Argentinus.

12.
Silber-
forelle.
Argen-
tinus.

Dieſer braſilianiſche Fiſch wird von den Einwohnern Piabucu genennet, und iſt ganz ſilberfärbig. Der Körper iſt ſehr lang, daher ſich auch
die Afterfloſſe in die Länge dehnet. Der Rücken
iſt oben ſehr glatt, hingegen hängt der Bauch
kielförmig herunter.

B.** Sal

B.** Salme, deren Rücken und Afterfloſſe gegen einander über ſtehen,
oder Stinte. Oſmeri.

13. Der Meerſtint. Salmo Eperlanus.

Der Name Oſmerus, der jetzo die zweyte
Abtheilung dieſes Geſchlechts beſtimmt, war vom
Artedi dieſer Art beygeleget, die ſonſt den Namen
Eperlanus, desgleichen Spirinchius und Spirin-
thus, ja auch Stincus führet. Aus dieſen Benennungen haben nun die Engländer und Franzoſen
mit dem Linne ihr Eperlan genommen, die
Holländer aber Spiering und die Deutſchen den
Namen Stint, woraus etliche ſogar, wegen des
übeln Geruchs dieſer Fiſche, Stinkfiſche gemacht
haben. In Dänemark heiſſen ſie Smelt, und
in Schweden Nors und Slom.

Derſelbe iſt einen Finger lang, hat einen durchſichtigen Kopf, und ſcheinet wegen ſeiner glänzenden Silberfarbe, die bey Nacht ſtark leuchtet, über
und über durchſichtig zu ſeyn. Er wird in den Mündungen der Flüſſe in Schweden, Engelland, Frankreich und Holland in ſo großer Menge gefangen, daß
man auf den Fiſchmärkten ganze Berge davon auf-
ſchüttet, und ſie zu ganzen Körben voll zugleich verkauft. Sie haben einen grünen auch violetfärbigen
Glanz, und einen ſtarken Geruch. Man merkt aber
zweyerley Verſchiedenheit an, nämlich große und kleine; letztere ſind nur einen Finger lang, erſtere aber
erreichen wohl acht Zoll. Der Körper iſt ſpindelförmig, und man zählt in der Rückenfloſſe eilf, in
der Bruſtfloſſe eilf, in der Bauchfloſſe acht, in der
Afterfloſſe ſiebenzehn, und in der Schwanzfloſſe neun-

B.**
Stinte.
Osmeri

zehn Finnen. Das Weibchen hat nur einen Rogenbehälter. Ohnerachtet sie rohe einen widrigen Geruch haben, so ist es doch ein gutes und zugleich wohlfeiles Essen. Man kocht sie, und speiset sie mit einer sauren Sauce. Man bäckt sie auch in der Pfanne, oder brätet sie auf dem Rost, oder dämpft sie im Wein, da sie denn mit Pfeffer und Mußkatennuß gewürzet, hernach mit einer eingebrannten Buttersauce mit Cappern und Citronscheiben zu Tische getragen werden.

14. Die Seeeydechse. Salmo Saurus.

14.
Seeey-
dechse.
Saurus.

Derjenige Fisch, den die Griechen Saurus nannten, wurde von den Lateinern Lacertus, jetzt aber von den Italiänern Tarantola genennet, weil er dem Körper nach, einer gewissen italiänischen Hauseidechse, (welche Tarantola heißt) gleich siehet, und darum geben wir ihr den Namen Seeeidechse. Der Körper ist länglich, spindelförmig, etwa einen Schuh lang, und einen Zoll dick. Der Rücken ist schwärzlichgrün, und daselbst sowohl als am Kopfe und an den Seiten mit grünen, blauen, rothen und schwarzen Flecken gesprenkelt. Der Kopf ist oben platt, und hat zwischen den Augen ein Grübchen, die Augen sind klein, das Maul ist spitzig, und die Mundspalte weit. In der Rückenflosse befinden sich zwölf, in der Brustflosse dreyzehn, in der Bauchflosse acht, und in der Afterflosse zehn oder eilf Finnen. Hinter der Rückenfinne nach dem Schwanze zu zeiget sich, wie bey den übrigen Salmen, ein Fortsatz von Fett. Der Aufenthalt ist in den europäischen Gewässern.

C.*** Sal

C.*** Salme, deren Zähne ſehr klein, und kaum ſichtbar ſind, oder Aeſche. Coregoni.

15. Der Lavarèt. Salmo Lavaretus.

Die Einwohner von Savojen und in Dau-
phine nennen dieſen Fiſch Lavarett, die Bayern
Gangfiſch, die Engländer Schally, und die Holländer Adelviſch In Schweden heißt er Syk,
und man macht einen Unterſchied zwiſchen Lapp-
ſyk, oder Fiolſyk, und Finnſyk; das iſt, zwiſchen
Bergſyk und Seeſyk. Er hat einen längern obern
als untern Kiefer, und nur neun Kiemenſtrahlen.
In der Rückenfloſſe ſind vierzehn, in der Bruſtfloſſe ſechzehn, in der Bauchfloſſe zwölf, in der
Afterfloſſe ſiebenzehn, und in der Schwanzfloſſe
achtzehn Finnen. Dieſer Fiſch hält ſich in der
Nordſee auf, ſucht, wenn der Häring kommt, die
Ufer und Mündungen der Flüſſe, ſteigt ſodann
nach Art der Lachſe wider den Strom hinan, und
zwar in Reihen, da man ihn in Fiſchreiſen, und mit
Schleif- und Ziehnetzen fangen kann. In der Begattung hängt das Männchen ſich an den Kiemen
des Weibchens feſte, und reiben ſich ſo gegen einander, um die Rogen und Milche heraus zu preſ-
ſen; wenn dieſes Geſchäft vorbey iſt, ziehen ſie wieder den Fluß herab, und man glaubt in Schweden
daß aus den Rogen dieſer Fiſche, der erſt lange hernach in die See geführet wird, erſt übers Jahr
eine junge Bruth entſtehe. Sie gebrauchen zum
Wachsthum, wie der Lachs, vier bis fünf Jahre,
werden ziemlich groß, und hernach zum einſalzen
gebraucht, da ſie denn geſpalten und von ihren Gräten geſäubert werden.

X 3 16. Der

16. Der Weißfiſch. Salmo Albula.

An dieſem Fiſche iſt der untere Kiefer länger
und im Maule ſind keine Zähne befindlich. Er
wird auch Weiſſerblauling, an der Elbe Snepel,
und in Dänemark Snebbel genannt. Er wächſt zu
etlichen Pfunden, gehet bey heiterm Wetter in die
Tiefe, und bey regneriſcher Witterung ſteigt er in
die Höhe, begattet ſich im Winter, und wird in
Schweden häufig gefangen, wiewohl er ſich auch
in andern Gewäſſern Europens befindet. In der
Kiemenhaut ſind nur ſieben Strahlen. Ferner zählet man in der Rückenfloſſe vierzehn, in der Bruſtfloſſe ſechzehn, in der Bauchfloſſe zwölf, und in der
Afterfloſſe funfzehn Finnen. Es giebt aber ſowohl
bey dieſer als der vorigen Art noch etliche Verſchiedenheiten, die nicht deutlich genug ſind, und die
Schriftſteller reden von: allerhand Fiſchen, unter
verſchiedenen Namen, die alle hieher zu gehören ſcheinen, als des Artedi Bläuling, und Folchen, der
Savojer Bezola, der Weißgangfiſch, der Genfer
Farra oder Pala, der Braſilianer Curimata, und
dergleichen mehr, wo es noch an hinlänglichen
Nachrichten und Vergleichungen der Kennzeichen
mangelt. Daß aber der jetzige den Namen Weiß-
fiſch führet, kommt nicht nur daher, daß die Seiten
und der Bauch ſilberfärbig ſind, indem der Rücken
nur bläulich iſt, ſondern daß auch das Fleiſch weiß
iſt, da es bey andern Arten ins röthliche fällt.

17. Der Aeſche. Salmo Thymallus.

Der Name Thymallus iſt von dem bekannten Thymian, einem balſamiſchen Kraute entleh-
net, und zielt auf den angenehmen Geruch dieſer
Fiſche, die gemeiniglich Aſche, Aeſche oder Iſer
ge-

genennet werden. Franzöſiſch Thym, italiániſch Aeſche.
Temelo, engliſch Grayling und Umber, ſchwediſch Core-
Harr. Der obere Kiefer iſt länger, die Kiemenhaut goni.
hat zehn Strahlen. In der Rückenfloſſe ſind ein und
zwanzig bis drey und zwanzig, in der Bruſtfloſſe funfzehn bis ſechzehn, in der Bauchfloſſe zehn bis zwölf,
in der Afterfloſſe vierzehn bis funfzehn, und in der
Schwanzfloſſe neunzehn Finnen. Dieſer Fiſch aaſet
auf die Rogen der Lachſe, wie die vorige Art auf die
Rogen der Häringe. Er lebt auch von andern Waſ-
ſerinſecten und ſchmeckt faſt wie die Forellen, bekomt
auch ihre Größe; der Rücken iſt ſchmutziggrün, die
Seiten ſind bläulich mit einem Goldglanz, und haben
etliche lange bräunliche Schattenſtriche, welche in den
Fugen der Schuppenlinien hinunter laufen. Das
Maul iſ. ſtumpf, die Kiefer ſind einander gleich und
voller Zähne. Man findet dieſen Fiſch in den Flüſſen
und an den Seeküſten von Europa.

18. Der Hauting. Salmo Oxyrinchus.

Der Name Oxyrinchus zielet auf die ſpitzige
Naſe dieſes Fiſches, daher ihn auch die Franzoſen Bec-
caſe nennen, doch in Flandern heißt er Hautin und
Outin. Er ſiehet den Forellen ziemlich ähnlich und
iſt weiß. Der obere Kiefer ſticht in einer coniſchen
Spitze über den untern hin. Es befinden ſich in der
Rückenfloſſe dreyzehn bis vierzehn, in der Bruſtfloſſe
dreyzehn bis ſiebenzehn, in der Bauchfloſſe zehn bis
zwölf, und in der Afterfloſſe vierzehn bis funfzehn Finnen. Der Aufenthalt iſt im großen Weltmeer.

18.
Hauting
Oxy-
rinchus

19. Der Schwediſche Aeſch. Salmo Vimba.

In dem Wönerſee in Schweden iſt noch ein Fiſch,
den die Dalekarlier Vimba nennen, und der den Ae-
ſchen gleich ſieht. Er hat aber eine gezähnelte Fettfloſſe,

19.
Schwe-
diſcher.
Vimba.

X 4   und

und man zählt in der Rückenfloſſe zwölf, in der Bruſtfloſſe ſechzehn, in der Bauchfloſſe zehn, und in der Afterfloſſe vierzehn Finnen. Und hiemit wird denn auch die
dritte Abtheilung dieſes Geſchlechts beſchoſſen.

D.****
Salm-
brach-
ſeme.

D.**** Salme, mit vier Strahlen in der Kiemenhaut oder Salmbrachſeme. Characini.

20.
Hoch-
rücken.
Gibbo-
ſus.

T.VIII.
fig. 6.

20. Der Hochrücken. Salmo Gibboſus.

Wir kommen jetzt zur letzten Abtheilung, welche
ſolche Salme enthält, deren Körper an den Seiten gedruckt iſt, und einigermaſſen mit Brachſemen eine
Aehnlichkeit hat, daher ſie auch Salmbrachſeme genennet werden. Unter ſelbigen macht eine Art aus
Suriname den Anfang, welche dicht am Kopf einen
ſehr hohen aufſteigenden Rücken hat, daher ihr obige
Namen ſind beygeleget worden. Man zählet in der
Rückenfloſſe zehn, in der Bruſtfloſſe eilf, in der Bauchfloſſe acht, in der Afterfloſſe fünf und funfzig, und in
der Schwanzfloſſe neunzehn Finnen. Siehe Tab.
VIII. fig. 6.

21.
Charak-
terſalm.
Nota-
tus.

21. Der Charakterſalm. Salmo Notatus.

Dieſe Benennung iſt von den ſchwarzen Flecken
entſtanden, welche dieſer Fiſch oberhalb der Seitenlinie
nach den Kiemendeckeln zu hat, als ob er dadurch gezeichnet wäre. Der Kopf iſt etwas ſpitzig, der Körper
länglich, und mit einer kleinen Fettfloſſe verſehen, der
Schwanz iſt gabelförmig, und übrigens iſt dieſer
Fiſch mit der folgenden Art ziemlich genau verwandt.
Man zählt in der Rückenfloſſe eilf, in der Bruſtfloſſe
ſechzehn, in der Bauchfloſſe ſieben, in der Afterfloſſe
drey und zwanzig, und in der Schwanzfloſſe vier und
zwanzig Finnen. Das Vaterland iſt gleichfalls Suriname.

22. Der

22. Der gefleckte Salm. Salmo Bimaculatus.

D.****
Salm,
brachse=
me. Cha-
racini.
22.
Gefleck=
ter. Bi-
macula-
tus.

Er hat ebenfalls, wie die vorige Art, hinter den Kiemendeckeln an beyden Seiten einen schwarzen Fle= cken. Gronov nennt ihn nebst den zwey vorigen Charax, und wegen seiner viereckigen Gestalt heißt er beym Seba Tetragonoptrus. Man hält ihn auch für den Piabuen der Brasilianer. Er ist sil= berfärbig, hat einen großen hervorstechenden Kopf, einen gabelförmigen Schwanz, und einen häutigen Fortsatz am Ende des Rückens. Man zählt in der Rückenfloße zehn bis zwölf, in der Brustfloße drey= zehn, in der Bauchfloße acht bis zehn, in der After= floße ein und dreyßig bis vier und dreyßig, und in der Schwanzfloße neunzehn Finnen. Der Aufenthalt ist in den Gewässern des mittägigen America.

23. Der ungefleckte Salm. Salmo Immaculatus.

Dieser Fisch ist eben so wie die zwey vorigen Arten gestaltet, nur hat er besagte Flecken nicht, und die Anzahl der Finnen in der Afterfloße ist weit ge= ringer, denn man zählt zwar in der Rückenfloße eilf, in der Brustfloße vierzehn, in der Bauchfloße eilf, aber in der Afterfloße nur zwölf, jedoch in der Schwanzfloße zwanzig Finnen. Er kommt auch aus America.

24. Der Stinksalm. Salmo Foetens.

In Carolina wird ein schwärzlich aschgrauer Fisch von unangenehmen Geruch gefangen, der auch in diese Abtheilung gehört, und von den Englän= dern Whiting genennt wird. Er weicht von den

obigen

D.**
Salm-
brachse-
me.Cha
racini.** obigen Arten darinn ab, daß er zwölf Kiemenstrahlen hat, und was die Finnen betrift, so zählt man in
der Rückenfloffe zwölf, in der Bruftfloffe vierzehn, in
der Bauchfloffe acht, in der Afterfloffe zwölf, und in der
Schwanzfloffe vier und zwanzig Finnen. Der Körper ist
oval und etwas spitzig. Die vielen Zähne ragen in den
Kiefern, im Gaumen und an der Zunge hervor. Die
Afterfloffe steht der Fettfloffe des Rückens gerade gegen
über, und die Schwanzfloffe ist halbmondförmig.

25. Der Karpfenfalm. Salmo Cyprinoides.

**25.
Karpfen
falm.
Cypri-
noides.** Das Karpfengeschlecht wird vom Ritter Cyprinus genannt; da nun diese Art mit No. 16. aus
dem Karpfengeschlechte sehr überein kommt, so ist
obige Benennung gewählt worden. Der Kopf ist
oben platt; die Augen ragen hervor, der Körper
ist schneeweiß, und der Schwanz gabelförmig. In
der Rückenfloffe sind zehn, in der Bruftfloffe fünf-
zehn, in der Bauchfloffe zehn, in der Afterfloffe eilf,
und in der Schwanzfloffe zwey und zwanzig Finnen.
Das Vaterland ist Suriname.

26. Der egyptische Salm. Salmo Niloticus.

**26.
Egypti-
scher.
Niloti-
cus.** Dieser Fisch, der aus dem Nilstrom in Egypten
kommt, ist ganz weiß, die Floffen aber sind alle
gelb, und der Schwanz ist gabelförmig. Der Körper ist an den Seiten gedruckt, die Schnautze länglich, nicht dünn, und am Ende stumpf, die Kiefer sind
gleich lang und mit Lippen versehen, welche die Zähne
bedecken können, die Zähne aber sind lang, dünne,
laffen sich auf die Seite biegen, und stehen dichte bey-
sam

ſammen. Die Augenringe ſind ſilberfärbig, aber D.****
die Augäpfel bläulich oder ſeegrün; die Rückenfloſſe Salm:
hat nach dem Linne neun, nach dem Herrn Haſſel- brachſe-
quiſt aber drey und zwanzig, die Bruſtfloſſe nach me.Cha-
erſterem dreyzehn, und nach letzterem ſiebenzehn Fin- racimi-
nen, die Bauchfloſſe neun bis zehn, die Afterfloſſe ſechs
und zwanzig, und nach Herrn Haſſelquiſt nur ſechzehn, die Schwanzfloſſe aber neunzehn bis zwanzig.
Die Seitenlinie geht gerade, liegt aber näher am
Rücken als am Bauche. Der Nabel befindet ſich näher
am Schwanze als am Kopfe. Die Schuppen ſind
klein, rauh, gezähnelt, und ſitzen in gerader Linie ſehr
feſte hintereinander.

Von dergleichen Lachsarten trift man im
Nilſtrome, beſonders in der Gegend von Alkair
ſolche an, die an die hundert Pfund ſchwer ſind, und
für die beſten in Egypten gehalten werden. Die
Araber nennen ſelbige Nefaſch.

27. Der Puterſalm.   Salmo Pulverulentus.

27.
Puter-
ſalm.
Pulve-
rulen-
tus.

Dieſe Benennung wird einem gewiſſen americaniſchen Fiſche dieſes Geſchlechts darum beygelegt,
weil die Floſſen gleichſam beſtäupt zu ſeyn ſcheinen.
Die Seitenlinie ſenkt ſich an dieſer Art hinunter-
werts, und man zählt in der Rückenfloſſe eilf, in der
Bruſtfloſſe ſechzehn, in der Bauchfloſſe acht, in der
Afterfloſſe ſechs und zwanzig, und in der Schwanzfloſſe achtzehn Finnen.

28. Der Würfelſalm.   Salmo Rhombeus.

28.
Würfel-
ſalm.
Rhom-
beus.

Der Körper iſt ſilberfärbig, die untere Lippe
länger als die obere und ſtumpf, die Zähne ſind ſtark,
die

D.****
Salm
brachfe
me.Ch-
racini.

die Augen roth, der Bauch iſt kielförmig und gleichſam
eingeſagt. Die After = und Schwanzfloſſen ſind an
der Wurzel und am Rande ſchwarz. Man zählt aber
in der Rückenfloſſe ſiebenzehn, in der Bruſtfloſſe ſie=
benzehn, in der Bauchfloſſe ſechs, in der Afterfloſſe
zwey und dreyſig, und in der Schwanzfloſſe ſechzehn
Finnen. Dieſe Fiſche werden in Suriname gefun=
den, und haben die unſchickliche Gewohnheit, die En=
ten, welche auf dem Waſſer ſchwimmen, in die Fü=
ſe zu beißen.

29. Das Hochmaul. Salmo Anoſtomus.

29.
Hoch=
maul.
Anoſto-
mus.

T.VIII.
fig.7.

Wir haben viele Fiſche, deren Maul unten am
Unterkiefer ſteht, als zum Exempel die Haayfiſche;
allein ſolche, deren Maul oben befindlich iſt, ſind
wohl ſelten, und dieſes trift man an der jetzigen Art
an, denn der untere Kiefer lauft vor dem obern
Kiefer vorbey und ſchlingt ſich ſo herum, daß das Maul
oben ſteht, und hinaufwerts ſchauet. Der Körper
iſt an den Seiten plattgedruckt, der Kopf iſt klein.
In der Rückenfloſſe ſind eilf, in der Bruſtfloſſe
dreyzehn, in der Bauchfloſſe ſieben, in der After=
floſſe zehn, und in der Schwanzfloſſe fünf und zwan=
zig Finnen. Man bekommt ihn aus den Indien.

179. Ge=

179. Geschlecht. Pfeifenfische.

Abdominales: Fistularia.

———————————

Die Benennung Fistularia ist den Fischen **Geschl.** dieses Geschlechts wohl deswegen gegeben, **Benen-** weil sie einen langen hohlen und gleichsam pfei- **nung** fenartigen Rüßel oder Schnabel haben, daher **und** denn auch dieser Umstand als ein Kennzeichen mit **Kennzei-** angegeben wird, indem solche in einem köcherför- **chen.** migen, an der Spitze mit ein paar Kiefern ver- sehenen langen Schnabel, dann in sieben Strah- len der Kiemenhaut bestehen, wohin nur folgende zwey Arten gerechnet werden.

1. Die Tobackspfeife. Fistularia Tabacaria.

Aus der Abbildung, die hier Tab. VIII. **1.** fig. 8. mitgetheilet wird, möchte vielleicht jemand **Tobaks-** nicht viele Aehnlichkeit mit einer Tobackspfeife **pfeife.** finden. Allein die Sache wird gleich besser gehen, **Taba-** so bald man sich nur die bürstenartige Ruthe am **caria.** Schwanze, die hier, um Platz zu gewinnen, **T.VIII.** krumm gebildet ist, gerade und steif vorstellt, **fig. 8.** alsdann kommt doch eher eine Tobackspfeife her- aus. Die Brasilianer, bey welchen dieser Fisch wohnt, waren so glücklich, auf diesen Einfall zu gerathen, daher sie ihn Petembuaba, das ist englisch Tobacco-Pipe; holländisch Tabakspyp nennten. Sonst führt er bey den Schriftstellern den

den Namen Solenoſtomus, wegen der röhren-
förmigen Geſtalt des Schnabels.

Ein Exemplar des Herrn Gronovs von Gui-
nea war zwey Schuh lang, und noch keine drey
Zoll dick, deſſen Schnabel war allein fünf Zoll
lang, aus drey beinigen Schilden zuſammen geſetzt, und mit einer dünnen Haut verbunden.
Der Kopf war einen Zoll dick, der Körper eckig
rund, aus der Schwanzſpalte gieng eine fiſchbein-
artige Ruthe, welche acht und einen halben Zoll
lang war, und ſich in eine feine bürſtenartige
Spitze endigte. Der Fiſch hatte keine Schuppen.
In der Rückenfloſſe befanden ſich acht, in der
Bruſtfloſſe funfzehn, in der Bauchfloſſe ſieben, und
in der After- und Schwanzfloſſe je zwölf Finnen.

Von dem Exemplare, das der Ritter anführt,
iſt die Abbildung in der obenerwehnten Tafel zu
ſehen. Ein anderes war drey Schuh lang, davon der Kopf eilf, der Körper zwey und zwanzig,
und die Ruthe über ſieben Zoll austrug, und kam
aus dem indianiſchen Meere, jenſeit dem Vorgebürge der guten Hofnung.

Von dem Ritter werden in der Rückenfloſſe
vierzehn, in der Bruſtfloſſe vierzehn, in der Bauchfloſſe ſechs, in der Afterfloſſe vier, und in der
Schwanzfloſſe dreyzehn Finnen gezählt. Die
Schwanzfloſſe iſt gabelförmig.

2. Der Trompetenfiſch. Fiſtularia Chinenſis.

2.
Trompe-
tenfiſch.
Chinen-
ſis.
T. IX.
fig. 1.

Eine andere Art, welche aus China, oder wie
der Ritter berichtet, aus Oſtindien kommt, die
wir aber ſelbſt auch aus America bekommen haben,
iſt viel breiter an den Seiten, und hat zwar auch einen

nen köcherförmigen Schnabel, der aber einen Zoll breit, und bey fünf Zoll lang ist, und bey den Creolen in America Trompetta di Awa oder Wassertrompete genennt wird. Der Schwanz ist an dieser Art rund, und nicht gabelförmig, auch mit keiner fischbeinartigen Ruthe versehen. Man rechnet in der Rückenflosse, die nahe am Schwanze sitzet, sechs und zwanzig Finnen, doch vorher ist der Rücken mit etlichen Finnen, die einzeln stehen, und sich in eine Furche niederlegen können, besetzt, die Brustflosse hat sechzehn, die Bauchflosse sechs, die Afterflosse vier und zwanzig, und die Schwanzflosse eilf Finnen.

Das Exemplar, welches hier Tab. IX. fig. 1. abgebildet ist, war ein und einen halben Schuh lang, wovon der Kopf mit dem Schnabel fünf Zoll hielt; der Schnabel war einen halben Zoll breit, die Augen ein viertels Zoll im Durchschnitte weit, die Farbe auf dem Rücken röthlich, mit silberfärbigen Strichen die Länge hinunter bezeichnet. An den Seiten sieht man punktirte Linien von kleinen bräunlich schwarzen Fleckchen. Die Anzahl der Finnen in den Flossen weicht in etwas von der Linneischen Zählung ab.

180. Geſchlecht. Hechte.

Abdominales: Eſox.

Geſchl.
Benen-
nung.

Dieſes Geſchlecht führt den Namen von einem
Fiſche, der ſonſten Lucius oder Hecht pflegt
genennt zu werden, und wofür der Name Eſox,
deſſen ſich Plinius bedient, gewählet worden, um
dadurch die Gefräßigkeit aller dieſer Fiſche anzuzei-
gen; denn Eſox ſcheint von Eſitare herzukommen,
und vermuthlich hat Plinius durch Eſox keinen
Lachs, ſondern einen Hecht, durch Silurus einen
Lachs, und durch Attilus einen Stör verſtanden; davon er den erſten aus dem Rhein, den andern aus
dem Nilſtrome, und den dritten aus dem Po für
die größten Flußfiſche hält.

Geſchl.
Kennzei-
chen.

Die Kennzeichen der Hechte ſind alſo folgende:
der Kopf iſt oben etwas flach, der obere Kiefer platt,
und ein wenig kürzer als der untere, der untere Kiefer
punktirt, beyde Kiefer mit Zähnen beſetzt, und im
Maule eine Zunge. Die Kiemenhaut hat ſieben bis
zwölf Strahlen, und der Körper iſt länglich. Es
werden folgende neun Arten gezählt.

1. Der Pfeilhecht. Eſox Sphyraena.

1.
Pfeil-
hecht.
Sphy-
raena.

Die obige Benennung ſtammt von dem
griechiſchen Sphyra, welches einen Wurfſpieß
bedeutet, her, und zielt auf die dünne Geſtalt dieſes
Fiſches, worinn er die ordentlichen Hechte übertrifft,
daher wir ihm auch mit dem Holländern, die ihn
Pyl-

Pyl Snoek nennen, den Namen Pfeilhecht laſſen. Italiäniſch heißt er Lúzzo Marino, oder Meer-hecht; franzöſiſch Spet; engliſch Sea-Pike, und Spittfiſch; lateiniſch Sudes, oder Zaunſtecken.

Er hat zwey Rückenfloſſen, davon die erſte ſtachlich iſt, und fünf Finnen hat, die andere führt zehn Finnen, in der Bruſtfloſſe nimmt man drey-zehn, in der Bauchfloſſe ſechs, und in der Afterfloſſe zehn Finnen wahr.

Die Farbe dieſes Fiſches iſt am Kopfe und Rücken bräunlichgrün, am Bauche weiß. Wenn das Maul zu iſt, zeigt ſich daſſelbe kegelförmig, ſonſt hat es eine weite Spalte, die inwendig gelb und mit einer Reihe von großen und langen Zäh-nen verſehen iſt. Ueber dem Maule laufen zwey erhabene Striche wie Leiſten in die Höhe, der Schwanz iſt gabelförmig. Sie halten ſich im mittelländiſchen Meere auf, und Willoughby fand einen dergleichen in Liverno, welcher ſech-zehn Zoll lang war, einen engen und langen Ma-gen mit vierzig zotigen Fortſätzen, und einen ein-zigen gerade fortlaufenden Darm ohne Windun-gen hatte. Deſſen Gallenblaſe war weit, und die Milz länglich. Man hält dieſen Fiſch für eine gute Speiſe, indem er wie Schellfiſch ſchmeckt.

2. Der Schildhecht. Eſſox Oſſeus.

Dieſer Fiſch wurde von dem Klein, wegen der langen, oder ſcheerförmigen Geſtalt des Mun-des, Pſalidoſtomus genennt, welchen griechiſchen Namen man wohl den Krebſen gab, doch der Rit-ter nennet ihn Oſſeus, weil die viereckigen Schuppen hart und beinig ſind. Wegen ſeiner ſpitzigen Länge aber heißt er bey den Engländern Green Gar-fish,

Linne IV. Theil.　　Y

fish, oder grüner Nadelfisch; holländisch Schild-
snock.

Er hat einen längeren Oberkiefer, beinige
Schuppen, und einen abgestutzten Schwanz, der untere Kiefer hört schon vor den Augen auf, die Schuppen machen schiefe Vierecke, die aber oben auf dem
Rücken rund und zurück gebogen sind. Alle Flossen
haben die Vorderfinne mit einer gedoppelten Reihe
Zähnchen besetzt, und die Anzahl der Finnen ist folgende: In der Rückenflosse sechs bis sieben, in der
Brustflosse eilf, in der Bauchflosse sechs, in der Afterflosse fünf bis sieben, und in der Schwanzflosse
zwölf. Alle Flossen sind gelblich oder roth, und der
Fisch hält sich in den süssen Gewässern und Flüssen
von Virginien auf.

Neben-
art.

Eine Nebenart, die in den Flüssen von Carolina gefunden wird, hat den untern Kiefer länger,
Rücken- und Afterflosse stehen gerade gegeneinander über, die Schuppen sind klein, dünn, liegen von
einander, und der Fisch hat eine grüne Farbe. An
derselben zählt man in der Rückenflosse eilf, in der
Brustflosse eilf, in der Bauchflosse sechs, in der Afterflosse siebenzehn, und in der Schwanzflosse sechzehn Finnen. Sie wird bey vier und mehr Schuh
lang.

3. Der Fuchshecht. Esox Vulpes.

3.
Fuchs-
hecht.
Vulpes

Dieser Fisch wird vom Catesby der bahamische Fuchs genennt. Die Oberflosse steht mitten auf dem Rücken und hat vierzehn Finnen,
Brustflosse vierzehn, die Bauchflosse acht, die Afterflosse zehn, und die Schwanzflosse siebenzehn. In
der Kiemenhaut zeigen sich nur drey Strahlen. Das
Maul ist sehr weit, und in jedem Kiefer mit einer
einzelnen Reihe kleiner scharfen Zähnchen besetzt.
Die

Die Schuppen ſind groß, aber dünne, davon die Rückenſchuppen umberfärbig ſind, der Bauch iſt weiß. Die Gröſſe dieſes Fiſches iſt ohngefehr ſechzehn Zoll in der Länge. Er hält ſich in den ameriканiſchen Gewäſſern auf.

4. Der Zahnhecht. Eſox Synodus.

Wir haben Fiſche gehabt, die ihrer groſſen und vielen Zähne halben Synodon und Dentex hieſſen, in dieſer Rückſicht iſt die gegenwärtige Art, welche ſonſt mit dem eben beſchriebenen Fuchshecht eine groſſe Uebereinſtimmung hat, Synodus genennt worden, wofür wir die Benennung, Zahnhecht, gebrauchen. Die Kiemenhaut hat funfzehn Strahlen. In der Rückenfloſſe befinden ſich eilf, in der Bruſtfloſſe zwölf, in der Bauchfloſſe acht, in der Afterfloſſe ſechs, und in der Schwanzfloſſe acht Finnen. Der Körper iſt länglich, dünn, und nebſt dem Kopfe gedruckt, mithin mehr hoch als breit. Die Schuppen liegen wie Ziegel übereinander. Der Nabel ſteht dichter am Schwanze als am Kopfe. Die Seitenlinie geht gerade. Der Kopf hat keine Schuppen, iſt ſpitzig, rauh, mit einer weiten Mundſpalte verſehen, und das Maul in den Kiefern, am Gaumen, auf der Zunge und in der Kehle mit ſtarken, langen, dicht aneinander ſtehenden Zähnen beſetzt. Das Vaterland iſt America.

5. Der gemeine Hecht. Eſox Lucius.

Dieſer bekannte Fiſch, deſſen Maul platt, ein wenig ſpitzig, am Ende aber abgerundet und von gleich langen Kiefern zuſammengeſetzt iſt, wird durchgängig bey den Schriftſtellern Lucius; griechiſch Lukzo; italiäniſch Luzzo oder Lucio; franzö-

fiſch Brochet; engliſch Pike, (und Pickerell,
wenn er noch jung iſt,) ſchwediſch Giadda; däniſch
Gidde; holländiſch Snoek; deutſch Hecht genennt.
Vermuthlich hat auch dieſe lateiniſche Benennung
Lucius ihr Abſehen auf die Gefräßigkeit dieſes Fiſ
ſches, und mögte eine Veränderung von Lupus
ſeyn, weil der Fiſch auch wohl Waſſerwolf genennt
wird, denn wo dieſer Fiſch iſt, da raubt er alle
andere Fiſche, und frißt ihre Bruth. Er wird faſt
durch ganz Europa in allen Gewäſſern gefunden,
und die Enten tragen ſogar den Saamen der Hechte in die Weiher, wo ſonſt keine Hechte waren;
daher man öfters in neuen Teichen allerhand Fiſche
findet, die kein Menſch hinein geſetzt hat, woran
vielleicht auch andere Waſſervögel Schuld haben
mögen, gleichwie die übrigen Vögel den Saamen
der Pflanzen vertragen.

Man zählt in der Rückenfloſſe achtzehn bis ein
und zwanzig, in der Bruſtfloſſe eilf bis funfzehn, in
der Bauchfloſſe neun bis eilf, in der Afterfloſſe
funfzehn bis achtzehn, und in der Schwanzfloſſe
neunzehn Strahlen. Der Körper iſt lang, oben
grau gefleckt, unten gelblich weiß, zuweilen hochgelb,
die man, wenn ſie die größte Anzahl der Finnen haben, Hechtkönige nennt. Sie werden oft vierzig bis
funfzig Pfund ſchwer. Wir ſelbſt fiengen einmal einen auf Tienkamp bey Leeuwarten, der zwey Ellen
lang war. Was ihr Alter betrift, ſo hat der Kai-
ſer Friederich III. einmal einen gefangenen Hecht
einen Ring mit der Jahrzahl angelegt, und ihn in
einen Teich geſetzt, welcher nach zweyhundert und
ſechzig Jahren erſt wieder gefangen wurde; aus welchen und mehr andern Beyſpielen erhellet, daß viele
Fiſche ein recht hohes Alter erreichen. Die größten
ſind wohl in Rußland im Wolgaſtrome. Auch führt
die Donau keine kleinen Hechte.

. Man

Man fängt ſie mit einer ablaufenden langen Schnure. Zuweilen ſtehen ſie im Sonnenſchein ganz unbeweglich im Waſſer, und können mit Netzen umſteckt, ſind ſie aber klein, mit Haarſeilſchlingen gefaſſet, und herausgezogen werden. Bey ihrer Begattung legt ſich das Weibchen auf den Rücken, und das Männchen ſtreift ſchnell vorbey, um ſich zu reiben, wie Steller berichtet. Auch behauptet man, daß es Zwitterhechte gebe, die Rogen und Milch zugleich bey ſich führen.

Ihr Leben iſt ſehr zähe. Man ſchneidet ihnen in England wohl den Bauch auf, um zu ſehen, ob ſie fett genug ſind, nähet ſie wieder zu, und wirft ſie bis zur andern Zeit wieder in den Weiher. Nicht ſelten trift man in ihrem Bauche ganze Bärſche, groſſe Waſſerratzen, Finger und halbe Hände von ertrunkenen Menſchen, und dergleichen an.

In den Apotheken wird das Fett, die Galle und das Pulver von den Kiefern gebraucht; auch ſonſt der Hecht als eine geſunde und ſchmackhafte Speiſe gerühmt.

6. Die Meernadel.   Eſox Belone.

Die Griechen nannten dieſen langen ſpitzigen Fiſch Belone; die Lateiner Acus. Italiäniſch heißt er Acucella und Anguſicula; franzöſiſch Aiguille; ſchwediſch Nabbgiadda, und Horngial; engliſch Nedlefish, Garfish und Hornfish; holländiſch Geep, welches alles faſt mit der Deutſchen Meernadel übereinkommt. Man zählt an ihm vierzehn Kiemenſtrahlen. In der Rückenfloſſe ſechzehn, in der Bruſtfloſſe dreyzehn, in der Bauchfloſſe ſieben, in der Afterfloſſe zwanzig bis ein und zwanzig, und in der Schwanzfloſſe dreyzehn Finnen. Sie werden zwey bis drey Schuh lang, haben

6.
Meernadel.
Belone.

Y 3   einen

- einen langen spißigen Schnabel, der wie eine Na-
del spißig ausläuft. Beyde Kiefer stehen voller
langer sehr scharfen Crocodillen Zähne. Der Leib
ist sehr dünn und geschmeidig, die Farbe grünlich,
und zu Nachts glänzend. Die Eingeweide bestehen
aus einem einzigen Canal vom Kopfe bis zum After.
Man findet sie in den europäischen und americanischen Meeren.

7. Der Schnepfisch. Esox Hepsetus.

7.
Schnep-
fisch.
Hepse-
tus.

T. IX.
fig. 2.

Man kann diesen Fisch wohl mit Recht Schnep-
fisch nennen, da der lange Kiefer einer Schneppe
gleich sieht, worauf auch die Benennung Hepsetus
zu zielen scheint. Er wird von den Brasilianern
Piquitinga; und in Jamaika Menidia; von den
Holländern aber Snipvisch genennt. Rücken- und
Afterflosse stehen einander gerade gegen über, und
man zählt in der Rückenflosse vierzehn, in der Brustflosse zwölf, in der Bauchflosse sechs, in der Afterflosse
funfzehn, und in der Schwanzflosse vierzehn Finnen.
Der Körper ist fast durchsichtig, länglichrund und
gelblich, die Seitenlinie ordentlich wie versilbert, der
Kopf ist länglich, an den Seiten und oben platt,
innwendig mit dünnen Zähnchen beseßt. Die Kiemenhaut hat zehn Strahlen.

Das Exemplar aus dem Houttuinischen Cabi-
net, dessen Abbildung Tab. IX. fig 2. vorkommt,
ist einen Schuh lang, wovon der Kopf mit dem
Schnabel allein vier Zoll austrägt. Die Anzahl der
Finnen trift mit der vorigen Beschreibung fast überein, nur waren in der Rückenflosse dreyzehn statt vierzehn, und in der Brustflosse eilf statt zwölf Finnen.
Der Aufenthalt ist in den americanischen Gewässern.

8. Die

8. Die Elephantennaſe. Eſox Braſilienſis.

Ob er gleich oben in der Benennung der Braſilianiſche heißt, ſo bringt man ihn doch aus beyden Indien. Er wird aber Elephantennaſe genennt, weil der obere Kiefer eine kurze runde Schnauße vorſtellt, unter welcher ein langer ſpitziger Rüßel hervorſticht. Der Körper iſt ſchlangenartig dünn und rund. Das allhier Tab IX. fig. 3. abgebildete Exemplar iſt einen Schuh lang, wovon der Schnabel zwey und einen Zoll hält. Der Körper iſt einen Zoll breit, und einen halben Zoll dick, oben olivenfärbig, an den Seiten gelb mit Silberfarbe, am Maule ſchwarz. Die Rückenfloſſe hat vierzehn, die Bruſt- und Afterfloſſe zehn, die Bauchfloſſe ſechs Finnen; doch nach dem Linne ſind in der Rückenfloſſe zwölf, in der Bruſtfloſſe zehn, in der Bauchfloſſe ſechs, in der Afterfloſſe ſiebenzehn, und in der Schwanzfloſſe ſechzehn Finnen. Es führt der Ritter bey dieſer Art auch ein Exemplar des Gronovs an, deſſen Rückenfloſſe dreyzehn, die Afterfloſſe nur zehn, und die Schwanzfloſſe funfzehn Finnen hat. Der Schwanz iſt in dieſer ſowohl, als in der vorigen Art gabelförmig.

9. Der Kahlkopf. Eſox Gymnocephalus.

Dieſe Art kommt aus Indien, und hat die Größe der Schmelte, wenigſtens war das Exemplar, das dem Ritter zu Geſichte gekommen iſt, nicht größer. Die Kiefer ſind gleich lang, die Kiemendeckel ſtumpf, und der Kopf kahl oder unbedeckt. Man zählt in der Rückenfloſſe dreyzehn, in der Bruſtfloſſe zehn, in der Bauchfloſſe ſieben, in der Afterfloſſe ſechs und zwanzig, und in der Schwanzfloſſe neunzehn Finnen.

181. Geschlecht. Eidechsfische.

Abdominales: Ellops.

Geschl. Benennung. Die griechische Benennung Ellops, welche Stummseyn bedeutet, ist von den alten Schriftstellern verschiedenen Fischen beygelegt. Wir wollen aber der in diesem Geschlechte befindlichen Art den Geschlechtsnamen Eidechsfische beylegen, weil wir unter den Salmen No. 14. eine See-eidechse unter dem Namen Saurus haben, und zwar wählen wir diese Benennung deswegen, weil der Körper eine lange geschmeidige Eidechsengestalt hat.

Geschl. Kennzeichen. Es werden aber von dem Ritter folgende Geschlechtskennzeichen angegeben. Der Kopf ist glatt; am Rande der Kiefer, wie auch im Gaumen, zeigt sich eine Rauhigkeit von kleinen Zähnchen. Die Kiemenhaut hat dreyßig Strahlen, und auswendig sind diese Fische mit fünf Zähnen bewafnet. Die einzige Art ist folgende:

Der Lanzettenschwanz. Ellops Saurus.

Lanzetten-schwanz. Saurus. Man muß also obenerwehntermassen diesen Saurus nicht mit dem Salm, der auch Saurus heißt, verwechseln, denn der Ritter sondert diesen darum von den Salmen ab, weil er keine Fettflosse auf dem Rücken hat; um ihn daher einen andern Namen zu geben, so haben wir ihn Lanzetten-schwanz genennt, weil der Schwanz ein paar lanzettenförmige Spitzen hat. Der Körper ist sehr lang, der Kopf groß, glatt, glänzend, zusammen ge-

gedruckt und oben etwas flach. Die Augen ſind
zum Theil durch die Haut des Körpers gedeckt. Die
Rauhigkeit des obern Kiefers, welche die Zähne
vorſtellt, iſt länger als am untern Kiefer. Die
Kiemenhaut hat dreyſig Strahlen; in der Mitte,
aber, (auſſerhalb derſelbigen,) befindet ſich eine
andere kleinere Kiemenhaut, welche fünf kürzere
Zähne hat. Die Rückenfloſſe ſteht in der Mitte,
die Bauchfloſſe etwas vorwerts, und die Afterfloſſe
dichter an der Schwanzfloſſe, welche ſehr tief ein-
geſchnitten und gabelförmig iſt, und ſowohl oben
als unterhalb mit einer knochigen Schuppe, oder
mit einem horizontal liegenden lanzettenförmigen
Dorn bewafnet iſt.

Betreffend nun die Anzahl der Finnen, ſo befin-
den ſich in der Rückenfloſſe $\frac{1}{14}$, in der Bruſtfloſſe
ſiebenzehn, in der Bauchfloſſe vierzehn, in der Afterfloſſe $\frac{3}{14}$, und in der Schwanzfloſſe dreyſig Finnen. Das Vaterland iſt Carolina.

182. Geſchlecht.   Silberfiſche.

Abdominales: Argentiná.

Geſchl. Benen- nung. Der Name Argentina, den wir der Kürze halben Silberfiſche überſetzen, iſt ſchon von mehrern Schriftſtellern, und beſonders vom Gronov gebraucht worden. Es zielt derſelbe je- doch keineswegs auf einen äuſſerlichen Silberglanz, wiewohl ſie denſelben mehrentheils, und beſonders an den Seiten auch haben, ſondern auf die Luft- oder Schwimmblaſe, welche ſich in dieſen Fiſchen befindet, und an beyden Seiten kegelförmig aus- läuft. Dieſelbe nämlich ſchein mit dem feinſten Blättgenſilber überſilbert zu ſeyn, daher etliche Galanteriehändler ſolche zum Ueberzuge der fal- ſchen Perlen gebrauchen, und daraus ſolche glän- zende Perlen zu verfertigen wiſſen, die äuſſerlich in Pracht den ächten Perlen nichts nachgeben.

Geſchl. Kennzei- chen. Die Kennzeichen dieſes Geſchlechts ſind fol- gende. Die Kiefer haben Zähne. In der Keh- le iſt eine Zunge vorhanden. Die Anzahl der Kiemenſtrahlen iſt acht. Der After ſteht nahe am Schwanze, und die Bauchfloſſe hat mehr Finnen als gewöhnlich. Es ſind nur folgende zwey Arten bekannt:

1. Der

1. Der Ansjovis. Argentina
Sphyraena.

Ansjovis iſt ſonſt die gewöhnliche Benennung, **1.** womit die Holländer die Sardellen belegen, wel- **Ansjo-** che erſt unten im 188. Geſchlecht vorkommen. **vis.** Weil aber dieſer Name von dem Herrn Hour- **Sphy-** tuin der jetzigen Art gegeben iſt, ſo wollen wir **raena.** es auch dabey bewenden laſſen. So viel iſt in- deſſen richtig, daß des Rondelets zweyte Art der Sphyraenae in Rom Argentina genennt wird, indem ſie, (wie auch der Ritter anmerkt,) in dem toſcaniſchen Meere gefangen, und in Rom zu Markte gebracht werden. Bey den Franzoſen führen ſie den Namen Hautin, jedoch werden ſie auch häufig in andern Gewäſſern angetroffen.

Die Geſtalt iſt einigermaſſen wie ein Hecht, die Farbe iſt oberhalb der Seitenlinie grünlich, zugleich aber, beſonders an den Kiemen ſilberfär- big, an der Zungenſpitze zählt man ſechs oder acht krumme Zähnchen. Die Augen ſind groß, und das Gehirn glänzt durch die Hirnſchale durch, der Schwanz iſt gabelförmig. Man zählt in der Rü- ckenfloſſe zehn bis dreyzehn, in der Bruſtfloſſe vierzehn, in der Bauchfloſſe ſechs bis eilf, und in der Afterfloſſe neun bis vier und zwanzig Fin- nen. Der Fiſch iſt ſehr klein, und vermuthlich wird er auch eingemacht wie Sardellen; den zu Ansjovis oder Sardellen laſſen ſich viele kleine Fiſche gebrauchen, wie auch unter andern mit der rußiſchen Riputskia geſchieht, welche im Newa- ſtrome bey Petersburg gefangen wird, und die italiäniſchen Sardellen in der Güte übertrift.

2. Der

2. Der kleine bahamische Hering.
Argentina Carolina.

2. Baha- mischer Hering. Caroli- na.

In den süssen Wassern von Carolina findet man noch eine hieher gehörige Art, welche vom Catesby der kleine bahamische Hering genennt wird. Derselbe Fisch hat acht und zwanzig Strahlen in der Kiemenhaut, und die Kiemendeckel haben in der Länge eine Nath. Der Schwanz ist gleichfalls gabelförmig, und man zählt in der Rückenflosse fünf und zwanzig, in der Brustflosse sechzehn, in der Bauchflosse zwölf, in der Afterflosse funfzehn, und in der Schwanzflosse ein und dreysig Finnen.

183. Geſchlecht.   Kornährenfiſche.

Abdominales: Atherina.

Die Alten nannten diejenigen Fiſche, deren **Geſchl.** Körper mit vielen ſcharfen Bartfaden beſetzt **Benen-** waren, ſo. wie etwa die Kornähren ihre langen **nung.** Fortſätze haben, Atherina; weil ſich nun ein ähnli= ches an dieſen Fiſchen zeigt, ſo iſt dieſem Geſchlechte der Name Kornährenfiſche gegeben worden, denn auch die Engländer nennen ſelbige ihrer Stachlich= keit halben, Pricklefish, und die Holländer Koorn - Aair - Viſch.

Die Kennzeichen, welche der Ritter angiebt, **Geſchl.** ſind dieſe. Der obere Kiefer iſt etwas flach. Die **Kennzei-** Kiemenhaut hat ſechs Strahlen, und der Körper iſt **chen.** zur Seiten mit einem ſilberfärbigen Bande beſetzt, da wir denn folgende zwey Arten zu beſchreiben finden.

1. Der mittelländiſche Kornährfiſch.
Atherina Hepſetus.

1.

Wir wollen dieſen Fiſch mit Herrn Gouttin den **Mittel-** mittelländiſchen Kornährfiſch nennen, weil er im mit= **ländi-** telländiſchen Meere gefangen wird. Die jetzigen **ſcher** Griechen nennen denſelben Atherina. Der Name **Korn-** Hepſetus iſt ihm von Herrn Haſſelquiſt gegeben, **ährfiſch.** und der Ritter folgt ihm, weil der Fiſch einige Aehn= **Hepſe-** lichkeit mit dem Schnepfenfiſch aus dem Geſchlechte **tus.** der Hechte No. 7. hat, der auch Hepſetus genennt worden. Die Türken heißen ihn Inmiſch Baluk,

das

das iſt, Silberfiſch. Aber in Marſeille heißt er Sauclez; in Montpellier Melet, und in Venedig Anguella.

Der Kopf und der Körper ſind gedruckt, der Kopf iſt obenher platt und eckig, der Rücken dick, die Seiten ſchmäler und ſenkrecht, der obere Kiefer beſteht aus ſechs beinigen Stücken, und läßt ſich ausdehnen. Der untere Kiefer iſt vorne dick und hinten breit; das Maul aufgebogen und ſtumpf, die Mundſpalte weit, daher er ganze Fiſchlein ſeines Geſchlechts verſchluckt, jeder Kiefer iſt mit einer Reihe kleiner rauhen Zähnchen beſetzt. Die Augen ſind groß, haben einen ſchwarzen Kern und ſilberfärbige Ringe. Die Kiemendeckel beſtehen aus ſechs Beinchen und ſind ſchuppig. Die Seitenlinie geht gerade; der Nabel ſteht in der Mitte. Es ſind zwey Rückenfloſſen vorhanden, in der erſten hat Herr Haſſelquiſt, (deſſen Beſchreibung wir jetzo folgen,) acht, in der andern eilf, in der Bruſtfloſſe, die näher am Rücken als am Bauche ſteht, zwölf, in der Bauchfloſſe am Nabel ſechs, in der Afterfloſſe dreyzehn, und in der Schwanzfloſſe zwanzig Finnen gezählet. Die Gronoviſche und Linneiſche Zählung in andern Exemplarien weicht hin und wieder um eine oder zwo Finnen ab.

Nach dem Herrn Gronov war an ſeinem Exemplare aus der Nordſee, der untere Kiefer etwas länger, der Rücken ſchmal und rund, die Schuppen waren groß, ſilberfärbig und durchſichtig, auf dem Rücken und am Rande ſchwarz punctirt. Die Seitenlinie gieng gerade durch das ſilberfärbige Band, das die Seiten vom Kopfe bis zum Schwanze zieret.

Indeſſen iſt leicht zu erachten, daß Fiſche von einer Art immer noch etwas voneinander abweichen, denn es müſſen ja auch Merkmale in der Natur ſeyn, woran man die Individua auseinander kennen kann.

Sehen

Sehen doch Brüder einander niemals vollkommen
gleich. Die Art, wie man dieſe Fiſche in dem Ha=
ben von Smirna fängt, iſt ſehr einfach). Man macht
einen Teig von Waſſer und Mehl, legt denſelben auf
ein Netz, und läßt es an einem Stricke hinunter bis
auf den Boden, alsdann kommen dieſe Fiſchlein, die
etwa überhaupt nur eine Spanne lang werden, in
großer Menge zu aaſen, und ſo oft man das Netz auf=
ziehr, thut man einen beträchtlichen Fang.

2. Der karoliniſche Kornährfiſch.
Atherina Menidia.

Es wurde dieſer Fiſch vom Gronov Argentina genennt, da er von D. Garden auch den Na=
men Silverfiſk hat, doch der Name Menidia iſt
vom Brown gebraucht worden. Wir nennen auch
dieſen mit dem Herrn Houttuin nach dem Vaterlande
weil er ſich in den ſüſſen Waſſern von Carolina
aufhält.

Er iſt klein, durchſichtig und hat Schuppen,
die im Umfange mit vielen ſchwarzen Puncten be=
ſetzt ſind. Vielleicht alſo gehört von der vorigen
Art das Gronoviſche letzt beſchriebene Exempar
hieher. Die Lippen ſind mit vielen Zähnen beſetzt,
aber in den Kiefern und an der Zunge findet man
keine Zähne. Der Schwanz iſt gabelförmig, und
die Seitenlinie ſilberfärbig.

184. Geschlecht. Meeräsche.

Abdominales: Mugill.

***

Geschl.
Benen-
nung.

Unter dem Namen Mugill kommen bey den Alten verschiedene Fische vor, als der Capito
oder Großkopf; Cestreus, der Kleinkopf; La-
beo, der Dicklipp; und Muco, der Schleimfisch;
doch scheint der Ritter eine Auswahl gemacht zu
haben, und diesen Namen nur den sogenannten
Meeräschen beyzulegen. Um sie aber von den Barben zu unterscheiden, wurde auch wohl der Name
Mugil Imberbis gebraucht. Sie heißen französisch Mulet; englisch Mullet; holländisch Harder;
arabisch Buri.

Geschl.
Kennzei-
chen.

Nach der Linneischen Bestimmung sind die Lippen pergamentartig, und die untere inwendig kielförmig. Zähne sind nicht vorhanden, aber über den
Ecken des Mauls befindet sich ein kleines umgeboge-
nes Zähnchen. Die Kiemenhaut hat sieben Strahlen,
welche krumm laufen. Die Kiemendeckel sind glatt
und abgerundet. Der Körper ist weißlich. Es sind
hier abermals nur zwey Arten vorhanden.

1. Der Großkopf. Mugill Cephalus.

1.
Groß-
kopf.
Cepha-
lus.

Dieser Fisch ist einen Schuh lang, und spitz-
delförmig rund, der Kopf ist platt, das Maul mit
verschiedenen scharfen Zähnen besetzt. Die Mundspalte ist groß, die Nasenlöcher klein, und die Augen
groß

groß. Der Rücken hat zwey Floſſen. In der er,
ſten wurden bey verſchiedenen Exemplarien vier
bis fünf, in der zweyten neun bis eilf, in der
Bruſtfloſſe dreyzehn bis achtzehn, in der Bauch,
floſſe ⅙, in der Afterfloſſe zehn bis zwölf, und in der
Schwanzfloſſe zwölf bis funfzehn Finnen vorgefun,
den. Die zweyte Rückenfloſſe und die Afterfloſſe
hatten bey einigen Exemplarien unter den Finnen auch
eine bis zwey Stachelfinnen. Die Schuppen ſind
klein, ſitzen ſehr veſte, und bedecken nebſt dem Körper
auch die Kiemendeckel, welche ſilberfärbig ſind.
Der obere Körper iſt ſchwärzlich; der untere ſilber,
färbig, der Kopf bläulich ſchwarz, und alle Floſſen ſind
weiß. Der Rogen dieſes Fiſches dienet zum Cave,
jar, den die Italiäner Botargo nennen. Man
fängt ihn in Fiſchreiſen, denn er hat die Gewohnheit,
wie der Lachs, die Flüſſe hinan zu ſteigen, und wird
ſowohl in den Oſt, Nord, und americaniſchen Seen,
als im mittelländiſchen Meere gefunden.

2. Der Weisling. Mugill Albula.

2.
Weiß,
ling.
Albula.

Dieſer ſiehet faſt eben ſo aus, wie die vorbeſchrie,
bene Art, iſt aber kleiner und ganz ſilberfärbig, daher
er Albula genennt wird. In der erſten Rücken,
floſſe ſind vier, in der andern neun, in der Bruſtfloſſe
ſiebenzehn, in der Bauchfloſſe ⅙, in der Afterfloſ,
ſe $\frac{11}{11}$, und in der Schwanzfloſſe zwanzig Finnen.
Das Vaterland iſt America.

185. Geſchlecht. Fliegende Fiſche.

Abdominales: Exocoetus.

Geſchl. Benen- nung
Man will den Namen Exocoetus vom Schla-
fen am Ufer herleiten; in wie weit aber
ſich ſelbiger auf die Fiſche dieſes Geſchlechts ſchick-
laſſen wir dahin geſtellet ſeyn, weil uns dieſes eben
ſo wenig bekannt iſt, als warum die Alten ſelbige
auch Adonis genennet haben: der Name fliegende
Fiſche hingegen iſt ihnen der langen Bruſtfloſſen
halben, die ihnen ſtatt der Flügel dienen, gegeben
worden: jedoch giebt es auſſer dieſem Geſchlecht
noch verſchiedene andere fliegende Fiſche, denn wir
haben bereits den fliegenden Bärſch, die Meer-
ſchwalbe, den fliegenden Seehahn, und andere
mehr, in obigen Geſchlechtern abgehandelt, ſo daß
hier nur von einer beſondern Gattung fliegender
Fiſche die Rede iſt.

Geſchl. Kennzei- chen.
Die Kennzeichen ſind folgende: der Kopf iſt
ſchuppig, das Maul hat keine Zähne, die Kiefer
ſind auf beyden Seiten mit einander verbunden,
die Kiemenhaut hat zehn Strahlen, der Körper
iſt weißlich, die Bruſtfloſſen ſind ſehr lang, und
dienen zum fliegen, die Finnen aber ſind vornehm
kielförmig oder mit einer ſcharfen Kante verſehen.
Es giebt folgende zwey Arten.

1. Die

I. Die fliegende Wachtel. Exocoetus Volitans.

I.
Fliegen:
de Wach-
tel.
Voli-
tans.

T. IX.
fig. 4.

Wir geben dieser Art obigen Namen, weil einige dafür halten, daß dieselbe der Israeliten Selav oder Wachtel soll gewesen seyn, davon Num.IX.13. zu lesen ist. Allein sie fliegen nicht weiter als einen Flintenschuß, sie müssen denn durch einen heftigen Wind fortgejagt werden, und also müste ein Ostwind sie aus dem rothen Meere bis in das israelitische Lager geführet haben. So viel ist richtig, daß sie sich, wenn sie von den Braunfischen, Delphinen und andern Fischen gejaget werden, zu ganzen Haufen aus dem Wasser begeben, alsdann aber leicht eine Beute der Adler und Fregattvögel werden, wenn sie nicht etwa auf die Schiffe niederfallen.

Sie haben äusserlich die Größe und auch einigermaßen die Gestalt der Heringe, der Kopf und der Körper sind an den Seiten ein wenig gedruckt, der Rücken ist breit, der Bauch etwas platt und an beyden Seiten einigermaßen kielförmig, die Schuppen sind groß und weiß, die Augen sehr groß, der Körper ist röthlich, die Flossen sind aschgrau, der Schwanz ist gabelförmig, doch am obern Ende kürzer als am untern. In der Rückenflosse sind dreyzehn bis vierzehn, in der Brustflosse funfzehn bis siebenzehn, in der Bauchflosse sechs bis sieben, in der Afterflosse eilf bis dreyzehn, und in der Schwanzflosse funfzehn Finnen. Sie sind häufig im Ocean zwischen Europa und America, desgleichen im mittelländischen Meere. Auch soll sich an den philippinischen Inseln eine giftige Art aufhalten, die ganz roth ist. Wenn die Brustflossen trocken und steif werden, können sie nicht mehr fliegen. Siehe Tab. IX. fig. 4.

2. Der

2. Der Hochflieger. Exocoetus Evolans.

In der ſpaniſchen See zeigt ſich noch ein fliegender Fiſch, den die Braſilianer Pirabebe nennen, der aber von der vorigen Art faſt gar nicht unterſchieden iſt, als daß der Bauch ordentlich rund, und an den Seiten nicht kielförmig iſt, auch ſind deſſen Bauchfloſſen ſehr kurz. Es zweifelt aber der Ritter ſelbſt, ob dieſer Unterſchied hinlänglich ſey, eine beſondere Art daraus zu machen.

186. Geschlecht. Fingerfische.

Abdominales: Polynemus.

Es haben die Fische dieses Geschlechts an den **Geschl.** Brustflossen etliche faserige freye Fortsätze **Benen-** von unbestimmter Anzahl, und dieses wird durch den **nung.** Namen Polynemus ausgedruckt; weil nun der Ritter diese Fortsätze mit den Fingern vergleicht, so nennen wir das Geschlecht Fingerfische. Nun sind zwar die Fische des 172. Geschlechts der See-zähne gleichfalls mit zwey, drey, vier bis zwanzig fingerartigen Fortsätzen versehen, die sich gleicher-weise an den Brustflossen befinden; allein es sind nicht nur diese Fische von einer andern Gestalt, son-dern es haben auch die Bauchflossen eine andere Stellung, als welche am Bauche, und nicht an der Brust, wie bey den Seehähnen, sitzen, und vornäm-lich ist auch ein Unterschied in der Beschaffenheit der fingerförmigen Fortsätze, denn an den Seehähnen sind selbige gegliedert, an diesen Fingerfischen aber nicht. Holländisch heißen sie Vinger-Visschen.

Unter die Kennzeichen dieses Geschlechts gehört **Geschl.** also, daß sich an den Brustflossen freye fingerförmi- **Kennzei-** ge Fortsätze befinden. Uebrigens ist der Kopf ge- **chen.** druckt und allenthalben schuppig. Der Schnabel ra-get hervor und ist stumpf Die Kiemenhaut hat fünf oder sieben Strahlen. Wir finden folgende drey Ar-ten zu beschreiben.

3 3   1. Der

1. Der Fünffingerfisch. Polynemus Quinquarius.

I.
Fünf-
finger-
fisch
Quin-
quarius.

T. X.
fig. 1.

Er hat fünf lange fadenartige Fortsätze dichte
an den Brustflossen, drey bis vier von selbigen sind
fast noch einmal so lang als der Körper. Der Kopf
sowohl als der Körper sind an den Seiten gedruckt,
oder mehr hoch als breit, jedoch ist der Kopf klein,
das Maul stumpf, die Kiefer sind mit sehr kleinen
Zähnichen besetzt, der Gaumen aber, die Kehle und
die Zunge sind glatt. Die Augen mittelmäßig groß,
weit voneinander, aber dichte am Maule; die Nasenlöcher groß, und die Kiemenöfnungen weit, die
Seitenlinie geht mit dem Rücken bogig. Der Bauch
ist schmal und platt. Die Kiemenhaut hat fünf
Strahlen, die Schuppen sind klein, dünn und biegsam, hinten etwas gezähnelt und daher beym Anfüh-
len etwas rauh, fallen auch leicht ab. Die Farbe
ist an den Seiten und am Bauche silberweiß, der
Rücken röthlich, die Flossen sind alle weiß. In der
ersten Rückenflosse sind sieben Stachelfinnen, in der
zweyten hingegen sechzehn Finnen, wovon aber nur
eine, nämlich die vorderste, stachlich ist. In der Brustflosse sind sechzehn weiche, in der Bauchflosse $\frac{1}{8}$, in
der Afterflosse $\frac{3}{10}$, und in der Schwanzflosse siebenzehn Finnen befindlich. Die Schwanzflosse aber ist
gabelförmig. Was die Größe dieses Fisches betrift,
so hat man bis dahin Exemplare von acht bis zehn
Zoll, (ohne die Länge der Finger dazu zu rechnen)
gefunden. Sie kommen aus America, sind aber
nicht sehr bekannt. Tab. X. fig. 1.

2. Der virginiſche Fingerfiſch. Polynemus Virginicus.

Dieſer Fingerfiſch hat ſieben Fortſätze, die aber nicht ſo lang ſind, und dabey einen breiten, je, doch ſpitzig auslaufenden Schwanz. Die erſte Rü, ckenfloſſe hat ſieben Finnen, davon eine ſehr kurz iſt, die andere $\frac{1}{7\frac{1}{2}}$, die Bruſtfloſſe funfzehn, die Bauch, floſſe $\frac{1}{6}$, die Afterfloſſe $\frac{3}{12}$, und die Schwanzfloſſe funfzehn Finnen. Die Kiemendeckel ſind gezähnelt, und die Kiemenhaut hat ſieben Strahlen. Man bringt dieſen Fiſch gleichfalls aus America.

(margin) 2. Virgini, ſcher. Virgi- nicus.

3. Der Paradiesfiſch. Polynemus Paradiſeus.

Wir wiſſen aus dem zweyten Theile, daß die Paradiesvögel ungemein ſchön ſind, und vorzüglich mit einem pomeranzenfärbigen Goldglanze prangen. Da nun jetziges Fiſchlein in ſeiner Art gleich ſchön, und ganz und gar pomeranzenfärbig und mit einem ſchönen Goldglanze übergoſſen iſt, ſo hat man ihm obi, gen Namen gegeben. In Bengalen, wo er ſich in der Mündung des Ganges aufhält, wird er Manga oder auch wohl Paradiesfiſch; holländiſch Paradys- Viſch genennt. Die Urſache aber, warum man ihn Manga nennt, iſt, (wie wir von unſerm ſchätzbaren Freunde, dem Herrn Profeſſor Rudolph allhier, dem wir viele Erläuterungen in Abſicht auf india, niſche Seltenheiten zu danken haben, und welcher ſie ehedem in Bengalen ſelbſt geſehen hat, ſind beſehrt worden,) dieſe, weil er ſich um die Zeit, wenn die Manga (eine Baumfrucht wie die großen gelben Pflaumen) reif wird, einzuſtellen pflegt, und mit dieſer delicaten Frucht einerley Farbe hat.

(margin) 3. Para, diesfiſch Paradi- ſeus.

Er hat sieben lange fingerförmige Fortsätze und einen gabelförmigen Schwanz. Die Größe ist etwa in der Länge (ohne den Fortsätzen) neun, und in der Breite zwey Zoll, ziemlich rund und dick, und von schöner Gestalt, dabey feste und hartschuppig. Von den faserigen Fortsätzen ist der längste sechzehn Zoll lang, die übrigen aber werden nach und nach immer kürzer. Edward merkt es als einen besondern Umstand an, daß dieser Fisch so wie auch aus der Figur zur ersten Art Tab. X. fig. I. zu ersehen war) zwey Nasenlöcher hat.

187. Geschlecht. Murmelfische.

Abdominales: Mormyrus.

Der griechische Name Mormyrus ist von
den Alten der Linneischen 24ten Art des
165. Geschlechts, welches die Meerbrachseme enthält, gegeben worden; man kann also daselbst pag.
192. sehen, was dieser Name bedeute. Wir können daher auch diese Fische Murmelfische nennen,
zumal sie auch in Holland Mormelaaren heissen.
In den bahamischen Inseln soilen sie, wie Catesby
meynt, den Namen Bonefishes führen. *(margin: Geschl. Benen-nung.)*

Der Kopf ist glatt; die Zähne sind geründelt
und in großer Anzahl vorhanden; die Kiemen haben
eine längliche Oefnung ohne Deckel. Mithin ist nur
ein einziger Strahl in der Kiemenhaut vorhanden.
Der Körper ist schuppig, und man zählt nur die folgenden zwey Arten. *(margin: Geschl Kennzei-chen.)*

1. Der Karpfenmurmel. Mormyrus Cyprinoïdes.

Die karpfenartige Gestalt giebt diesem Fische obigen Namen. Er hat einen gabelförmigen Schwanz
mit scharfen Spitzen. In der Rückenflosse befinden
sich sechs und zwanzig, in der Brustflosse neun, in
der Bauchflosse sechs, in der Afterflosse zwey und
dreyßig, und in der Schwanzflosse neunzehn Finnen.
Man fängt ihn im Nilstrome. *(margin: 1. Karpfen murmel. Cypri-noïdes.)*

3 5   2. Der

2. Die Aalmurmel. Mormyrus Anguilloides.

2.
Aalmur-
mel.
Anguil-
loides.

Da dieser Fisch eine Spanne lang, und nur einen Zoll dick ist, so kommt eine aalförmige Gestalt heraus, weshalben er Aalmurmel genennt worden; zu geschweigen, daß der bläulich grüne Rücken, und der helle fleischfärbige Bauch auch etwas zu dieser Vergleichung helfen. Die Araber nennen ihn Ca-schive. Der Kopf ist gleichsam wie verguldet; der Körper an den Seiten gedruckt und etwas breit; der Rücken scharf, wie der hintere Theil der Aale; der Kopf fällt jähe, und endigt sich in ein kleines röhren-förmiges Maul; beyde Kiefer sind mit kleinen Zähn-chen besetzt. Die Rückenfloße läuft über den ganzen Rücken hin, und hat achtzig Finnen nach dem Herrn Hasselquist. Jedoch stehen bey dem Linne zwanzig bis sechs und zwanzig, in der Brustfloße zehn, in der Bauchfloße sechs, in der Afterfloße neunzehn bis ein und vierzig, in der Schwanzfloße neunzehn bis vier und zwanzig. Wie leicht aber ist ein Druckfeh-ler in den Ziefern möglich? Er hält sich gleichfalls im Nilstrome auf.

188. Geſchlecht. Heringe.

Abdominales: Clupea.

Clypea oder Clupea wurde vom Plinius ge=
braucht, um gewiſſe kleine Fiſchlein, (ver=
muthlich die Sardellen) damit anzudeuten, doch
nachhero hat man dieſe Benennung den in aller
Welt nunmehr bekannten Heringen zugeeignet, wel=
che man, da ſie geſalzen werden, auch mit dem halb=
griechiſchen Namen Halec belegt. (Endlich iſt auch
die deutſche Benennung Hering und das holländiſche
Wort Haring im lateiniſchen übernommen, und
mehreren Sprachen mitgetheilt worden.

Am obern Kiefer befinden ſich einige Bartfa=
ſern, die ſägeförmig gezähnelt ſind. Die Kiemen=
haut hat acht Strahlen, und innwendig ſind die Kie=
men mit bürſtenartigen Faſern beſetzt, der Bauch iſt
kielförmig, und dabey gleichſam gezäckelt. Die
Bauchfloſſe endlich iſt ſehr oft mit neun Finnen ver=
ſehen. Es ſind in dieſem Geſchlechte eilf Arten
vorhanden, die wir nunmehr näher zu unterſuchen
haben.

I. Der Pöckelhering.   Clupea Harengus.

Harengus iſt, wie wir oben ſagten, vielen
andern Sprachen mitgetheilt; denn es heiſſen die ben
uns bekannten und gemeinen Heringe engliſch
Herring; franzöſiſch Hareng und Harang; hol=
län=

I.
Pöckel=
hering.
Haren-
gus.
T. X.
fig. 2. 3.

ländiſch -Haring. Doch in Schweden heiſſen ſie
Sill, und in Dännemark Sild, welche beyde letztere Benennungen auf das Salz zielen, weil dieſe
Fiſche gewöhnlicherweiſe eingeſalzen und in die
ganze Welt verſchickt werden. Daher denn auch
der Name Pöckelhering, den wir gewählt haben,
entſtanden iſt. Der Name Hering aber kommt
daher, weil ſie in groſſen Heeren von unglaubli-
cher Menge herum ziehen.

Der Ritter unterſcheidet ihn von den folgenden Arten dadurch, daß er ungefleckt iſt, und
einen längern Unterkiefer hat. Wir würden von
ſeiner Geſtalt, länglichem Körper, ſpitziger Naſe,
blauem Rücken, ſilberfärbigem Bauche, getheiltem
Schwanze, runden Schuppen, und mehrern dergleichen Umſtänden reden, wenn wir nicht wüßten,
daß er bekannt genug wäre. So viel aber wollen wir wohl glauben, daß wenige ſeine Finnen
gezählet haben, daher wir nur melden wollen, daß
man in der Rückenfloſſe achtzehn bis neunzehn,
in der Bruſtfloſſe funfzehn bis achtzehn, in der
Bauchfloſſe acht bis neun, in der Afterfloſſe
ſechzehn bis ſiebenzehn, und in der Schwanzfloſſe
achtzehn Finnen gefunden hat. Jedoch mit dieſer kurzen Beſchreibung wird niemand viel gedient
ſeyn, ſondern ein jeder wird verlangen, von dieſem berühmten und beliebten Fiſche ein mehrers
zu wiſſen. Wir wollen alſo eine Geſchichte deſſelben in möglichſter Kürze mittheilen, und alles
Merkwürdige anführen, was zur Erläuterung ſeiner Lebensart, Eigenſchaft, reichen Fangs, Zube-
reitung und Nutzens dienen kann.

Ge-
ſchichte.
Es giebt vorerſt unter den Heringen verſchiedene Nebenarten, die zwar alle Heringe heiſſen,
aber in der Güte merklich voneinander unterſchieden ſind. Dieſer Unterſchied gründet ſich theils

auf

auf die Jahrszeit ihres Zuges nach den Strau-Neben-
den, theils auf den Ort und Boden des Meers, arten.
wo ſie gefangen werden. Denn ſie ſelbſt ſcheinen
unter ſich Claſſen zu machen, und, wenn ſie von
dem weiten Norden herunter kommen, ſich in
Racen und Heereszüge von ungeheurer Menge
abzutheilen. Die größte Art iſt der Strömling,
nach demſelben folget der Frühjahrshering, welcher der fetteſte iſt, und einen ſcharfen Rücken
hat; dann der Herbſthering mit breitem Rücken,
und fetten Fleiſch, endlich der kleine graue und
magere Hering. Die erſten drey Verſchiedenheiten ſind mehrentheils Milcher, die letzte Rogner
und Milcher, dem noch eine kleine fette aber ſehr
weiche Art folget, die wenig oder nichts von Milch
und Rogen bey ſich führt, und leicht verdirbt.

Die ganz große Art iſt der Vorläufer der
Wallfiſche, denn nur wenige Tage nach ihm,
kommen die großen Wallfiſche, Nordkaper und
Cachelotte von der Gegend des Nordpols herunter,
und unter dieſen großen Fiſchen gehet der Springer voran, der etwa vierzehn Tage vorher die
Gründe und Tiefen recognoſcirt, wo beſagte Heringe ihre Rogen werfen. Zuerſt erſcheinen große
Fiſche, jagen alle andere Fiſche in ſolchen Gegenden weg, und räumen gleichſam auf, damit die
künftige Bruth der Heringe ſicher ſey, obgleich
nachhero die Kabeljau, Längen, Stockfiſche und
Schellfiſche die Gegenden aufſuchen, um ſich ſatt
zu freſſen, und bey der Gelegenheit in größter
Menge gefangen werden.

Wann der Zug der Heringe angehet, ſo kom-He-
men ſie in ſo unſäglicher Menge und ſo dicht aus den rings-
Norder Eiskanälen herab, daß man ihrer wohl züge.
viele Millionen, Billionen, ja Trillionen rechnen darf. Damit dieſes niemand unglaublich
vor-

vorkomme, ſo überdenke man nur, wie viele Millionen Menſchen in der Welt ſind. Wenn wir
nun annehmen, daß nur die Hälfte aller Menſchen
in der Welt im Jahr nur einen einzigen geſalze-
nen Hering eſſen, wie viel macht dieſes ſchon aus?
und was wird nun wohl an friſchen Heringen,
dann an Pöcklingen, und was endlich an gedörrten Heringen conſumirt? Was frißt nicht die
ungeheure Zahl anderer Fiſche? und wie viele
entkommen nicht allen dieſen Schickſalen, um nach
abgelegtem Zuge, der aus dem Norder=Meer,
durch den engliſchen Canal in die ſpaniſche See
und in das große Weltmeer gehet, wieder nach
Norden zurück zu reiſen, die Anlage zum künftig
jährigen neuen Zuge zu machen, und die, unter
den unermeßlichen Eißſchollen zurück gebliebene
Bruth alsdann wieder heraus zu führen, und
zum Dienſt der Menſchen an den ihnen ſchon bekannten Stranden und Bänken zum ergiebigen
Fang hinzubringen.

Beſonders merkwürdig iſt es, daß die erſten
großen Fiſche, die vor den Wallfiſchen hergehen,
und Springer genennt werden, ſich in große Linien ordnen, und ſo die Gegenden zur Verjagung
anderer Fiſche durchfahren, wie etwa die aufge-
bottenen Bauern in Reihen und Ordnungen die
Wälder durchſtreifen, um das Wild, bey einem
großen Abſchieſſen, nach dem Garn zu treiben.

Wenn nun die Heringsarmee in einer breiten und dicken Colunne angezogen kommt, ſo daß
man faſt zwey drittel Heringe gegen ein drittel
Waſſer rechnen mag, ſo ordnen ſie ſich hernach,
und dehnen ſich in die Breite; der rechte Flügel
kommt im Merz an der Küſte von Ißland an,
und ziehet von da Regimenterweiſe weſtwerts hinter England nach den terreneuviſchen Bänken zur
engli-

engliſchen Fiſcherey, nachdem ſie vorher etliche Scharmützel und Bataillen von den unzähligen großen Fiſchen und ganzen Wolken von Seevögeln, die ihrer ſchon an Jßland warteten, haben ausſtehen müſſen. Der linke Flügel hingegen richtet den Marſch oſtwärts, ziehet die norwegiſche Küſte herab, und theilet ſich in zwey Columnen; die eine bringt ohne den geringſten Zoll durch den Sund in die Oſtſee, die andere ſticht weſtwärts nach den orcadiſchen Jnſeln und nach Hitland über, wo ſie in die weite Nordſee kommen. Hier aber giebt es für ſie ein ſehr ſchlimmes Schickſal, denn daſelbſt liegt hin und wieder eine ſehr große Menge von Fiſcherſchiffen, die weit und breit ihre Netze ausſtellen, wo ihr zahlreiches Heer nebſt dem Corps der Armee, das mittlerweile gerades Weges von oben herunter ruckt, eine entſetzliche Niederlage bekommt. Diejenigen aber, die entwiſchen, gehen zum Theil auf Schottland zu, hinten bey Jrrland herum nach der ſpaniſchen See, oder ſie kommen auf die niederländiſche Küſte herab, ſtreichen durch den Kanal durch, und fertigen mittlerweile ein ſtarkes Commando in die holländiſche Süderſee ab, bis ſie zurücke kehren, und allmählig verſchwinden.

Seit dem zwölften Seculo hat man ſchon Heringangefangen, ſich von Seeland aus auf die Heringfiſcherey in den Tiefen des Meeres zu legen, und ſie iſt bis jetzo unter allem Fiſchhandel der beträchtlichſte Handlungszweig der Holländer geweſen. Die Stadt Enkhuiſen rüſtet noch jährlich zwiſchen vierzig und funfzig Buiſen, (oder Fiſcherſchiffe, deren jedes durchgängig fünf und zwanzig bis dreyſig Laſten hält, und vier Jäger, (oder Poſtſchiffe um das Gefangene jedesmal fortzuſchicken) aus. Der Ort de Ryp vier ehn Bui

Buiſen; aus der Maas gehen von Vlardingen,
Maaßſluis, Delftshaven, Rotterdam und Schie-
dam zuſammen jährlich hundert und funfzig bis
hundert und neunzig Buiſen und ſechzehn bis
zwanzig Jäger ab.

Zuerſt florirte die Fiſcherey am beſten an der
Küſte von Norwegen, wohin auch die Schiffe von
andern Nationen kamen, und wo jetzo noch von den
Norwegern ſelbſt dieſe Fiſcherey ſo ſtark getrieben
wird, daß man von daher jährlich allein etliche hundert Schifsladungen abſchickt; denn die Wallfiſche
jagen ganze Gebürge von Heringen bis nach Norwegen, nach welchen die Nord-Caper oder Springer,
dann die Haanfiſche und Seehunde ſie ferner in die
nordiſchen Klippen treiben, und dies iſt Urſache, daß
manche Meerbuſen ſo ſehr mit flüchtenden Heringen
angefüllt werden, daß man mit keinem Schiffe durch-
kommen, und die Fiſche nur aufſchöpfen kann. Zu
der Zeit nun kommen aus ganz Norwegen die Fiſcher
zuſammen, und ſtellen ihre Netze aus, ſo daß man
wohl dreyhundert Fiſcherſchiffe in dem Umfange einer
Meile zählt, und man unterſcheidet daſelbſt die Früh-
jahrsheringe, welche um die Faſtenzeit kommen, von
dem Sommerheringe, welcher nachfolget.

Nachher haben ſich die Holländer von der
nordiſchen Küſte weggezogen, und ihre Fiſcherey
in der Gegend von Hitland, an den nördlichen
Gegenden von Schottland, und oſtwärts der orcadiſchen Inſeln verlegt, weil es daſelbſt eine viel
beſſere Art der Heringe giebt. Dieſer Fiſchfang
fängt den 24. Junii, auf Johannis Abend an, (denn
eher iſt es durchaus nicht erlaubt, einige Netze auszuwerfen) und dauert bis zum 25. Julii. Es iſt
alſo lächerlich, wenn man in Deutſchland ſchon
acht Tage nach Johannis, oder wohl gar eher mit ſo
genannten neuen holländiſchen Heringen herum-
läuft,

läuft, da man ſie kaum in Holland ſelbſt
hat, und auf das geſchwindeſte erſt etliche Wo‐
chen hernach hier haben kann. Hernach wird wie‐
derum an der Ecke Buchanes von Jacobi an bis
zum 14ten September gefiſchet, worauf die übrigen
Heringe weiter herunter ziehen, und etwa zwanzig
Meilen von der holländiſchen Küſte zum dritten‐
mal gefiſchet werden, welches bis gegen das
Neujahr dauret.

Der erſte Fang giebt die beſten Fiſche zum
geſalzenen‐ oder Pöckelhering, der zweyte iſt ſchon
etwas minder im Werth, der dritte giebt die grü‐
nen oder friſchen Heringe, dann die Pöcklinge und
auch die getrockneten oder gedörrten Heringe. Die
erſte Art wird mit St. Hubes, oder portugieſi‐
ſchem groben Salz, und zwar lage auf lage ge‐
ſalzen, die zweyte Art mit holländiſchem Salz
eingemacht, und die dritte friſch zu Markte gebracht,
leicht geſalzen, in Rauchhäuſern geräuchert, oder
auch in der Sonne gedörrt. Der beſte alſo iſt der
holländiſche Hering vom erſten Fange, und zwar
wenn er nur vierzehn Tage bis zwey Monathe im Salz
gelegen hat; dieſer übertrift alle Heringe von allen
Nationen. Das Merkmal eines ſolchen Pöckelhe‐
rings iſt, daß er von der erſten Größe, von hell‐
glänzender Silberfarbe, dunkelblauen und dicken
Rücken, zarter Haut, und weiſſem, in das röth‐
liche fallenden, und mit einem reinen Fett gleich‐
ſam getränkten Fleiſche, das nicht faſerig iſt, ſeyn
muß, und dieſes iſt eine Delicateſſe; gelbe Heringe
aber, derenn Fett thranig worden, und verma‐
gerte Schmalrücken, die gelbe Naſen, und ein
graues faſeriges Fleiſch haben, und beym Aufſchnitt
ſchon ſchmutzig ausſehen, ſind eine elende Koſt gegen
jenen.

Um ſie zu fangen, werden lange Netze in der See gerade ihrem Zug entgegen geſetzt, die durch Steine hinunter hangen, durch leere Tonnen aber oben ſchwimmend gehalten werden. In wenig Stunden ſteckt das Netz voller Heringe, ſo daß man die größte Mühe hat, ſolches aufzuwinden, wodurch ſogleich etliche Tonnen voll zurechte gemacht, geſalzen und eingepackt, ſodann aber mit den Jägern immer abgefertiget werden, da denn eine einzige Tonne im Anfange etliche hundert Gulden koſtet.

Hering-
König.
Tab. X.
fig. 2. 3. Was nun die Tab. X. fig. 2. 3. gegebenen Abbildungen betrift, ſo iſt fig. 2. ein ſogenannter Heringkönig mit gleichſam verguldetem Kopfe und röthlich glänzenden Körper und Floſſe; fig. 3. aber iſt das Weibchen mit blaſſen Floſſen und aſchgrauem Schwanze: beyde ſind nicht über ſieben Zoll, und alſo kleiner als der gewöhnliche große holländiſche Hering. Ob es dieſe ſind, welche voran ziehen, ſolches iſt noch nicht ausgemacht, und auch nicht einmal wahrſcheinlich, vermuthlich gehet bey dem großen Gedränge der erſte der beſte voran, und der Trieb zu dieſem erſtaunlichen Gedränge iſt kein anderer als ſich zu drucken und zu reiben, daß ſie ihren Rogen und Milch los werden, wornach es im Meer wieder von neuem wimmelt. Jedoch es ſey genug zur Erläuterung der Heringsgeſchichte.

2. Die Sprotte. Clupea Sprattus.

2.
Sprotte
Sprat-
tus.
T. X.
fig. 4. Eine kleine Art Heringe, welche von den Engländern Sprat, franzöſiſch Sardine, holländiſch Sprott und Sardyn genennet wird, jedoch von den Sardellen oder Anſjovis zu unterſcheiden iſt, wird von dem Ritter zur zweyten Art gemacht,

gemacht, und von der ersten durch die Anzahl der
Finnen in der Rückenfloſſe unterſchieden. Inzwiſchen ſind ſie auch an dem auſſerordentlichen ſcharfen
Bauche, und an der Kleinheit zu kennen, indem ſie
nur vier Zoll und etwas darüber lang, öfters auch
kleiner ſind. Man zählt in der Rückenfloſſe ſiebenzehn, in der Bruſtfloſſe ſechzehn bis ſiebenzehn, in
der Bauchfloſſe ſechs bis ſieben, und in der Afterfloſſe neunzehn Finnen.

In England will man zweyerley Sprotten
angemerkt haben, und man fällt nicht ohne Grund
auf die Gedanken, daß die eine Verſchiedenheit, die
wir hier beſchreiben, nichts als junge Heringe, und die
andere nichts als junge Alſe, (oder die Jungen der
folgenden Art) ſeyn mögten. Inzwiſchen wird hier
Tab. X. fig. 4. eine Abbildung von ſolchen gegeben,
welche dickbäuchig und hinter den Kiemen mit vier
ſchwarzen Flecken verſehen ſind. Sollten alſo dieſe
Arten junge Heringe ſeyn, ſo müßten die Flecken
vielleicht mit der Zeit vergehen.

Sie kommen in ungeheurer Menge an die
Küſte von England, und werden zweymal im Jahre
geſicht, da man denn einmal den merkwürdigen
Fall gehabt, daß man mit einem Netze in einem einzigen Zuge, eine halbe Million ſolcher Fiſche aufzog.
Und an der Küſte von Norwegen trift es nicht ſelten,
daß man von einem einzigen Zuge vierzig Tonnen voll
macht. Selbige ſind einen Finger lang, und man lockt
oder füttert ſie mit einer Compoſition von Rogen und
dergleichen Abfall von gefangenen Fiſchen, die man
in das Meer ſchüttet und das Waſſer gleichſam damit bedeckt.

Die gefangenen Sprotten werden geſalzen und
gepackt, oder auch geräuchert, andere werden gedörrt, wieder andere gebraten, und mit Specereyen

in Schachteln gepackt, und auf diese Art wird ein beträchtlicher Handel damit getrieben.

3. Die Alse. Clupea Alosa.

3.
Alse.
Alosa.

Dieser Fisch war des Plinius Clupea; der Alten Trilla; der Schriftsteller Alosa; der Venetianer Clupea; der Römer Laccia; der Franzosen Alose; der Spanier Saccolos; der Engländer Shad, und der Holländer Elft.

Da dieser Fisch so nahe mit den Heringen verwandt ist, so wird er auch Mutterhering genennt. Sie werden auch allenthalben in den europäischen Meeren gefangen, und haben die Gewohnheit, die Flüsse, gleich den Salmen, hinan zu steigen, um ihre Rogen zu werfen. Sie sind breiter und dünner, aber merklich größer als die Heringe, da sie zuweilen eine Elle lang und vier Zoll breit, jedoch nur vier Pfund schwer werden. Der Kiel des Bauchs ist scharf, dünne und sägeförmig gezähnelt. Die Schuppen sind schildförmig, und die Seiten hinter den Kiemen mit etlichen schwarzen Flecken gezeichnet. Die Anzahl der Finnen ist in der Rückenflosse achtzehn bis neunzehn, in der Brustflosse funfzehn, in der Bauchflosse acht bis neun, in der Afterflosse achtzehn bis zwey und zwanzig, und in der Schwanzflosse neunzehn bis sechs und zwanzig.

Man fängt sie eben da, wo der Lachsfang ist. Daher man in Holland, an der Elbe, in Frankreich, in England, in Egypten, am Nilstrome und anderwerts großen Ueberfluß hat. Sie werden mehrentheils wie die Lachse gefangen, und auch eben so geräuchert, da ihr Fleisch roth und fett ist, und im Geschmacke dem Lachse sehr nahe kommt.

4. Die

4. Die Sardelle.　Clupea Encraſicolus.

Die Alten nannten dieſen Fiſch des bittern Geſchmacks halben Encraſicholus, andere heiſſen ihn Lycoſtomus, oder Wolfsmaul; die Lateiner Aypha und Apua; die Holländer Ansjovis, und er iſt die eigentliche Sardelle, welche Tab. X. fig. 5. abgebildet iſt.

(Randnote: 4. Sardelle. Encraſicolus. T. X. fig. 5.)

Er unterſcheidet ſich von den Heringen dadurch), daß der obere Kiefer länger als der untere, und der ganze Fiſch kaum einen Finger lang iſt. Sie halten ſich überall in dem europäiſchen Ocean auf, kommen aber zu ganzen Heeren im Frühjahre durch die Straſſe von Gibraltar angezogen, und begeben ſich vorzüglich in franzöſiſchen Schutz, da man ſie denn an der Küſte von Frankreich während den Monaten May, Junii und Julii wider alle Anfälle der Seehunde oder Haaye in Sicherheit ſetzt, und ihrer etliche Millionen mit Salz in kleine Tönnchen und Töpfe packt, um ſie hernach ſtatt eines Salats mit Oel, Eßig, Pfeffer und Orego zu verſpeiſen; von ihren Salz und Gräthen aber die ſogenannte Sardellenſaucen zubereiten, welche ſtatt des Garums der Römer, oder des Gerry der Indianer, dienen können.

5. Das Silberband.　Clupea Atherinoides.

Das 183te Geſchlecht der Kornährenfiſche hieß Atherina, und ſelbige haben eine ſilberfärbige Seitenlinie; weil nun jetzige Art auch eine ſilberfärbige Seitenlinie führt, ſo hat ſie der Ritter Atherinoides genannt, und da eben dieſe Linie breit iſt, ſo nennen wir ſie das Silberband. Der Körper iſt ſehr zuſammengedruckt; der untere Kiefer kürzer als der obere; die Bauch-

(Randnote: 5. Silberband. Atherinoides.)

floſſen

flossen sind sehr klein, und die Kiemenhaut hat
zwölf Strahlen. In der Rückenfloße sind zwölf,
in der Brustfloße vierzehn, in der Bauchfloße
acht, in der Afterfloße zwey und dreyßig, und in
der Schwanzfloße achtzehn Finnen. Das Vaterland ist Suriname.

6. Die Vorstenfloße. Clupea Thrissa.

Bey No. 3. haben wir oben gehört, daß
Thrissa die Benennung der Alse oder Elfte war,
jetzo ist sie von dem Ritter dieser Art beygelegt
worden. Es unterscheidet sich dieser Fisch von
den andern vorzüglich durch eine lange borstenar-
tige Finne, welche die letzte in der Rückenfloße
ist. Es sind aber in der Rückenfloße vierzehn
bis sechzehn, in der Brustfloße vierzehn bis sechzehn, in der Brustfloße dreyzehn bis vierzehn, in
der Bauchfloße sieben bis acht, in der Afterfloße
vier und zwanzig bis acht und zwanzig, und in
der Schwanzfloße ein und zwanzig bis vier und
zwanzig Finnen. In der Kiemenhaut sind von
dem Ritter fünf, vom Herrn Osbeck sieben
Strahlen gezählt worden. Das Vaterland ist
Indien.

7. Der Krummschnabel. Clupea Sima.

Die Kiefer sind in die Höhe gebogen, oder
vielmehr das Maul aufgeworfen, der obere Kiefer ist kurz und an der Spitze abgestutzt, der
Leib ist silberfärbig; der Bauch kielförmig und
gleichsam gezähnet. Zwischen den Augen befindet sich eine Grube, die Bauchfloßen sind klein
und fast unsichtbar. Die übrigen Floßen haben
eine gelbe Farbe. Man zählt in der Rückenfloße
sieben

siebenzehn, in der Brustfloſſe $\frac{1}{17}$, in der Bauchfloſſe $\frac{1}{2}$, in der Afterfloſſe drey und funfzig, in der
Schwanzfloſſe achtzehn Finnen. Die Kiemenhaut
hat ſechs Strahlen, und der Aufenthalt iſt in den
aſiatiſchen Meeren.

8. Der Beilbauch. Clupea Sternicla.

Dieſer Fiſch iſt ſehr breit, der Bauch aber höckerig und kielförmig. Gronov gab ihm den Geſchlechtsnamen Gaſteropelecus, welches ſoviel als
Beilbauch bedeutet, denn der Bauch hängt feil-
oder beilförmig hervor, und hat keine Bauchfloſſen.
Der Kopf iſt kurz, und an den Seiten gedruckt, hat
aber keine Schuppen. Das Maul ſteht an der
Spitze des Kopfs und hat keine Zähne, die Finnen
ſind alle weich, und man zählt in der Rückenfloſſe
eilf bis zwölf, in der Bruſtfloſſe neun, in der Afterfloſſe drey und dreyſig bis vier und dreyſig, und in
der Schwanzfloſſe achtzehn bis zwey und zwanzig.
Die Kiemenhaut hat nur zwey Strahlen, und das
Vaterland iſt Suriname.

9. Der Barthering. Clupea Myſtus.

Wenn Clupea Myſtus deutſch gegeben werden ſoll, ſo kann es füglich nicht anders als Bart-
hering heiſſen; man muß dieſen Bart aber nicht am
Kinne, ſondern vielmehr am Bauche ſuchen, welcher bis zum Nabel mit kleinen faſerigen Dörnen beſetzt iſt. Der Körper iſt degen- oder meſſerförmig,
und die Afterfloſſe iſt mit der Schwanzfloſſe vereinigt.
Der Herr Osbeck traf dieſen Fiſch auf der Reiſe
nach Indien an, und fand in der Kiemenhaut
zehn Strahlen. Die Rückenfloſſe hatte dreyzehn,

Aa 4 die

die Brustflosse siebenzehn, die Bauchflosse sieben, die Afterflosse sechs und achtzig, und die Schwanz- flosse dreyzehn Finnen. Doch der Ritter zählte in seinen Exemplarien in der Rückenflosse zwölf, in der Brustflosse siebenzehn, in der Bauchflosse sechs, in der Afterflosse vier und achtzig, und in der Schwanzflosse eilf Finnen; vermuthet inzwischen, daß etwa diese Art ein eigenes Geschlecht ausma- chen, oder in ein anderes Geschlecht gehören mögte, wenigstens haben diese Fische viele Aehnlichkeit mit dem 175. Geschlechte, welches wir Welse genennt haben.

10. Der Keilschwanz. Clupea Tropica.

10.
Keil-
schwanz
Tropi
ca.

Der Schwanz ist keilförmig, der Körper weiß, an den Seiten gedruckt und breit, der Sei- tenstrich geht gerade, nahe an dem Rücken. Die Augen stehen dicht am Maule, der Kopf läuft jähe herab, der Unterkiefer ist länger als der obe- re, die Mundspalte weit, die Zähne stehen auf einer Reihe. Die Rückenflosse läuft von der Mit- te des Rückens bis zum Schwanze, und hat sechs und zwanzig Finnen, die Brustflosse hat sechs, die Bauchflosse sechs, die Afterflosse sechs und zwan- zig, die Schwanzflosse zwanzig Finnen. Die Kie- mendeckel sind schuppig, und die Kiemenhaut hat sieben Strahlen. Diesen Fisch hat der Herr Oe- beck an der Insel l'Ascension zwischen Africa und America gefunden, daher er von dem Ritter Tropica genennt wird, weil er sich innerhalb den Tropicis oder Wendezirkeln aufhält.

11. Die

11. Die Stutzkieme. Clupea Sinensis.

Da der äussere Strahl der Kiemenhaut abgestutzt ist, und dieser Fisch aus China kommt,
so sind obige Benennungen leicht zu verstehen.
Die Rücken- Brust- und Afterflossen haben jede
sechzehn, die Bauchflosse aber acht Finnen. Er
sieht ordentlich wie ein Hering aus, ist aber etwas breiter, und hat keine Zähne.

189. Geschlecht. Karpfen.

Abdominales: Cyprinus.

Geschl. Benennung. Der Name Cyprinus ist von den Schrift-stellern einem Fische gegeben worden, den wir Karpfen nennen, und ist eines griechischen Ursprungs, den einige wegen ihrer starken Begattung von der Liebesgöttin Cypris herleiten wollen. Man machte aber einen Unterschied zwischen Cyprinum (Karpfe) und Cyprinum latum, der ein Flußbrachsem ist; und der Ritter hat diesen Namen zur Geschlechtsbenennung erwählt, ohn-erachtet allerhand Fische, als Karpfen, Gründlinge, Brachsеme, Blicke, Karauschen, Flußbrachsеme, chinefische Goldfischlein und dergleichen, die sonst niemand Karpfen genennt hat, vorkommen. Der Name Karpfe aber ist in vielen Sprachen ange-nommen: als französisch Carpe; englisch Carp, holländisch Karper.

Geschl. Kennzeichen. Was die Kennzeichen dieses Geschlechts betrift, auf welche es doch bey so großer Verschiedenheit der Fische am meisten ankommt, so hat das Maul keine Zähne; das Nasenbein hat zwey Gruben, und die Kiemenhaut nur drey Strahlen. Der Körper ist glatt und weißlich, und die Bauchflossen haben sehr oft neun Finnen. Um aber doch die verschiede-nen Arten in gewisse Haupteintheilungen zusammen zu fassen, so werden deren vier gemacht.

A.* Kar-

A.* Karpfen, die am Maule einen Bart
haben. Barbati. 4 Arten.

B.** Karpfen, mit unzertheiltem Schwanze. Pinna caudae indiviſae. 2 Arten.

C.*** Karpfen, deren Schwanz dreyza-
ckig iſt. Pinna caudae trifida.
1 Art.

D.**** Karpfen, deren Schwanz gabelförmig iſt. Pinna caude bifida.
24 Arten.

Es giebt alſo in dieſem Geſchlechte ein und
dreyſig Arten, deren Beſchreibung wir jetzo vor uns,
nehmen.

A.* Karpen, die am Maule einen Bart
haben.

A.*
Bart-
karpfe.

1. Die Flußbarbe. Cyprinus
Barbus.

1.
Fluß-
barbe.
Barbus.

Daß Barbus von dem Barte herkomme, iſt
leicht abzuſehen. Es wird aber hierunter unſre
Flußbarbe verſtanden, welche holländiſch Barm,
Berm, und Barbeel; engliſch Barbell; franzöſiſch
Barbeau oder Barbleau; italiäniſch Barbio ge-
nennt wird.

Dieſer Fiſch hat an jeder Seite des Mauls zwey
Bartfaſern, die zweyte Finne der Rückenfloſſe iſt
an

A.*
Bart-
karpfen.

an beyden Seiten gezähnelt oder geſäget, ſonſt aber
befinden ſich in dieſer Floſſe zehn bis eilf, in der Bruſtfloſſe ſechzehn bis ſiebenzehn, in der Bauchfloſſe neun,
in der Afterfloſſe ſieben bis acht, und in der Schwanzfloſſe, welche gabelförmig iſt, ſechzehn bis ſiebenzehn
Finnen. Der obere Kiefer iſt etwas länger als der
untere. Der Rücken geht einigermaſſen krumm oder
meſſerförmig, die Schuppen ſind von mäßiger Gröſſe, olivenfärbig und mit ſchwärzlichen Puncten geſprenkelt, der Bauch iſt ſilberfärbig. Die gröſten
können zuweilen ſieben bis acht Pfund wiegen. Sie
haben die Gewohnheit, wenn es kalt wird, ſich in
den Löchern am Ufer, und zwiſchen den Steinen zu
verkriechen, ſo daß man ihrer daſelbſt eine ganze
Menge verſteckt antrift. Wenn man ſie mit Netzen
umſteckt, kriechen ſie in ihre Löcher zurück, und verſtehen auch die Kunſt, im Nothfalle über das Netz
hin, und ins freye Waſſer zu ſpringen. Sie halten
ſich in den europäiſchen Flüſſen der ſüdlichen Gegenden auf. Ihr Fleiſch iſt weich, und nur erſt gut
zu eſſen, wenn ſie alt ſind. Ihre Rogen hingegen
verurſachen die Gallſucht.

2. Der gemeine Karpfe. Cyprinus Carpio.

2.
Gemei-
ne Kar-
pfen.
Carpio.

Von dieſer Art führt das ganze Geſchlecht den
Namen, daher oben von der Benennung nachzuſehen
iſt. Die Geſtalt iſt bekannt. Er hat in der Rückenfloſſe vier und zwanzig Finnen, davon die zweyte
an der hintern Seite ſägeförmig iſt, in der Bruſtfloſſe ſechzehn bis ſiebenzehn, in der Bauchfloſſe acht
bis neun, in der Afterfloſſe acht bis neun, und in der
Schwanzfloſſe neunzehn. Am Maule befinden ſich
vier Bartfaſern.

Es

Es iſt dieſer Fiſch durch ganz Europa bekannt, hält ſich in Flüſſen, Weihern und Teichen auf, und wird ordentlich gehegt, kam aber erſt um das Jahr 1600. nach England, iſt auch in Holland nicht häufig, als nur da, wo man ihn hegt; je weiter er aber nach Norden kommt, je mehr artet er aus, und wird von Jahr zu Jahr kleiner. Er hat ein ſehr zähes Leben, wird groß und alt. Man kann ihn in Kellern und Waſſerkäſten lange lebendig erhalten, und mit Semmeln, die in Milch geweicht ſind, füttern. Daß man in Gräben um alte Schlöſſer hundertjährige findet, iſt nichts ſeltenes, denn man hat ſie wohl von zwey bis dreyhundert Jahren gefunden. Die größten, welche in Holland ſind, wiegen zwanzig Pfund, wenigſtens fieng man noch vor etlichen Jahren zwiſchen Leiden und Amſterdam einen Karpfen, welcher bis fünf Schuh lang war, und gegen achtzehn Pfund wog. Doch in Deutſchland hat man noch ſchwerere gefunden, und im Wolgaſtrome hinter Caſan, ſollen ſie zwey bis drey Ellen lang werden.

Ihre Begattung, oder das Auswerfen des Rogens geſchieht an ſchlammigen Ufern, und man findet auch Zwitter unter ihnen, die Milcher und Roguer zugleich ſind. Wie ſtark ſie ſich aber wohl vermehren können, wenn alle Eyer befruchtet und zur Brut erhalten würden, läßt ſich aus folgender angeſtellten Berechnung ſchließen: ein Gran des Rogen hält ein und ſiebenzig bis zwey und ſiebenzig Eyerchen. Aller Rogen wiegt in einen anderthalb Schuh langen Karpfen zuweilen ſechzehn bis ſiebenzehn Loth, dies macht viertauſend ſiebenhundert und zwey und funfzig Gran, mithin zwiſchen die drey bis viermal hundert tauſend Eyerchen Löwenhoeck hat in einem Karpfen über zweymal hundert tauſend, und in einem Cabeljau einmal über neunmal hundert tauſend Eyerchen gezählt oder berechnet.

Die

A.*
Bart
karpfe.

Anato:
nische
Anmer:
,fung.

Die Därmer laufen wie bey den Enten nicht
in Ringe, sondern auf und nieder, und sind an dem
Bestandtheile der Leber befestigt, und in diesem Klumpen steckt auch die Galle und die Milz, desgleichen
der Magen, der lang, und einem Darme ähnlich ist.
Die Luftblase ist gedoppelt und mit einem Canale verbunden. Aus den Nieren geht ein deutlicher Harn-
gang zur Blase. Die sogenannte Zunge sitzt oben in
der Kehle am Gaumen fest, und ist nur ein drüsiges
Stück. Das Herz sitzt hoch unter den Kiemen und
hat ein breites häutiges Ohr voller Drüsen, das größer als das Herz selber ist. Die Höhle, worinn das
Herz steckt, ist mit einer Haut bekleidet, die man
das Pericardium nennen könnte. Unter dem Herze
ist gleichsam ein Receptaculum verschiedener Adern,
worunter drey von der Leber kommen, und das Blut
von der Pfortader zurück bringen. Zwey andere begleiten die Pulsader am Rückgrade. Die Kiemen-
fasern dienen statt der Lungen, und die Kiemenbo-
gen werden durch sechs und vierzig Muskeln bewegt.
Die Oefnung der Kiemen wird eins ums andere
durch einen beinigen Deckel geöfnet und wieder geschlossen, um durch dieses Kunststück der Natur die
Luft von dem Wasser abzusondern. Es müssen sich
daher die Kiemen breit machen, und wieder einziehen
können, und damit dieses gehörig von statten gehe,
so zählt man viertausend dreyhundert und sechs und
achtzig beinige Stücke, nebst neun und sechzig Muskeln in den Kiemen der Karpfen, die dieses Geschäf-
te verrichten müssen. Die Pulsadern der Kiemen
geben viertausend dreyhundert und zwanzig Aeste ab,
davon jede wieder seitwärts eine Menge hariger Fasern abgeben, so sind auch eben soviel Blutadern und
Sennen vorhanden, so daß alle Stücke zusammen
wohl eine Zahl von zwanzigtausend ausmachen mögten. Das sind Beweise einer Schöpfers Hand, und
ein Wunder vor unsern Augen.

3. Der

3. Der Gründling.   Cyprinus Gobio.

Der Name Gobius wird von den Schriftſtel=
lern gebraucht. Wir aber nennen ihn Gründling
und Greßling. Engliſch heißt er Greyling und
Gudgeon; franzöſiſch Goujon und Vairen;
däniſch Grumpel und Sandheſt; und holländiſch
Grondel. Man muß aber dieſen Fiſch als eine
Art, die ſich in ſüſſen Waſſern aufhält, von dem
159. Geſchlechte der Meergrundel wohl unterſchei=
den. Er hat an jeder Seite des Mauls nur eine
einzige Bartfaſer, und iſt ein kleiner Fiſch, den
man, wie Tab. XI. fig. 1. zeigt, gar nicht unter
den Karpfen ſuchen würde. Er iſt länglich, einen
Finger lang, hat kleine Schuppen, etliche ſchwarze
Flecken am Rücken, einen gabelförmigen Schwanz,
und iſt am Bauche ſilberfärbig. In der Rückenfloſ=
ſe ſind acht bis zwölf, in der Bruſtfloſſe vierzehn bis
ſiebenzehn, in der Bauchfloſſe ſechs bis eilf, in der
Afterfloſſe ſieben bis eilf, und in der Schwanzfloſ=
ſe neunzehn Finnen. Der Aufenthalt iſt hin und
wieder in den Flüſſen und Bächen von Deutſchland,
der Niederlande und England.

4. Die Schleihe.   Cyprinus Tinca.

Trinca oder vielmehr Tinca iſt der alte Name
der Schleihe, die engliſch Tench; franzöſiſch
Tanche; holländiſch Zeelt; däniſch Sydere;
ſchwediſch Linnare und Skomakare genennt wird.
Die alte Benennung Merula Fluviatilis, oder
auch der Niederländer Schoenmaker, iſt nicht
mehr im Gebrauch, doch die Frießländer nennen
ſelbige Muythonden.

Es hat dieſer Fiſch nur zwey, aber ſehr
kleine Bartfaden, die man öfters nicht einmal
wahr=

(marginal notes right column:)
A.*
Bart=
karpfen.
3.
Gründ=
ling.
Gobio.
T. XI.
fig. 1.

4.
Schlei=
he.
Tinca.

A.*
Bart-
karpfen.

wahrnimmt. Der Körper iſt dunkelfärbig, ungemein ſchleimig, und hat auſſerordentliche kleine, aber
feſte Schuppen, die man wegen der zarten Haut mit
keinem Meſſer herunter bringen kann, aber wohl mit
einem nicht gar zu dicken Stück Geld. Das Fleiſch
iſt weich und voller Wäſſerigkeit, der Geſchmack eben
nicht gar ſehr erhaben. In der Rückenfloſſe befinden
ſich zehn bis zwölf, in der Bruſtfloſſe ſechzehn bis ſiebenzehn, in der Bauchfloſſe neun bis eilf, in der Afterfloſſe eilf bis fünf und zwanzig, und in der
Schwanzfloſſe neunzehn bis vier und zwanzig Finnen.
Sie halten ſich mehrentheils in ſtehenden Gewäſſern
und Moräſten auf, und haben ein ſehr zähes Leben,
werden faſt überall gefunden, und erreichen ſehr oft
das Gewicht von ſieben bis acht Pfund. Was die
Größe betrift, ſo haben wir auf dem Landguthe Tienkamp bey Leuwarden ſelbſt einen gefangen, der
anderthalb Spannen hoch und dreyviertel Ellen lang
war. Man dämpft ſie ohne Waſſer mit etlichen Tropfen Eßig, weil ſie ſelbſt viele Feuchtigkeit geben, würzet ſie, und macht ſie mit einer Eyerſauce
zurechte.

B **
Mit un-
getheil-
tem
Schw.

B.** Karpfen mit ungetheiltem Schwan-
ze.

5. Die Karauſche. Cyprinus Caraſſius.

5.
Karau-
ſche.
Caraſ-
ſius.

T. XI.
fig. 2.

Man muß dieſen Fiſch nicht mit der 20ten Art
des 178. Geſchlechts verwechſeln, welchen wir den
Hochrücken genennt haben, und der ſonſt auch wohl
den Namen Karauſchenlachs führet, denn der jetzige iſt die ordentliche Karauſche, und wird auch
wohl Steinkarpfe genennt. Der Name Karauſche indeſſen iſt von dem lateiniſchen Caraſſius,
und dieſer von dem griechiſchen Charax gemacht,
das

daher man ihn in etlichen ſüdlichen Gegenden
Deutſchlands auch Gorais, in den nördlichen
aber Hamburgerkarpfe nennt.

Er iſt kleiner als der Karpfe, kurz und breit,
gelblich goldfärbig, hat einen hohen Rücken, rothe
Unterfloſſen und Schwanz, kleine Augen, ein rundes Maul, ein gelblichtes Fleiſch, und dienet nur
zum backen oder braten, ſchmeckt jedoch beſſer als
die Brachſeme. Die Seitenlinie geht gerade. Die
zweyte Rücken- und Afterſinne ſind an der hintern
Seite mit einer doppelten Reihe Stracheln beſetzt.
Man zählt überhaupt in der Rückenfloſſe zwanzig, in
der Bruſtfloſſe eilf bis funfzehn, in der Bauchfloſſe
acht bis neun, in der Afterfloſſe neun bis zehn, und
in der Schwanzfloſſe ein und zwanzig bis drey und
zwanzig Finnen. Das Vaterland iſt in den ſtillen
Gewäſſern und Weihern Europens, wo er mit
leichter Mühe fortgebracht wird. Siehe Tab. XI.
fig. 2.

6. Der Dickkopf.   Cyprinus Cephalus.

Die Alten gaben ihm den Namen Capito,
Cephalus und Squalus, und dieſe letzte Benennung
ſcheint den jetzigen Namen Squagio, der noch in
Rom gebräuchlich iſt, veranlaßt zu haben. In England heißt er Chub und Chevin; in Frankreich
Meunier oder Vilain; bey den Deutſchen Dick-
kopf, Mön und Alat.

Er weicht von den Karpfen darinn ab, daß er
nicht ſo breit, ſondern mehr rund iſt, und einen dicken ſchwarzen Kopf hat. Der Rücken iſt dunkelgrün, der Bauch und die Seiten ſind ſilber- und goldfärbig mit ſchwarzen Sprenkeln. Die Schuppen ſind
ſo groß wie an den Karpfen, die Augenringe gold-
und ſilberfärbig. In der Rückenfloſſe ſind eilf, in

Linne IV. Theil.   Bb   der

B.**
Mit un-
getheil-
ten
Schw.

6.
Dick-
fopf
Cepha-
lus.

der Bruſtfloſſe ſechzehn, in der Bauchfloſſe neun, in der Afterfloſſe eilf, und in der Schwanzfloſſe ſiebenzehn Finnen. Er hält ſich in der Donau, im Rheinſtrome und in Weihern auf, und der größte wird gegen einer Elle lang.

C.*** Karfen, deren Schwanz dreyzackig iſt.

7. Der chineſiſche Goldfiſch. Cyprinus Auratus.

7.
Chine
ſiſcher
Goldfiſch.
Auratus
T. XI.
fig. 3.

Der Ritter macht aus dieſer Art eine neue Abtheilung unter dem Namen Pinna caudae trifida, welches ſo viel bedeuten ſoll, daß die Schwanzfloſſe willführlich einen dritten Lappen bekommt, der in die Quere ſtreicht, und unten an der Wurzel zurück gebogen iſt; allein wir haben ſolche Exemplare nicht geſehen, und finden es auch in der Sourcuiniſchen Abbildung Tab. XI. fig. 3. nicht. Hierbey aber müſſen wir auch erinnern, daß dieſe Art in mancherley Größe, mancherley Farbe, unbeſtimmter Anzahl der Floſſen und Finnen, ja auch ſogar in einer ſehr abweichenden Geſtalt erſcheine, ſo daß man wohl zwölf beſondere Beſchreibungen dieſes Fiſches leſten kann, ohne daß eine mit der andern übereinſtimmt. Wir wollen uns alſo kurz faſſen, und nur die Hauptſache erwehnen.

Es wird nämlich der chineſiſche Goldfiſch verſtanden, welcher in China Kin-Ya und Kin-Yu; in Java aber King-Jo genennt wird. Franzöſiſch heißt er Poiſſon d'Or; engliſch Goldfiſch; und ſchwediſch Gullfisk. Da wir aber auch unter andern Geſchlechtern Fiſche mit einem
Gold

Goldglanze haben, ſo unterſcheiden wir dieſen durch C.***
den Beynamen Chineſiſch. Ob er gleich Goldfiſch **Mit**
genennt wird, ſo verändert ſich doch die Farbe ſehr **drey-**
an ihm, er iſt bald roth wie glüend Eiſen, bald **jackigem**
ſchwärzlich, wird glänzendgelb wie Gold, verän- **Schw.**
dert ſich weiß, als ob er mit dem feinſten Silber überzogen wäre, und dergleichen; auch geht die Farbe
nicht allezeit über den ganzen Körper, ſondern beſteht
nur zuweilen in gewiſſen Flecken, ſo wie der Fiſch
nach und nach die Veränderung annimmt. Mit allem dem hat er etwas prächtiges und glänzendes an
ſich, daher er von den Liebhabern in China und
Holland in Weihern geheget, und in großen, durchſichtigen, hellen Zuckergläſern, oder in porcellane-
nen Kumpen zur Luſt und Augenweide gefüttert
wird.

Die Geſtalt hat mit einem Karpfen viel ähnliches, doch die Floſſen ſind in der Zahl und Stellung
verſchieden, ſowohl in Abſicht auf die Karpfen, als
in Abſicht auf ſich ſelbſt, und derjenige, der hier abgebildet iſt, hat ſtatt der Rückenfloſſe gleichſam ein
krummes Horn, und hinter ſelbigem eine Erhöhung
ſtatt einer zweyten Floſſe. Sonſten zählt man in
der Rückenfloſſe achtzehn, in der Bruſtfloſſe eilf bis
ſechzehn, in der Bauchfloſſe ſieben bis neun, in der
Afterfloſſe acht, (es müſten denn gleichſam zwey vorhanden ſeyn,) und in der Schwanzfloſſe zwanzig oder
ſieben und dreyßig oder auch vier und vierzig Finnen.
Die Afterfloſſe hat die zweyte Finne hintenher gezähnelt, und bey denen, die geheget werden, giebt es immer mehrere Abweichungen.

Dieſer Fiſch iſt ſehr zart, wird von acht bis zwölf
Zoll lang, iſt aber in ſeinem Vaterlande China viel
kleiner als in Holland, wohin er erſt vor funfzig
Jahren lebendig gebracht, und ſo hin und wieder von
reichen Liebhabern in Weihern und Gläſern fortge-

Bb 2　　　　pflanzt

pflanzt wurde. Er wird mit Brod und kleinen Fischlein gefüttert, und ist dabey so zahm, daß er einem das Brod zwischen den Fingern wegzerrt. Würmer, Fliegen und Mücken dienen zwischen beyden zur Abwechslung. Ihr Geschmack ist gut, und besonders wenn sie gebacken sind, jedoch hält man sie ihrer Zierlichkeit halben lieber lebendig.

D.****
Gabelschwänze.

D.**** Karpfen mit gabelförmigem Schwanze.

8. Der Nilkarpfe. Cyprinus Niloticus.

8.
Nilkarpfe.
Niloticus.

In dieser letzten Abtheilung, welche lauter Gabelschwänze enthält, macht der Nilkarpfe den Anfang. Er ist röthlich, am Rücken schwärzlich und an den Kiemen und Bauche silberfärbig, auch nicht sehr groß, denn des Herrn Hasselquists Exemplar war nur drey Zoll lang, und spiegelte aus den Augen alle Lichtstrahlen mit Regenbogenfarben, glänzte auch ausserdem so, daß man ihn wohl unter die chinesischen Goldfische hätte rechnen mögen. In der Rückenflosse sind achtzehn, in der Brustflosse siebenzehn, in der Bauchflosse neun, in der Afterflosse sieben, und in der Schwanzflosse neunzehn bis vier und zwanzig Finnen. Der Aufenthalt ist in Egypten im Nilstrome.

9. Der capsche Karpfe. Cyprinus Gonorynchus.

D.****
Gabel-
schwän-
ze.

9.
Cap-
scher
Karpfe.
Gono-
rynchus

Am Cap, oder Vorgebürge der guten Hofnung findet man einen Karpfen, dessen Maul
gleichsam eckig ist, daher derselbe auch vom Gronov Gonorynchus benennt wird. Der Körper
ist nicht so breit als am Karpfen, sondern mehr
cylindrisch und länglich. Man zählt in der Rückenflosse zwölf, in der Brustflosse zehn, in der
Bauchflosse neun, in der Afterflosse acht, und in
der Schwanzflosse achtzehn Finnen. Da der Ritter nun bey den Arten dieses Geschlechts, die
Unzahl der Finnen in der Afterflosse zum Merkmal der Arten macht, so ist die gegenwärtige
achtfinnig.

10. Die Elritze. Cyprinus Phoxinus.

Der Phoxinus der Alten wird in Italien
Sanguinerolla; in Rom Morella; in Frankreich
Veron; in England Pink und Minow; bey
uns aber Elritze genennt. Er ist nicht einmal so
groß als die Flußgrundel, etwa einen Finger lang,
hat einen durchsichtigen Körper, und ist der Farbe
nach auf dem Rücken olivengrün, mit einem ver-
guldeten Striche vom Kopfe bis zum Schwanze,
unterhalb welchem aber etliche scharlachroth, andere glänzendblau, wieder andere silberfärbigweiß
sind, ja es giebt etliche, die drey Seitenlinien haben,
deren mittlere himmelblau, die untere und obere aber
goldfärbig ist; am Schwanze befindet sich ein brauner Flecken, und die Gestalt ist länglich rund. In
der Rückenflosse sind acht, in der Brustflosse fünf-

zehn,

D.****
Gabel
ſchwän-
ie.

zehn, in der Bauchfloſſe acht, in der Afterfloſſe acht, und in der Schwanzfloſſe neunzehn Finnen. Das Vaterland iſt Europa, beſonders Deutſchland, wo er viele Provincialnamen führt.

11. Der Spirling. Cyprinus Aphya.

11.
Spir-
ling.
Aphya.

In den Bächen von Europa zeigt ſich noch ein ſehr kleines grundelartiges Fiſchlein, welches man in einigen Gegenden Spirling nennt, die griechiſche Benennung Aphya wurde einem ungemein kleinen Fiſchlein gegeben, von welchem man glaubte, daß es aus dem Schaume entſtünde, und iſt daher dieſer Art zugeeignet. Er wird auch keine zwey Zoll lang, hat einen durchſichtigen Körper, und rothe Augenringe. Man zählt in der Rückenfloſſe zehn bis eilf, in der Bruſtfloſſe acht bis zwölf, in der Bauchfloſſe ſieben bis acht, in der Afterfloſſe neun, und in der Schwanzfloſſe neunzehn Finnen.

12. Der Weißfiſch. Cyprinus Leuciſcus.

12.
Weiß-
fiſch.
Leuci-
ſcus.

Es iſt ein kleiner weiſſer Fiſch, den man in England Dare oder Dace; in Frankreich Dard und Vaudoiſe, und in Holland Wittertje nennt. Er hat in der Rückenfloſſe neun, in der Afterfloſſe zehn, und in der Schwanzfloſſe neunzehn Finnen. Er ſpielt auf der Oberfläche des Waſſers, und giebt einen Glanz, wenn die Sonne auf ihn ſcheint. Man trift ihn in England, Frankreich und Deutſchland ſehr oft an, er iſt aber zum Eſſen etwas weich, und eben nicht vom feinſten Geſchmack, daher er nicht geachtet wird.

13. Der

13. Der Häſeling. Cyprinus Dobula.

Man findet dieſen Fiſch in der Elbe, wo er Dobeler und Mauſebeiſſer heißt, dann im Holſteiniſchen, wo man ihn Dover nennt, und in der Schweiß iſt er unter dem Namen Häſeling bekannt. Er iſt weiß, dick, länglichrund und wird einen Schuh lang. Man zählt in der Rückenfloſſe zehn, in der Bruſtfloſſe funfzehn, in der Bauchfloſſe neun, in der Afterfloſſe zehn, und in der Schwanzfloſſe neunzehn Finnen.

14. Der Weißfloſſer. Cyprinus Grislagine.

Er hat weiße Floſſen, iſt länglich, und hat ſilberfärbige Augenringe. Die Anzahl der Finnen iſt in der Rückenfloſſe zehn bis eilf, in der Bruſtfloſſe eilf bis ſechzehn, in der Bauchfloſſe neun, in der Afterfloſſe eilf bis zwölf, und in der Schwanzfloſſe neunzehn. Der Aufenthalt iſt in den europäiſchen ſüſſen Waſſern.

15. Der Blutfloſſer. Cyprinus Idbarus.

In den ſchwediſchen Weihern findet man einen Fiſch, der in der Rückenfloſſe zehn, in der Afterfloſſe zwölf, und in der Schwanzfloſſe neun, zehn Finnen hat. Seine Floſſen ſind blutroth.

16. Der

16. Der Rothflosser.   Rothaugkönig.
Cyprinus Rutiles.

Der Name Rutilus ist lediglich der Flossen halben gegeben, denn der ganze Fisch ist weiß, und die Flossen allein sind schön zinnoberroth. Er wird in Holland Voorn; in Schweden Meuert; in Dänemark Reudschalling; und in Deutschland Röthel oder Rothauge genennt. Englisch heißt er Roche; französisch Rolle; und italiänisch Piota.

Er ist gewöhnlich nur halb so groß als ein Karpfe, und hält sich fast allenthalben in Europa in innländischen Gewässern auf; die Augen stehen in einem rothen Ringe, der Körper ist länglich, und die Schuppen sind silberfärbig, jedoch giebt es noch etliche Verschiedenheiten dieser Art, unter welche auch der sogenannte Rothaugkönig gehört. Man zählt in der Rückenflosse zehn bis dreyzehn, in der Brustflosse eilf bis funfzehn, in der Bruchflosse neun bis zehn, in der Afterflosse zwölf bis funfzehn, und in der Schwanzflosse siebenzehn bis zwey und zwanzig Finnen. Siehe Tab. XI. fig. 4.

17. Der Spitzflosser.   Cyprinus Idus.

Idus ist von Id gemacht, welches der schwedische Name dieses Fisches ist. Wir nennen ihn deswegen Spitzflosser, weil die Afterflosse spitzig ausläuft, sonst aber sind Bauch- und Afterflossen roth, die Augenringe sind gelblich. Die Gestalt des Körpers ist oval, jedoch etwas breit, die Kiefer sind fast gleich lang, die Rückenflosse steht etwas mehr nach hintenzu, als die Bauchflosse, und man zählt in der Rückenflosse zehn bis eilf, in der Brustflosse achtzehn bis zwanzig, in der Bauchflosse neun bis

zehn,

zehn, in der Afterfloſſe dreyzehn, und in der D.****
Schwanzfloſſe neunzehn bis vier und zwanzig Finnen. Gabel-
Der Aufenthalt iſt in den ſüſſen Waſſern von Eu-ſchwän-
ropa, und man ſchätzt ihn, weil er ſehr ſchmack-ſe.
haft iſt, ungemein hoch).

18. Der Urf oder Orfe. Cyprinus Orfus.

Die Urfen werden in England Rudd und 18.
Finſcale; und in Holland Orf genennt. Er iſt Urf.
der Alten Rutilus latior, und Rutilus Fluviatilis, Orfus.
oder breiter Röthling. Er iſt braungelb, hat aber
an den Kiemendeckeln einen blutrothen Flecken, auch
ſind Bauch und Afterfinnen roth, der Schwanz
aber nur etwas röthlich. In der Rückenfloſſe ſind
zehn, in der Bruſtfloſſe neunzehn, in der Bauchfloſſe neun, und in der Afterfloſſe dreyzehn Finnen.
Der Aufenthalt iſt im Rhein, wie auch in den Flüſſen und Weihern Englands. In Deutſchland hält
man ihn zur Zierde in den Weihern.

19. Das Rothauge. Cyprinus Erythrophthalmus.

Dieſer wird wohl Rothkarauſche, oder Roth-
Rothurf genennt, führt aber bey den Holländern auge.
den Namen Ruiſch oder Rietvooren. Er hat ro-Ery-
the Augenringe, und alle Floſſen ſind roth. In der throph-
Rückenfloſſe ſind eilf, in der Bruſtfloſſe ſechzehn, in thalmus
der Bauchfloſſe zehn, in der Afterfloſſe vierzehn, und T. XI.
in der Schwanzfloſſe neunzehn Finnen. In der fig. 5.
Geſtalt hält er das Mittel zwiſchen Karpfen und
Brachſemen, und wird in den Gewäſſern der nördlichen Theile Europens gefunden. Siehe Tab. XI.
fig. 5.

20. Der

L.****
Gabel-
ſchwän-
ze.

20. Der Bratfiſch. Cyprinus Jeſes.

20.
Brat-
fiſch.
Jeſes.

Der Name Jeſes, der in Sachſen und Pom-
mern gebräuchlich iſt, klingt fremd, und wir wiſſen die Bedeutung nicht: man verſteht aber darunter einen Fiſch, der in Oeſterreich Jentling, in
Brandenburg Jeſitz, und in etlichen Oertern
Deutſchlands Schäd heißt, doch weil er zu nicht
viel anders als zum braten taugt, gemeiniglich
den Namen Bratfiſch führt. Er wird faſt eine
Elle lang, doch nur vier Zoll breit, hat einen
dicken, aber auch zugleich kielförmigen Rücken, iſt
im Winter gelb, im Frühjahre röthlich und hat
einen groſſen Kopf. Nach dem Willoughby
iſt der Rücken dunkelblau, die Seiten ſind ſilberfärbig, und der Bauch iſt gelb. In der Rückenfloſſe ſind eilf, in den Bruſtfloſſen achtzehn, in
der Bauchfloſſe neun, und in der Afterfloſſe vierzehn Finnen. Das Vaterland iſt der mittlere
Theil Europens.

21. Der Naſenfiſch. Cyprinus Naſus.

21.
Naſen-
fiſch.
Naſus.

Da das ſtumpfe Maul mit der Oberlippe
über den untern Kiefer hinſchlägt, ſo hat dieſes
das Anſehen, als ob der Fiſch eine Naſe hätte,
und iſt Urſache an obiger Benennung; doch heißt
er auch Ploße, Schreiber, Aſche, Mackrill und
Schneiderfiſch. Italiäniſch heißt er Savetta,
franzöſiſch Vilain.

Er hat in der Rückenfloſſe eilf, in der Bruſtfloſſe ſieben, in der Bauchfloſſe neun, in der Afterfloſſe zwölf, und in der Schwanzfloſſe fünf und
zwan-

zwanzig Finnen. Der Aufenthalt iſt im Rhein
ſtrome und in der Donau, wo er in der Begattungszeit häufig herum ſtreicht. Er iſt voller Gräthe, und hat ein weiches Fleiſch. Die Augen ſind am
Männchen mit einem gelben, und am Weibchen mit
einem Silberringe umgeben, auch ſind ſie in der Farbe der Floſſen voneinander unterſchieden, und haben
einen kleinen Kopf.

D.***
Gabel
ſchwän
ze.

22. Der Krummkiefer. Cyprinus Aſpius.

22.
Krumm
kiefer.
Aſpius.

So wie an der vorigen Art der obere Kiefer über den untern hinſchlägt, ſo ſchlägt bey die
ſer der untere krumm an den obern hinauf, daher er von uns Krummkiefer genennt wird. Der
ſchwediſche Name aber, wo er ſich in den Sümpfen aufhält, iſt Aſp. Er iſt länglich breit,
wird zwey bis drey Schuh lang, macht ein ſehr
großes Maul und hat zweyfärbige Augenringe,
indem der obere Zirkel gelb, und der untere ſilberfärbig iſt. Die Kiemendeckel und der Bauch
haben auch etwas vom Silberglanze. Arredi
fand in einem Exemplare, das acht und ein halb
Pfund ſchwer war, im Rückgrade neun und vierzig
Wirbelbeine, und an jeder Seite neunzehn Rippen. In der Rückenfloſſe ſind eilf, in der Bruſtfloſſe achtzehn, in der Bauchfloſſe zehn; in der
Afterfloſſe ſechzehn, und in der Schwanzfloſſe
neunzehn Finnen.

23. Die

D.****
Gabel-
ſchwän-
ſe

23. Die Krummlinie. Cyprinus Americanus.

Dieſer americaniſche Fiſch, den man in Carolina antrift, unterſcheidet ſich von den übrigen durch eine ſehr krumme Seitenlinie, die nach dem Bauche zu herabhängt. Er iſt ſilberfärbig mit einem blauen Glanze, hat in der Rückenfloſſe neun, in der Bruſtfloſſe ſechzehn, in der Bauchfloſſe neun, in der Afterfloſſe achtzehn, und in der Schwanz- floſſe ſieben und zwanzig Finnen. Die Geſtalt iſt ohngefehr wie No. 16. den wir Rothfloſſer genennt haben, die Kiemenhaut aber hat nur drey Strahlen.

24. Der Neſteling. Cyprinus Alburnus.

24.
Neſte-
ling.
Albur-
nus.
TabXI.
fig. 6.

In den europäiſchen ſüſſen Waſſern, beſon- ders aber in der Donau, hält ſich noch ein Weiß- fiſch auf, der den Namen Neſtling und Witting, franzöſiſch Ablette; engliſch Bleak; ſchwediſch Loja; däniſch Lujer; und in etlichen deutſchen Provinzen Zumbelfiſchlein führt. Er wird aber wegen ſeines beſondern weiſſen Fleiſches Alburnus genennt.

Die Länge trägt etwa fünf Zoll aus. Der Kopf, Rücken und die Floſſen ſind bräunlich, die Seiten und der Bauch ſind nur allein weiß. Man zählt in der Rückenfloſſe acht bis zehn, in der Bruſt- floſſe vierzehn, in der Bauchfloſſe acht bis neun, in der Afterfloſſe achtzehn bis zwey und zwanzig, und in der Schwanzfloſſe zwanzig Finnen. Die Holländer nennen ihn Alphenaar, weil ſie ihn häu-

häufig bey Alphen ohnweit Leiden fischen. Siehe D.···*
Tab. XI. fig. 6. Es gehört auch hieher der Hol- Gabel-
länder Koning van Afterling. schwän-
ze.

25. Der Wimba. Cyprinus
Vimba.

Dieser schwedische Fisch hat eine nasenför- 25.
mige Schnauße, einen spißigen Rücken, und inn- Wimba.
wendig einen schwarzen Bauch. Er wird einen imba.
Schuh lang und führt in der Rückenfloße eilf, in
der Brustfloße sechzehn, in der Bauchfloße zehn, in
der Afterfloße vier und zwanzig, und in der Schwanz-
floße neunzehn Finnen.

26. Das Zahnmaul. Cyprinus
Dentex.

Bey den Kennzeichen dieses Geschlechts ha- 26.
ben wir oben gesehen, daß die Karpfen im Munde Zahn-
keine Zähne führen, allein dieser Fisch macht eine maul.
Ausnahme, denn er hat das Maul voller Backen- Dentex
zähne, daher er auch Dentex genennt ist. Von
diesen Zähnen stehen acht im untern Kiefer in
einer Reihe, und zwey andere hinten im Gaumen.
Die Kiefer sind gleich groß, doch berühren sich
die Lippen nicht, und das Maul klaft. Er wird
im Nilstrome gefunden, bekommt die Länge von
einem Schuh, ist oben bläulich seegrün, am
Bauche aber versilbert. Die Rückenfloße hat
zehn, die Brustfloße vierzehn bis funfzehn, die
Bauchfloße neun bis zehn, die Afterfloße vier
und zwanzig bis sechs und zwanzig, und die
Schwanzfloße neunzehn bis fünf und zwanzig
Fin-

D.****
Gabel-
ſchwän-
zc.

Finnen. Der Herr Haſſelquiſt wollte ihn zwar für einen Lachs halten, aber es mangelt ihm die Fettfinne.

27. Der Flußbrachſem. Cyprinus Brama.

27.
Fluß-
brach-
ſem.
Brama.

Dieſer gemeine Brachſem wird durch obige Benennung von den Meerbrachſemen unterſchieden. Er heißt franzöſiſch Bréme; engliſch Bream; ſchwediſch Brax. Da er nun uns Deutſchen hinlänglich bekannt iſt, ſo wird eine weitläuftige Beſchreibung unnöthig ſeyn. Er iſt breit, ſehr platt, hat einen kleinen Kopf, breite Schuppen, und eine ſchmutzige Goldfarbe. Die Floſſen ſind alle braun, und man zählt in der Rückenfloſſe eilf bis zwölf, in der Bruſtfloſſe ſiebenzehn, in der Bauchfloſſe neun bis zehn, in der Afterfloſſe ſieben und zwanzig, und in der Schwanzfloſſe neunzehn Finnen.

28. Der Dünnbauch. Cyprinus Cultratus.

28.
Dünn-
bauch.
Cultra-
tus.

Da der Bauch dieſes Fiſches in der Mitte ſehr ſcharf und wie eine krumme Meſſerſchneide hervor tritt, hat er obige Namen erhalten. Die Seitenlinie hängt wie der Bauch herunter. Die Geſtalt kommt am nächſten mit den Brachſemen überein. Die Rückenfloſſe hat acht, die Bruſtfloſſe ſechzehn, die Bauchfloſſe acht, die Afterfloſſe dreyßig, und die Schwanzfloſſe neunzehn Finnen. Der Aufenthalt iſt in der Oſtſee.

29. Die

29. Die Björkna. Cyprinus Bioerkna.

Dieſer ſchwediſche Fiſch, der ſich in den in-
ländiſchen Gewäſſern aufhält, und nur fünf Zoll
lang wird, führt in der Rückenfloſſe eilf, in der
Bruſtfloſſe funfzehn, in der Bauchfloſſe neun, in
der Afterfloſſe fünf und zwanzig bis fünf und dreyſig,
und in der Schwanzfloſſe neunzehn Finnen. Das
Maul iſt flein, der Kiefer grünlich und einigermaſſen durchſichtig, die Augenringe ſind ſilberfärbig,
deßgleichen auch der Körper, und die Schuppen ſind
ziemlich groß.

30. Der Faren. Cyprinus Farenus.

Dieſer ſeltene Fiſch führt den Namen von
einem Landguthe Farin in Upland, wo er gefangen wird. Er wird einen Schuh lang, und acht
bis neun Zoll breit, die Dicke macht drey Zoll.
Der Rücken iſt ſchwärzlich, das übrige ſilberfärbig,
und die Floſſen ſind braun. Man zählt in ſelbigen, nämlich in der Rückenfloſſe eilf, in der
Bruſtfloſſe achtzehn, in der Bauchfloſſe zehn, in
der Afterfloſſe ſieben und dreyſig, und in der
Schwanzfloſſe neunzehn Finnen.

31. Die Blicke oder Bleye. Cyprinus Ballerus.

Es iſt dieſer Fiſch unter obigem deutſchen Namen bey uns hinlänglich befannt, wird aber auch
wohl Breitling genennt, weil er ſehr breit und dünn
iſt. Franzöſiſch heißt er Bordelere; holländiſch
Bliek,

Bliek, und auch Bley. Man zählt in der Rücken
floſſe eilf, in der Bruſtfloſſe ſechzehn, in der Bauchfloſſe zehn, in der Afterfloſſe vierzig, und in der
Schwanzfloſſe neunzehn Finnen. Er hält ſich überall in den ſüſſen Gewäſſern Europens auf, wird
aber nicht ſehr geachtet.

Pſalm CIV. ℣. 25.

Das Meer, das ſo groß und weit iſt, da
wimmelts ohne Zahl, beyde große und
kleine Thiere.

Register

der

Ordnungen, Geschlechter und Arten.

Vierte Classe.

Von den Fischen.

III. Ord-

160. Ge=

Geschlechter und Arten.

Cc 3　　　13. Den-

Register der Ordnungen.

Geſchlechter und Arten.

Cc 4   9. Auri-

167. Ge

Geſchlechter und Arten.

Geschlechter und Arten.

Geſchlechter und Arten.

Fig. 1.

Fig. 2.

Fig. 3.

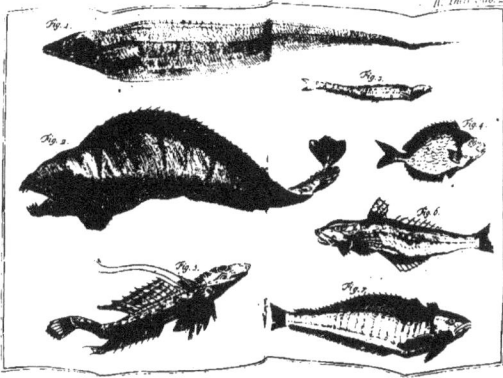

Fig. 1.

Fig. 2.

Fig. 3.

Fig. 4.

Fig. 5.

●

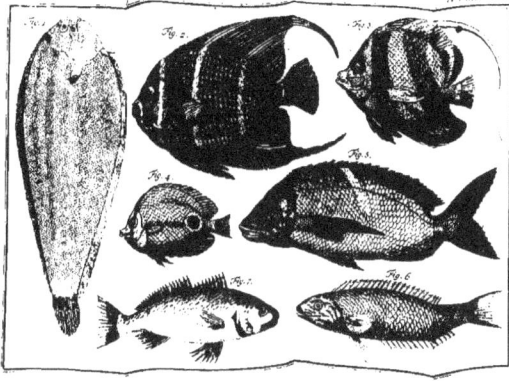

Fig. 1.   Fig. 2.   Fig. 3.

Fig. 4.   Fig. 5.

Fig. 7.   Fig. 6.

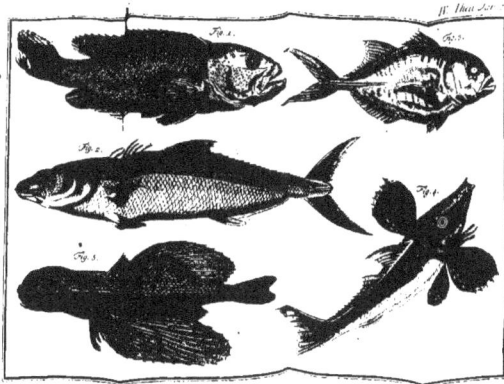

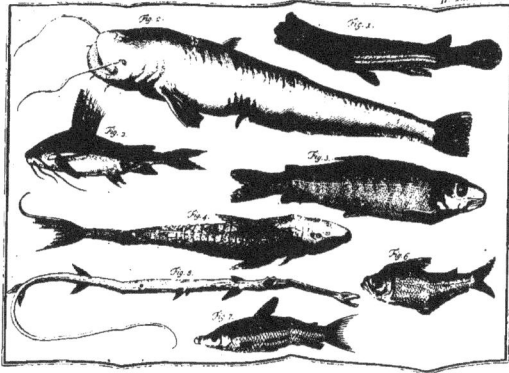

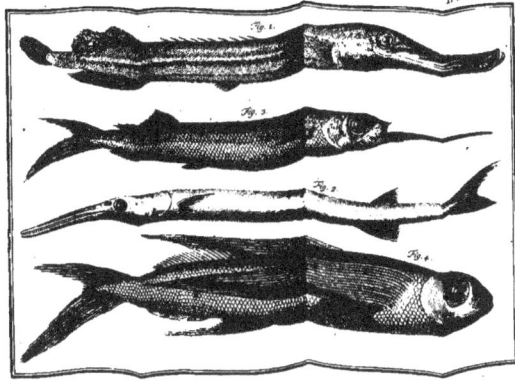

Fig. 1.

Fig. 2.

Fig. 3.

Fig. 4.

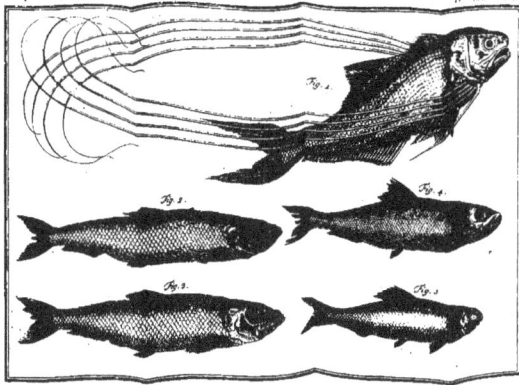

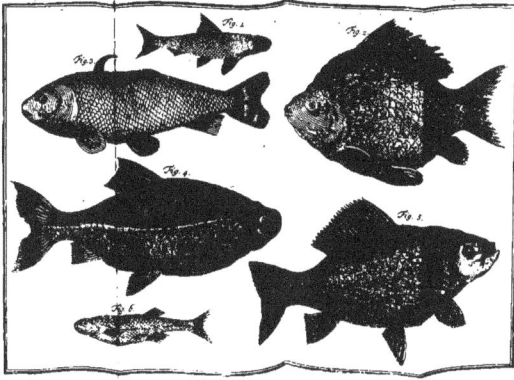

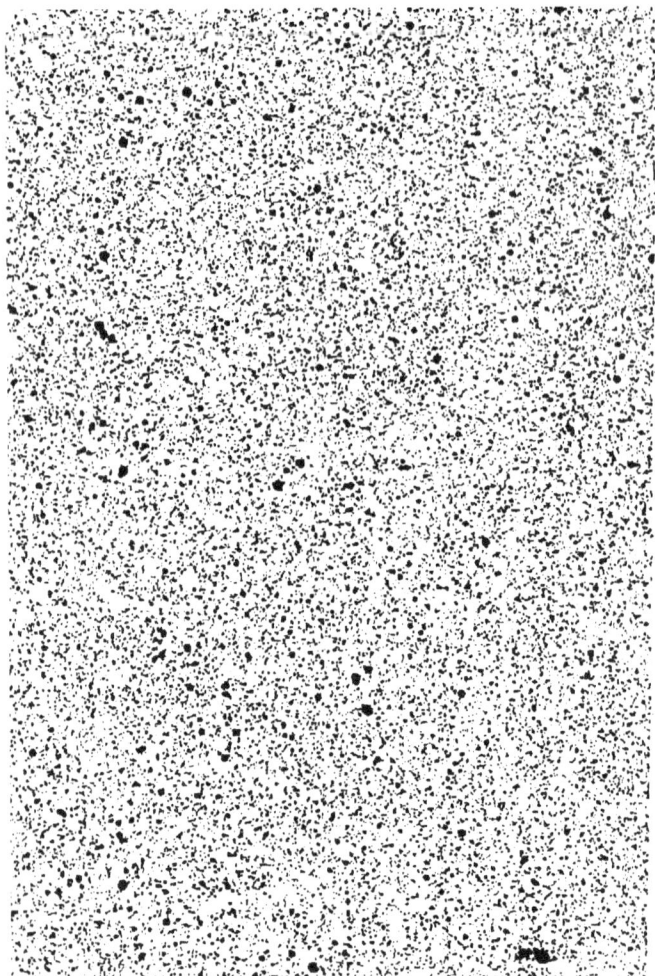

.

www.ingramcontent.com/pod-product-compliance
Lightning Source LLC
Chambersburg PA
CBHW031348290326

41932CB00044B/518